ゼロからどんどんひとりで学べる！

はじめての子ども手話

監修 谷 千春
NPO手話技能検定協会副理事長

主婦の友社

はじめに

耳《みみ》の聞《き》こえない人《ひと》や聞《き》こえづらい人《ひと》は、どのぐらいいると思《おも》いますか？　1000人《にん》に1人《ひとり》？　1万人《まんにん》に1人《ひとり》？　実《じつ》はきっとみんなが思《おも》っているよりたくさんいて、20人《にん》に1人《ひとり》ともいわれます。

むかしは耳《みみ》の聞《き》こえない子《こ》どもは「ろう学校《がっこう》」へ行《い》くことになっていたけど、今《いま》ではふつう学校《がっこう》に通《かよ》うこともできるようになったので、みんなの学校《がっこう》にも聞《き》こえない子《こ》がいるかもしれませんね。

こまっていたらもちろん助《たす》けてあげてほしいけど、遊《あそ》んだり、おしゃべりをしたり、いっしょの時間《じかん》をすごすことが、聞《き》こえない子《こ》にとって、いちばんうれしいことなんです。

耳《みみ》が聞《き》こえなくても、足《あし》がはやかったり、算数《さんすう》がとくいだったり、絵《え》がじょうずだったり、いろんなすごい力《ちから》があるかもしれません。

それに、耳《みみ》が聞《き》こえない子《こ》は、その分《ぶん》、まわりを注意《ちゅうい》して見《み》ています。会《あ》った人《ひと》のとくちょうや持《も》っていたもの、行《い》ったところの風景《ふうけい》など、みんなが気《き》づかなかったことを覚《おぼ》えていて、あとでびっくりするなんてこともときどきあります。

手話《しゅわ》ってジェスチャーみたいでおもしろくて、「どうしてこの形《かたち》なんだろう？」と知《し》ると、ますます楽《たの》しくなっていきます。まちがってもいいから、どんどん使《つか》ってみてください。さいしょは10この手話《しゅわ》のうち、3つでも通《つう》じたら十分《じゅうぶん》！

この本《ほん》では動画《どうが》も見《み》られるので、もし本《ほん》で見《み》てわからなかったら、動画《どうが》で動《うご》きをチェックしてください。

「手話大使《しゅわたいし》」のキャラクターたちも、手話《しゅわ》の学習《がくしゅう》を助《たす》けてくれます。
楽《たの》しみながら、1つでも手話《しゅわ》を覚《おぼ》えてくれると、とってもうれしいです！

谷《たに》 千春《ちはる》
（NPO 手話技能検定協会副理事長）

「手話大使《しゅわたいし》」って何《なに》?

たくさんの人《ひと》に手話《しゅわ》にふれてもらうことを目的《もくてき》に、全国《ぜんこく》の自治体《じちたい》などのキャラクターが参加《さんか》しているグループです。この本《ほん》では、代表《だいひょう》して4キャラクターに、手話学習《しゅわがくしゅう》のお手伝《てつだ》いをしてもらいました!

がんばる
にゃん!

みっけちゃん

大阪府《おおさかふ》の「交野天神社《かたのてんじんじゃ》」でひろってもらったお礼《れい》に、みこさんとしてお手伝《てつだ》いしています。「いいひと、みっけ。いいもの、みっけ」って言《い》いながら、がんばってるよ。

わがはいが
みんなを
さそっただす!

やる気《き》なし男《お》

「手話大使《しゅわたいし》」リーダーキャラ。HANSAM《ハンサム》という、しょうがいや病気《びょうき》のある人《ひと》たちをおうえんするグループのキャラクターだよ。その正体《しょうたい》は、おもちのようせい。手話検定《しゅわけんてい》7級《きゅう》もがんばって勉強《べんきょう》して合格《ごうかく》したり、名前《なまえ》とちがって、とってもやる気《き》があるんだよ!

みんなで
はじめよう!

木曽《きそ》っ子《こ》

長野県《ながのけん》の開田高原《かいだこうげん》というところで農業《のうぎょう》のお手伝《てつだ》いをしてきた、「木曽馬《きそうま》」っていう馬《うま》のキャラクターだよ。力持《ちからも》ちでやさしくて、真《ま》ん丸《まる》な目《め》がチャームポイント。

さつえいのおうえんにも来《き》てくれたよ!

この本《ほん》でモデルをしてくれた子《こ》たちのさつえいに、やる気《き》なし男《お》が登場《とうじょう》!

楽《たの》しいもん!

ムジナもん

埼玉県《さいたまけん》の羽生市《はにゅうし》というところにいる、やんちゃではずかしがり屋《や》のキャラクター。頭《あたま》にのせたモロヘイヤの葉《は》っぱと、「ムジナモ」っていう植物《しょくぶつ》のしっぽがおしゃれ!

もくじ

1章《しょう》 これだけできたらスゴイ!の手話《しゅわ》

指文字《ゆびもじ》

あいさつ

よく使《つか》う言葉《ことば》

質問《しつもん》するときの言葉《ことば》

※手話《しゅわ》は、する人《ひと》やそのときの状況《じょうきょう》、表《あらわ》したいことなどによっても、少《すこ》しずつ表現《ひょうげん》がちがってきます。本《ほん》の写真《しゃしん》と動画《どうが》でも、手《て》の動《うご》きが少《すこ》しちがう部分《ぶぶん》がありますが、どちらでも通《つう》じます。

2章《しょう》 自分《じぶん》のことを手話《しゅわ》で話《はな》そう!

自分《じぶん》のこと

友《とも》だちのこと

家族《かぞく》のこと

手話《しゅわ》のこと

手話《しゅわ》のきそく

手話《しゅわ》のちしき

もくじ

3 章《しょう》 いつもの1日《にち》を手話《しゅわ》で話《はな》そう!

4章《しょう》 とくべつな日《ひ》のことを手話《しゅわ》で話《はな》そう!

手話《しゅわ》って、どんなもの？

手話《しゅわ》は、「手《て》で表《あらわ》す言葉《ことば》」です。耳《みみ》の聞《き》こえない人《ひと》たちが、
まわりの人《ひと》とコミュニケーションをとるために生《う》み出《だ》されました。
いくつか種類《しゅるい》がありますが、この本《ほん》では「日本手話《にほんしゅわ》」という、
耳《みみ》の聞《き》こえない人《ひと》の間《あいだ》でよく使《つか》われている手話《しゅわ》をしょうかいしています。

1 手《て》と指《ゆび》

指《ゆび》や手《て》の動《うご》きがよくわかるように、相手《あいて》にはっきりと見《み》せましょう。

2 表情《ひょうじょう》

「楽《たの》しい」「うれしい」などを手話《しゅわ》で表《あらわ》すときは、表情《ひょうじょう》もニコニコしてね！「悲《かな》しい」「おこられた」などの手話《しゅわ》のときは、ショボンとした顔《かお》をすると、相手《あいて》に伝《つた》わりやすいでしょう。

3 口《くち》と声《こえ》

耳《みみ》の聞《き》こえない人《ひと》たちは、相手《あいて》の手《て》の動《うご》きといっしょに、口《くち》の動《うご》きも見《み》ることがあります。手話《しゅわ》をしながら、できるだけその言葉《ことば》を声《こえ》に出《だ》して言《い》いましょう。

たとえば…

ごめんね （18ページ）

悪《わる》かったと思《おも》っていることを表情《ひょうじょう》でも伝《つた》えよう。

何《なに》？ （22ページ）

問《と》いかけるような（フシギそうな）表情《ひょうじょう》をしよう。

右《みぎ》きき／左《ひだり》ききについて

この本《ほん》の手話《しゅわ》イラスト・写真《しゃしん》は、右《みぎ》ききの子《こ》が鏡合《かがみあ》わせにマネできるようになっています（ミラー写真《しゃしん》）。左《ひだり》ききの子《こ》は、左右《さゆう》ぎゃくにしてもだいじょうぶです。

手話《しゅわ》のこと知《し》りたい！

もっと

手話《しゅわ》って、いつごろ始《はじ》まったの？

大昔《おおむかし》の人《じん》るいの骨《ほね》を調《しら》べると、声《こえ》を出《だ》す器官《きかん》があまり発達《はったつ》していなかったそうです。集《あつ》まってくらしていたのに声《こえ》をあまり出《だ》さなかったとしたら、手《て》や身《み》ぶり、表情《ひょうじょう》を使《つか》っての会話《かいわ》、つまり手話《しゅわ》を使《つか》っていたのではないかと考《かんが》える学者《がくしゃ》さんもいます。

日本《にほん》では1878年《ねん》にさいしょのろう学校《がっこう》が京都《きょうと》につくられて、近代《きんだい》の手話《しゅわ》が始《はじ》まったといわれます。外国《がいこく》では、フランスの神父《しんぷ》さんが1760年《ねん》にろう学校《がっこう》をつくりました。

手話《しゅわ》って、どうやってつくられたの？

今《いま》使《つか》われている手話《しゅわ》ができる前《まえ》も、耳《みみ》の聞《き》こえない人《ひと》とそのまわりの人《ひと》たちは、身ぶり手《て》ぶりでコミュニケーションしていました。耳《みみ》の聞《き》こえない人《ひと》と、その家族《かぞく》や友《とも》だちの間《あいだ》で使《つか》われる手話《しゅわ》を「ホームサイン」といいます。

これらがだんだんとまとめられていき、今《いま》のような手話《しゅわ》ができ上《あ》がったと考《かんが》えられます。話《はな》す言葉《ことば》に方言《ほうげん》があるように、手話《しゅわ》も地《ち》いきによってちがうことがあります。

手話《しゅわ》って、いくつぐらいあるの？

たとえば「雨《あめ》」という手話《しゅわ》は、手《て》の動《うご》きを大《おお》きくすると「大雨《おおあめ》」、小《ちい》さくすると「小雨《こさめ》」という意味《いみ》になります。「雨《あめ》」で1つと数《かぞ》えるか、「雨《あめ》」「大雨《おおあめ》」「小雨《こさめ》」と分《わ》けて3つと数《かぞ》えるかによっても数《かず》はかわりますので、いくつとはっきり答《こた》えるのはむずかしいですね。

『新《しん》 日本語手話辞典《にほんごしゅわじてん》』というぶ厚《あつ》い辞書《じしょ》には、1万語《まんご》ぐらいの言葉《ことば》がのっています。また、「スマホ」「iPad《アイパッド》」など新《あたら》しい言葉《ことば》に対《たい》おうする手話《しゅわ》を「日本手話研究所《にほんしゅわけんきゅうしょ》」がつくり、毎年《まいとし》200語《ご》ずつぐらい発表《はっぴょう》しています。

他《ほか》の国《くに》でも使《つか》われているの？

世界《せかい》には200ぐらいの国《くに》がありますが、どの国《くに》にも手話《しゅわ》はあります。「世界《せかい》ろう連盟《れんめい》」には、120ぐらいの国《くに》が参加《さんか》しています。

国《くに》はちがっても、言葉《ことば》によって同《おな》じ手話《しゅわ》や、似《に》たような手話《しゅわ》が使《つか》われていることもあります。たとえば、南《みなみ》アメリカの国《くに》の多《おお》くではスペイン語《ご》が使《つか》われているので、スペインの手話《しゅわ》と南《みなみ》アメリカの国《くに》の手話《しゅわ》は似《に》ています。でも、イギリスとアメリカはどちらも英語《えいご》が使《つか》われていますが、それぞれの手話《しゅわ》はちがいます。

他《ほか》の国《くに》の手話《しゅわ》を調《しら》べてみるのも、おもしろいかもしれませんよ！

この本《ほん》と動画《どうが》の見方《みかた》

セリフと単語《たんご》

いくつかの手話単語《しゅわたんご》を組《く》み合《あ》わせると、フキダシの中《なか》のセリフになります。話《はな》し言葉《ことば》とは、言葉《ことば》の順番《じゅんばん》がちがったりするので、注意《ちゅうい》しよう！

たとえば、
「ねる＋時間《じかん》＋
いくつ」で
「何時《なんじ》にねたの？」
になるだす

この手話《しゅわ》も覚《おぼ》えちゃおう!

会話《かいわ》と関係《かんけい》している単語《たんご》。まとめて覚《おぼ》えるとべんりだよ！

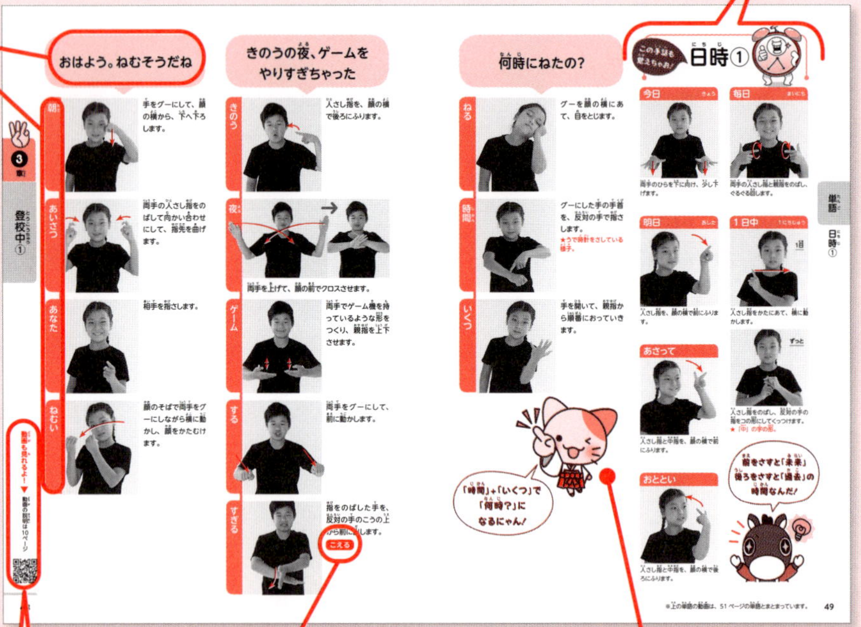

おはよう。ねむそうだね
きのうの夜、ゲームをやりすぎちゃった
何時にねたの?
日時①
今日
毎日
明日
1日中
あさって
おととい
こえる

同《おな》じ意味《いみ》の手話《しゅわ》

いくつかの意味《いみ》を持《も》っている手話《しゅわ》もあって、代表的《だいひょうてき》なものをのせました。

キャラクター

手話《しゅわ》のいろんなヒントを教《おし》えてくれるよ！

わからないときは、
大人《おとな》にやってもらってだもん

動画《どうが》が見《み》れるよ！

スマホやタブレット、パソコンから、動画《どうが》も見《み》ることができます。

動画《どうが》の見方《みかた》

❶ 左《ひだり》のQR(キューアール)コードを、スマホやタブレットで読《よ》み取《と》ります。
❷ この本《ほん》の説明《せつめい》があるインターネットのページへ進《すす》むので、そのページの下《した》のほうを見《み》てください。ボタンがならんでいるので、動画《どうが》を見《み》たいページのボタンをおします。
❸ インターネットの動画《どうが》(YouTube・ユーチューブ)へ、そのまま進《すす》んで見《み》ることができます。

QRコード

パソコンを使《つか》うときや、QRコードがうまく読《よ》み取《と》れないときは、下《した》の文字《もじ》(ホームページアドレス)を打《う》ちこむと、ボタンがあるページへ進《すす》めるよ。 **http://shufunotomo.hondana.jp/book/b378029.html**

<大人の方へ>

●スマホ・タブレットの機種や使用するアプリの種類などによってはQRコードが読み取れない可能性もあります。その場合は、以下のいずれかをお試しください。①上記のURLから進む、②主婦の友社の公式サイトの「雑誌・書籍」ページで「子ども手話」と検索する。
●動画サービスについては、予告なく終了させていただく場合があります。あらかじめご了承ください。

1章《しょう》

これだけできたら スゴイ！の手話《しゅわ》

指文字《ゆびもじ》やあいさつ、よく使《つか》う言葉《ことば》など、
これだけでもできたら手話《しゅわ》で楽《たの》しく話《はな》せるよ！

指《ゆび》文《も》字《じ》 ひらがな

手《て》は相手《あいて》から見《み》たときの形《かたち》です。☆カタカナもひらがなと同《おな》じです。

あ
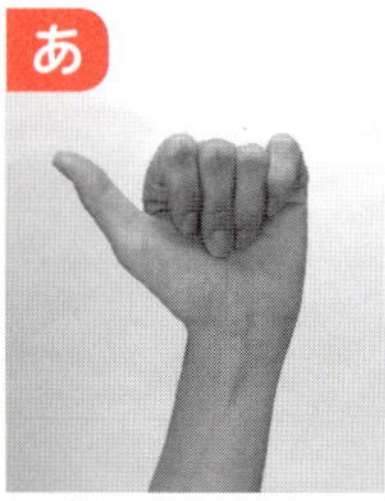
親指《おやゆび》をのばし、4 本《ほん》の指《ゆび》をにぎる。

い

小指《こゆび》をのばし、4 本《ほん》の指《ゆび》をにぎる。

う
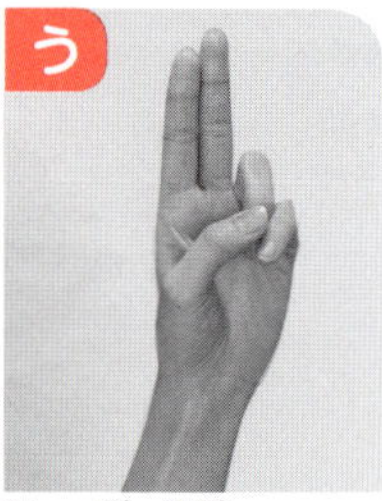
人《ひと》さし指《ゆび》と中指《なかゆび》をそろえてのばし、3本《ぼん》の指《ゆび》をにぎる。

え
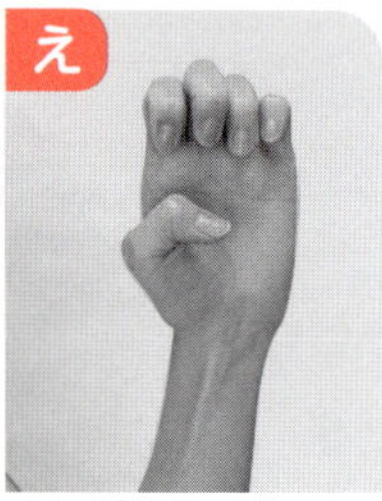
5本《ほん》の指先《ゆびさき》をカギ形《がた》に曲《ま》げる。

お
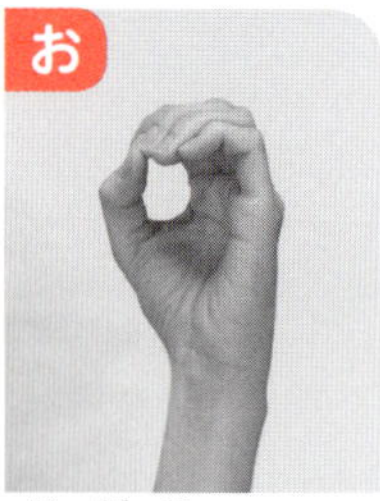
5本《ほん》の指《ゆび》を丸《まる》める。

か

人《ひと》さし指《ゆび》と中指《なかゆび》を開《ひら》き、親指《おやゆび》の先《さき》を中指《なかゆび》につける。

き

親指《おやゆび》と中指《なかゆび》、薬指《くすりゆび》の先《さき》をつける。影絵《かげえ》の『キツネ』の形《かたち》。

く
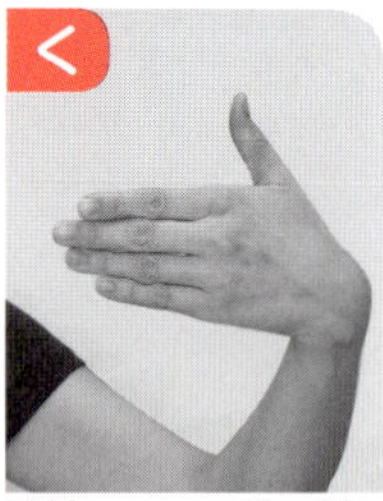
親指《おやゆび》を立て、4本《ほん》の指《ゆび》をそろえてのばす。『9』と同《おな》じ形《かたち》。

け
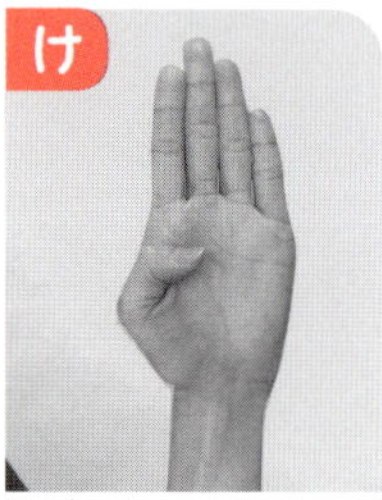
親指《おやゆび》を曲《ま》げて、4本《ほん》の指《ゆび》をそろえてのばす。

こ
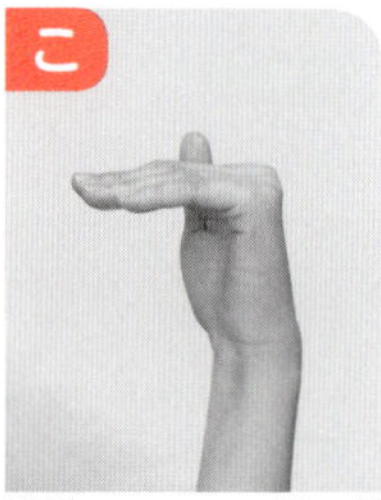
親指《おやゆび》をのばし、4本《ほん》の指《ゆび》をそろえて直角《ちょっかく》に曲《ま》げる。

さ

親指《おやゆび》を表《おもて》に出《だ》して4本《ほん》の指《ゆび》をにぎる。

し
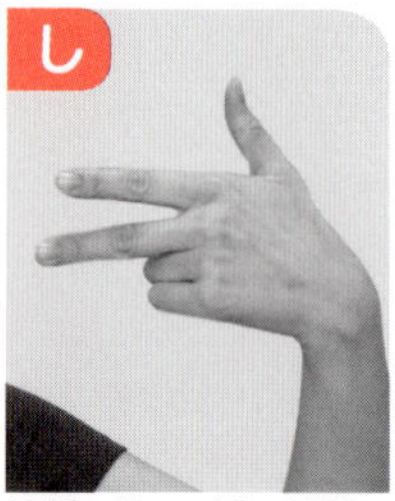
親指《おやゆび》と人《ひと》さし指《ゆび》、中指《なかゆび》を開《ひら》いてのばし、横《よこ》に向《む》ける。『7』と同《おな》じ形《かたち》。

す
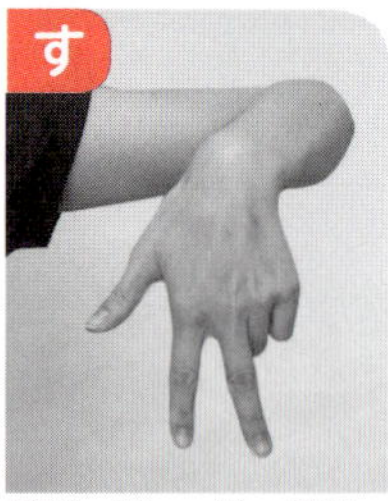
親指《おやゆび》と人《ひと》さし指《ゆび》、中指《なかゆび》を開《ひら》いてのばし、下《した》に向《む》ける。

せ

中指《なかゆび》をのばし、4本《ほん》の指《ゆび》をにぎる。

そ

人《ひと》さし指《ゆび》をのばし、ななめ下《した》をさす。

た

親指《おやゆび》をのばし、4本《ほん》の指《ゆび》をにぎる。

ち

小指《こゆび》をのばし、親指《おやゆび》と3本《ぼん》の指先《ゆびさき》をつける。

つ
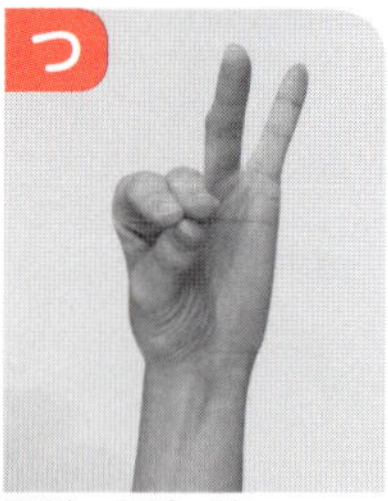
薬指《くすりゆび》と小指《こゆび》を開《ひら》いてのばし、親指《おやゆび》と 2 本《ほん》の指先《ゆびさき》をつける。

て
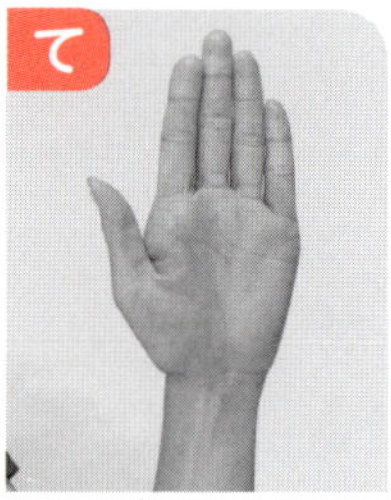
5 本《ほん》の指《ゆび》をそろえてのばす。

と
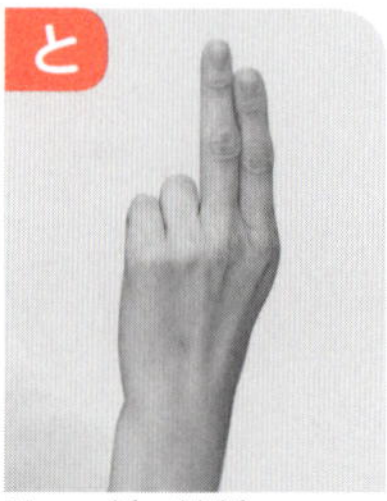
人《ひと》さし指《ゆび》と中指《なかゆび》をそろえてのばし、3本《ぼん》の指《ゆび》をにぎる。

な
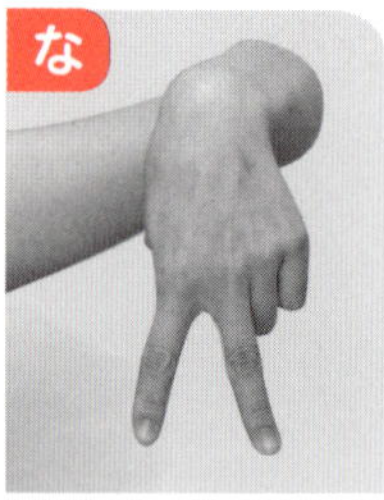
人《ひと》さし指《ゆび》と中指《なかゆび》を開《ひら》いてのばし、下《した》に向《む》ける。

に
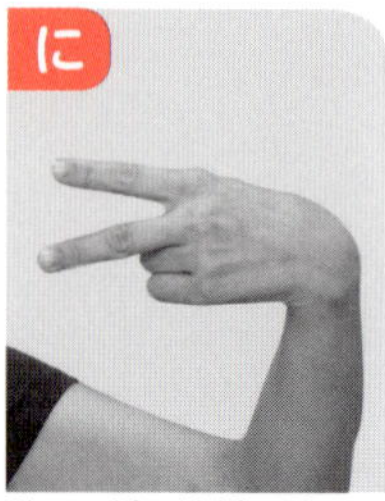
人《ひと》さし指《ゆび》と中指《なかゆび》を開《ひら》いてのばし、横《よこ》に向《む》ける。

ぬ

人《ひと》さし指《ゆび》をのばし、指先《ゆびさき》をカギ形《がた》に曲《ま》げる。

ね
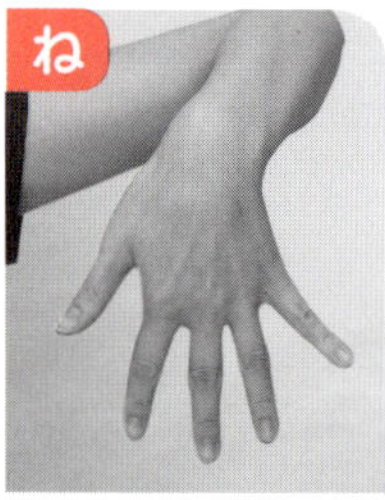
5 本《ほん》の指《ゆび》を開《ひら》いてのばし、下《した》に向《む》ける。

の
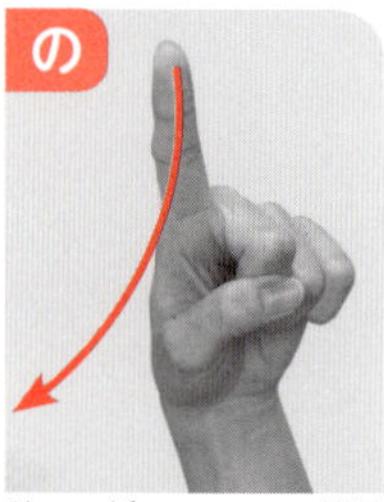
人《ひと》さし指《ゆび》で『ノ』と空中《くうちゅう》に書《か》く。自分《じぶん》から見《み》た『ノ』の形《かたち》。

動画《どうが》も見《み》れるよ！▼
動画《どうが》の説明《せつめい》は10ページ

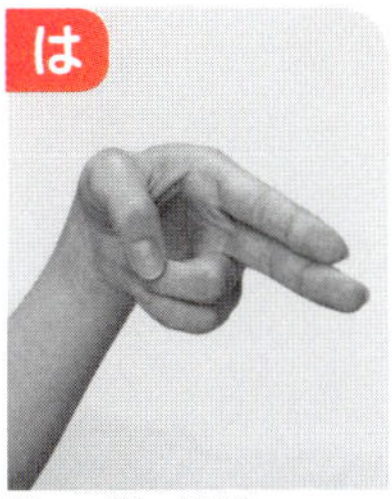

人《ひと》さし指《ゆび》と中指《なかゆび》をそろえてのばし、ななめ下《した》をさす。

人《ひと》さし指《ゆび》をのばし、4本《ほん》の指《ゆび》をにぎる。『1』と同《おな》じ形《かたち》。

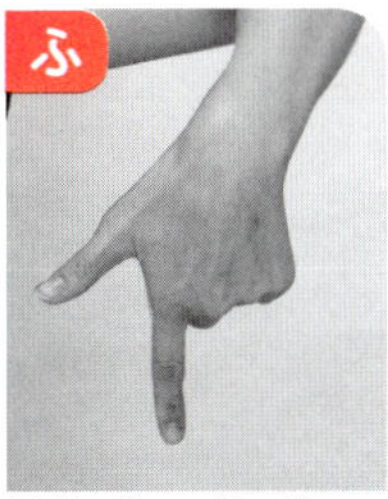

親指《おやゆび》と人《ひと》さし指《ゆび》を開《ひら》いてのばし、下《した》に向《む》ける。

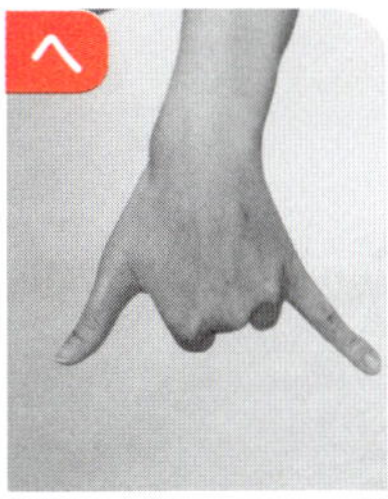

親指《おやゆび》と小指《こゆび》をのばし、下《した》に向《む》ける。

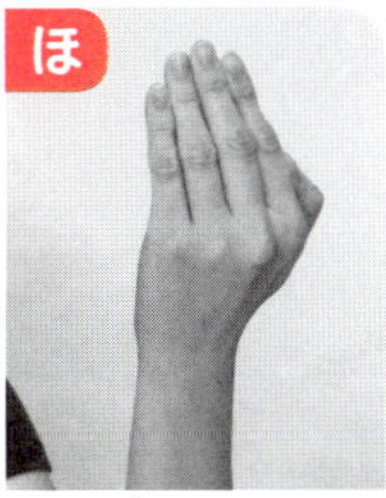

5本《ほん》の指《ゆび》をそろえてのばし、手《て》のひらをすぼめる。

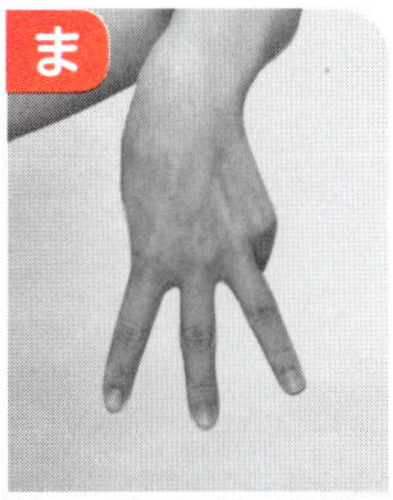

人《ひと》さし指《ゆび》と中指《なかゆび》、薬指《くすりゆび》を開《ひら》いてのばし、下《した》に向《む》ける。

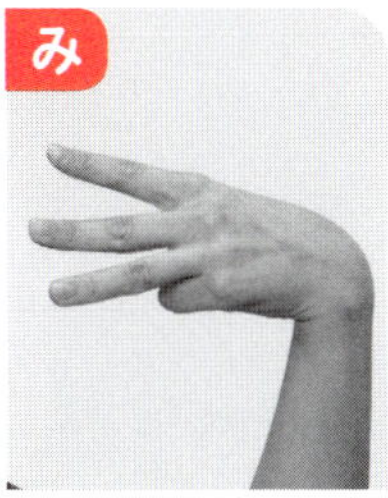

人《ひと》さし指《ゆび》と中指《なかゆび》、薬指《くすりゆび》を開《ひら》いてのばし、横《よこ》に向《む》ける。

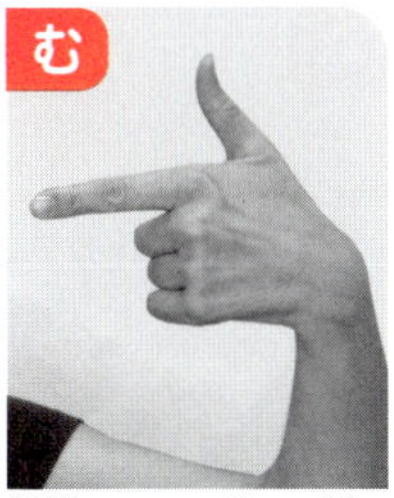

親指《おやゆび》を立て、人《ひと》さし指《ゆび》をのばし、横《よこ》に向《む》ける。『6』と同《おな》じ形《かたち》。

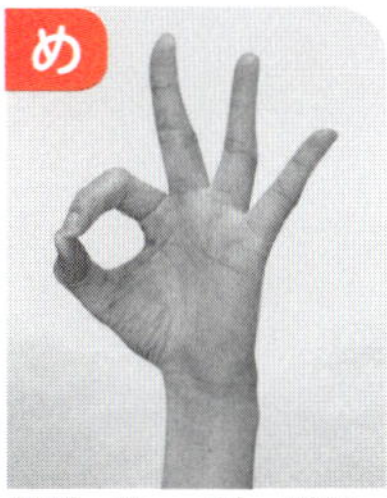

親指《おやゆび》と人《ひと》さし指《ゆび》の指先《ゆびさき》をつけ、わっか（目《め》の形《かたち》）をつくる。

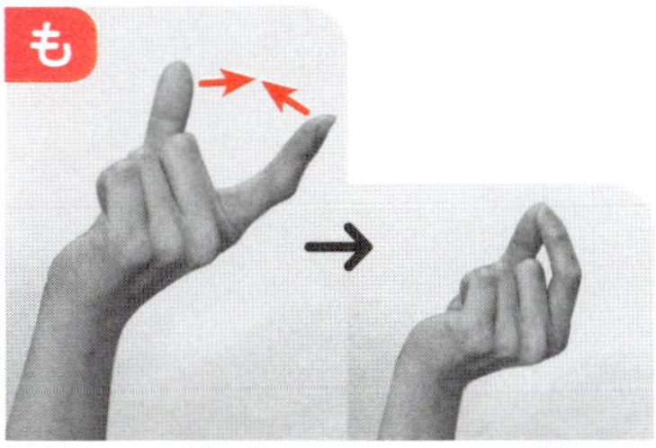

親指《おやゆび》と人《ひと》さし指《ゆび》を開《ひら》いてのばし、その指先《ゆびさき》を1回《かい》つける。

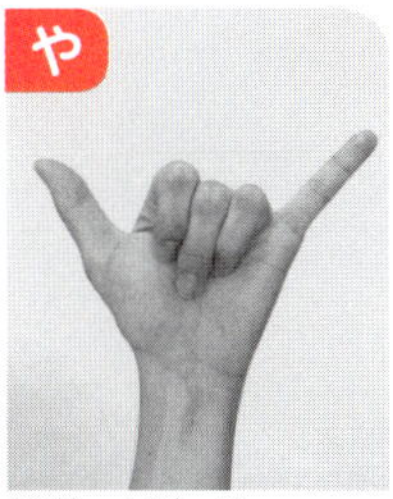

親指《おやゆび》と小指《こゆび》を開《ひら》いてのばす。

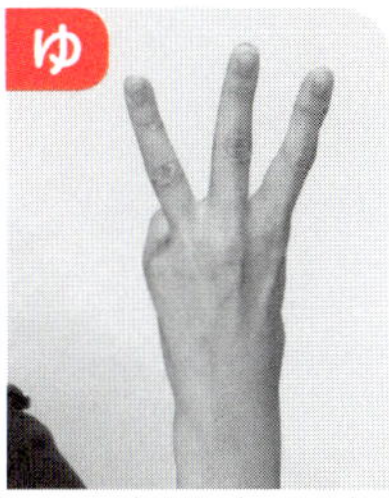

人《ひと》さし指《ゆび》と中指《なかゆび》、薬指《くすりゆび》を開《ひら》いてのばす。

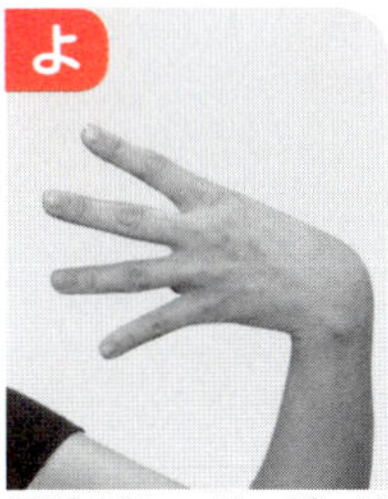

親指以外《おやゆびいがい》の4本《ほん》の指《ゆび》を開《ひら》いてのばし、横《よこ》に向《む》ける。

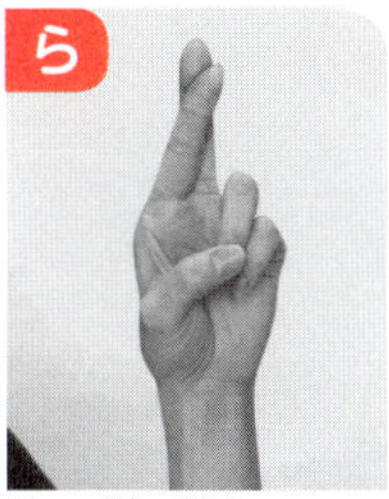

人《ひと》さし指《ゆび》と中指《なかゆび》をのばし、人《ひと》さし指《ゆび》が前にくるように重《かさ》ねる。

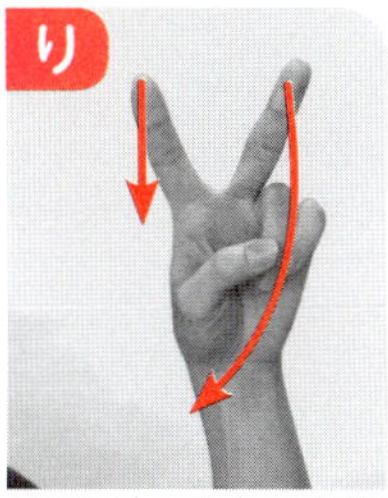

人《ひと》さし指《ゆび》と中指《なかゆび》で、『リ』と空中《くうちゅう》に書《か》く。

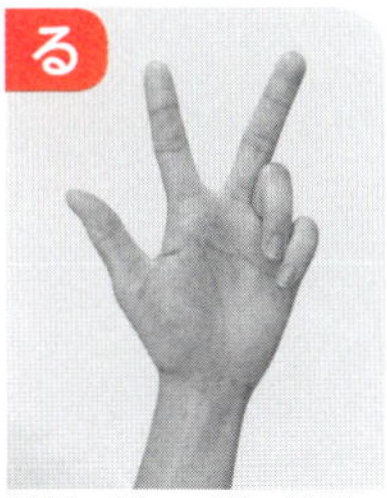

親指《おやゆび》と人《ひと》さし指《ゆび》、中指《なかゆび》を開《ひら》いてのばす。『ル』の形《かたち》。

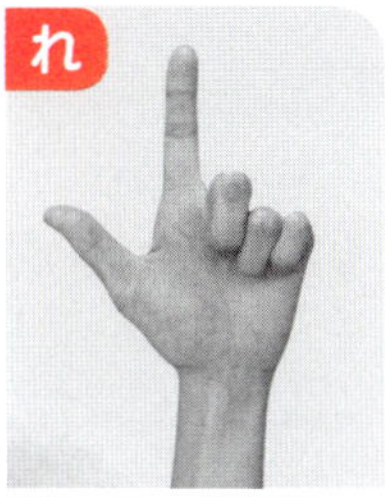

親指《おやゆび》と人《ひと》さし指《ゆび》を開《ひら》いてのばす。

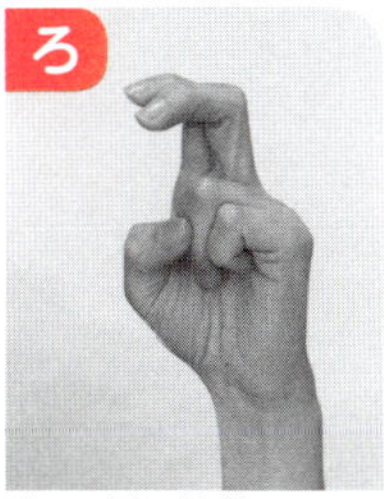

人《ひと》さし指《ゆび》と中指《なかゆび》をそろえてのばし、その指先《ゆびさき》をカギ形《がた》に曲《ま》げる。

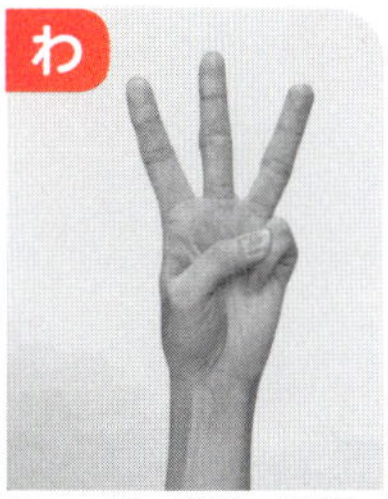

人《ひと》さし指《ゆび》、中指《なかゆび》、薬指《くすりゆび》を開《ひら》いてのばす。

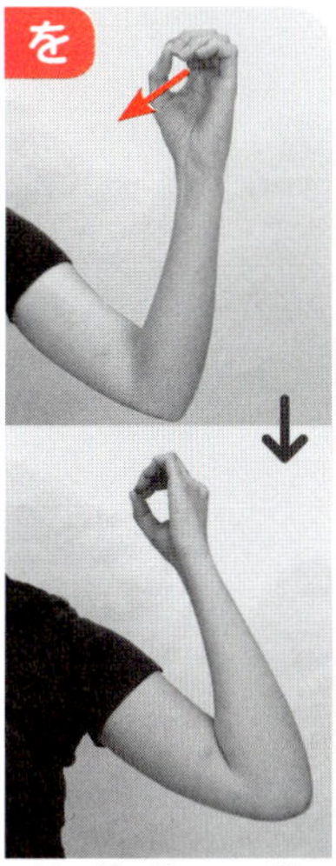

5本《ほん》の指《ゆび》を丸《まる》めて、体《からだ》のほうに引《ひ》く。

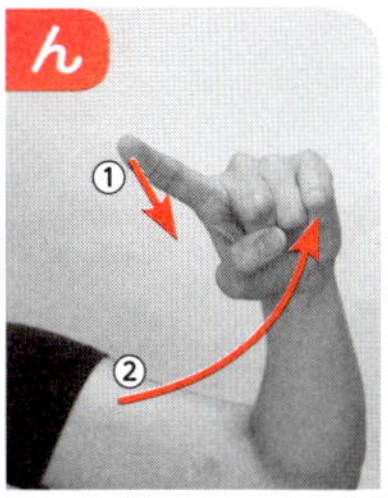

人《ひと》さし指《ゆび》で「ン」と空中《くうちゅう》に書《か》く。

1章《しょう》
指《ゆび》文《も》字《じ》（数《すう》字《じ》）

指文字《ゆびもじ》 ひらがな

が
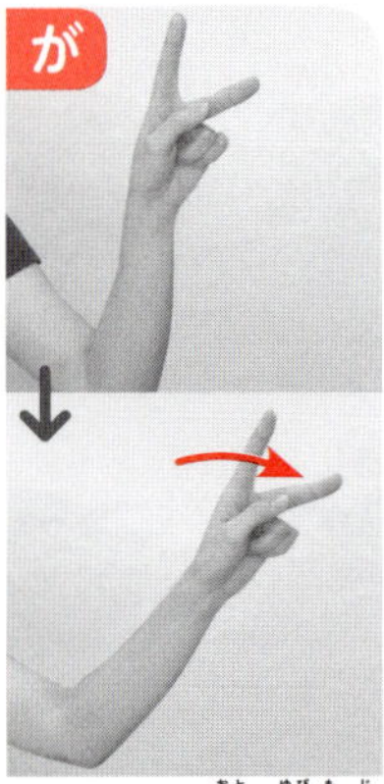
<「゛」がつく音《おと》>指文字《ゆびもじ》の『か』を見《み》せてから、外がわに動《うご》かす。

っ
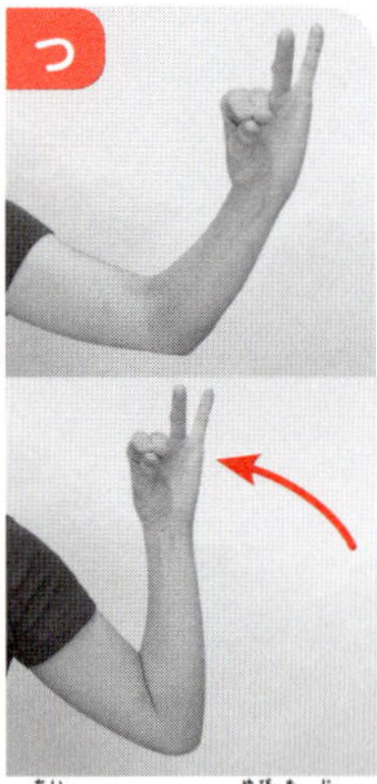
<小《ちい》さい「つ」>指文字《ゆびもじ》の『つ』を見《み》せてから、体《からだ》のほうに引《ひ》く。

ぱ
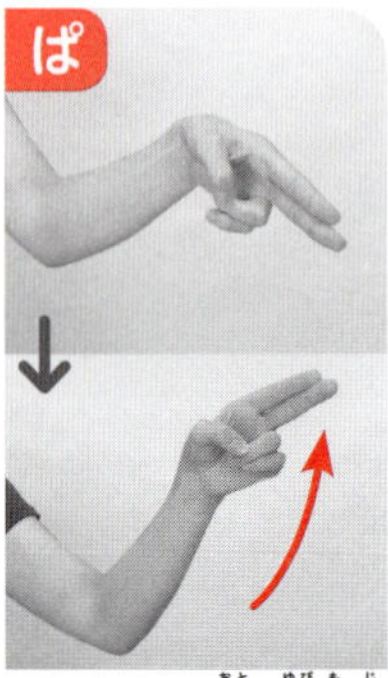
<「゜」がつく音《おと》>指文字《ゆびもじ》の『は』を見《み》せてから、指先《ゆびさき》をはね上《あ》げる。

ゆ
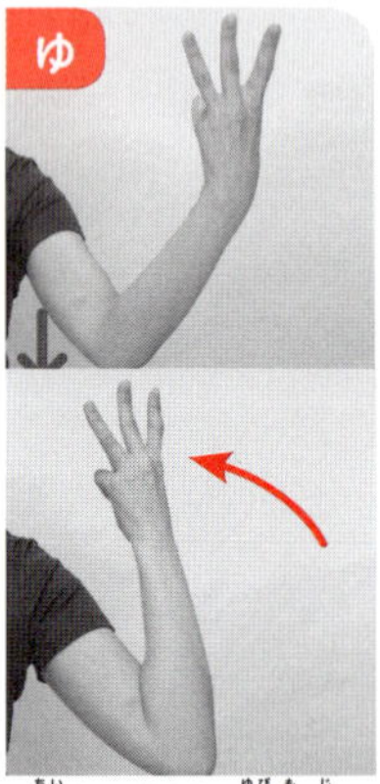
<小《ちい》さい「ゆ」>指文字《ゆびもじ》の『ゆ』を見《み》せてから、体《からだ》のほうに引《ひ》く。
※小《ちい》さい「や」「よ」も同《どう》様《よう》に。

あー
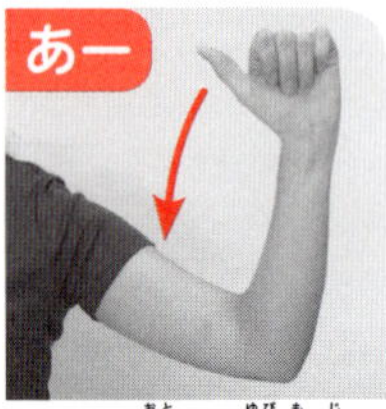
<のばす音《おと》①>指文字《ゆびもじ》の『あ』を見《み》せてから、下《した》に下《さ》げる。

あ

ー
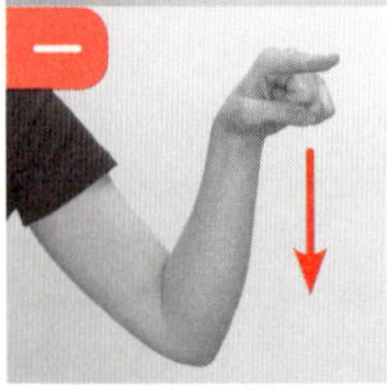
<のばす音《おと》②>指文字《ゆびもじ》の『あ』を見《み》せて、人《ひと》さし指《ゆび》の先《さき》を下《した》に下《さ》げる。

手話《しゅわ》がない
言葉《ことば》は、指文字《ゆびもじ》で
表《あらわ》せるよ

指文字《ゆびもじ》 数字《すうじ》

0
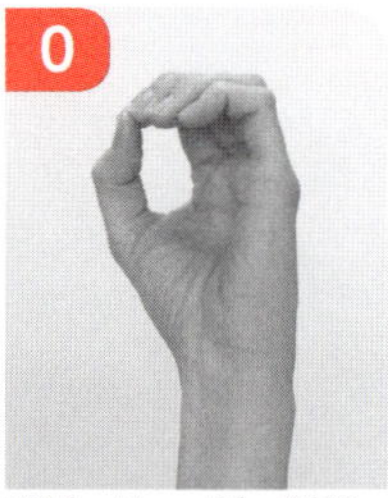
親指《おやゆび》と人《ひと》さし指《ゆび》の指先《ゆびさき》をつけ、わっかをつくる。

4
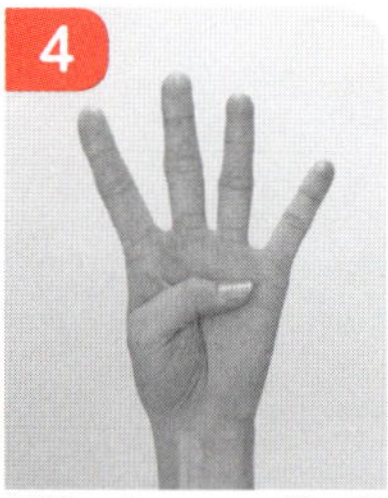
親指《おやゆび》を曲《ま》げて、4本《ほん》の指《ゆび》を開《ひら》いてのばす。

9
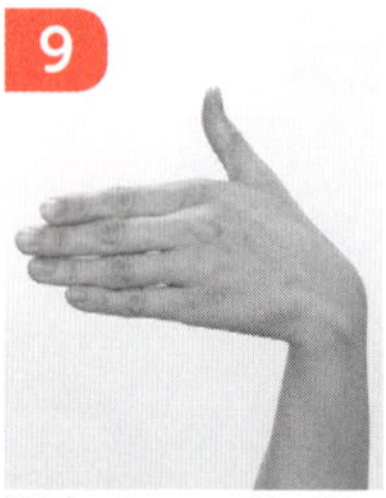
親指《おやゆび》を立《た》て、4本《ほん》の指《ゆび》をそろえてのばす。

0 (別《べつ》の形《かたち》)

親指《おやゆび》と人《ひと》さし指《ゆび》でわっかをつくり、3本《ぼん》の指《ゆび》はのばす。

5
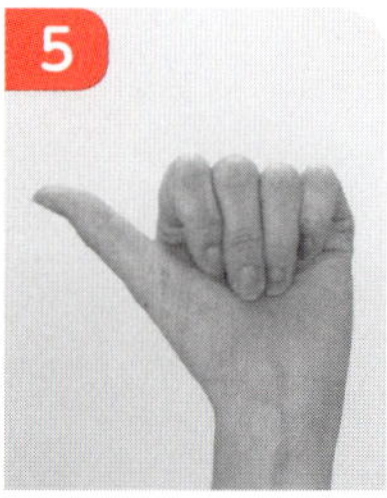
親指《おやゆび》を横《よこ》にのばし、4本《ほん》の指《ゆび》をにぎる。

10
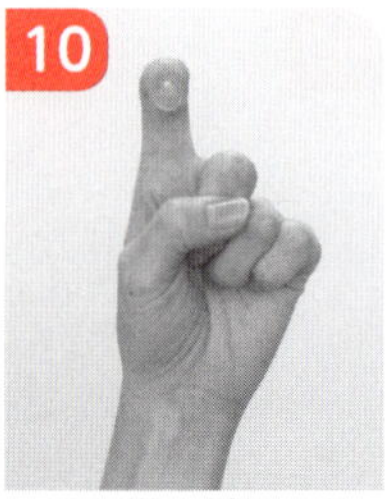
『1』の形《かたち》の指先《ゆびさき》を曲《ま》げる。

1

人《ひと》さし指《ゆび》をのばし、4本《ほん》の指《ゆび》をにぎる。

6
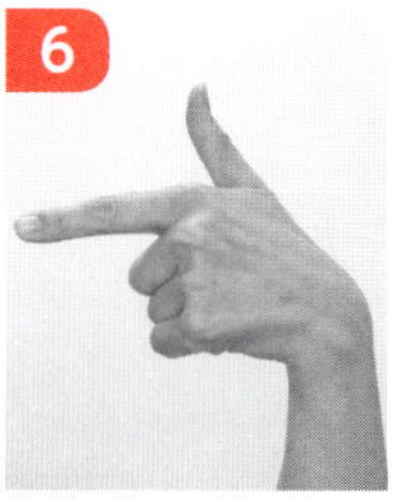
親指《おやゆび》と人《ひと》さし指《ゆび》を開《ひら》いてのばし、3本《ぼん》の指《ゆび》をにぎる。

20
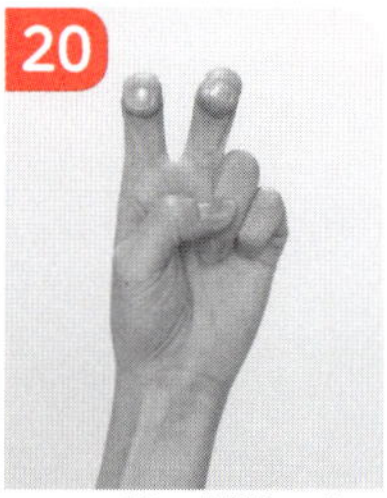
『2』の形《かたち》の指先《ゆびさき》を曲《ま》げる。

2

人《ひと》さし指《ゆび》と中指《なかゆび》を開《ひら》いてのばし、3本《ぼん》の指《ゆび》をにぎる。

7
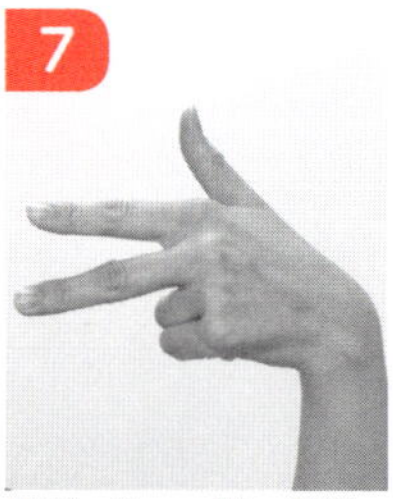
親指《おやゆび》と人《ひと》さし指《ゆび》、中指《なかゆび》を開《ひら》いてのばし、2本《ほん》の指《ゆび》をにぎる。

30
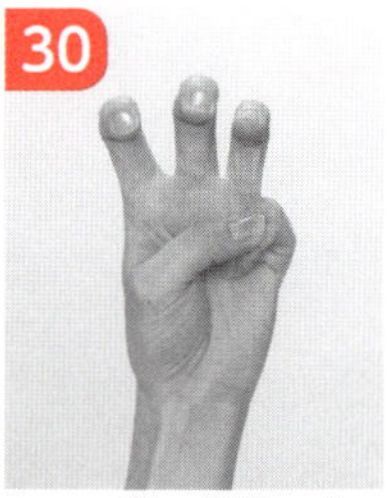
『3』の形《かたち》の指先《ゆびさき》を曲《ま》げる。

3

人《ひと》さし指《ゆび》と中指《なかゆび》、薬指《くすりゆび》を開《ひら》いてのばし、2本《ほん》の指《ゆび》をにぎる。

8

※小指《こゆび》だけ曲《ま》げるのはむずかしいので、できる分《ぶん》だけでいい。
小指《こゆび》を曲《ま》げて、4本《ほん》の指《ゆび》を開《ひら》いてのばす。

40
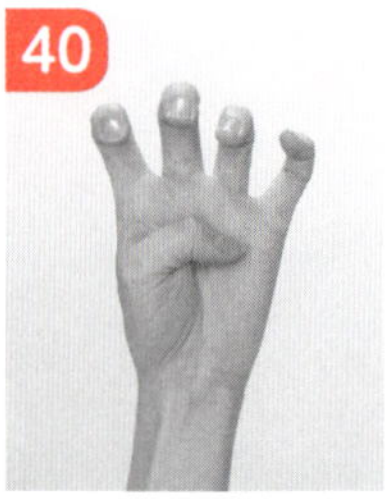
『4』の形《かたち》の指先《ゆびさき》を曲《ま》げる。

動画《どうが》も見《み》れるよ！
▼
動画《どうが》の説明《せつめい》は10ページ

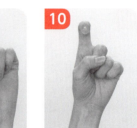

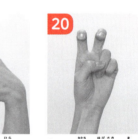

50

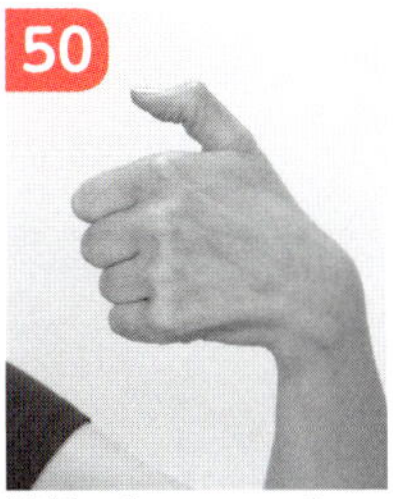

親指《おやゆび》を立《た》ててから曲《ま》げ、4本《ほん》の指《ゆび》はにぎる。

60

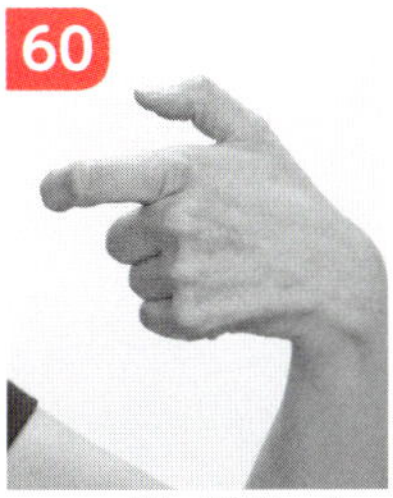

『6』の形《かたち》の指先《ゆびさき》を曲《ま》げる。

70

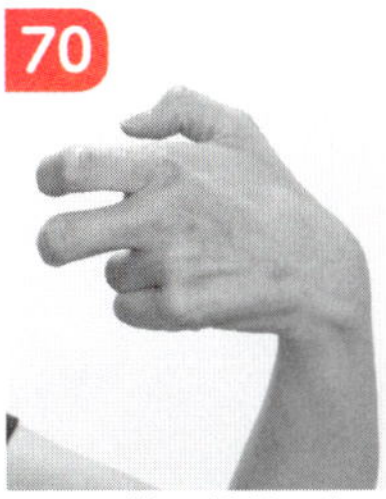

『7』の形《かたち》の指先《ゆびさき》を曲《ま》げる。

80

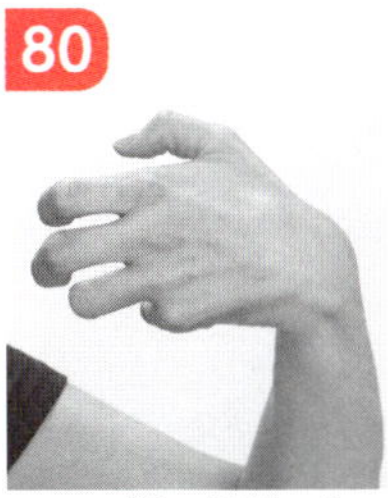

『8』の形《かたち》の指先《ゆびさき》を曲《ま》げる。

90

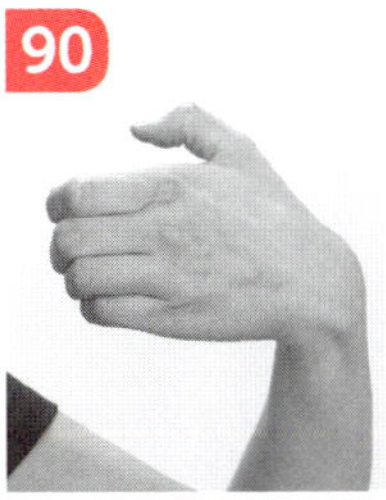

『9』の形《かたち》の指先《ゆびさき》を曲《ま》げる。

100

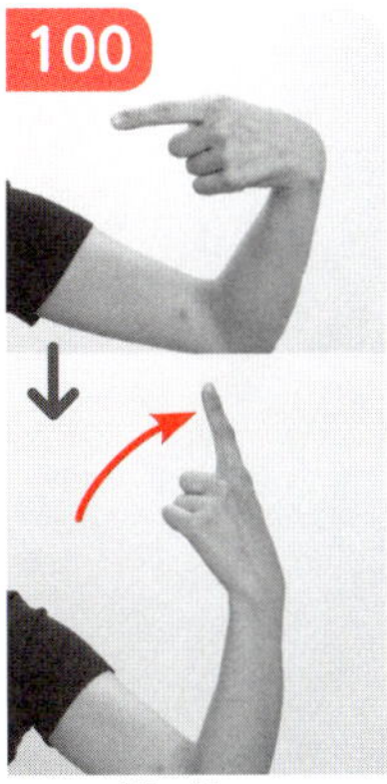

『1』の形《かたち》を横《よこ》にして、はね上《あ》げる。

100 (別《べつ》の形《かたち》)

3本《ぼん》の指《ゆび》の指先《ゆびさき》をつけ、2本《ほん》の指《ゆび》をのばす。0が2つで100。

200

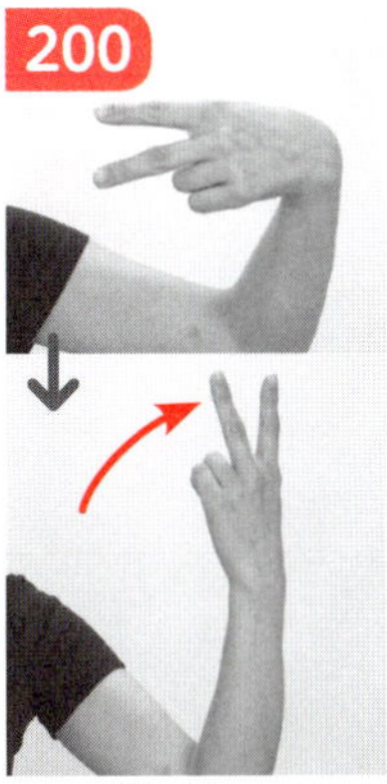

『2』の形《かたち》を横《よこ》にして、はね上《あ》げる。

300

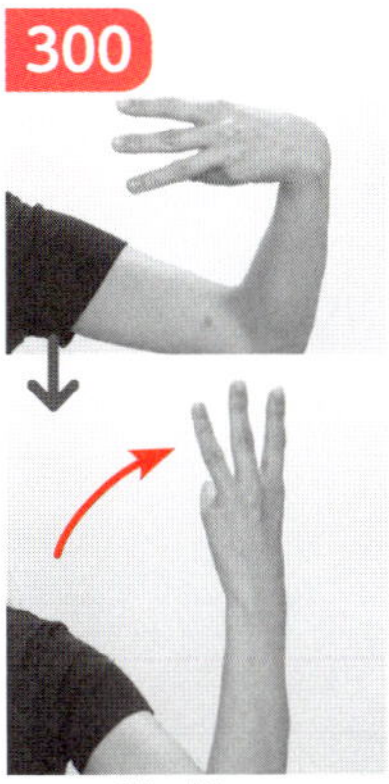

『3』の形《かたち》を横《よこ》にして、はね上《あ》げる。

700

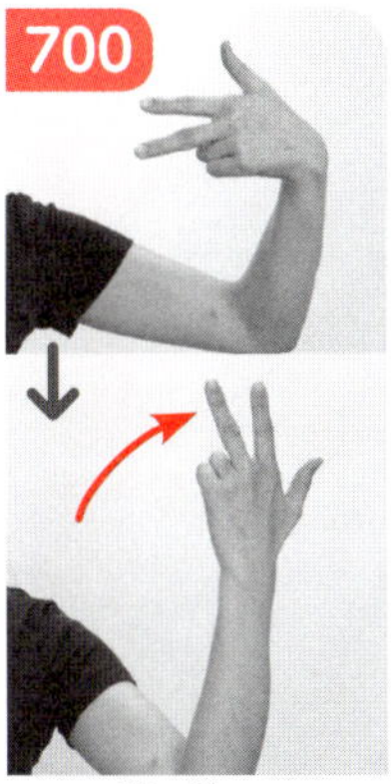

『7』の形《かたち》を横《よこ》にして、はね上《あ》げる。

1000

人《ひと》さし指《ゆび》で『千《せん》』と空中《くうちゅう》に書《か》く。

1000 (別《べつ》の形《かたち》)

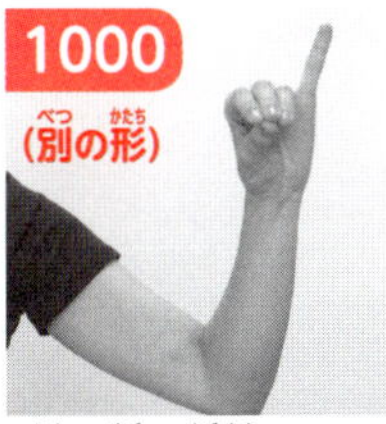

4本《ほん》の指《ゆび》の指先《ゆびさき》をつけ、小指《こゆび》をのばす。0が3つで1000。

2000

人《ひと》さし指《ゆび》と中指《なかゆび》で『千《せん》』と空中《くうちゅう》に書《か》く。

万《まん》

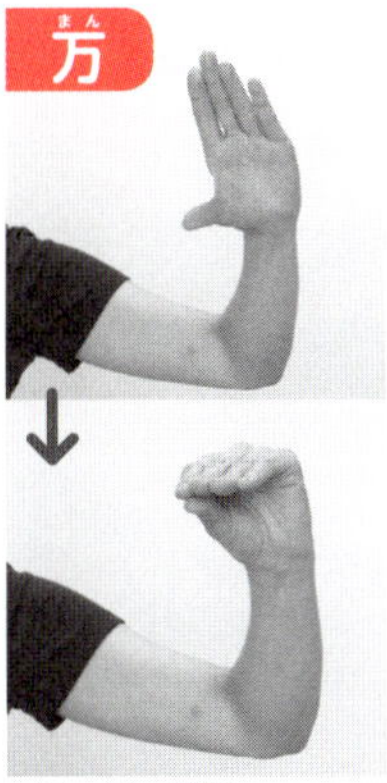

5本《ほん》の指《ゆび》の指先《ゆびさき》をつける。0が4つで10000。

億《おく》

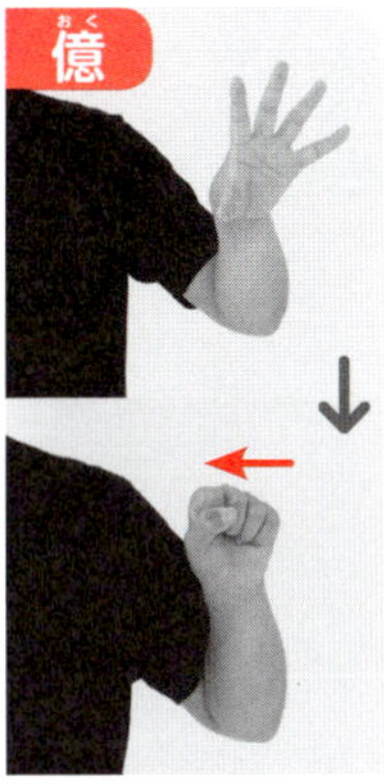

開《ひら》いた手《て》をにぎりながら、体《からだ》のほうに引《ひ》く。

兆《ちょう》

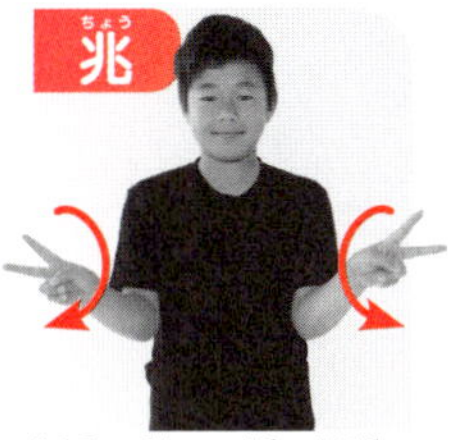

両手《りょうて》の人《ひと》さし指《ゆび》と中指《なかゆび》をのばして、手首《てくび》をくるっと回《まわ》す。『兆《ちょう》』の形《かたち》。

小数点《しょうすうてん》

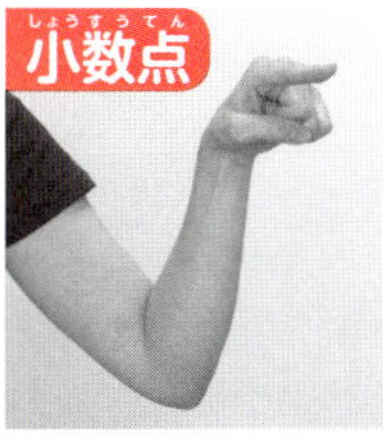

人《ひと》さし指《ゆび》で点《てん》をつく。

コンマ

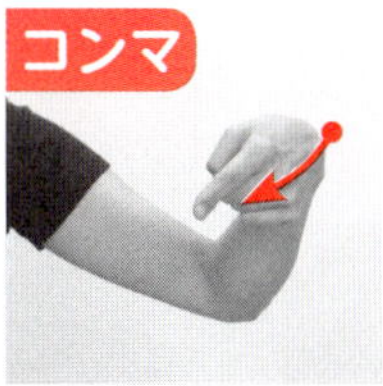

人《ひと》さし指《ゆび》で『,』を空中《くうちゅう》に書《か》く。

51

50

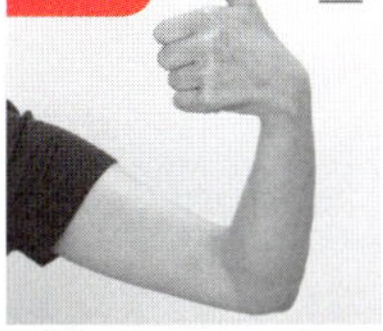

親指《おやゆび》を立《た》ててから曲《ま》げ、4本《ほん》の指《ゆび》はにぎる。

1

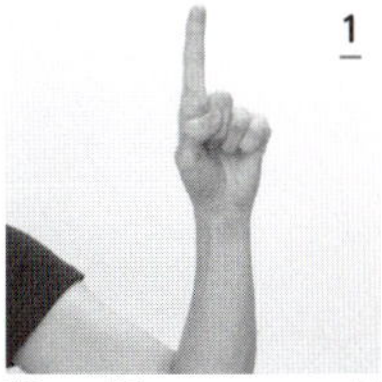

人《ひと》さし指《ゆび》をのばし、4本《ほん》の指《ゆび》はにぎる。

上《うえ》の「51」でもわかるように、2ケタ以上《いじょう》の数字《すうじ》は、大《おお》きなほうのケタから順番《じゅんばん》に表《あらわ》します。

<例《れい》>

50 + 1 → 51

1 + 万 + 2 + 千 + 300 + 40 + 5 → 12345

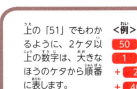

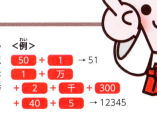

1章《しょう》
あいさつ

おはよう

朝《あさ》

手《て》をグーにして、顔《かお》の横《よこ》から下《した》へ下《お》ろします。

あいさつ

両手《りょうて》の人《ひと》さし指《ゆび》をのばして、向《む》かい合《あ》わせにします。

指先《ゆびさき》を曲《ま》げます。

こんにちは

昼《ひる》

人《ひと》さし指《ゆび》と中指《なかゆび》をのばして、おでこにあてます。

あいさつ

両手《りょうて》の人《ひと》さし指《ゆび》をのばして、向《む》かい合《あ》わせにします。

指先《ゆびさき》を曲《ま》げます。

「朝《あさ》」、「昼《ひる》」、「夜《よる》」に
それぞれ「あいさつ」を
足《た》してるんだね

動画《どうが》も見《み》れるよ！
動画《どうが》の説明《せつめい》は10ページ

こんばんは

夜《よる》あいさつ

両手《りょうて》を上《あ》げて、顔《かお》の前《まえ》でクロスさせます。

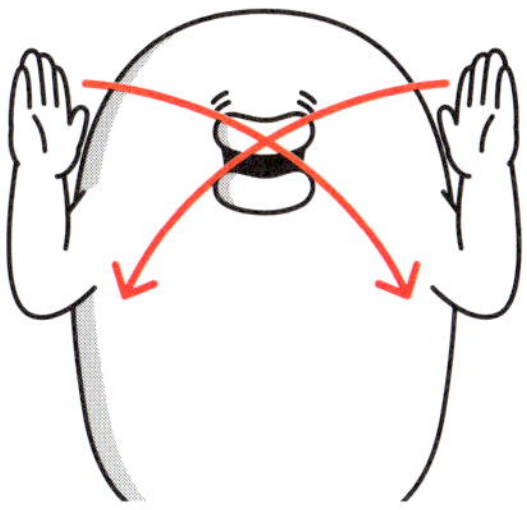

両手《りょうて》の人《ひと》さし指《ゆび》をのばして、向《む》かい合《あ》わせにします。

指先《ゆびさき》を曲《ま》げます。

またね!

さようなら

手《て》をグーにします。

グーをチョキにしながら、手《て》を横《よこ》に少《すこ》したおします。

おやすみ

おやすみなさい

両手《りょうて》をほおにあてて、目《め》をつぶります。

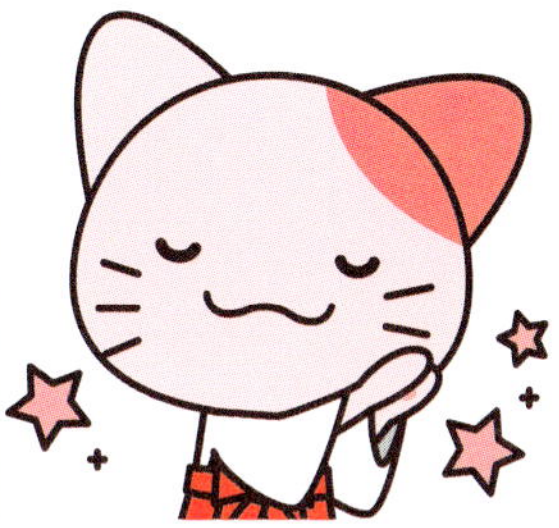

「おやすみ」は、ジェスチャーみたいだもん!

1 章《しょう》

あいさつ

ありがとう

ありがとう

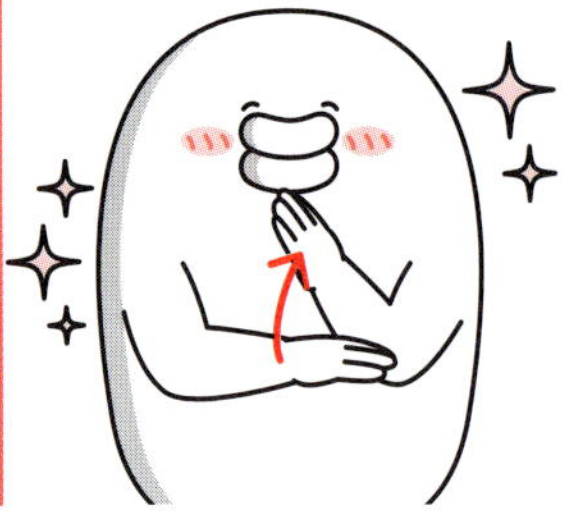

指《ゆび》をのばして、反《はん》対《たい》の手《て》のこうにのせたあと、のせた手《て》を上《うえ》に上《あ》げます。

ごめんね

めいわく

親指《おやゆび》と人《ひと》さし指《ゆび》で、まゆ毛《げ》の間《あいだ》をつまむようにします。

おねがい

手《て》のひらを立《た》てて、前《まえ》にたおします。

どういたしまして

いいえ

指先《ゆびさき》をそろえ、顔《かお》の前《まえ》で手《て》を横《よこ》にふります。

かまわない

小指《こゆび》をのばして、あごに２回《かい》つけます。

アイ・ラブ・ユー

中指《なかゆび》と薬指《くすりゆび》を曲《ま》げ、親《おや》指《ゆび》、人《ひと》さし指《ゆび》、小指《こゆび》をのばします。

「アイ・ラブ・ユー(I love you)」は英語《えいご》で、日《に》本語《ほんご》にすると「すき」「あいしてる」みたいな意《い》味《み》です。でも手話《しゅわ》では、「やあ!」「ごきげん!」「ありがとう」といったような、いろんなあいさつにも使《つか》えます。これは、世界中《せかいじゅう》で通《つう》じるべんりな手話《しゅわ》です。

動画《どうが》も見《み》れるよ！▼
動画《どうが》の説明《せつめい》は10ページ

よろしくおねがいします

よい

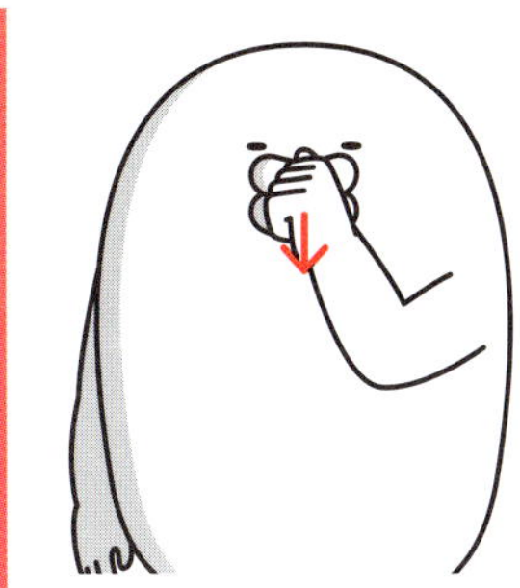

手《て》をグーにして鼻《はな》にあて、前《まえ》に出《だ》します。

おねがい

手《て》のひらを立《た》てて、前《まえ》にたおします。

がんばって！

がんばる

ひじを曲《ま》げ、両手《りょうて》をグーにして、上《じょう》下《げ》に動《うご》かします。

元気《げんき》

おねがい

手《て》を立《た》てて、前《まえ》にたおします。

「おねがい」はいろいろ使《つか》える！

「おねがい」は、「～してください」と相手《あいて》におねがいするときに使《つか》う手話《しゅわ》です。いろんな言葉《ことば》と組《く》み合《あ》わせて使《つか》えるので、覚《おぼ》えておくとべんりだよ！

●「おねがい」を使《つか》った手話《しゅわ》

めいわく	＋	おねがい	→	ごめんね	
よい	＋	おねがい	→	よろしくおねがいします	
がんばる	＋	おねがい	→	がんばって	
教《おし》える	＋	おねがい	→	教《おし》えて	(39、74ページ)
かりる	＋	おねがい	→	かして	(58ページ)

1章《しょう》
よく使《つか》う言葉《ことば》

はい

はい

人《ひと》さし指《ゆび》の先《さき》を開《ひら》き、くっつけます。

↓

いいえ

いいえ

親指《おやゆび》と人《ひと》さし指《ゆび》をのばし、手首《てくび》を2回《かい》くるっと回《まわ》します（半回転《はんかいてん》）。

★18ページの「いいえ」(どういたしまして)より、はっきりした「いいえ」です。

↓

わたし／ぼく

わたし

自分《じぶん》を指《ゆび》さします。

あなた／きみ

あなた

相手《あいて》を指《ゆび》さします。

わかりました

わかる

手《て》をむねにあてて、トントンとたたきます。

★41ページの「知《し》ってる(わかる)」と同《おな》じ意味《いみ》ですが、このようにむねをたたくこともあります。

知《し》る

わかりません

わからない

手《て》をかたのあたりで、2〜3回《かい》はらうように動《うご》かします。

知《し》らない

動画《どうが》も見《み》れるよ！▼
動画《どうが》の説明《せつめい》は10ページ

いいよ

かまわない

小指《こゆび》をのばして、あごに2回《かい》つけます。

ダメ

いけません

両手《りょうて》で×（バツマーク）をつくります。

だいじょうぶだよ

だいじょうぶ

指先《ゆびさき》をむねにつけて、横《よこ》に動《うご》かします。

できる

元気《げんき》です

元気《げんき》

ひじを曲《ま》げ、両手《りょうて》をグーにして、上下《じょうげ》に動《うご》かします。

がんばる

だいじょうぶ？

だいじょうぶ

心配《しんぱい》そうな表情《ひょうじょう》をしながら、指先《ゆびさき》をむねにつけて、横《よこ》に動《うご》かします。

元気《げんき》ですか？

元気《げんき》

ひじを曲《ま》げ、両手《りょうて》をグーにして、上下《じょうげ》に動《うご》かします。

ですか

手《て》のひらを上向《うえむ》きにして、前《まえ》に出《だ》します。

同《おな》じ手話《しゅわ》でも、表情《ひょうじょう》によって意味《いみ》がかわってくるよ！

「～ですか?」は表情《ひょうじょう》でも伝《つた》わるよ

元気《げんき》ですか?

「～ですか?」は、質問《しつもん》するときに使《つか》う手話《しゅわ》です。でも、この手話《しゅわ》を使《つか》わないで、表情《ひょうじょう》で質問《しつもん》を伝《つた》える方法《ほうほう》もあります。「元気《げんき》」という手話《しゅわ》をしながら、問《と》いかけるような表情《ひょうじょう》（フシギそうな表情《ひょうじょう》）をすると、「元気《げんき》?」という意味《いみ》になります。手話《しゅわ》になれてきたら、チャレンジしてみよう！

何《なに》？

何《なに》

人《ひと》さし指《ゆび》をのばして、横《よこ》に2〜3回《かい》ふります。

だれ？

だれ

手《て》を軽《かる》くにぎって、ほおに２回《かい》あてます。

どこ？

場所《ばしょ》

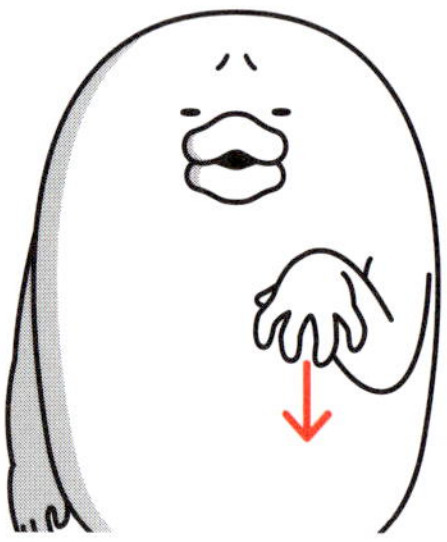

指先《ゆびさき》を下《した》向《む》けに曲《ま》げて、少《すこ》し下《さ》げます。

何《なに》

人《ひと》さし指《ゆび》をのばして、横《よこ》に2〜3回《かい》ふります。

いつ？

いつ

両手《りょうて》の指《ゆび》を開《ひら》いて、上下《じょうげ》にします。

両手《りょうて》の指《ゆび》を、親指《おやゆび》から順番《じゅんばん》におっていきます。

なんで？

なぜ

人《ひと》さし指《ゆび》をのばし、反対《はんたい》の手《て》の下《した》をくぐらせます。

動画《どうが》も見《み》れるよ！
▼
動画《どうが》の説明《せつめい》は10ページ

あなたの名前《なまえ》は何《なん》ですか？

あなた

相手《あいて》を指《ゆび》さします。

名前《なまえ》

手《て》のひらの真《ま》ん中《なか》に、反対《はんたい》の手《て》の親《おや》指《ゆび》をあてます。

何《なに》

人《ひと》さし指《ゆび》をのばして、横《よこ》に2～3回《かい》ふります。

どう思《おも》う？

思《おも》う

頭《あたま》を指《ゆび》さします。

感《かん》じる

どう

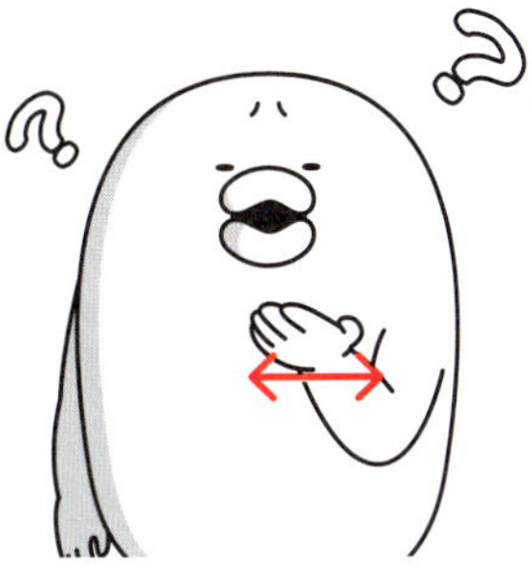

手《て》のひらを上《うえ》向《む》きにして、左右《さゆう》に動《うご》かします。

質問《しつもん》するとき、「何《なに》」「だれ」「いつ？」といった言葉《ことば》（ぎもん詞《し》）は、さいごに来《く》るんだもん
たずねるような表情《ひょうじょう》（フシギそうな表情《ひょうじょう》）をするのも大切《たいせつ》だもん！

「聞《き》こえない」と、こんなときにこまります

「こまっている」と気《き》がついてもらえない

目《め》が見《み》えない人《ひと》の多《おお》くは、白《しろ》いつえを持《も》って出《で》かけます。だからまわりの人《ひと》も、「あの人《ひと》は目《め》が見《み》えなくて、こまっていないかな」と思《おも》うことができます。でも耳《みみ》が聞《き》こえなくても、見《み》た目《め》だけではわかりません。そのため、「聞《き》こえなくてこまっている」と、なかなかわかってもらえません。

名前《なまえ》をよばれても、気《き》づかない

外出先《がいしゅつさき》での順番待《じゅんばんま》ちのとき、病院《びょういん》などでは電光《でんこう》けいじ板《ばん》によぶ相手《あいて》の番号《ばんごう》を出《だ》したり、フードコートではブルブルとふるえるきかいを使《つか》うなど、耳《みみ》が聞《き》こえなくてもこまらないよび出《だ》し方《かた》がふえてきました。でもまだ、名前《なまえ》や番号《ばんごう》を声《こえ》だけで知《し》らせるところもあり、その場合《ばあい》、自分《じぶん》がよばれていることに気《き》づかなくて、あと回《まわ》しにされてしまうことがあります。

「むししている」とかんちがいされてしまう

はなれた場所《ばしょ》や後《うし》ろから声《こえ》をかけられても気《き》づかないので、返事《へんじ》ができません。本当《ほんとう》は聞《き》こえてないから返事《へんじ》ができないだけなのに、「あの子《こ》、むししてる」などと、かんちがいされてしまうことがあります。聞《き》こえない人には、かたなどをポンとして気《き》づいてもらってから、前《まえ》から手話《しゅわ》を見《み》せてね。

駅《えき》や電車《でんしゃ》の中《なか》などでアナウンスがわからない

事故《じこ》などで、電車《でんしゃ》がおくれたり止《と》まったりしたとき、駅《えき》や電車《でんしゃ》の中《なか》ではお知《し》らせのアナウンスがあります。でも、それが聞《き》こえないので、何《なに》が起《お》こっているのかわからず、こまってしまうことがあります。

気《き》づいたら、できることを助《たす》けてあげてだもん!

後《うし》ろから来《く》る自転車《じてんしゃ》や車《くるま》に気《き》づきにくい

自転車《じてんしゃ》のベルや自動車《じどうしゃ》のクラクションが聞《き》こえなかったり、火災報知機《かさいほうちき》の音《おと》や防災放送《ぼうさいほうそう》などが聞《き》こえないため、あぶない目《め》にあいやすいこともあります。また何《なに》かあったとき、けいさつしょや消防《しょうぼう》しょなどに、自分《じぶん》で電話《でんわ》できないのもふべんです。

2章《しょう》

自分《じぶん》のことを手話《しゅわ》で話《はな》そう！

名前《なまえ》、年《ねん》れい、すきなもの、家族《かぞく》や友《とも》だちのことなど、
自分《じぶん》のことをどんどん話《はな》そう！

ここからの
モデルは、
子《こ》どもたちに
交代《こうたい》だす！

2 章《しょう》

自分《じぶん》のこと

こんにちは

昼《ひる》

人《ひと》さし指《ゆび》と中指《なかゆび》をのばして、おでこにあてます。

あいさつ

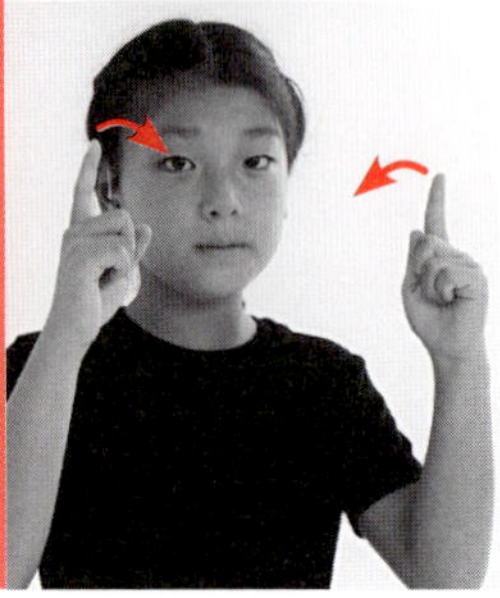

両手《りょうて》の人《ひと》さし指《ゆび》をのばして向《む》かい合《あ》わせにして、指先《ゆびさき》を曲《ま》げます。

わたしの名前《なまえ》は北畑《きたはた》です

わたし

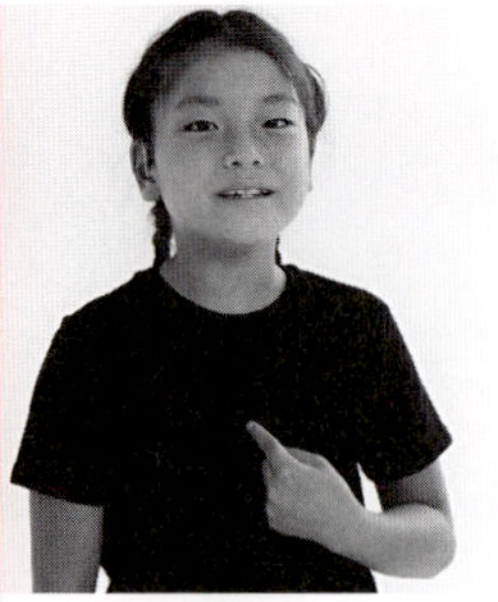

自分《じぶん》を指《ゆび》さします。

名前《なまえ》

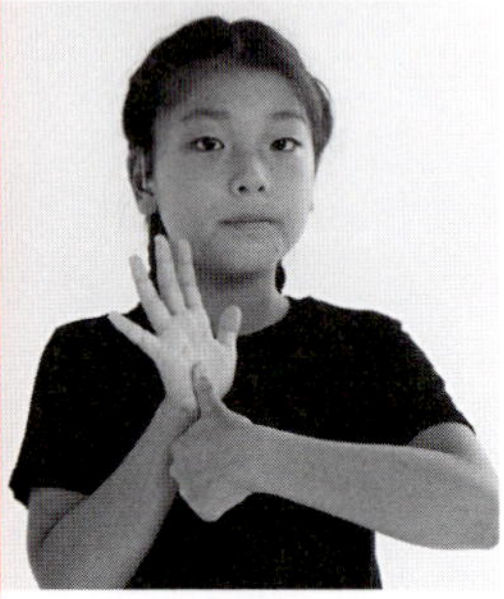

手《て》のひらの真《ま》ん中《なか》に、反対《はんたい》の手《て》の親指《おやゆび》をあてます。

北《きた》

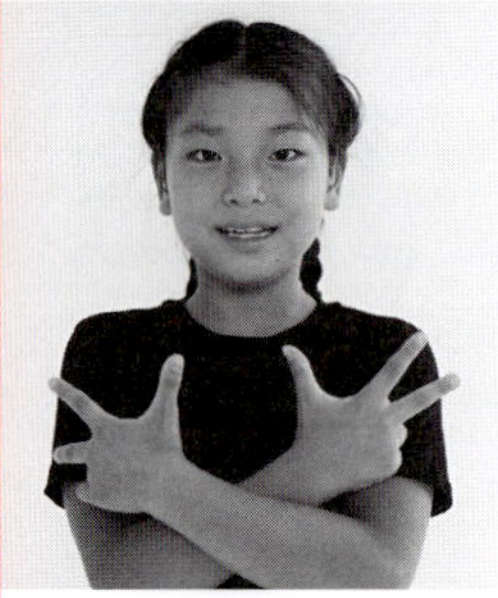

両手《りょうて》の親指《おやゆび》、人《ひと》さし指《ゆび》、中指《なかゆび》をのばしてクロスさせます。

★「北《きた》」の字《じ》の形《かたち》。

畑《はたけ》

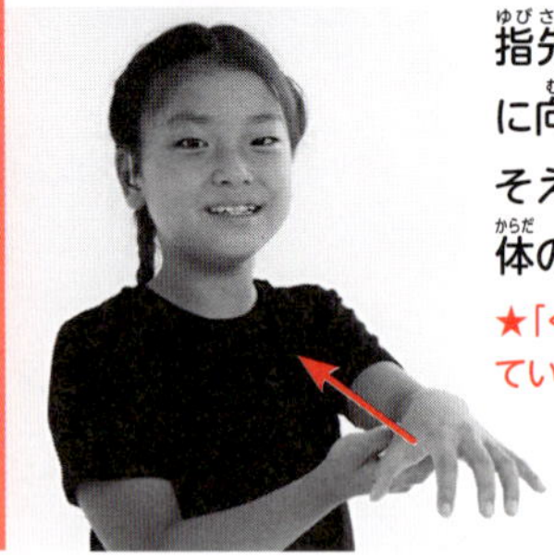

指先《ゆびさき》を軽《かる》く曲《ま》げて下《した》に向《む》け、反対《はんたい》の手《て》をそえます。そのまま体《からだ》のほうに引《ひ》きます。

★「くわ」で畑《はたけ》をたがやしている様子《ようす》。

名前《なまえ》の表《あらわ》し方《かた》は
29ページも
見《み》るにゃん!

動画《どうが》も見《み》れるよ!▼
動画《どうが》の説明《せつめい》は10ページ

小学校《しょうがっこう》4年生《ねんせい》です

わたし

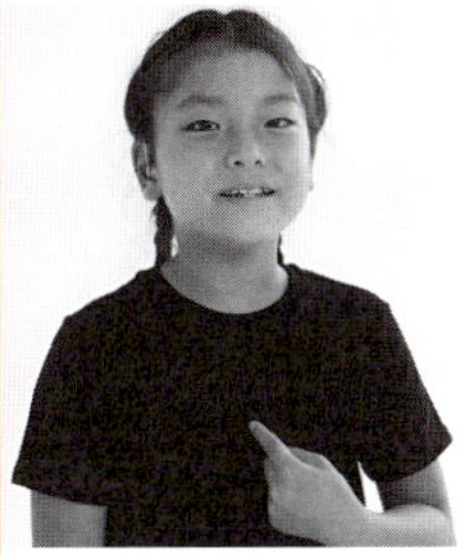

自分《じぶん》を指《ゆび》さします。

小《しょう》

人《ひと》さし指《ゆび》をのばして、反対《はんたい》の手《て》の人《ひと》さし指《ゆび》と中指《なかゆび》ではさみます。

★「小《しょう》」の字《じ》の形《かたち》。

4

親指《おやゆび》以外《いがい》の4本《ほん》の指《ゆび》をのばします。

★指文字《ゆびもじ》の「4」（14ページ）。

10才《さい》です

年《とし》

5本《ほん》の指《ゆび》をのばしてあごにあて、親指《おやゆび》から順番《じゅんばん》におっていきます。

10

人《ひと》さし指《ゆび》の先《さき》を曲《ま》げます。

★指文字《ゆびもじ》の「10」（14ページ）。

算数《さんすう》がとくいです

わたし

自分《じぶん》を指《ゆび》さします。

算《さん》数《すう》

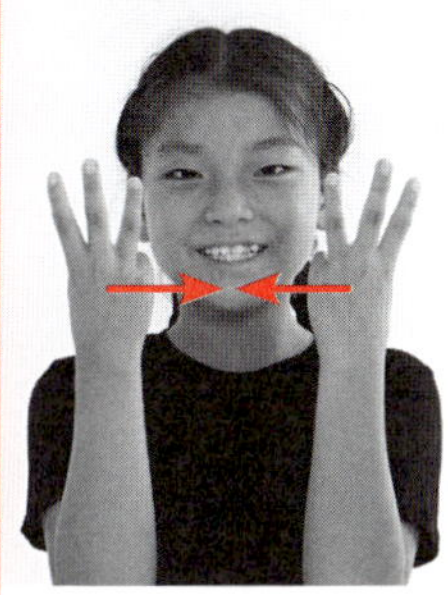

両手《りょうて》の人《ひと》さし指《ゆび》、中《なか》指《ゆび》、薬指《くすりゆび》をのばし、2回《かい》ぶつけます。

とくい

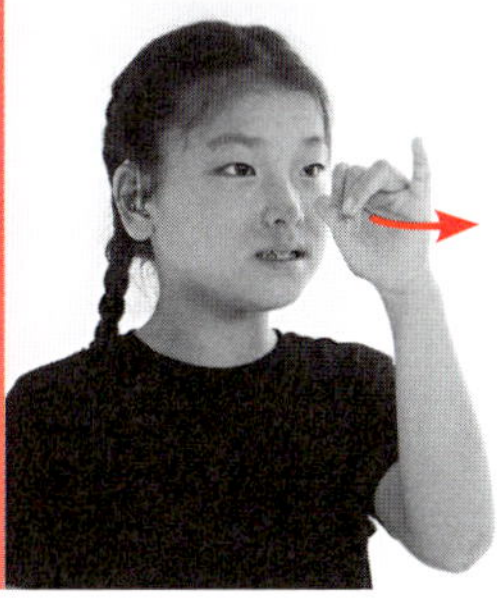

親指《おやゆび》と小指《こゆび》をのばして鼻《はな》の先《さき》につけ、前《まえ》に出《だ》します。

だれのことを
言《い》っているのか
はっきりしているときは、
「わたし」は
ナシでもいいよ

この手話《しゅわ》も覚《おぼ》えちゃお！

科目《かもく》、学校《がっこう》の道具《どうぐ》

国語 こくご

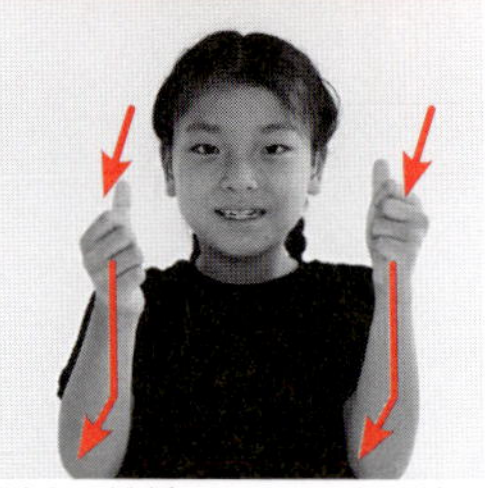

両手《りょうて》の親指《おやゆび》をのばし、少《すこ》し前《まえ》に出《だ》します。そのまま下《した》へ下《お》ろして、また少《すこ》し前《まえ》に出《だ》します。

理科 りか

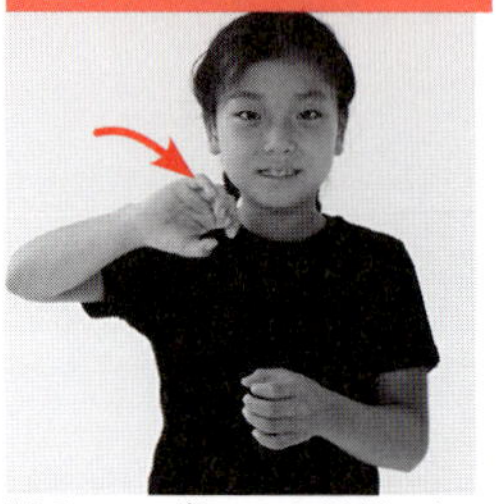

両手《りょうて》を、1本《ぽん》ずつ試験管《しけんかん》を持《も》つような形《かたち》にします。それぞれの手《て》を順番《じゅんばん》にかたむけて、えき体《たい》を注《そそ》ぐような動作《どうさ》をします。

英語 えいご

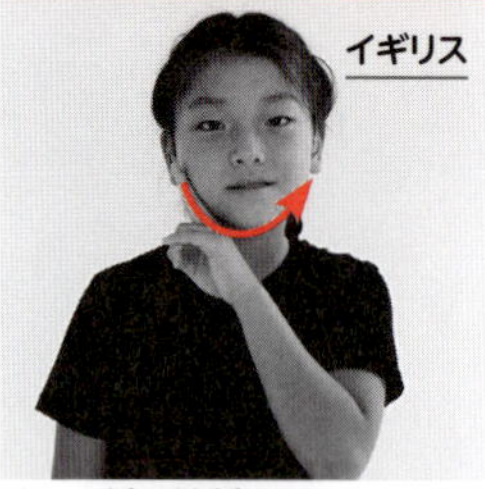

人《ひと》さし指《ゆび》と中指《なかゆび》をのばして、あごにそって動《うご》かします。

人《ひと》さし指《ゆび》を口元《くちもと》にあてて、前《まえ》に出《だ》します。

教科書 きょうかしょ

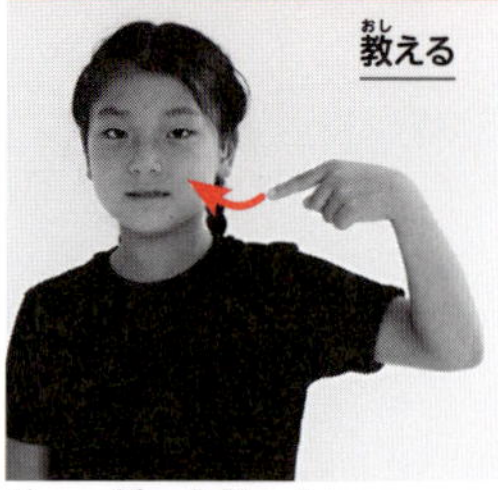

人《ひと》さし指《ゆび》を自分《じぶん》に向《む》けてふります。

★相手《あいて》から「教《おそ》わる」場合《ばあい》です。自分《じぶん》が「教《おし》える」ときには、指先《ゆびさき》を相手《あいて》に向《む》けてふります。

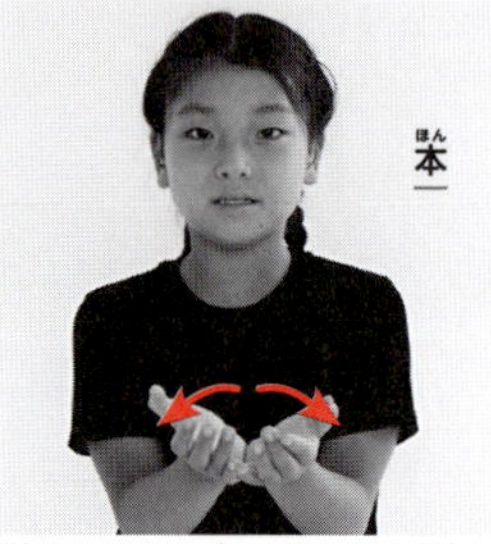

両手《りょうて》のひらを合《あ》わせて、小指《こゆび》のほうをくっつけたまま、左右《さゆう》に開《ひら》きます。

ノート

両手《りょうて》のひらを合《あ》わせて、小指《こゆび》のほうをくっつけたまま、左右《さゆう》に開《ひら》きます。

親指《おやゆび》と人《ひと》さし指《ゆび》をつけて、反対《はんたい》の手《て》のひらの上《うえ》で動《うご》かします。

★紙《かみ》の上《うえ》で書《か》いている様子《ようす》。

社会 しゃかい

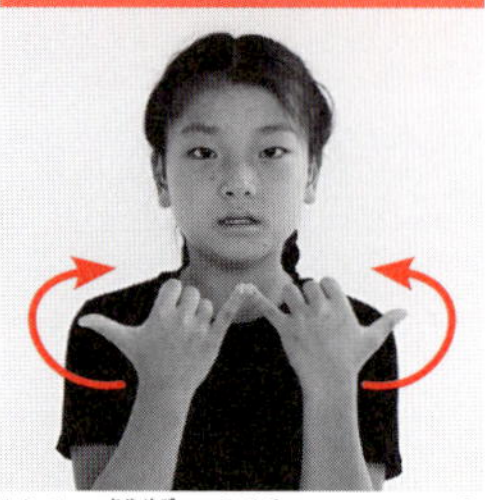

両手《りょうて》の親指《おやゆび》と小指《こゆび》をのばし、小指《こゆび》どうしをつけます。手首《てくび》をくるっと回《まわ》し、親指《おやゆび》どうしがつくようにします。

音楽 おんがく

両手《りょうて》の人《ひと》さし指《ゆび》をのばし、左右《さゆう》に何度《なんど》か動《うご》かします。

★指《し》き者《しゃ》の動《うご》き。

体育 たいいく

両手《りょうて》の親指《おやゆび》を立《た》てて、左右《さゆう》の手《て》を同時《どうじ》に前後《ぜんご》させます。

図工 ずこう

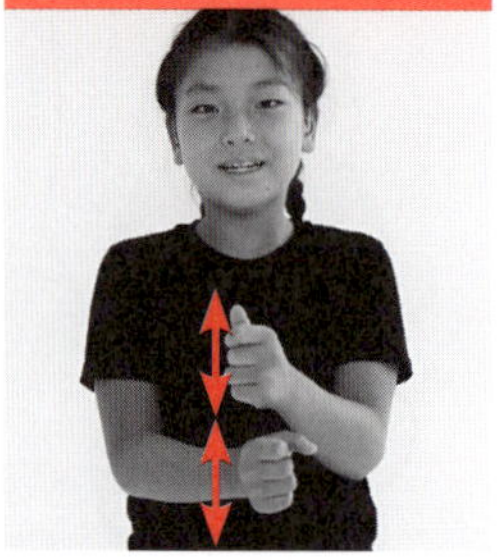

両手《りょうて》をにぎって上下《じょうげ》にトントンとたたきます。

黒板 こくばん

かみの毛《け》をさわります。

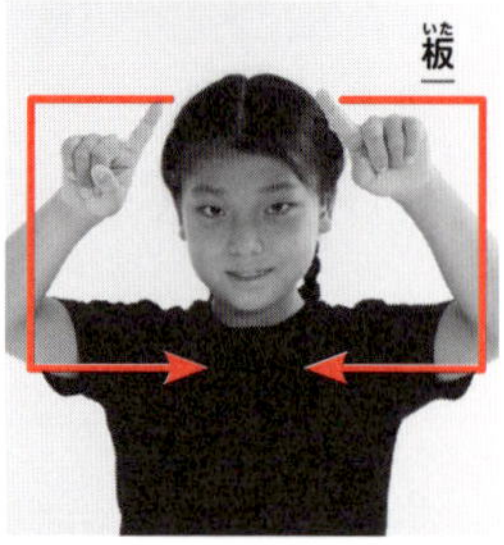

両手《りょうて》の人《ひと》さし指《ゆび》で、空中《くうちゅう》に長方形《ちょうほうけい》（黒板《こくばん》の形《かたち》）を書《か》きます。

つくえ

両手《りょうて》の指先《ゆびさき》を前《まえ》に向《む》けて、長方形《ちょうほうけい》（つくえの形《かたち》）を空中《くうちゅう》に書《か》きます。

いす

人《ひと》さし指《ゆび》と中指《なかゆび》を、横向《よこむ》きにのばします。反対《はんたい》の手《て》の人《ひと》さし指《ゆび》と中指《なかゆび》を曲《ま》げて、そこにのせます。

★上《うえ》のほうが「足《あし》」、下《した》のほうが「いす」のイメージ。

動画《どうが》も見《み》れるよ！▼

動画《どうが》の説明《せつめい》は10ページ

えんぴつ

手《て》をえんぴつを持《も》った形《かたち》にして、口《くち》に近《ちか》づけます。★えんぴつの先《さき》をなめている様子《ようす》。

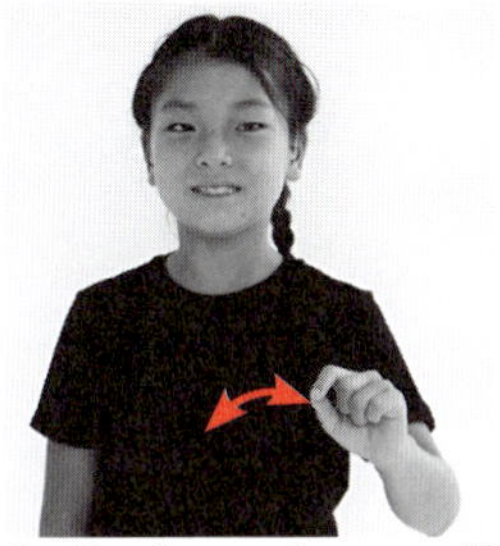

手《て》を前《まえ》に出《だ》して、書《か》いている動《うご》きをします。

消しゴム　けしごむ

手《て》を消《け》しゴムを持《も》った形《かたち》にして、前後《ぜんご》に動《うご》かします。
★消《け》している動作《どうさ》。

名前《なまえ》の表《あらわ》し方《かた》

26ページに「わたしの名前《なまえ》は〇〇です」って出《で》てきたけど、自分《じぶん》の名前《なまえ》で練習《れんしゅう》してみよう。
名前《なまえ》を手話《しゅわ》で言《い》うときには、こんな方法《ほうほう》があるよ。

1 単語《たんご》を組《く》み合《あ》わせる

26ページの北畑《きたはた》さんの場合《ばあい》、「北《きた》」と「畑《はたけ》」という単語《たんご》の組《く》み合《あ》わせで名前《なまえ》を表《あらわ》しています。ほかにも「小《ち》さい」と「池《いけ》」で「小池《こいけ》」さん、「森《もり》」と「田《た》んぼ」で「森田《もりた》」さんなど、いろいろあります。
また、「加藤《かとう》（清正《きよまさ》）」や「佐々木《ささき》（小《こ》次郎《じろう》）」など、れきしに出《で》てくる有名《ゆうめい》人《じん》がもとになった名前《なまえ》の手話《しゅわ》も。

「北畑《きたはた》」という名前《なまえ》のとき

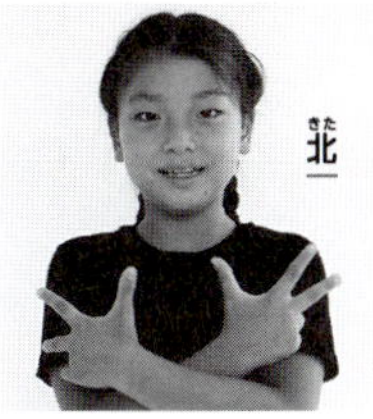
北《きた》

畑《はたけ》

2 指文字《ゆびもじ》を使《つか》う

12～13ページにひらがなの指文字《ゆびもじ》が出《で》ているけど、これを使《つか》って1文字《もじ》ずつ、「き」「た」「は」「た」というように表《あらわ》すこともできます。

指文字《ゆびもじ》の「き」

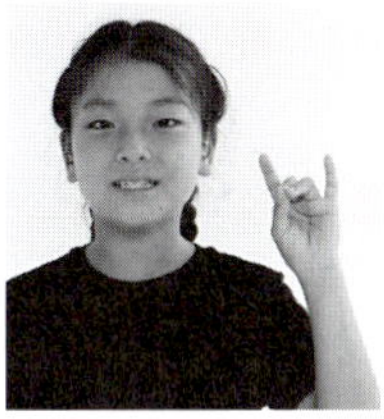

3 空中《くうちゅう》に文字《もじ》を書《か》く（空書《そらが》き）

指《ゆび》で空中《くうちゅう》に「北《きた》」「畑《はたけ》」というように、書《か》いて表《あらわ》すこともできます（ひらがなで「き」「た」「は」「た」と書《か》いてもオッケー）。

「北《きた》」を空中《くうちゅう》に

北

自分《じぶん》の名前《なまえ》に合《あ》わせてやってみるだす！

ぼくには3才《さい》年下《としした》の妹《いもうと》がいて、お父《とう》さん、お母《かあ》さんの4人家族《にんかぞく》です

ぼく

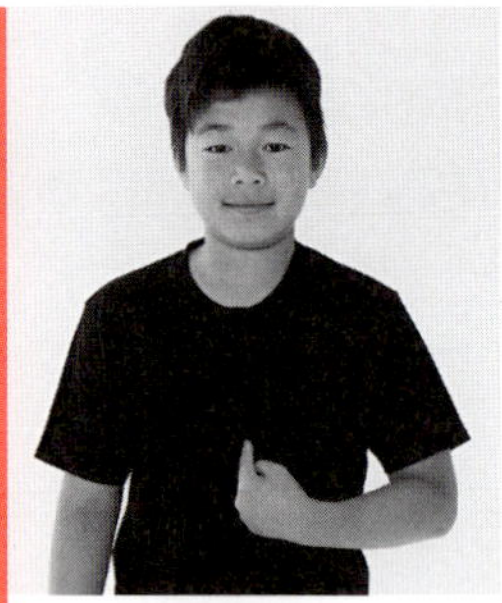

自分《じぶん》を指《ゆび》さします。

年《とし》

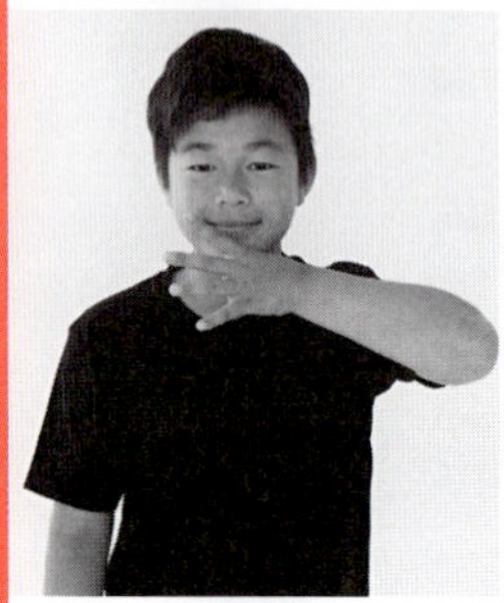

5本《ほん》の指《ゆび》をのばしてあごにあて、親指《おやゆび》から順番《じゅんばん》におっていきます。

3

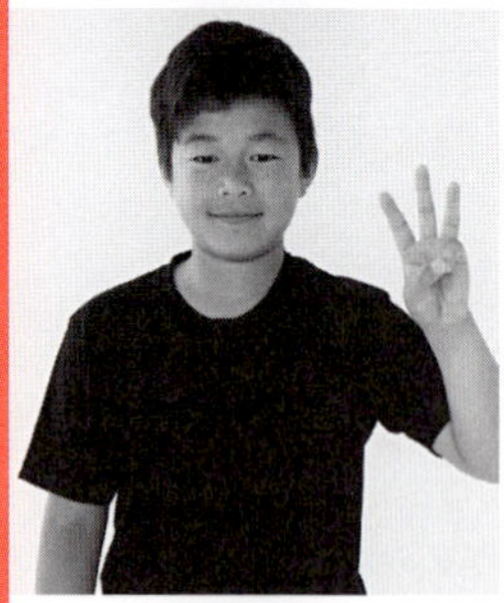

人《ひと》さし指《ゆび》、中指《なかゆび》、薬《くすり》指《ゆび》をのばします。

★指文字《ゆびもじ》の「3」（14ページ）。

下《した》

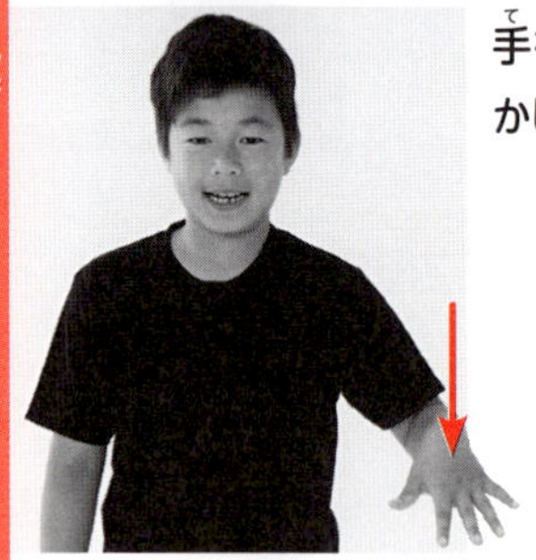

手《て》を開《ひら》いて、下《した》に動《うご》かします。

妹《いもうと》

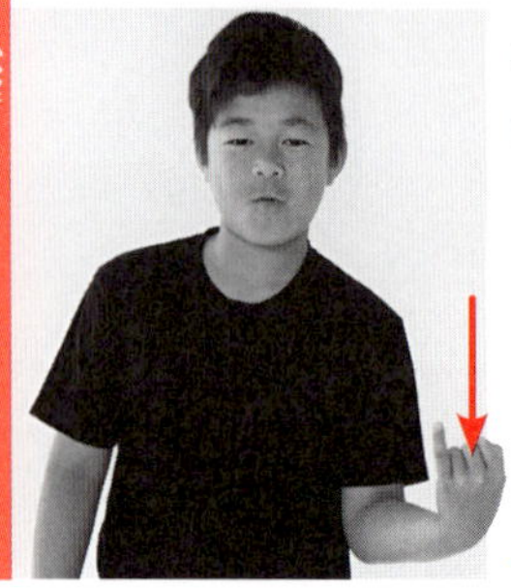

小指《こゆび》をのばして、下《した》に動《うご》かします。

つづく

いる

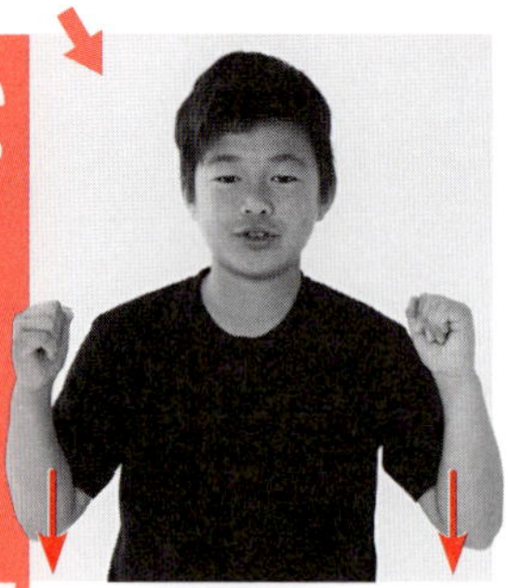

両手《りょうて》をグーにして、下《した》へ動《うご》かします。

ぼく

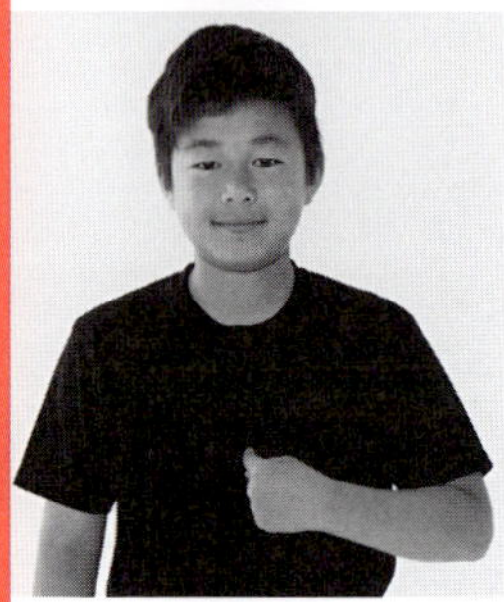

自分《じぶん》を指《ゆび》さします。

家族《かぞく》

両手《りょうて》で屋根《やね》をつくります。

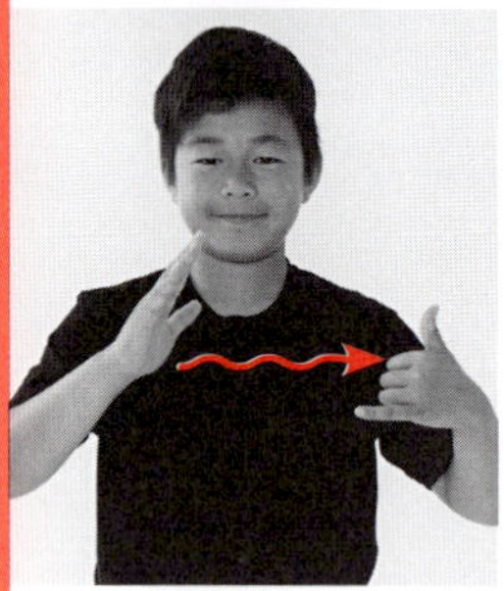

かた方《ほう》の手《て》はそのままで、反対《はんたい》の手《て》の親《おや》指《ゆび》と小指《こゆび》をのばして、ゆらしながら横《よこ》に動《うご》かします。

★屋根《やね》の下《した》に人《ひと》がいる様子《ようす》。

父《ちち》

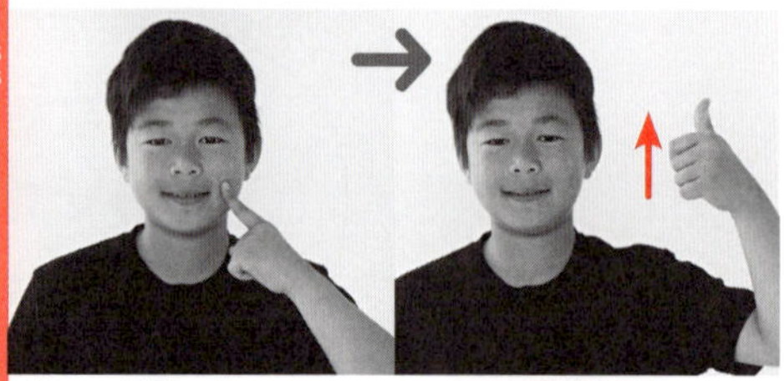

人《ひと》さし指《ゆび》をほおにつけてから、親指《おやゆび》をのばして上《うえ》へ動《うご》かします。

お父《とう》さん

つづく

動画《どうが》も見《み》れるよ！

▼動画《どうが》の説明《せつめい》は10ページ

妹《いもうと》はわがままだから、お兄《にい》ちゃんがほしいな

母《はは》

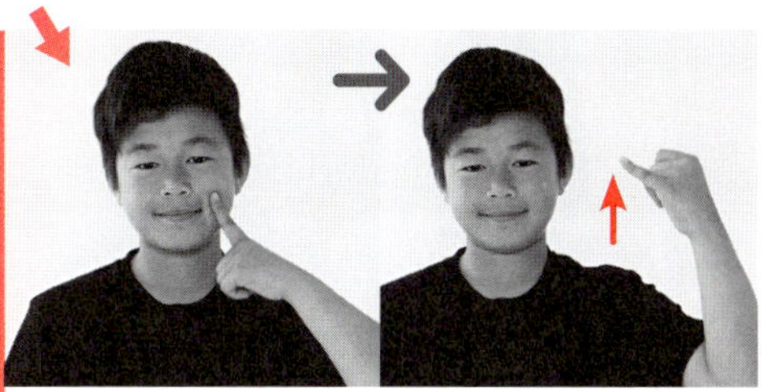

人《ひと》さし指《ゆび》をほおにつけてから、小指《こゆび》をのばして上《うえ》へ動《うご》かします。

お母《かあ》さん

ぼく

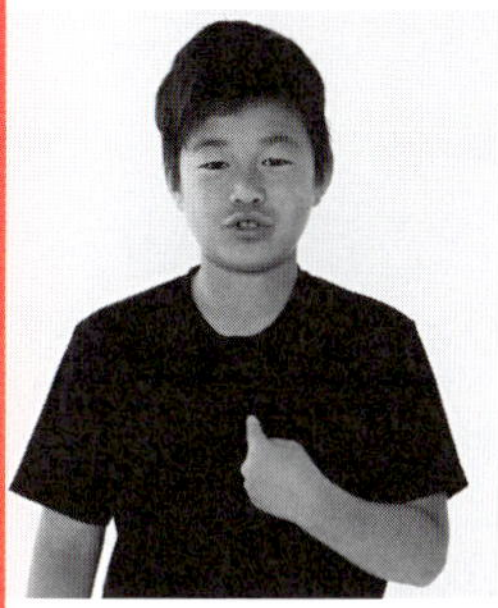

自分《じぶん》を指《ゆび》さします。

妹《いもうと》

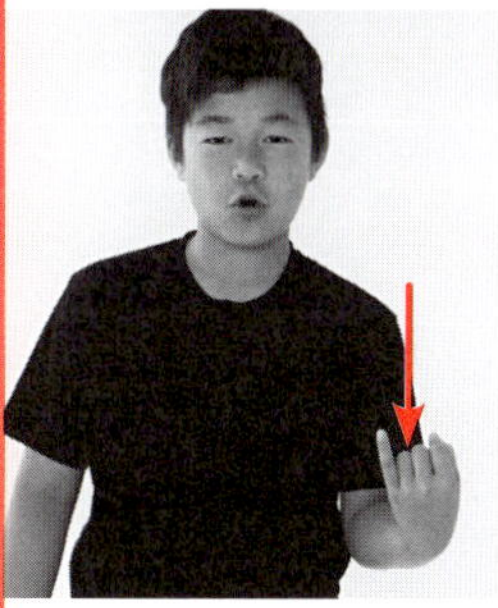

小指《こゆび》をのばして、下《した》に動《うご》かします。

合《あ》わせて

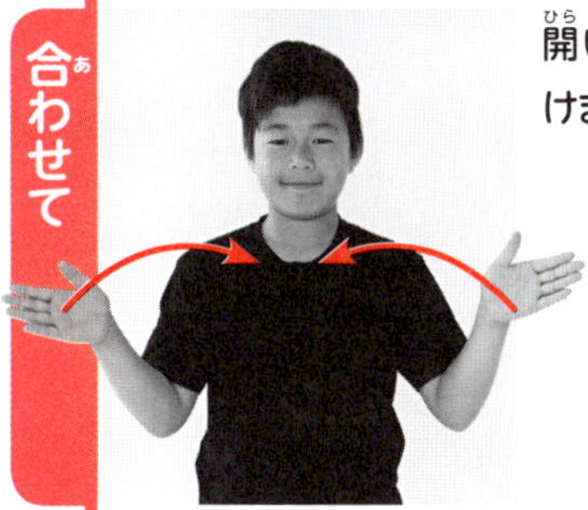

開《ひら》いた両手《りょうて》をくっつけます。

4人《にん》

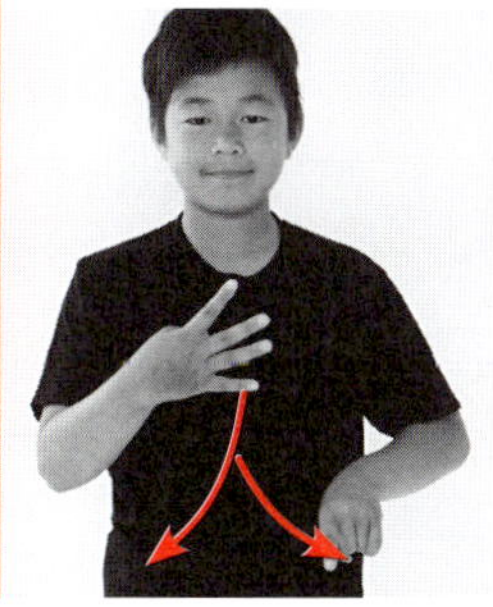

親指《おやゆび》以外《いがい》の4本《ほん》の指《ゆび》をのばし、反対《はんたい》の手《て》で「人《にん》」と空中《くうちゅう》に書《か》きます。

★人数《にんずう》を言《い》うときの手話《しゅわ》です。

(妹《いもうと》)

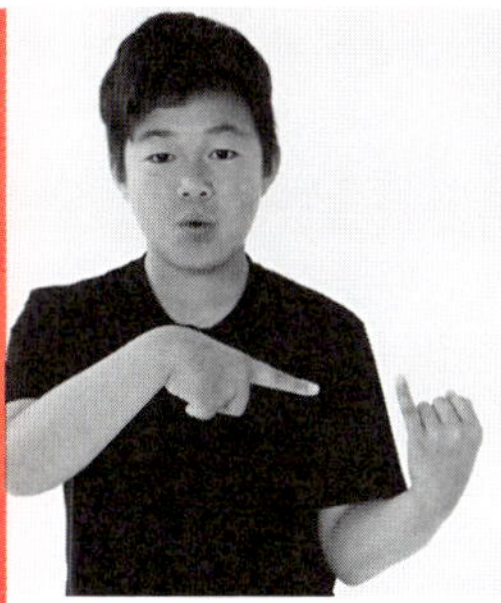

小指《こゆび》をのばして、反《はん》対《たい》の手《て》で指《ゆび》さします。

★のばした小指《こゆび》が「妹《いもうと》」を表《あらわ》し、それを指《ゆび》さすことで、だれのことを言《い》っているのかはっきりさせています。

わがまま

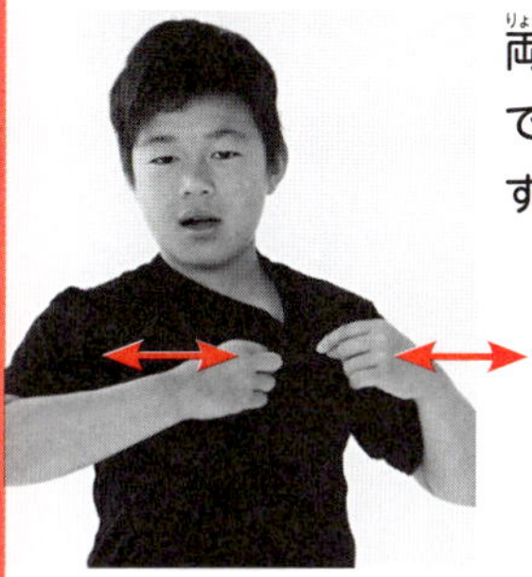

両手《りょうて》で服《ふく》をつまんで、左右《さゆう》に動《うご》かします。

だから

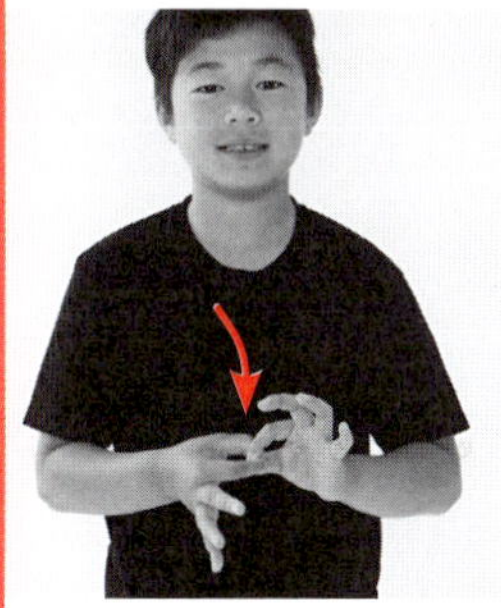

両手《りょうて》の親指《おやゆび》と人《ひと》さし指《ゆび》でわっかをつくって組《く》み合《あ》わせ、前《まえ》に出《だ》します。

兄《あに》

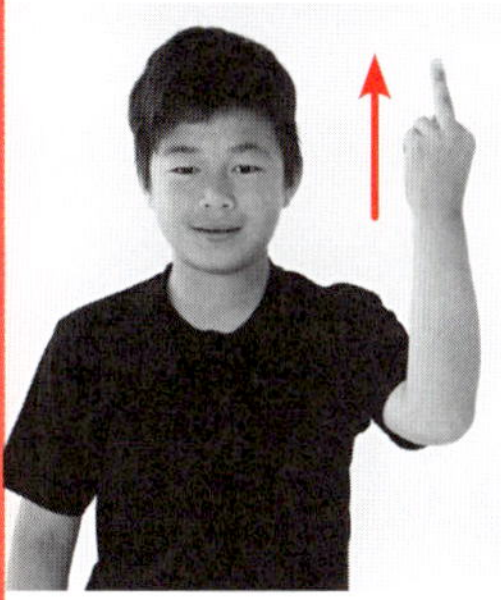

中指《なかゆび》をのばして、上《うえ》へ動《うご》かします。

ほしい

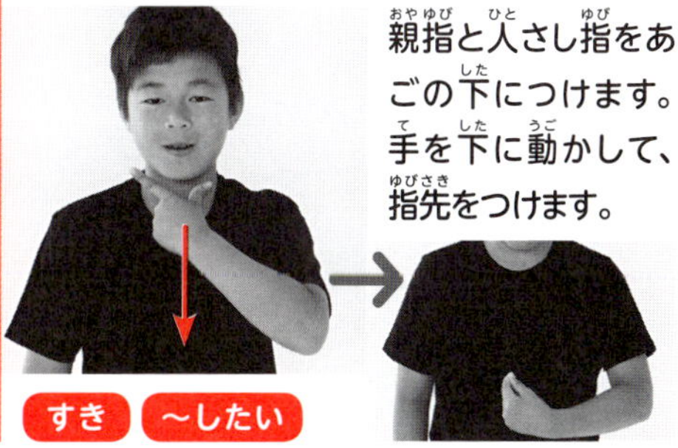

親指《おやゆび》と人《ひと》さし指《ゆび》をあごの下《した》につけます。手《て》を下《した》に動《うご》かして、指先《ゆびさき》をつけます。

すき　～したい

きょうだいはいる?

きみ

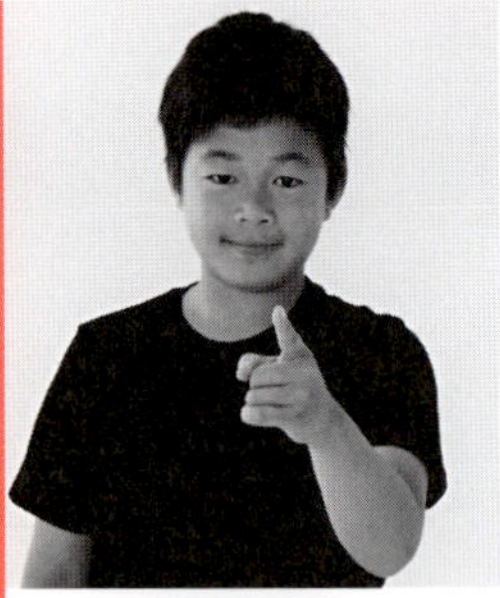

相手《あいて》を指《ゆび》さします。

きょうだい

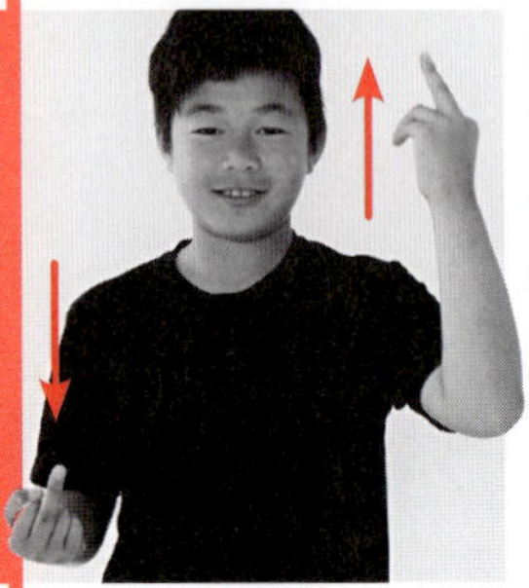

両手《りょうて》の中指《なかゆび》をのばして、かた方《ほう》の手《て》は上《うえ》に、反対《はんたい》の手《て》は下《した》に動《うご》かします。

いる

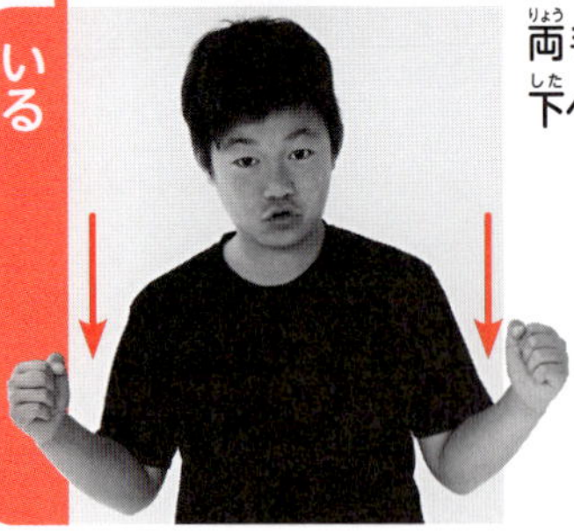

両手《りょうて》をグーにして、下《した》へ動《うご》かします。

中学生《ちゅうがくせい》のお姉《ねえ》ちゃんがいるわ。いつもいばってるよ

中《ちゅう》

人《ひと》さし指《ゆび》をのばし、反対《はんたい》の手《て》の指《ゆび》をコの形《かたち》にしてくっつけます。

★「中《ちゅう》」の字《じ》の形《かたち》。

つづく

学《がく》生《せい》

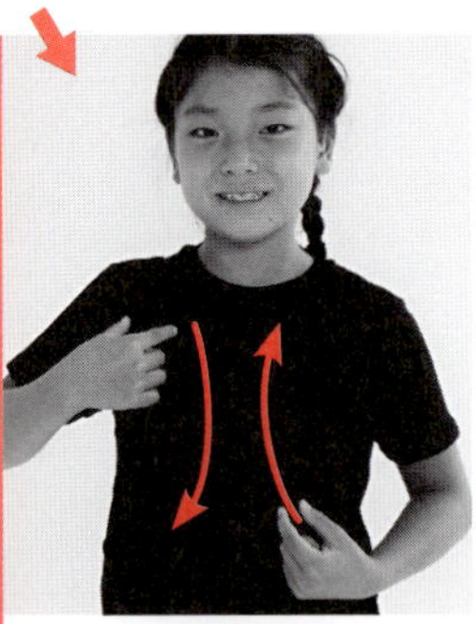

親指《おやゆび》と人《ひと》さし指《ゆび》をのばして、上下《じょうげ》に動《うご》かします。

生徒

姉《あね》

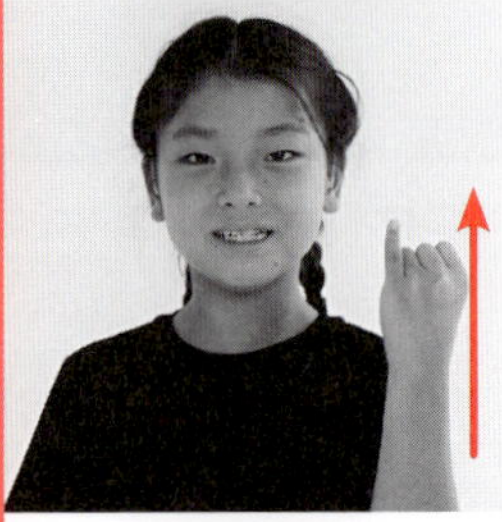

小指《こゆび》をのばして、上《うえ》に動《うご》かします。

いる

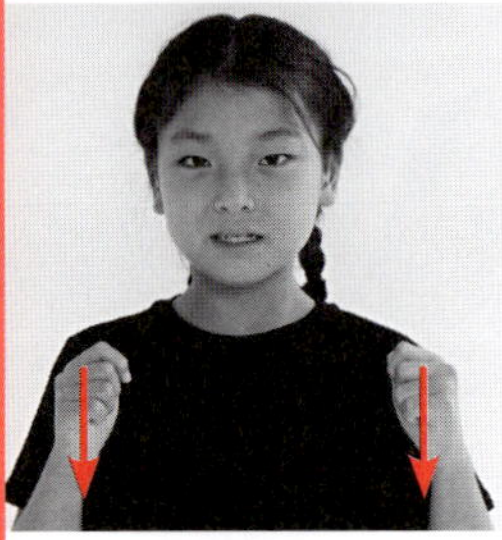

両手《りょうて》をグーにして、下《した》へ動《うご》かします。

（姉《あね》）

姉《あね》がいるつもりで、指《ゆび》さします。

いつも

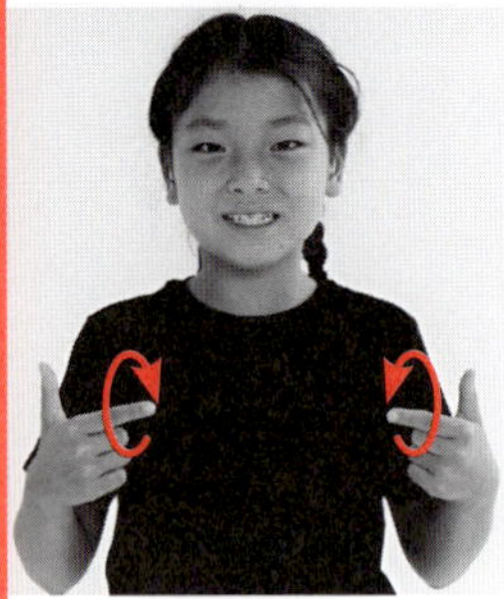

両手《りょうて》の親指《おやゆび》と人《ひと》さし指《ゆび》をのばして、ぐるっと回《まわ》します。

いばる

親指《おやゆび》と小指《こゆび》をのばして、親指《おやゆび》をむねにあてます。

動画《どうが》も見《み》れるよ！▼
動画《どうが》の説明《せつめい》は10ページ

この手話《しゅわ》も覚《おぼ》えちゃお!

家族《かぞく》、園《えん》・学校《がっこう》

弟 おとうと

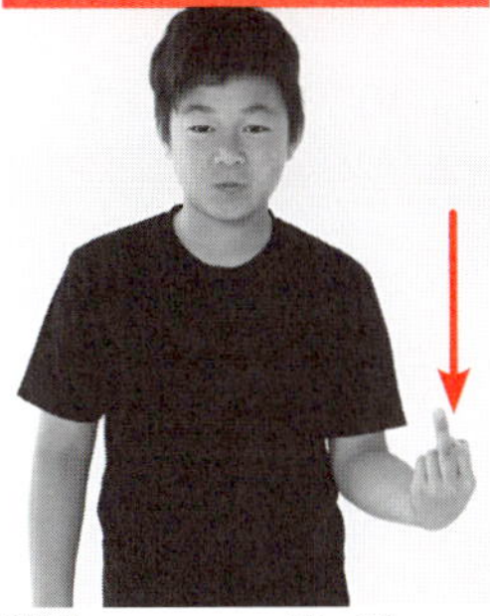

中指《なかゆび》をのばして、下《した》に動《うご》かします。

おじいちゃん

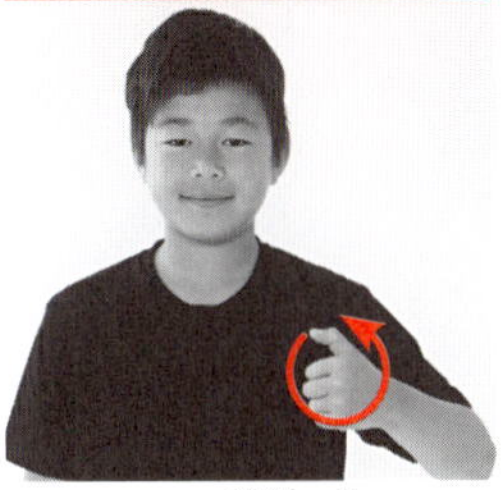

グーをつくり、親指《おやゆび》を曲《ま》げて、ぐるぐる回《まわ》します。

おばあちゃん

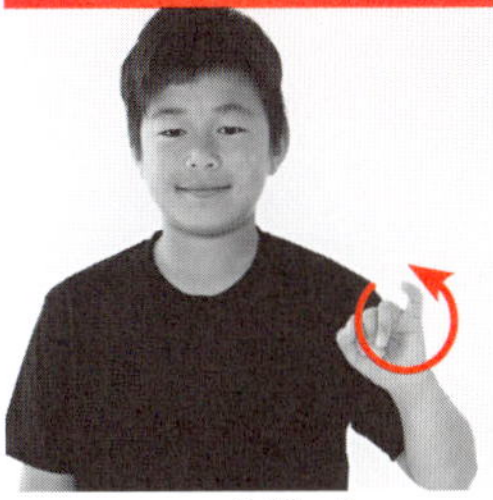

グーをつくり、小指《こゆび》を曲《ま》げて、ぐるぐる回《まわ》します。

いとこ

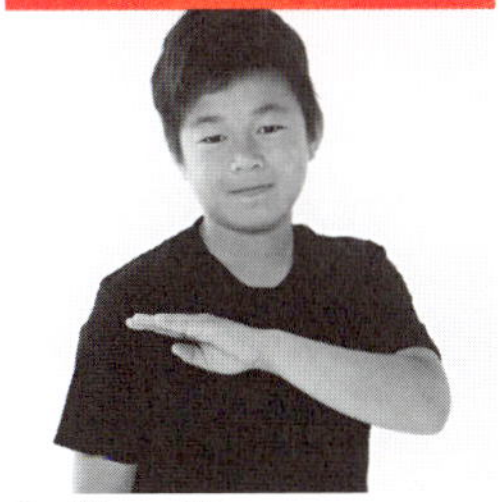

手《て》を胸《むね》に2回《かい》つけます。

おじさん

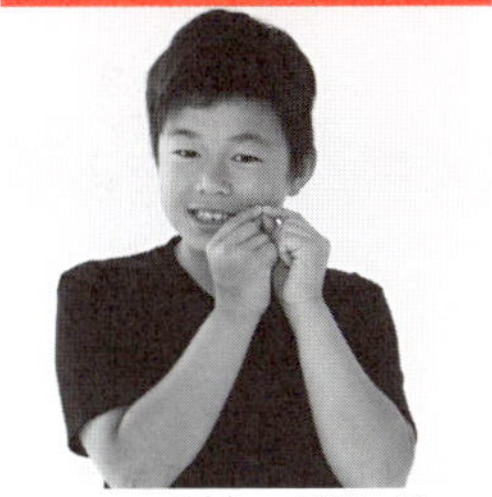

グーにした両手《りょうて》の親指《おやゆび》と人《ひと》さし指《ゆび》の指先《ゆびさき》をつけます。

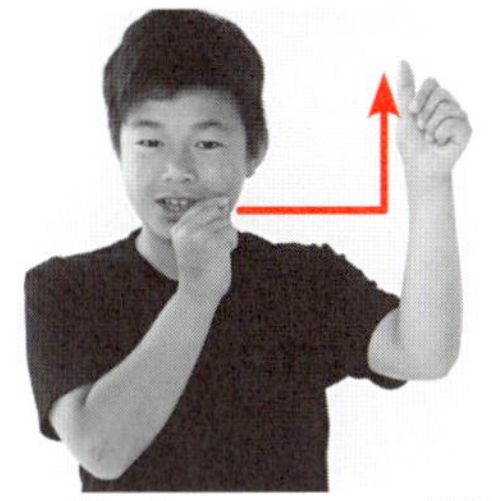

かた方《ほう》の手《て》はそのままで、反対《はんたい》の手《て》の親指《おやゆび》を立《た》てて、横《よこ》→上《うえ》に動《うご》かします。

おばさん

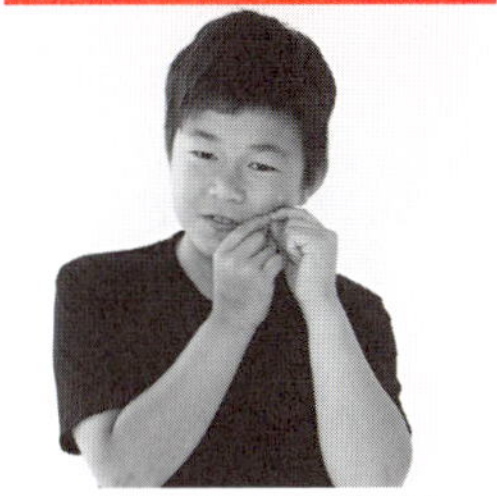

グーにした両手《りょうて》の親指《おやゆび》と人《ひと》さし指《ゆび》の指先《ゆびさき》をつけます。

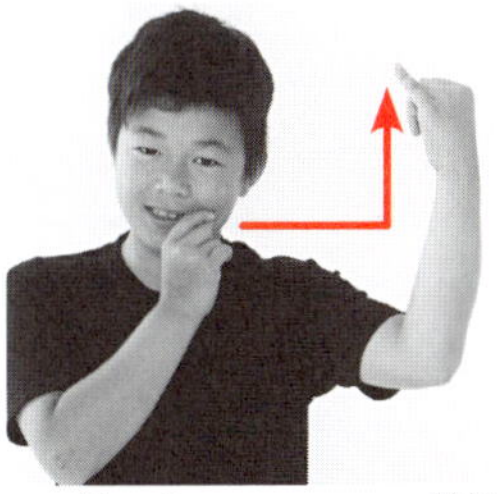

かた方《ほう》の手《て》はそのままで、反対《はんたい》の手《て》の小指《こゆび》を立《た》てて、横《よこ》→上《うえ》に動《うご》かします。

ほ育園 ほいくえん

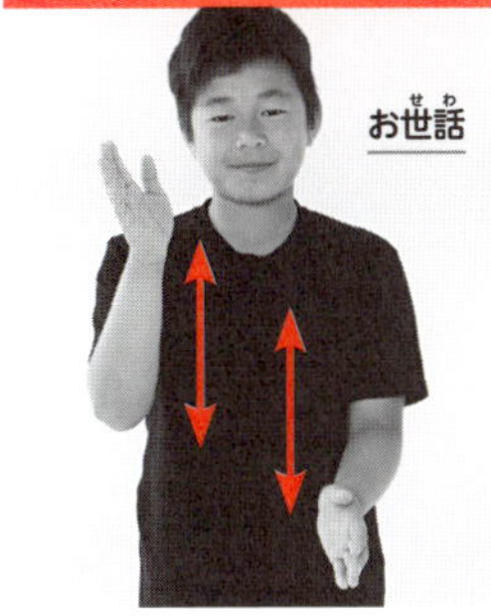
お世話《せわ》

両手《りょうて》のひらを向《む》かい合《あ》わせ、交互《こうご》に上下《じょうげ》に動《うご》かします。

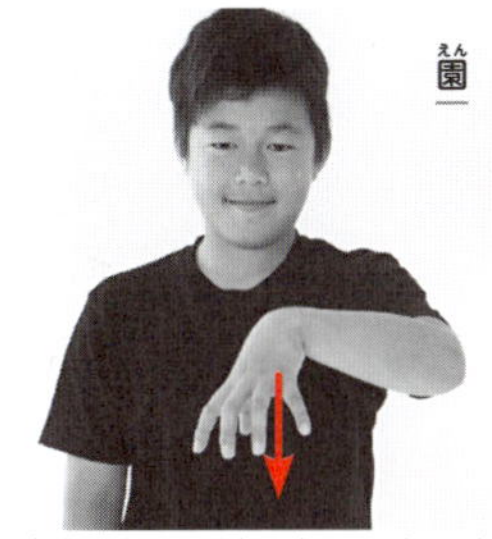
園《えん》

指先《ゆびさき》を曲《ま》げて下《した》に向《む》け、少《すこ》し下《さ》げます。
★「場所《ばしょ》」という手話《しゅわ》です。

ようち園 ようちえん

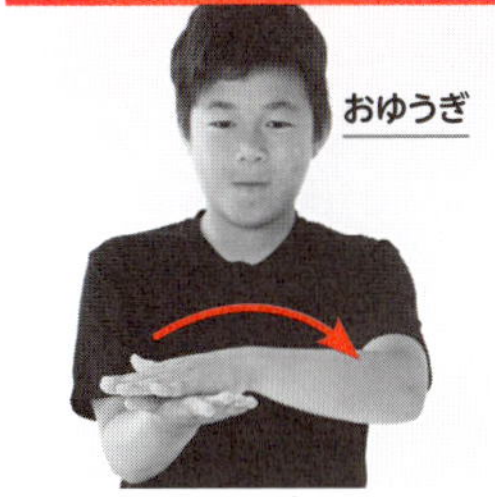
おゆうぎ

両手《りょうて》を左右《さゆう》で、上下《じょうげ》を入《い》れかえながら、パチンパチンとたたきます。

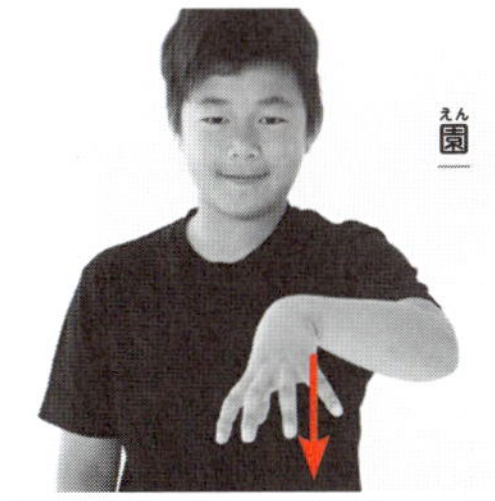
園《えん》

手《て》の指先《ゆびさき》を曲《ま》げて下《した》に向《む》け、少《すこ》し下《さ》げます。

小学生 しょうがくせい

小《ちい》さい

人《ひと》さし指《ゆび》をのばして、反対《はんたい》の手《て》の人《ひと》さし指《ゆび》と中指《なかゆび》ではさみます。
★「小《しょう》」の字《じ》の形《かたち》。

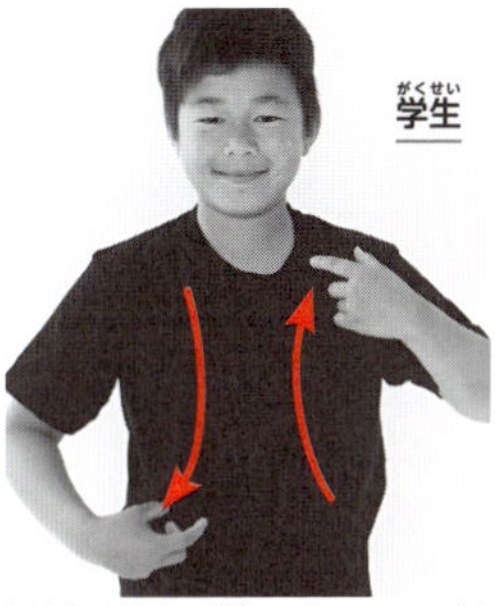
学生《がくせい》

親指《おやゆび》と人《ひと》さし指《ゆび》をのばして、上下《じょうげ》に動《うご》かします。

高校生 こうこうせい

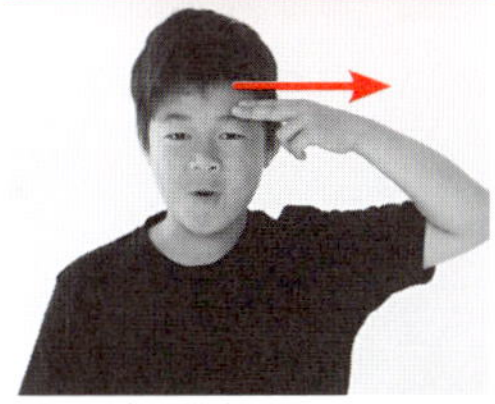

人《ひと》さし指《ゆび》と中指《なかゆび》をのばしておでこにあて、横《よこ》に動《うご》かします。

学生《がくせい》

大学生 だいがくせい

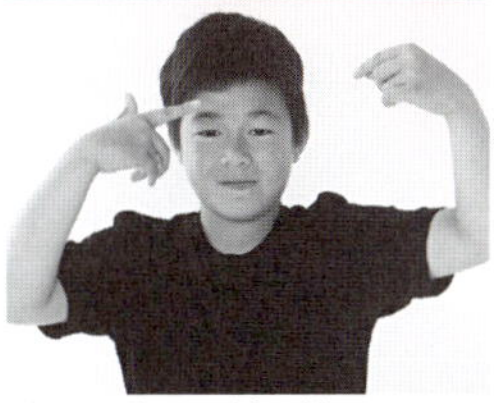

両手《りょうて》の人《ひと》さし指《ゆび》と親指《おやゆび》で、四角《しかく》の4つの角《かど》を、ななめどうしにつまむようにします。
★大学生《だいがくせい》が卒業《そつぎょう》のときにかぶるぼうし(角《かく》ぼう)の形《かたち》。

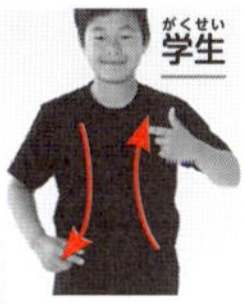
学生《がくせい》

2 章《しょう》

友《とも》だちのこと

わたしのなかよしは ひなちゃんです

わたし

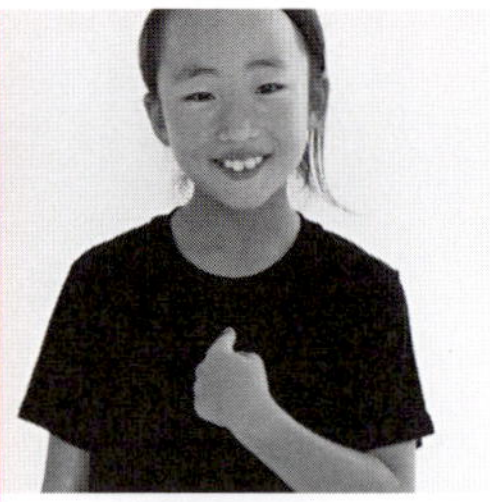

自分《じぶん》を指《ゆび》さします。

なかよし

両手《りょうて》をにぎり合《あ》わせます。

友《とも》だち

女《おんな》の子《こ》

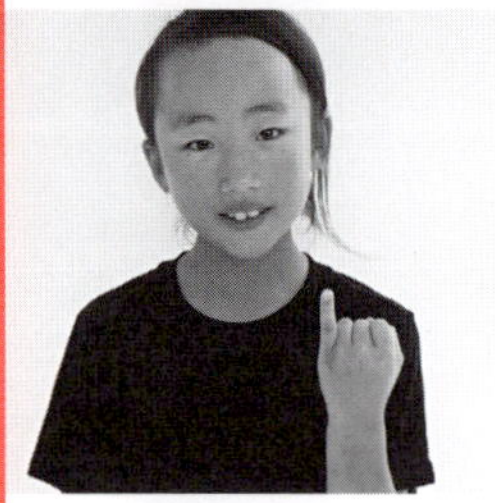

小指《こゆび》をのばします。

★男《おとこ》の子《こ》なら、親指《おやゆび》をのばします。

名《な》前《まえ》

手《て》のひらの真《ま》ん中《なか》に、反対《はんたい》の手《て》の親指《おやゆび》をあてます。

ひ

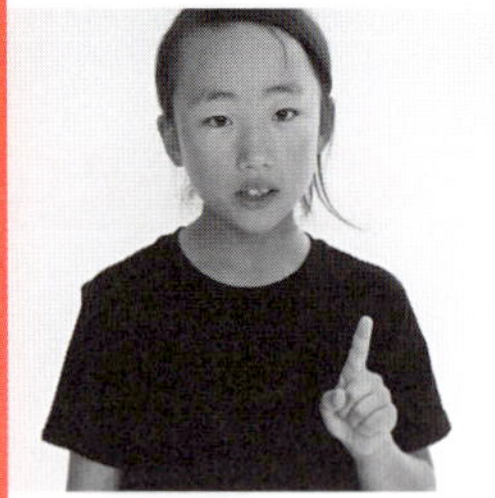

人《ひと》さし指《ゆび》をのばします。

★指文字《ゆびもじ》の「ひ」(13ページ)。

な

人《ひと》さし指《ゆび》と中指《なかゆび》をのばし、下向《したむ》きにします。

★指文字《ゆびもじ》の「な」(12ページ)。

せが高《たか》くて、スポーツと 歌《うた》がじょうずです

(その子《こ》)

小指《こゆび》をのばし、反対《はんたい》の手《て》で指《ゆび》さします。

★のばした小指《こゆび》が「ひなちゃん」を表《あらわ》し、それを指《ゆび》さすことで、だれのことを言《い》っているのかはっきりさせています。

せが高《たか》い

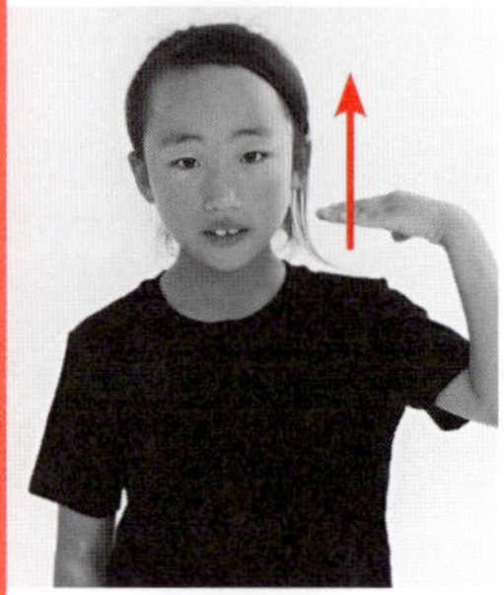

手首《てくび》を曲《ま》げて、上《うえ》に動《うご》かします。

スポーツ

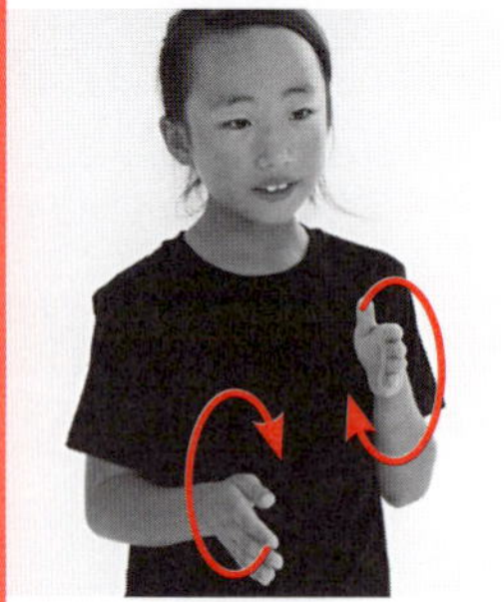

両手《りょうて》のひらを向《む》かい合《あ》わせにして、交互《こうご》にぐるぐる回《まわ》します、

歌《うた》

両手《りょうて》の人《ひと》さし指《ゆび》と中指《なかゆび》をのばして、指《ゆび》を回《まわ》しながら、左右《さゆう》に開《ひら》きます。

じょうず

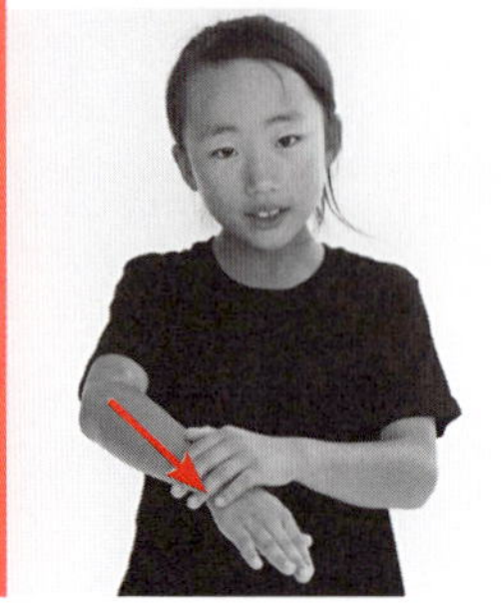

手《て》を前《まえ》にのばして、反対《はんたい》の手《て》のひらで下《した》へなでます。

動画《どうが》も見《み》れるよ！▼

動画《どうが》の説明《せつめい》は10ページ

大人《おとな》になったら歌手《かしゅ》になりたいって

(その子《こ》)

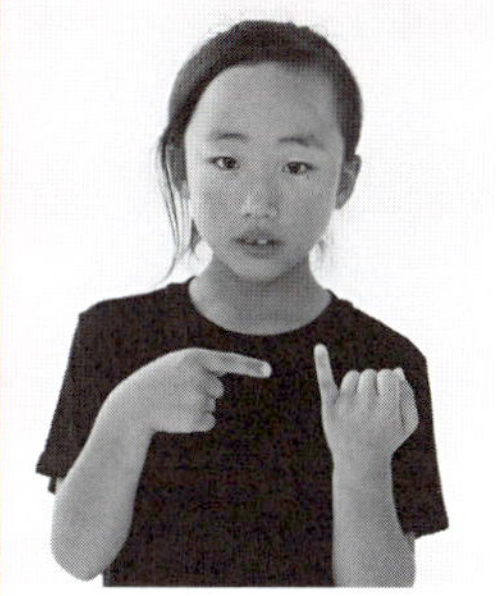

小指《こゆび》をのばし、反対《はんたい》の手《て》で指《ゆび》さします。

大人《おとな》になる

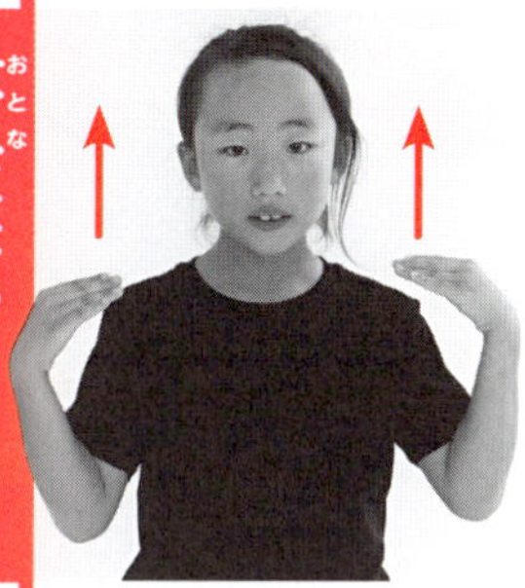

両手首《りょうてくび》を曲《ま》げて、上《うえ》に動《うご》かします。

ならば

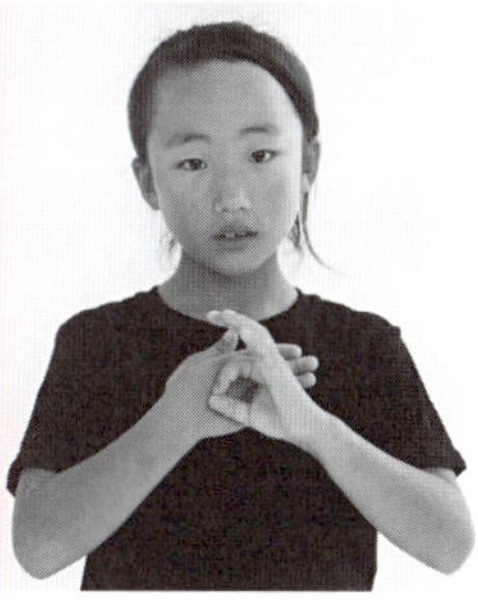

親指《おやゆび》と人《ひと》さし指《ゆび》でわっかをつくり、反対《はんたい》の手《て》のこうにつけます。

歌手《かしゅ》

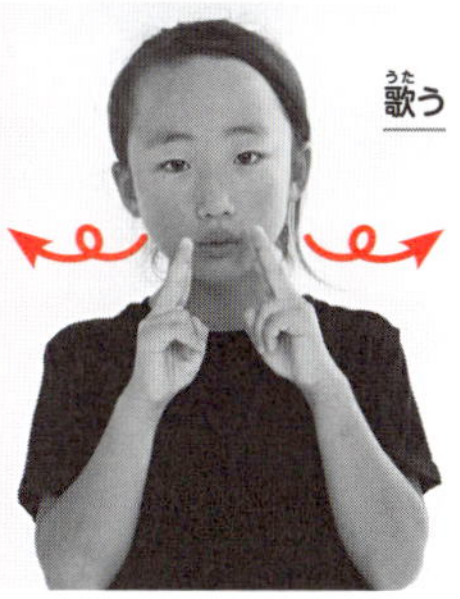

両手《りょうて》の人《ひと》さし指《ゆび》と中指《なかゆび》をのばして、指《ゆび》を回《まわ》しながら、左右《さゆう》に開《ひら》きます。

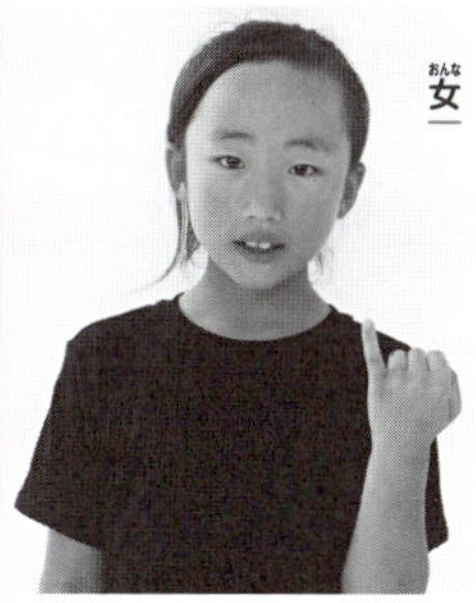

小指《こゆび》をのばします。

★男《おとこ》の歌手《かしゅ》なら、親指《おやゆび》をのばします。

つづく

なる

両手《りょうて》をむねの前《まえ》でクロスさせます。

かわる

したい

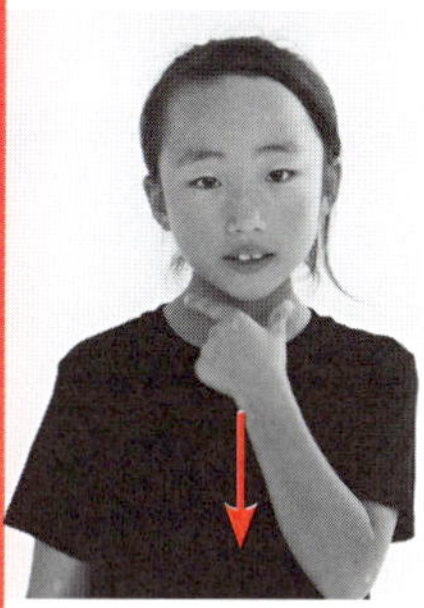

親指《おやゆび》と人《ひと》さし指《ゆび》をあごの下《した》につけます。手《て》を下《した》に動《うご》かして、指先《ゆびさき》をつけます。

すき

ほしい

言《い》う

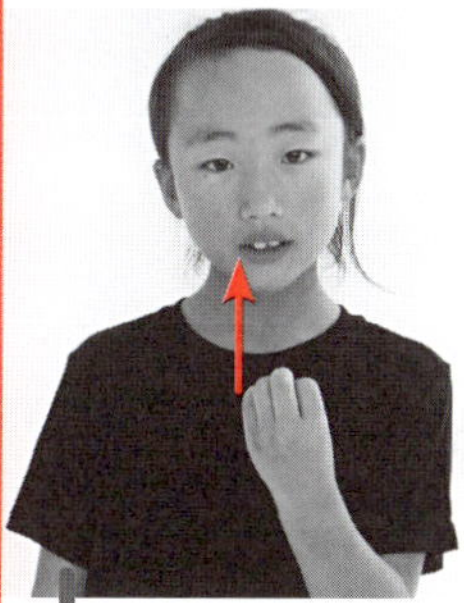

グーにした手《て》を、パーにしながら顔《かお》のほうに近《ちか》づけます。

★相手《あいて》が「言《い》う」場合《ばあい》です。自分《じぶん》が「言《い》う」ときには、手《て》のひらを相手《あいて》のほうへ向《む》けます。

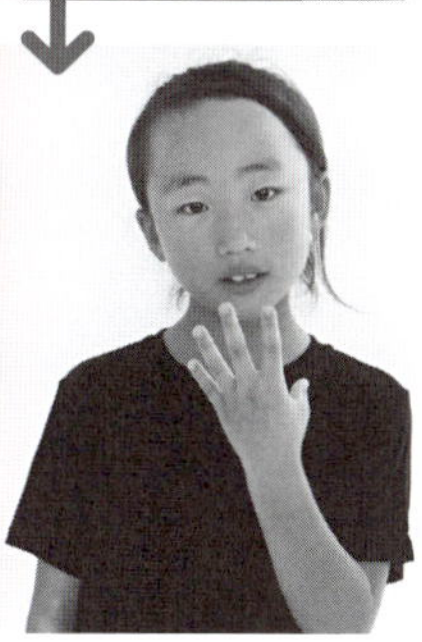

「なる」+「したい」で、
「〜になりたい」だよ。
「覚《おぼ》える」+「したい」
→「覚《おぼ》えたい」(39ページ)
「見《み》る」+「したい」
→「見《み》たい」(89ページ)
のようにも使《つか》えるよ

いつもピンクのリボンをしています

いつも

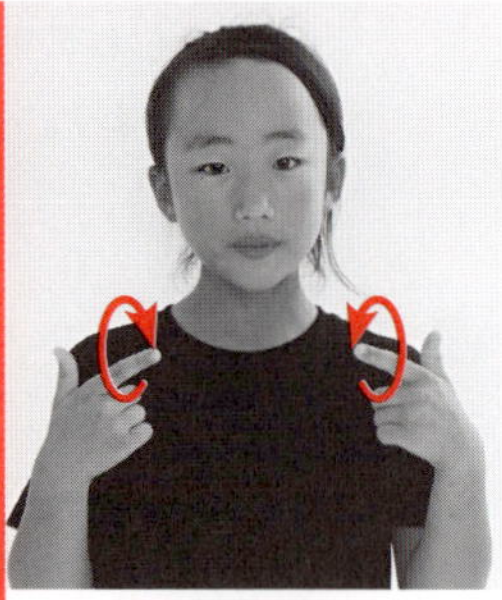

両手《りょうて》の親指《おやゆび》と人《ひと》さし指《ゆび》をのばして、ぐるっと回《まわ》します。

ピンク

ふくらませた両手《りょうて》を合《あ》わせ、ゆらします。

もも

リボンをしている

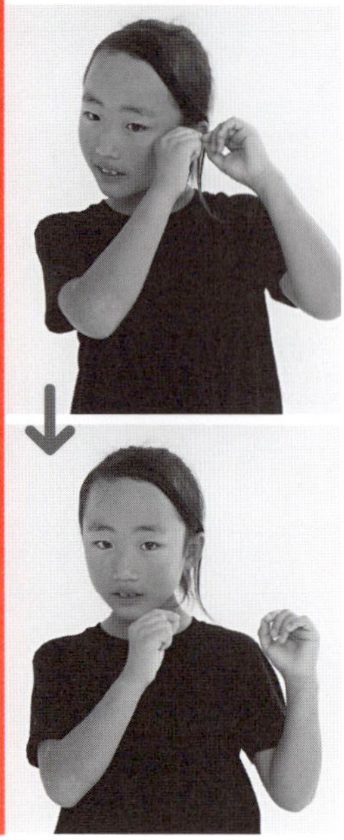

両手《りょうて》でリボンをむすぶような動作《どうさ》をします。

この手話《しゅわ》も覚《おぼ》えちゃお!

せがひくい

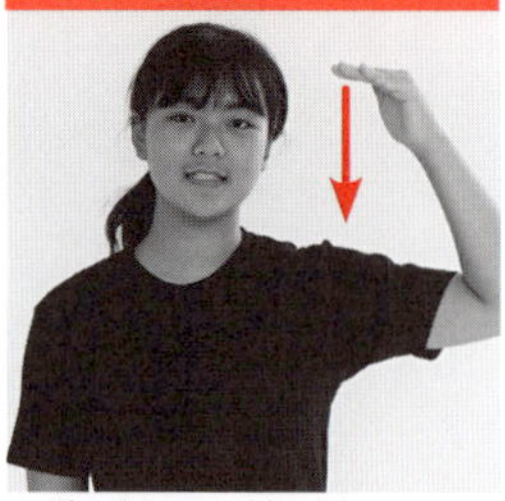

手首《てくび》を曲《ま》げて、下《した》に動《うご》かします。

かわいい

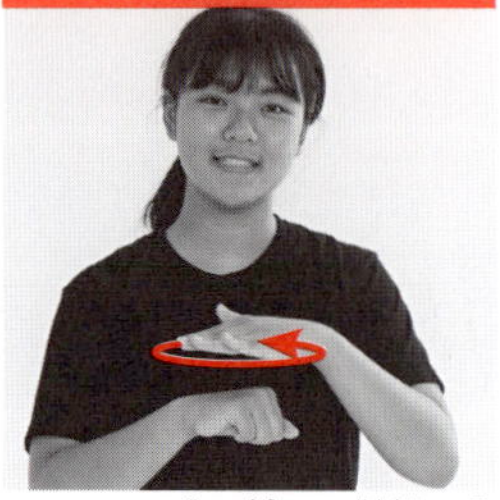

グーにした手《て》の上《うえ》で、反対《はんたい》の手《て》を回《まわ》します。
★頭《あたま》をなでている様子《ようす》。

かっこいい

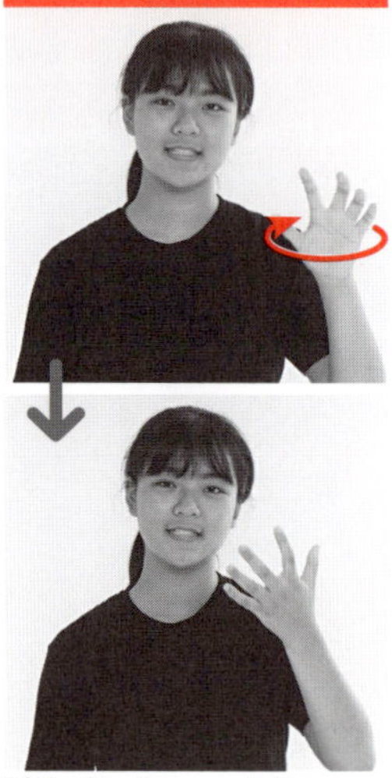

指先《ゆびさき》を少《すこ》し曲《ま》げて、手首《てくび》をくるっと回《まわ》します(半回転《はんかいてん》)。

太ってる ふとってる

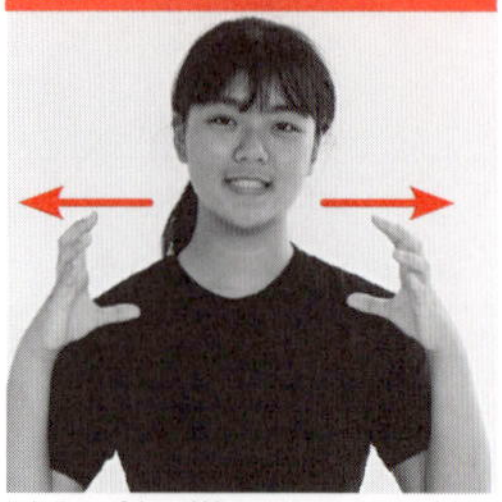

両手《りょうて》で円《えん》の形《かたち》をつくって、横《よこ》に広《ひろ》げるように動《うご》かします。

やせている

両手《りょうて》を向《む》かい合《あ》わせにします。

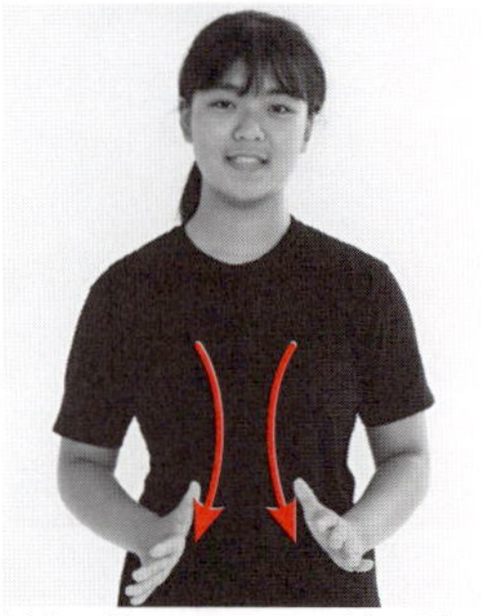

両手《りょうて》を近《ちか》づけながら、下《した》へ動《うご》かします。

かみが長い かみがながい

指先《ゆびさき》を頭《あたま》にあてて、ななめ下《した》へ動《うご》かします。

動画《どうが》も見《み》れるよ!
▼
動画《どうが》の説明《せつめい》は10ページ

性格《せいかく》・見《み》た目《め》、色《いろ》

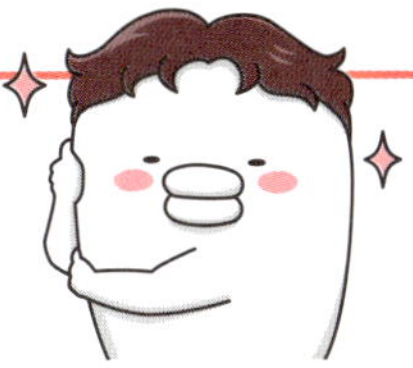

へた

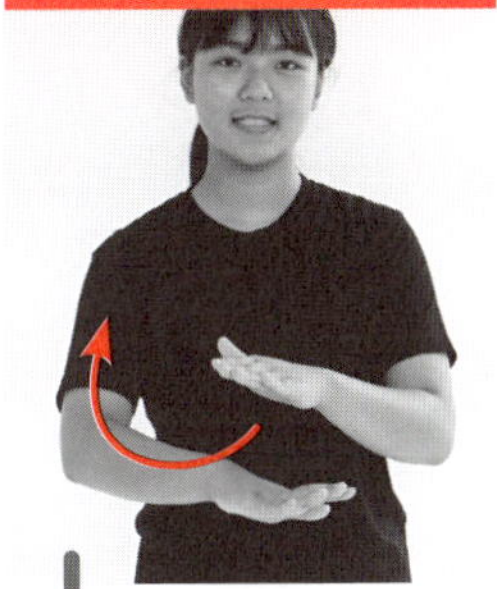

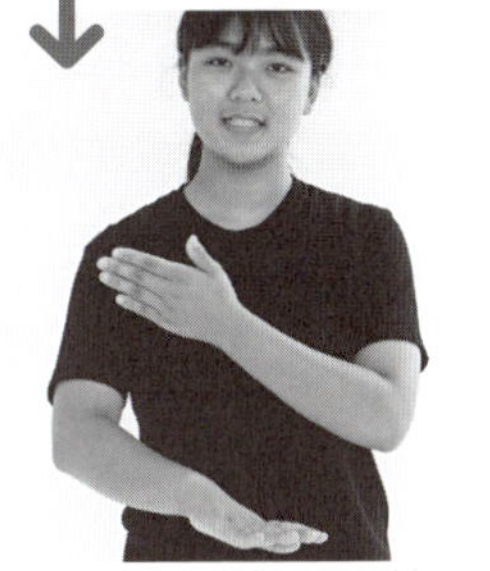

手《て》のひらで、反対《はんたい》の手《て》を下《した》から上《うえ》へはらい上《あ》げます。

人気がある　にんきがある

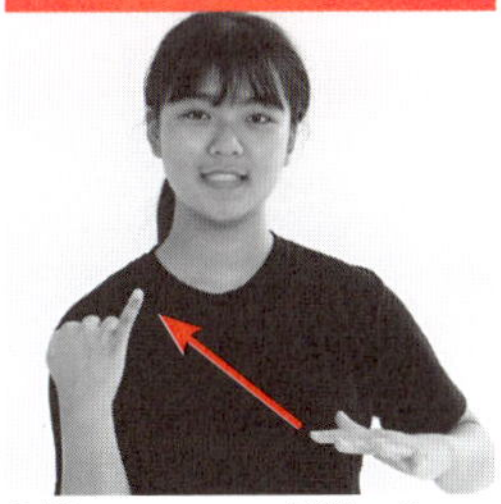

小指《こゆび》をのばして、反対《はんたい》の手《て》のひらを近《ちか》づけます。

いじわる

親指《おやゆび》をのばして、反対《はんたい》の手《て》の親《おや》指《ゆび》と人《ひと》さし指《ゆび》でちょんちょんとつまむようにします。

強い　つよい

力《ちから》こぶをつくります。

弱い　よわい

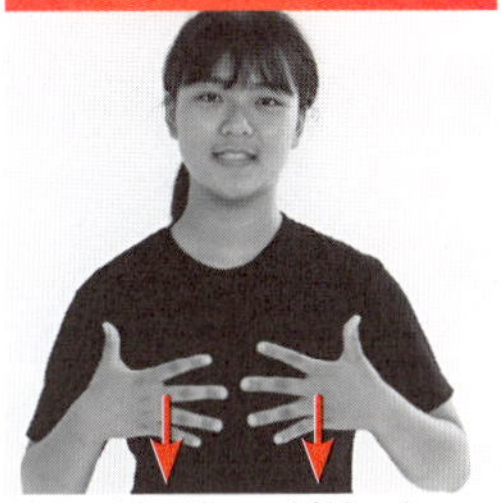

両手《りょうて》の指《ゆび》を開《ひら》いて指先《ゆびさき》を向《む》かい合《あ》わせ、下《した》に動《うご》かします。

頭がいい　あたまがいい

親指《おやゆび》と人《ひと》さし指《ゆび》の指先《ゆびさき》を頭《あたま》にあてます。

指先《ゆびさき》を開《ひら》きながら、上《うえ》へ動《うご》かします。

赤　あか

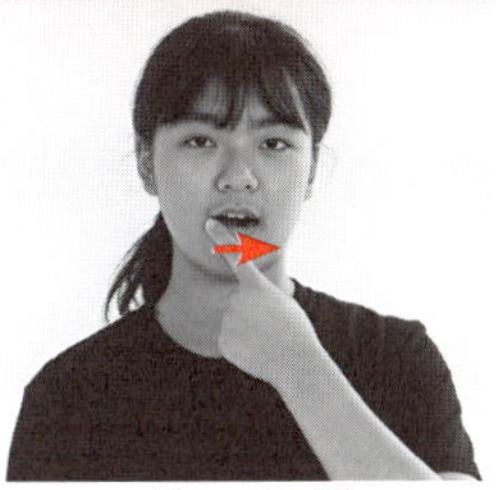

くちびるを指《ゆび》さし、横《よこ》に動《うご》かします。

青　あお

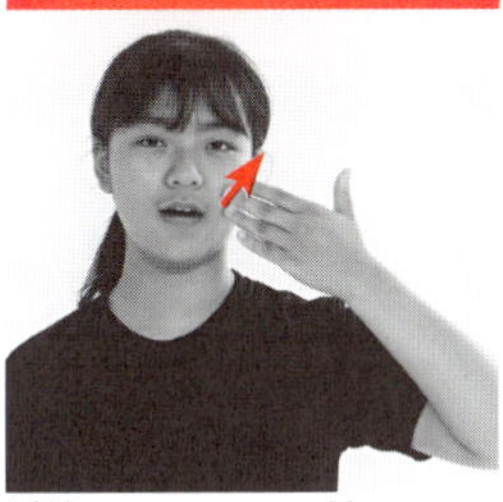

指先《ゆびさき》をほおにあて、耳《みみ》のほうへ動《うご》かします。

黄　き

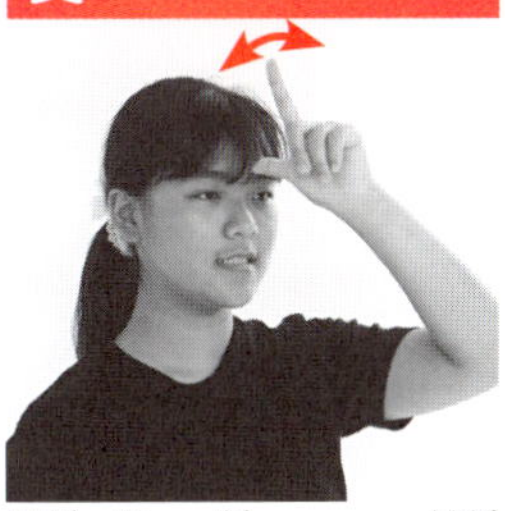

親指《おやゆび》と人《ひと》さし指《ゆび》をのばし、親指《おやゆび》はおでこにつけ、人《ひと》さし指《ゆび》を2回《かい》ゆらします。

ひよこ

緑　みどり

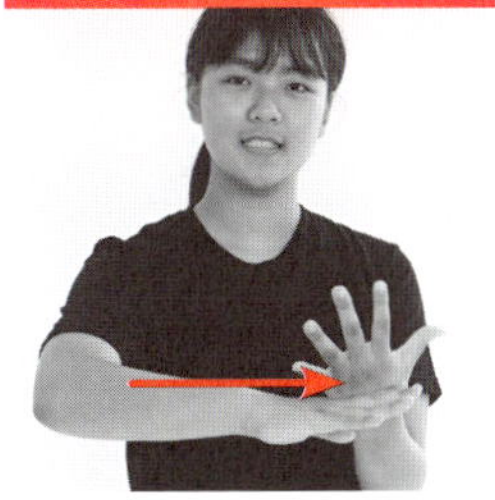

手《て》のひらを下《した》に向《む》けてのばし、その内《うち》がわで、反対《はんたい》の手《て》の指《ゆび》を開《ひら》いて横《よこ》に動《うご》かします。

★のばした手《て》が「地面《じめん》」、反対《はんたい》の手《て》が「草《くさ》」のイメージ。

黒　くろ

かみの毛《け》をさわります。

白　しろ

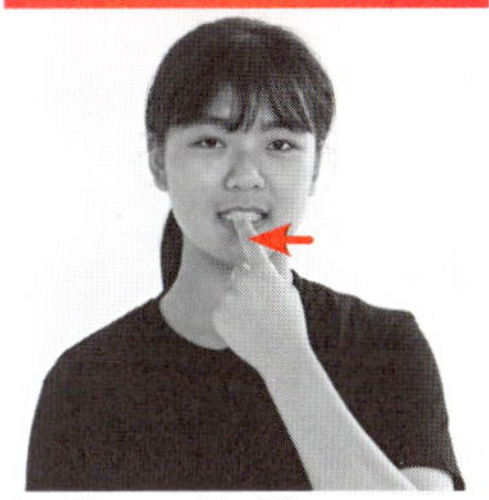

歯《は》を指《ゆび》さし、横《よこ》に動《うご》かします。

むらさき

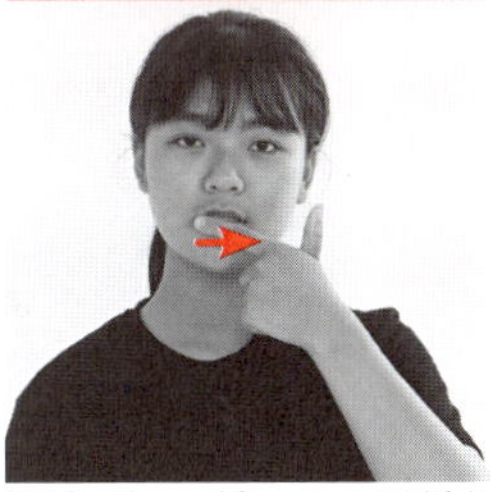

親指《おやゆび》と人《ひと》さし指《ゆび》をのばして指文《ゆびも》字《じ》の「む」（13 ページ）をつくり、人《ひと》さし指《ゆび》でくちびるを横《よこ》になぞります。

茶色　ちゃいろ

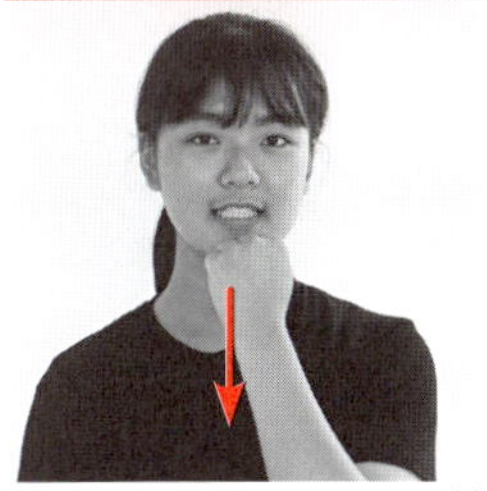

ぐーにした手《て》をあごにあて、下《した》に2回動《かいうご》かします。

くり

ぼくは手話《しゅわ》を勉強中《べんきょうちゅう》です

ぼく

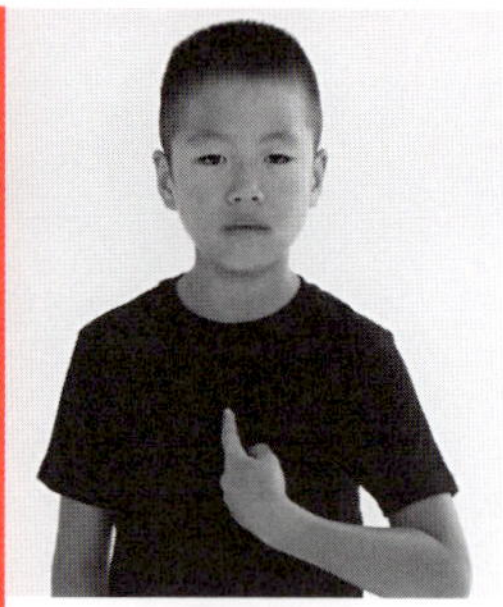

自分《じぶん》を指《ゆび》さします。

手話《しゅわ》

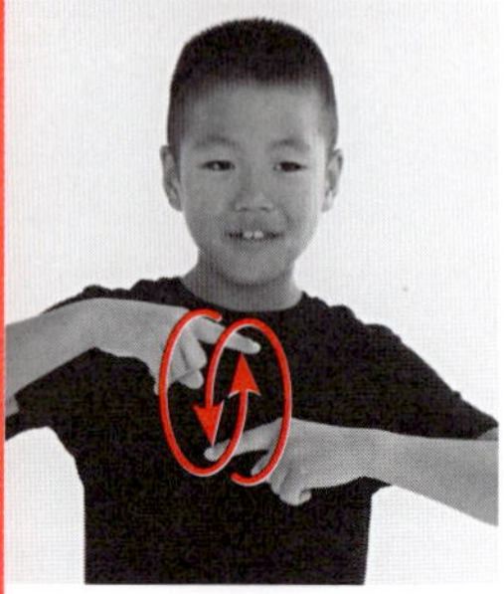

両手《りょうて》の人《ひと》さし指《ゆび》をのばし、ぐるぐる回《まわ》します。

勉強《べんきょう》

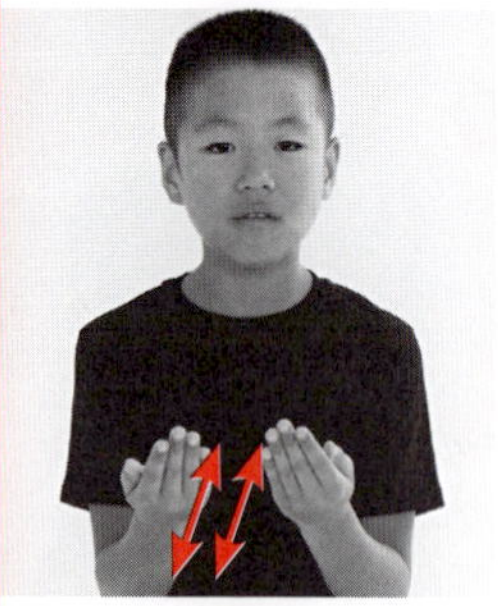

両手《りょうて》を上《うえ》に向《む》けて、前後《ぜんご》に動《うご》かします。

★広《ひろ》げた本《ほん》を持《も》っている様子《ようす》。

学校《がっこう》

授業《じゅぎょう》

中《ちゅう》

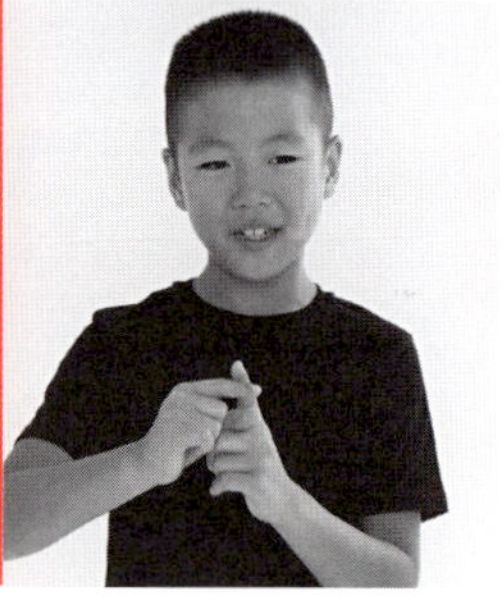

人《ひと》さし指《ゆび》をのばし、反対《はんたい》の手《て》の指《ゆび》をコの形《かたち》にしてくっつけます。

★「中《ちゅう》」の字《じ》の形《かたち》。

手話《しゅわ》を少《すこ》しできます

手話《しゅわ》

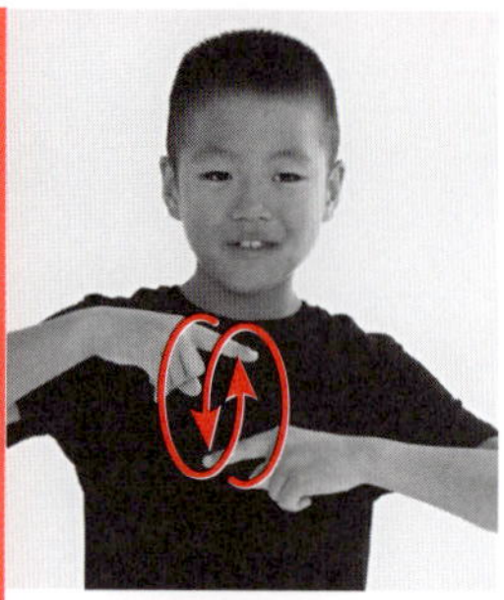

両手《りょうて》の人《ひと》さし指《ゆび》をのばし、ぐるぐる回《まわ》します。

少《すこ》し

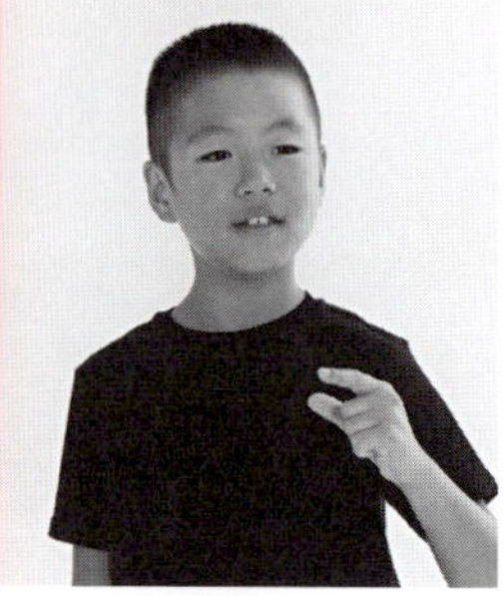

親指《おやゆび》と人《ひと》さし指《ゆび》をのばして、その間《あいだ》を少《すこ》しせばめます。

できる

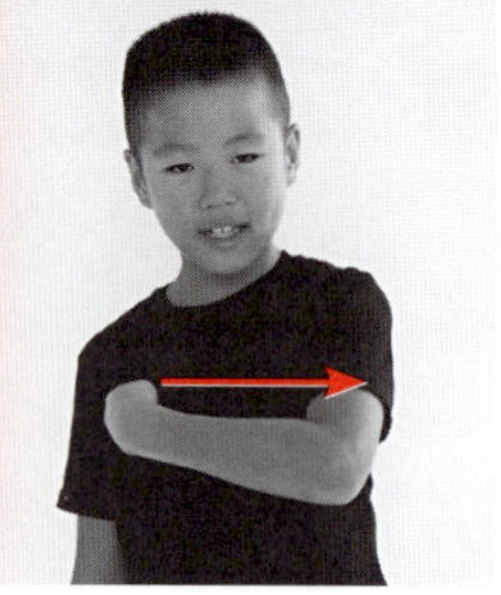

指先《ゆびさき》をむねにつけて、横《よこ》に動《うご》かします。

だいじょうぶ

「だいじょうぶ」
(21ページ)と
「〜できる」は
同《おな》じ手話《しゅわ》だす

「〜中《ちゅう》(〜しているところ)」は、
上《うえ》みたいに「中《ちゅう》」の手話《しゅわ》を
くっつけるにゃん!
「食事中《しょくじちゅう》」「電話中《でんわちゅう》」とかにも
使《つか》えてべんりにゃん

動画《どうが》も見《み》れるよ!

動画《どうが》の説明《せつめい》は10ページ

もっと覚《おぼ》えたいから、教《おし》えてね

ぼく

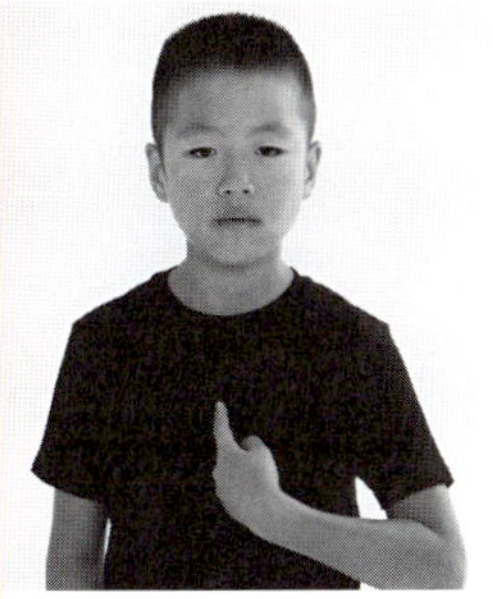

自分《じぶん》を指《ゆび》さします。

もっと

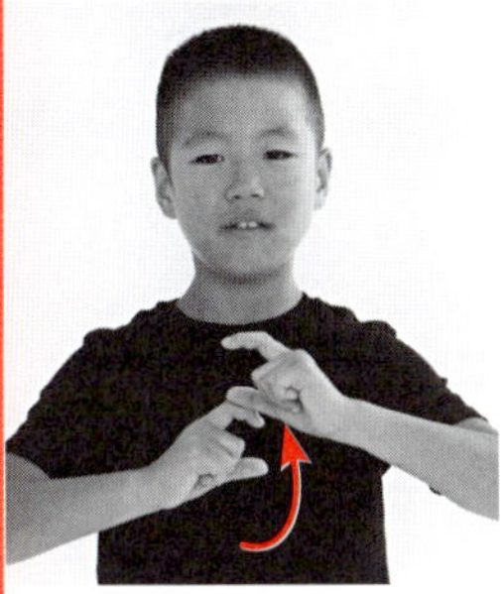

親指《おやゆび》と人《ひと》さし指《ゆび》を曲《ま》げた両手《りょうて》を、上下《じょうげ》に重《かさ》ねます。下《した》の手《て》を動《うご》かし、上《うえ》の手《て》にのせます。

手話《しゅわ》

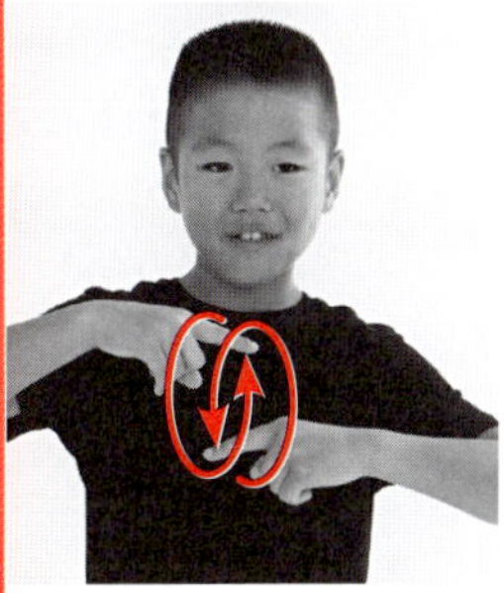

両手《りょうて》の人《ひと》さし指《ゆび》をのばし、ぐるぐる回《まわ》します。

覚《おぼ》える

頭《あたま》のななめ上《うえ》で、手《て》をパーにします。

手《て》をグーにしながら、こめかみにあてます。

つづく

したい

親指《おやゆび》と人《ひと》さし指《ゆび》をあごの下《した》につけます。手《て》を下《した》に動《うご》かして、指先《ゆびさき》をつけます。

すき

ほしい

だから

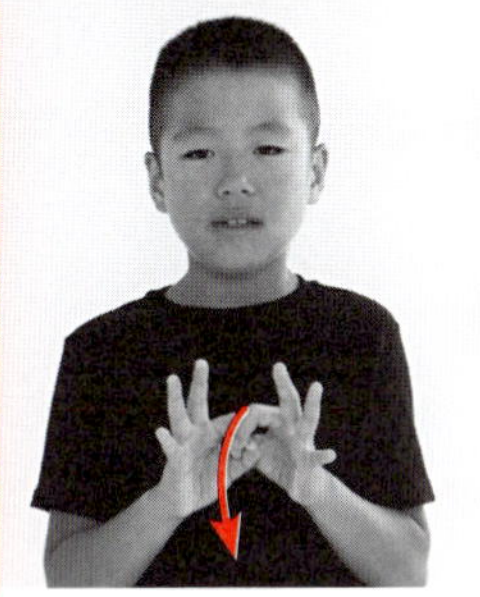

両手《りょうて》の親指《おやゆび》と人《ひと》さし指《ゆび》でわっかをつくって組《く》み合《あ》わせ、前《まえ》に出《だ》します。

教《おし》える

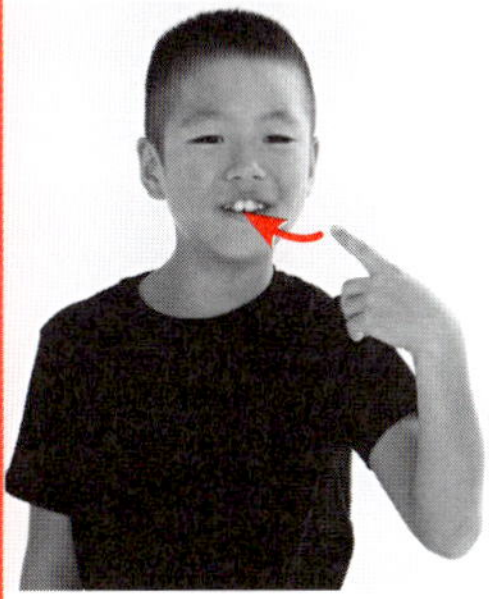

人《ひと》さし指《ゆび》を自分《じぶん》に向《む》けてふります。

★相手《あいて》から「教《おそ》わる」場合《ばあい》です。自分《じぶん》が「教《おし》える」ときには、指先《ゆびさき》を相手《あいて》に向《む》けてふります。

おねがい

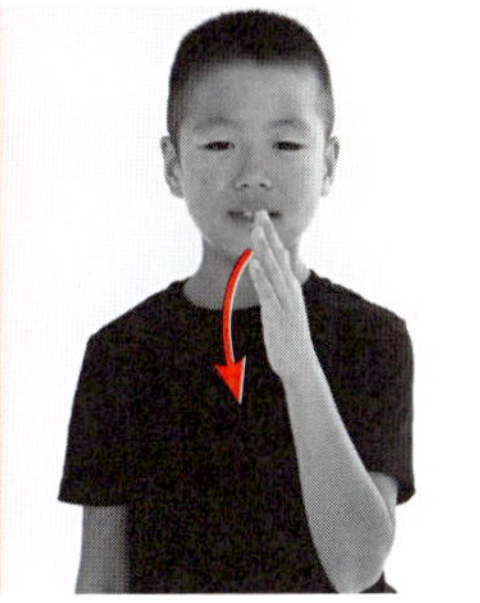

手《て》のひらを立《た》てて、前《まえ》にたおします。

これは手話《しゅわ》でどうやるの？

これ

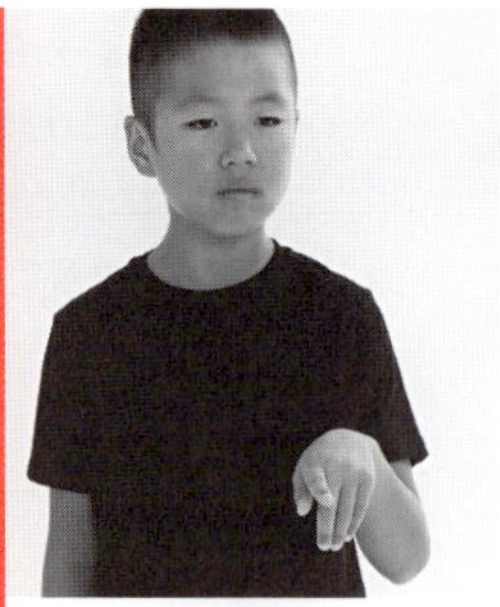

前《まえ》を指《ゆび》さします。

手話《しゅわ》

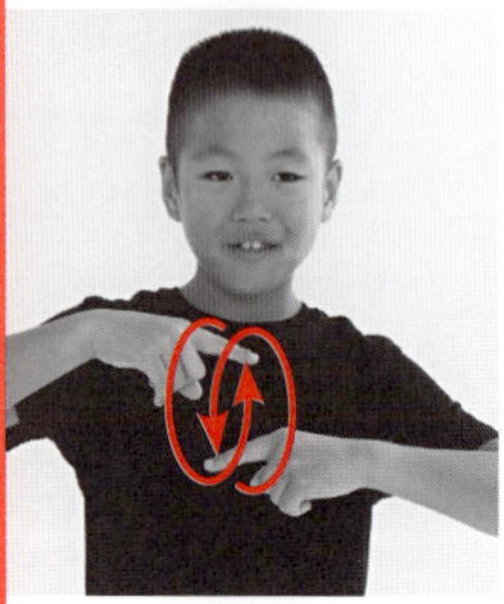

両手《りょうて》の人《ひと》さし指《ゆび》をのばし、ぐるぐる回《まわ》します。

表現《ひょうげん》

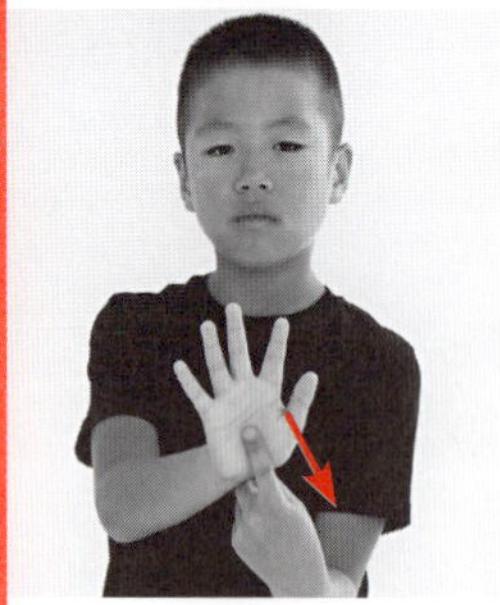

手《て》のひらに反対《はんたい》の手《て》の人《ひと》さし指《ゆび》をあてながら、前《まえ》に出《だ》します。

表《あらわ》す

何《なに》

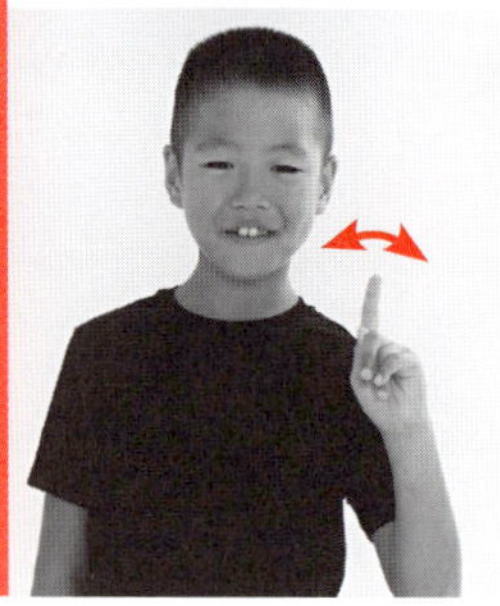

人《ひと》さし指《ゆび》をのばして、横《よこ》に2～3回《かい》ふります。

その手話《しゅわ》は何《なに》？

その

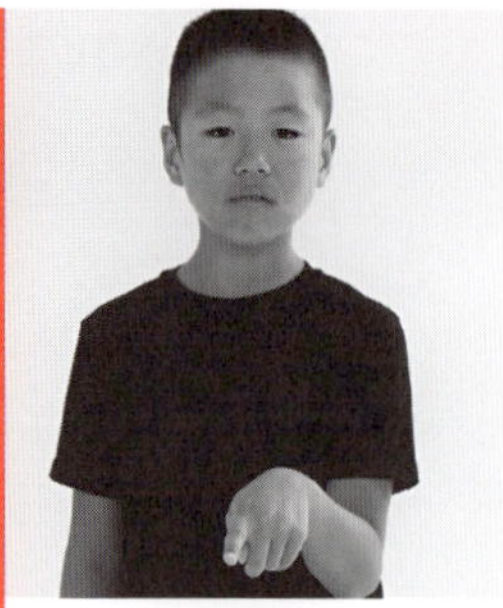

前《まえ》を指《ゆび》さします。

手話《しゅわ》

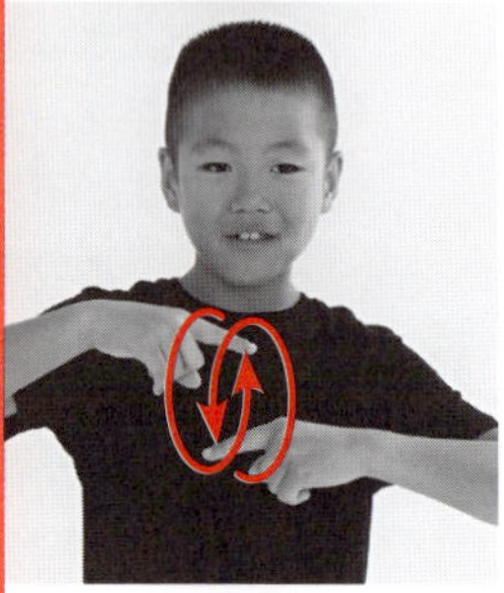

両手《りょうて》の人《ひと》さし指《ゆび》をのばし、ぐるぐる回《まわ》します。

何《なに》

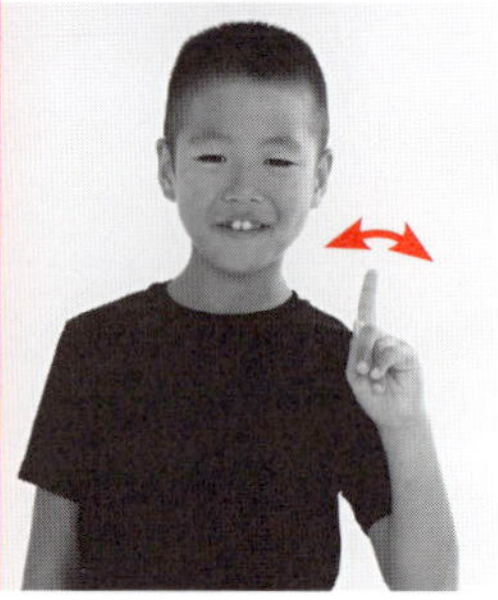

人《ひと》さし指《ゆび》をのばして、横《よこ》に2～3回《かい》ふります。

この手話《しゅわ》も覚《おぼ》えちゃお！

学習《がくしゅう》

かんたん

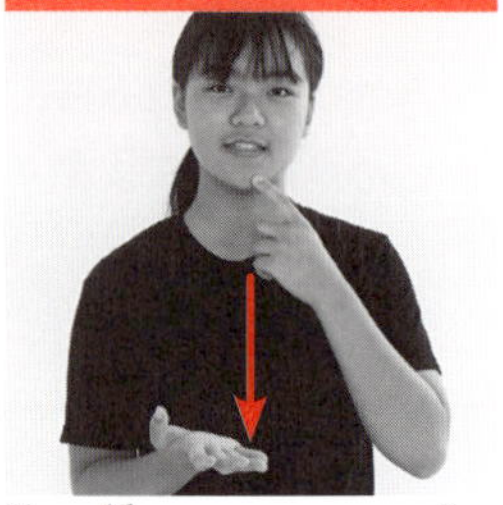

人《ひと》さし指《ゆび》をあごにつけたあと下《お》ろし、反対《はんたい》の手《て》のひらにつけます。

むずかしい

ほおをつねるようにします。

動画《どうが》も見《み》れるよ！▼
動画《どうが》の説明《せつめい》は10ページ

わたしは耳《みみ》が聞《き》こえません

わたし

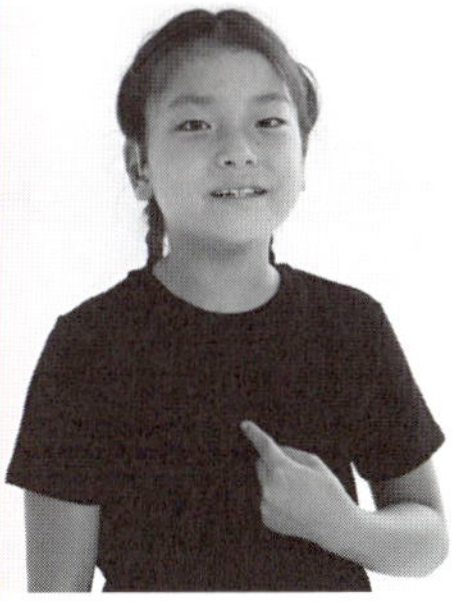

自分《じぶん》を指《ゆび》さします。

聞《き》こえない

かた手《て》で耳《みみ》をふさぎます。

知ってる しってる

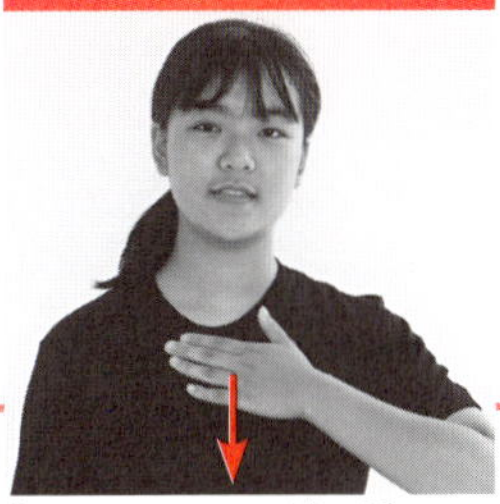

手《て》をむねにあて、下《した》に動《うご》かします。

わかる

聞こえる きこえる

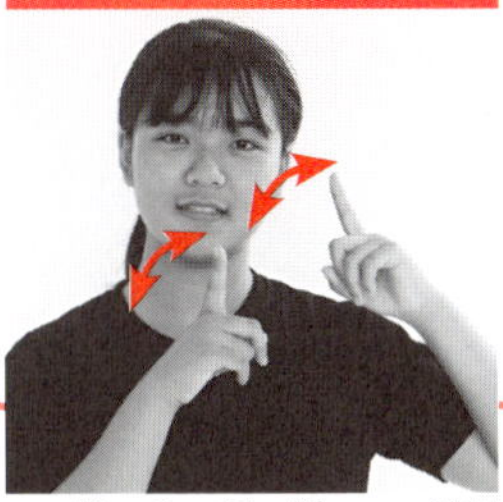

かた方《ほう》の手《て》で耳《みみ》を指《ゆび》さし、反対《はんたい》の手《て》で口《くち》を指《ゆび》さし、前後《ぜんご》に2～3回《かい》動《うご》かします。

知らない しらない

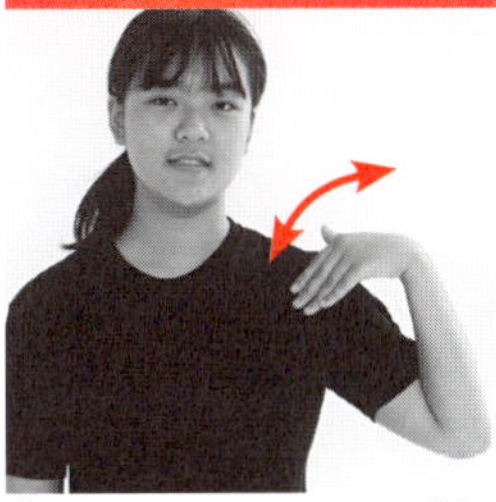

手《て》をかたのあたりで、2～3回《かい》はらうように動《うご》かします。

わからない

ゆっくり

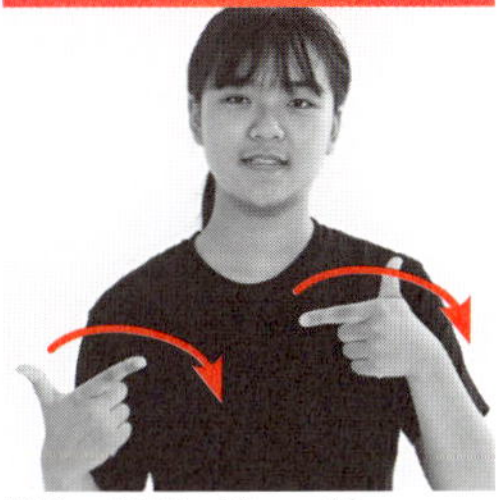

両手《りょうて》の親指《おやゆび》と人《ひと》さし指《ゆび》をのばして、円《えん》をえがくように横《よこ》に動《うご》かします。

おそい

手話《しゅわ》で友《とも》だちとおしゃべりしたいな

わたし

自分《じぶん》を指《ゆび》さします。

手話《しゅわ》

両手《りょうて》の人《ひと》さし指《ゆび》をのばし、ぐるぐる回《まわ》します。

友《とも》だち

両手《りょうて》をにぎり合《あ》わせます。

なかよし

おしゃべり

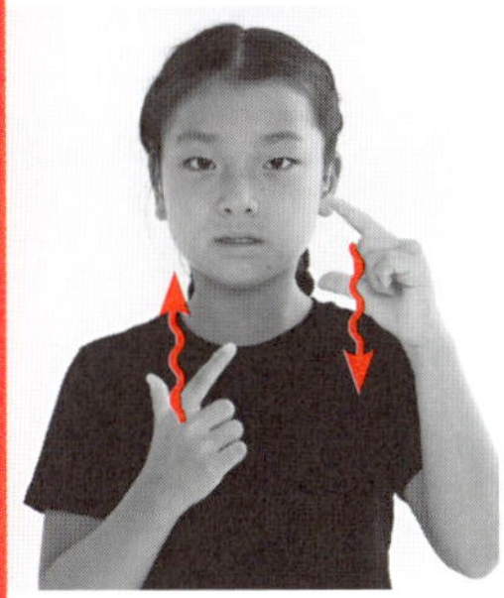

両手《りょうて》の人《ひと》さし指《ゆび》と親《おや》指《ゆび》をのばして、ななめに向《む》かい合《あ》わせ、ゆらしながら交互《こうご》に上下《じょうげ》させます。

★手話《しゅわ》でおしゃべりしている様子《ようす》。

したい

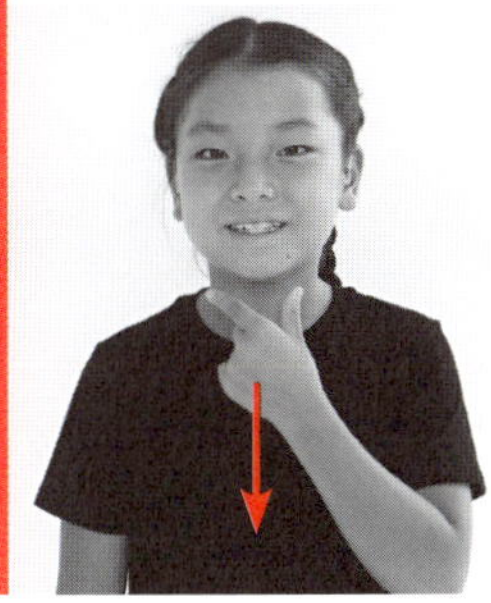

親指《おやゆび》と人《ひと》さし指《ゆび》をあごの下《した》につけます。手《て》を下《した》に動《うご》かして、指先《ゆびさき》をつけます。

すき

ほしい

手話《しゅわ》で歌《うた》おう！

さんぽ（「となりのトトロ」より）

えい画《が》「となりのトトロ」でおなじみの歌《うた》です。楽《たの》しくチャレンジ！

※この歌《うた》の動画《どうが》には、音《おと》は入っていません。

さんぽ　作詞《さくし》　中川李枝子《なかがわりえこ》

さんぽ

遊《あそ》ぶ

両手《りょうて》の人《ひと》さし指《ゆび》をのばし、顔《かお》の横《よこ》で交互《こうご》に前後《ぜんご》にふります。

歩《ある》く

人《ひと》さし指《ゆび》と中指《なかゆび》を下《した》に向《む》けて、交互《こうご》に動《うご》かします。

★歩《ある》いている足《あし》のイメージ。

※あるこうあるこう　わたしはげんき
あるくのだいすき　どんどんいこう

さかみち　トンネル　くさっぱら
いっぽんばしに　でこぼこじゃりみち
くものすくぐって　くだりみち

※くりかえし

みつばち　ぶんぶん　はなばたけ
ひなたにとかげ　へびはひるね
ばったがとんで　まがりみち

※くりかえし

きつねも　たぬきも　でておいで
たんけんしよう　はやしのおくまで
ともだちたくさん　うれしいな
ともだちたくさん　うれしいな

動画《どうが》も見《み》れるよ！▼
動画《どうが》の説明《せつめい》は10ページ

あるこうあるこう　わたしはげんき
あるくのだいすき　どんどんいこう

歩《ある》く

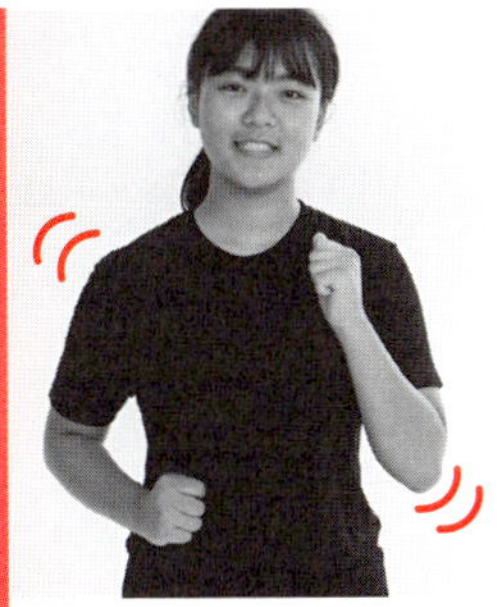

両《りょう》手《て》でグーをつくり、前《ぜん》後《ご》にふります。

歩《ある》く

両《りょう》手《て》でグーをつくり、前《ぜん》後《ご》にふります。

わたし

自《じ》分《ぶん》を指《ゆび》さします。

元《げん》気《き》

ひじを曲《ま》げ、両《りょう》手《て》をグーにして、上《じょう》下《げ》に動《うご》かします。

がんばる

歩《ある》く

両《りょう》手《て》でグーをつくり、前《ぜん》後《ご》にふります。

とても

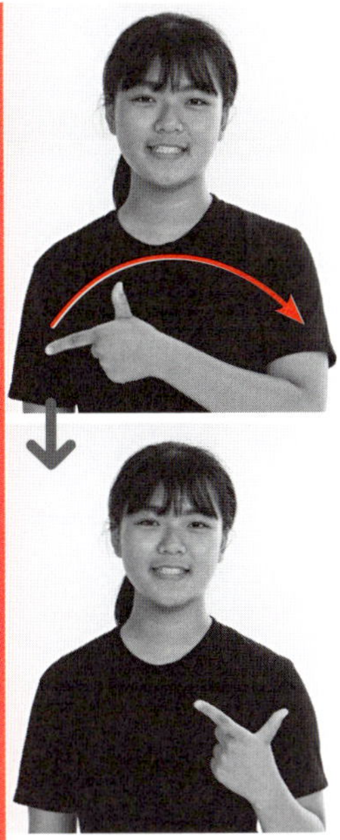

親指《おやゆび》と人《ひと》さし指《ゆび》をのばし、円《えん》をえがくように横《よこ》に動《うご》かします。

すき

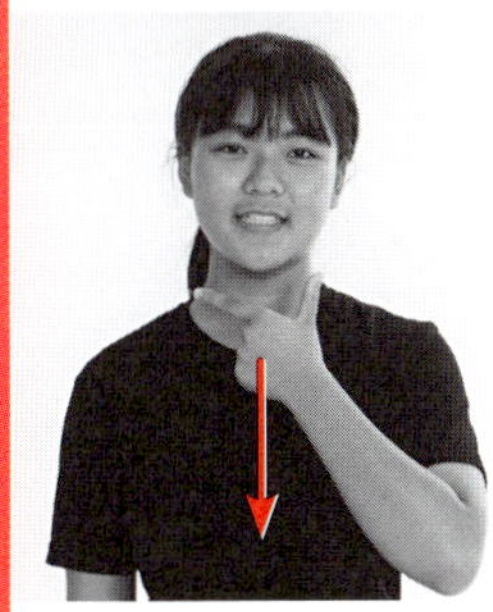

親指《おやゆび》と人《ひと》さし指《ゆび》をあごの下《した》につけます。手《て》を下《した》に動《うご》かして、指先《ゆびさき》をつけます。

～したい

ほしい

どんどん

グーの手《て》を、ななめ上《うえ》に2回《かい》動《うご》かします。

行《い》く

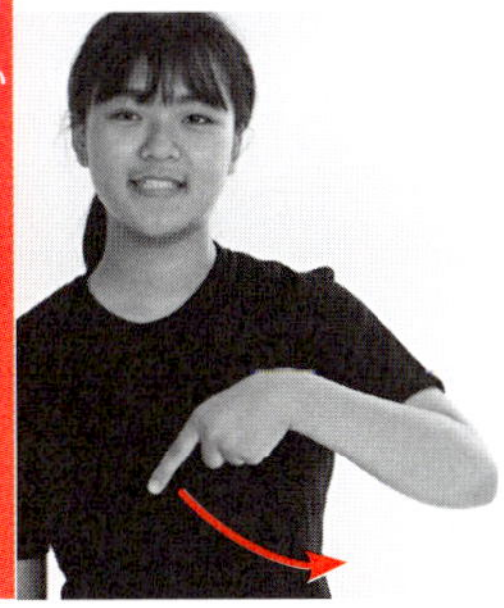

人《ひと》さし指《ゆび》をのばして下《した》に向《む》け、前《まえ》にふります。

さかみち　トンネル　くさっぱら いっぽんばしに でこぼこじゃりみち

坂道《さかみち》

指《ゆび》をのばし、ななめ上《うえ》に動《うご》かします。
★上《のぼ》り坂《ざか》の様子《ようす》。

トンネル

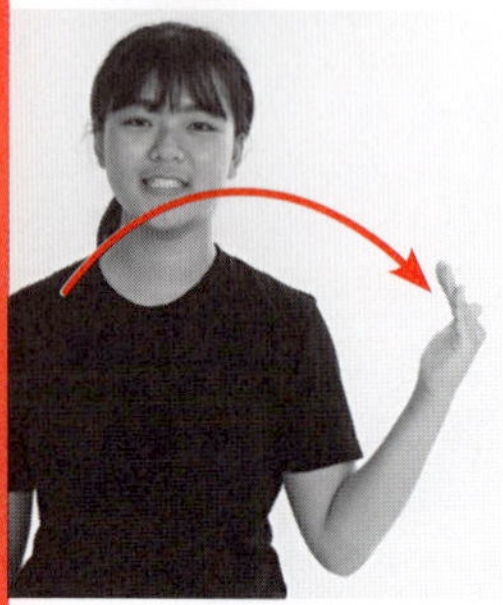

指《ゆび》をのばし、円《えん》をえがくように動《うご》かします。
★トンネルの形《かたち》。

草《くさ》

両手《りょうて》の指《ゆび》を開《ひら》き、むねの前《まえ》で交互《こうご》に上下《じょうげ》に動《うご》かします。
★草《くさ》がボーボーに生《は》えている様子《ようす》。

広場《ひろば》

手《て》のひらを下《した》に向《む》けて、体《からだ》の前《まえ》で大《おお》きな円《えん》をえがきます。

橋《はし》

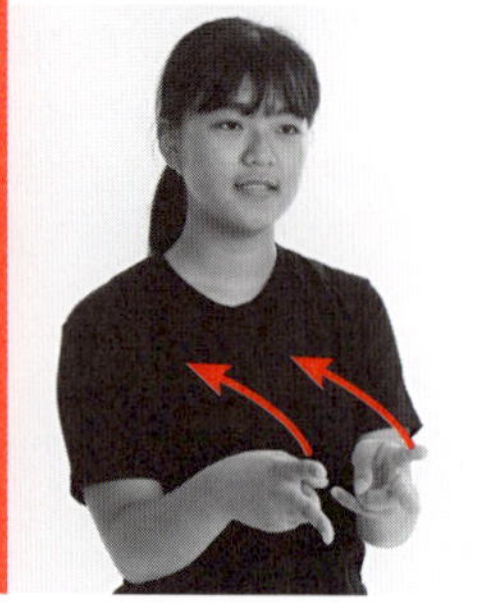

両手《りょうて》でチョキをつくり、体《からだ》のほうに引《ひ》きます。
★橋《はし》の形《かたち》。

でこぼこ

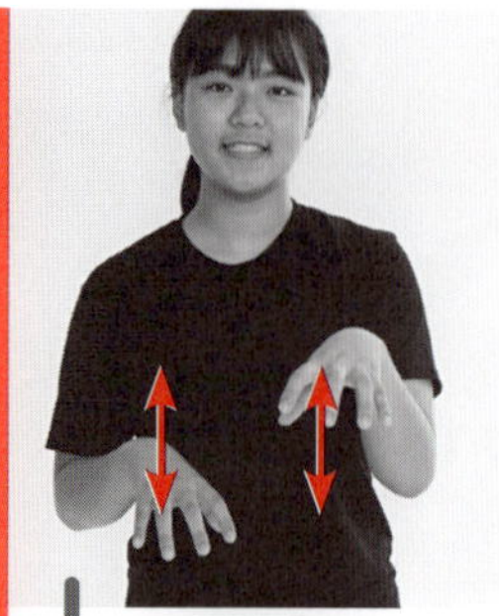

手《て》の指先《ゆびさき》を曲《ま》げて下《した》に向《む》け、交互《こうご》に上下《じょうげ》させます。

じゃり道《みち》

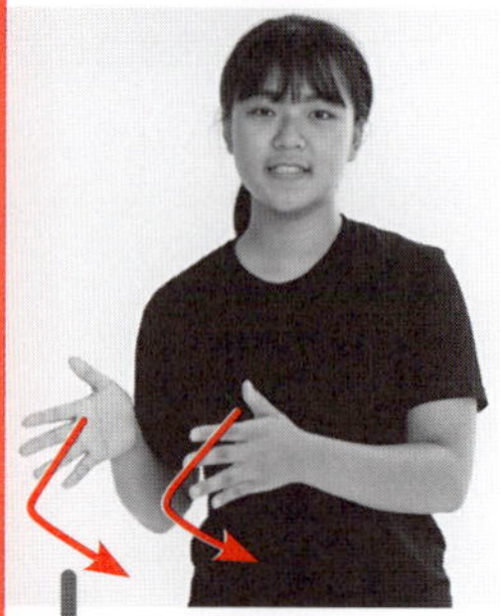

両手《りょうて》のひらを向《む》かい合《あ》わせたまま、左右《さゆう》に動《うご》かしながら、前《まえ》へ出《だ》します。

動画《どうが》も見《み》れるよ！▼
動画《どうが》の説明《せつめい》は10ページ

くものすくぐって　くだりみち

くものす

両手《りょうて》の指先《ゆびさき》を曲《ま》げて前《まえ》に向《む》け、親指《おやゆび》どうしを組《く》み合《あ》わせます。

★くもの8本《ぽん》の足《あし》の形《かたち》。

くも

くぐる

両手《りょうて》で顔《かお》をかくします。

★くものすがはっている様子《ようす》。

かた方《ほう》の手《て》を開《ひら》きます。

★くものすをはらっている様子《ようす》。

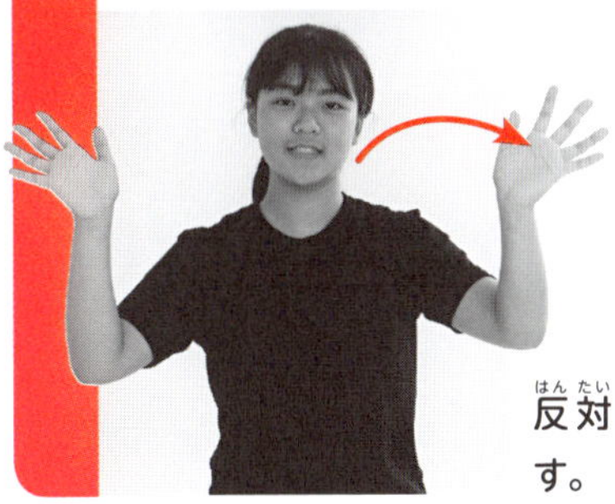

反対《はんたい》の手《て》も開《ひら》きます。

下《くだ》り道《みち》

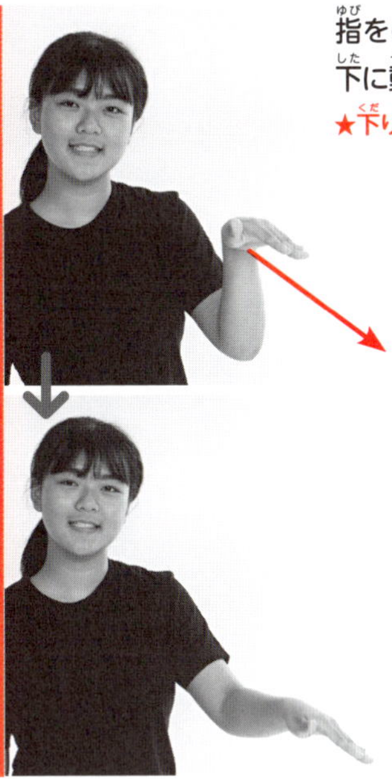

指《ゆび》をのばし、ななめ下《した》に動《うご》かします。

★下《くだ》り坂《ざか》の様子《ようす》。

ぼく・わたしと手話《しゅわ》
1

体《たい》そう教室《きょうしつ》での様子《ようす》。

家《いえ》にはたくさんの手話《しゅわ》の本《ほん》や辞書《じしょ》があります。

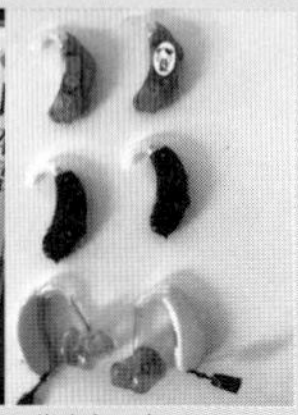

成長《せいちょう》に合《あ》わせて、ほちょう器《き》もかえてきました。

ゆめは、ろう学校《がっこう》の先生《せんせい》になることと、デフリンピックに出《で》ること！

北畑咲希音《きたはたさきね》ちゃん（小学《しょうがく》4年生《ねんせい》）

咲希音《さきね》ちゃんは生《う》まれてすぐ、耳《みみ》が聞《き》こえないことがわかりました。3才《さい》ごろから、お姉《ねえ》さん（中学《ちゅうがく》3年生《ねんせい》）、お兄《にい》さん（中学《ちゅうがく》1年生《ねんせい》）、お母《かあ》さんと手話《しゅわ》の勉強《べんきょう》を始《はじ》めました。家族《かぞく》みんな、手話《しゅわ》で会話《かいわ》ができます。「お父《とう》さんはなかなか手話《しゅわ》を覚《おぼ》えられなかったけど、さいきんは指文字《ゆびもじ》とか、かんたんな話《はなし》とかはできるようになったからうれしいです」。

咲希音《さきね》ちゃんは今《いま》、ろう学校《がっこう》に通《かよ》っています。「水泳《すいえい》、走《はし》ること、体《たい》そうがとくいです。しょう来《らい》のゆめはろう学校《がっこう》の先生《せんせい》になることと、デフリンピックに出場《しゅつじょう》すること。中学《ちゅうがく》・高校《こうこう》は近《ちか》くのろう学校《がっこう》に行《い》きたいけど、しけんがあるので、勉強《べんきょう》もがんばっています」。水泳《すいえい》と体《たい》そうは、習《なら》いに行《い》っています。耳《みみ》が聞《き》こえないと通《かよ》わせてくれない教室《きょうしつ》もありましたが、今《いま》の教室《きょうしつ》は、聞《き》こえなくてもいいよ、と言《い》ってくれたところです。

咲希音《さきね》ちゃんは、ほちょう器《き》を使《つか》っています。でも水《みず》にぬれるといけないので、水泳《すいえい》やお風《ふ》ろのときは、ほちょう器《き》をはずします。ほちょう器《き》をはずすと、水泳《すいえい》のしあいでスタートの合図《あいず》の音《おと》が聞《き》こえないよね?「水泳教室《すいえいきょうしつ》では、耳《みみ》の聞《き》こえるお友《とも》だちがかたをたたいて教《おし》えてくれるので、こまりません」。やさしい家族《かぞく》や友《とも》だちにかこまれて、いろんなことにチャレンジしている咲希音《さきね》ちゃんです。

BMX《ビーエムエックス》で全国《ぜんこく》ゆう勝《しょう》して、オリンピックに出《で》たい！

安田拓海《やすだたくみ》くん（小学《しょうがく》5年生《ねんせい》）

拓海《たくみ》くんは、お父《とう》さんもお母《かあ》さんも耳《みみ》が聞《き》こえないので、赤《あか》ちゃんのときから手話《しゅわ》を使《つか》っています。通《かよ》っているろう学校《がっこう》は、家《いえ》から3時間《じかん》かかって遠《とお》いのですが、毎日学校《まいにちがっこう》に行《い》くのがとても楽《たの》しいそうです。「授業《じゅぎょう》はぜんぶ手話《しゅわ》で教《おし》えてくれるので、よくわかります。ぼくは算数《さんすう》がとくいです」。

拓海《たくみ》くんは小学校《しょうがっこう》1年生《ねんせい》のときから、BM X《ビーエムエックス》という自転車《じてんしゃ》きょうぎをしていて、耳《みみ》の聞《き》こえる子《こ》たちも合《あ》わせて、全国《ぜんこく》で4位《い》になったこともあります。「自転車《じてんしゃ》に乗《の》って、顔《かお》にあたる風《かぜ》がすごく気持《きも》ちいい！」と拓海《たくみ》くん。でもきょうぎでは、自転車《じてんしゃ》に乗《の》ってジャンプすることも！ こわくないのでしょうか?

「短《みじか》いきょりなら、だいじょうぶ。始《はじ》めたころは、後《うし》ろから来《く》る自転車《じてんしゃ》の音《おと》が聞《き》こえなくて、ぶつかったり、転《ころ》んだりすることもありました。でもいっぱい練習《れんしゅう》して、たくさんしあいに出《で》てコツをつかんだので、今《いま》はそういうことはほとんどありません」。

そんな拓海《たくみ》くんのゆめは、BM X《ビーエムエックス》で全国《ぜんこく》ゆう勝《しょう》して、オリンピックに出《で》ること。また、「耳《みみ》の聞《き》こえる人《ひと》も手話《しゅわ》を覚《おぼ》えてほしい。そうしたら、だれとでも楽《たの》しくおしゃべりできるから」と話《はな》してくれました。

BM X《ビーエムエックス》のしあいで、自転車《じてんしゃ》に乗《の》っている拓海《たくみ》くん。

はじめて準決勝《じゅんけっしょう》に出《で》たとき、拓海《たくみ》くんをはげますお父《とう》さんとお母《かあ》さん。

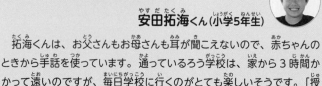

3章《しょう》

いつもの1日《にち》を手話《しゅわ》で話《はな》そう！

登校中《とうこうちゅう》や休《やす》み時間《じかん》、給食《きゅうしょく》の時間《じかん》、放課後《ほうかご》など、
毎日《まいにち》のおしゃべりを手話《しゅわ》でやってみよう！

あ、こんな話《はなし》、
自分《じぶん》もしてる～！って
いう会話《かいわ》が
いっぱいだよ

おはよう。ねむそうだね

朝《あさ》

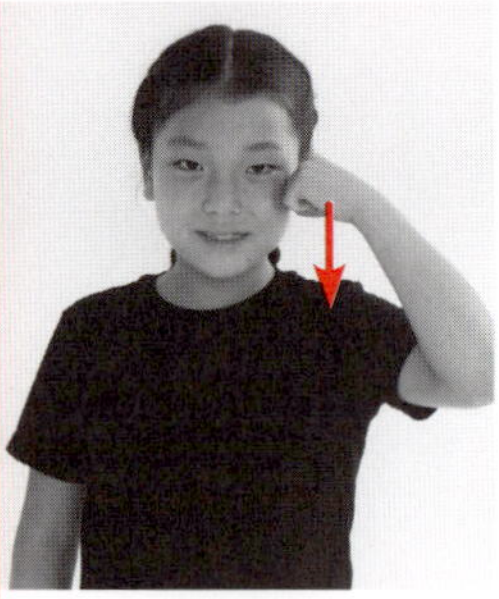

手《て》をグーにして、顔《かお》の横《よこ》から下《した》へ下《お》ろします。

あいさつ

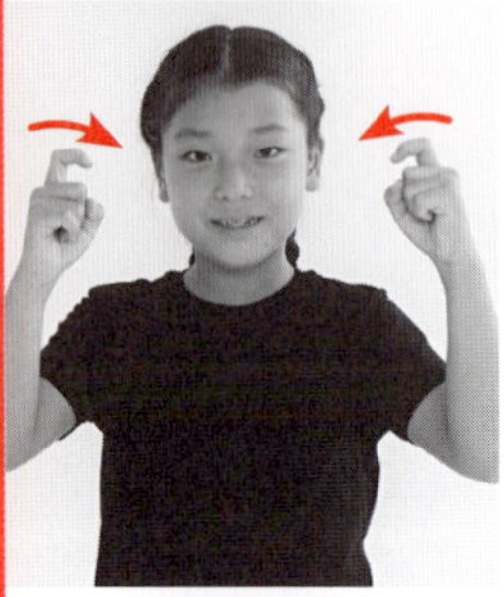

両手《りょうて》の人《ひと》さし指《ゆび》をのばして向《む》かい合《あ》わせにして、指先《ゆびさき》を曲《ま》げます。

あなた

相手《あいて》を指《ゆび》さします。

ねむい

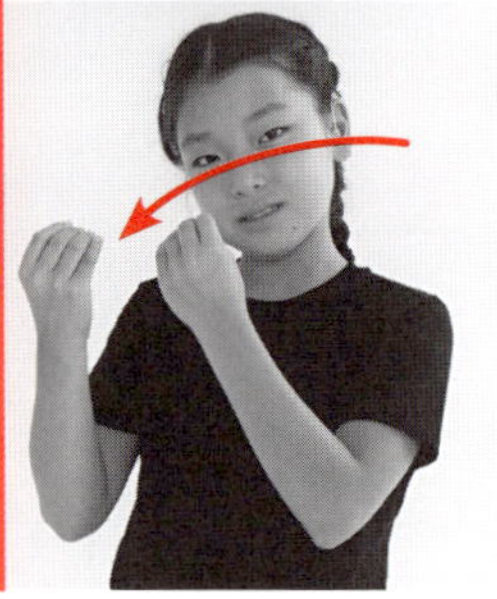

顔《かお》のそばで両手《りょうて》をグーにしながら横《よこ》に動《うご》かし、顔《かお》をかたむけます。

きのうの夜《よる》、ゲームをやりすぎちゃった

きのう

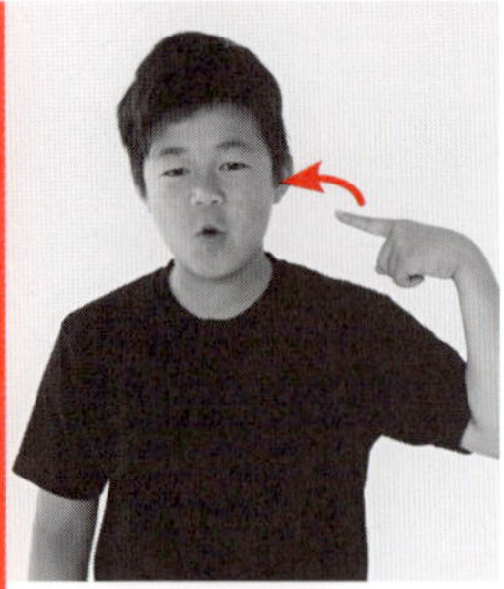

人《ひと》さし指《ゆび》を、顔《かお》の横《よこ》で後《うし》ろにふります。

夜《よる》

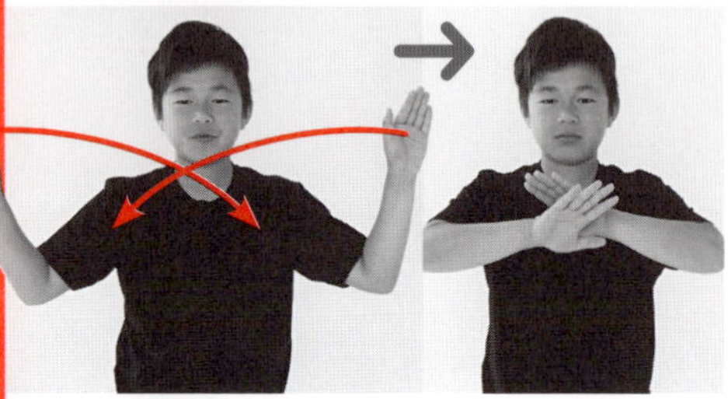

両手《りょうて》を上《あ》げて、顔《かお》の前《まえ》でクロスさせます。

ゲーム

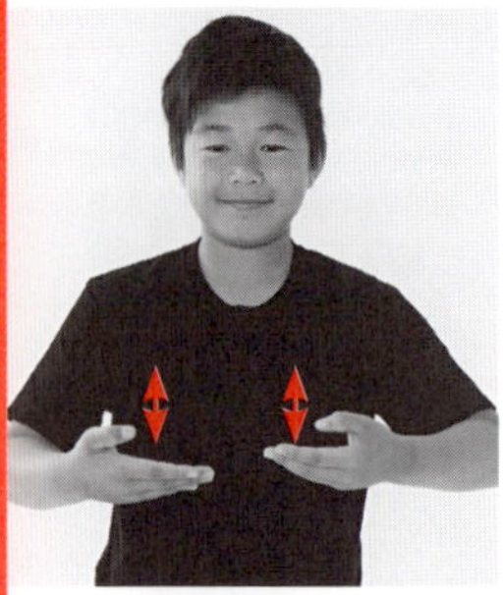

両手《りょうて》でゲーム機《き》を持《も》っているような形《かたち》をつくり、親指《おやゆび》を上下《じょうげ》させます。

する

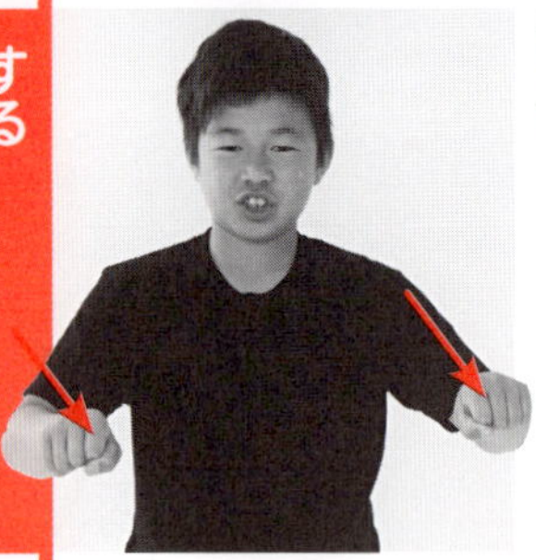

両手《りょうて》をグーにして、前《まえ》に動《うご》かします。

すぎる

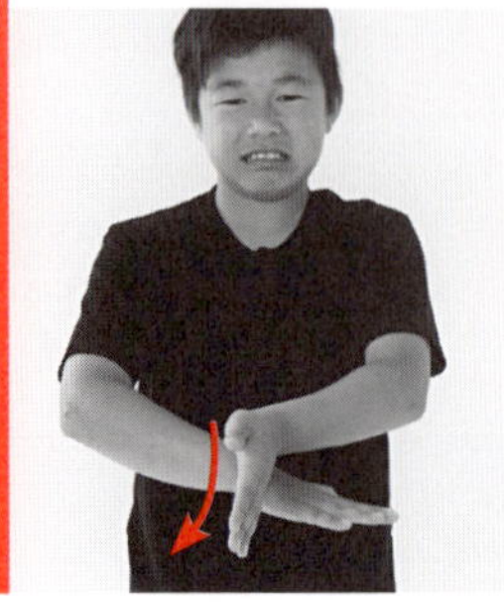

指《ゆび》をのばした手《て》を、反対《はんたい》の手《て》のこうの上《うえ》から前《まえ》に出《だ》します。

こえる

動画《どうが》も見《み》れるよ！
▼
動画《どうが》の説明《せつめい》は10ページ

何時《なんじ》にねたの?

ねる

グーを顔《かお》の横《よこ》にあて、目《め》をとじます。

時間《じかん》

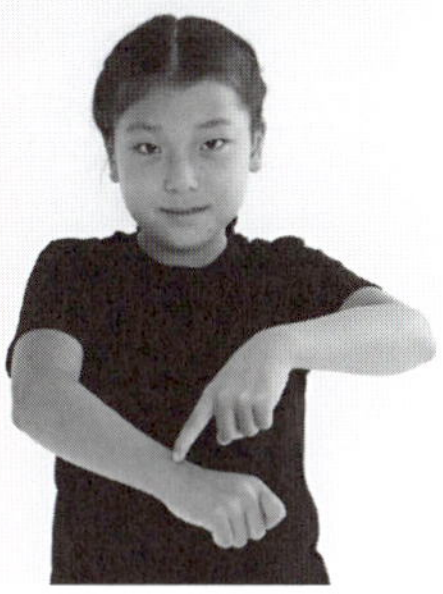

グーにした手《て》の手首《てくび》を、反対《はんたい》の手《て》で指《ゆび》さします。

★うで時計《どけい》をさしている様子《ようす》。

いくつ

手《て》を開《ひら》いて、親指《おやゆび》から順番《じゅんばん》におっていきます。

「時間《じかん》」+「いくつ」で「何時《なんじ》?」になるにゃん!

この手話《しゅわ》も覚《おぼ》えちゃお!

日時《にちじ》①

今日　きょう

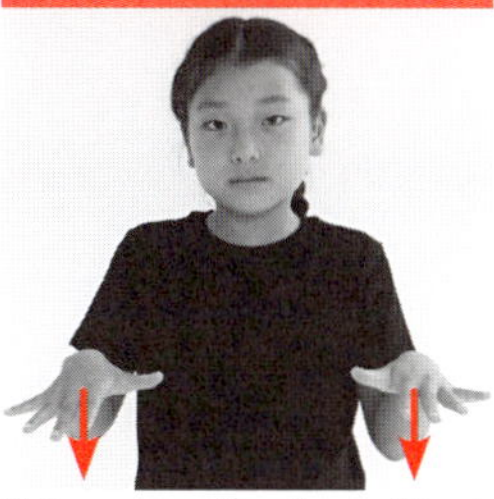

両手《りょうて》のひらを下《した》に向《む》け、少《すこ》し下《さ》げます。

毎日　まいにち

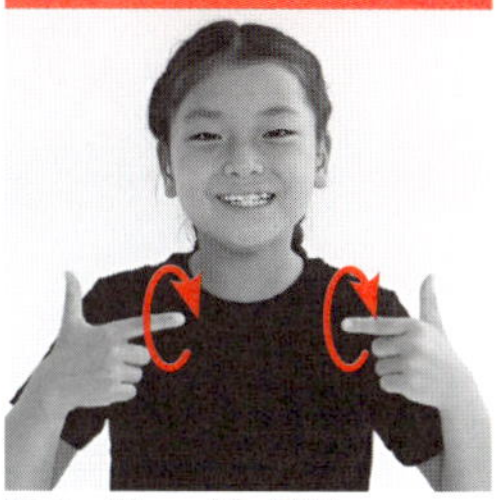

両手《りょうて》の人《ひと》さし指《ゆび》と親指《おやゆび》をのばし、ぐるぐる回《まわ》します。

明日　あした

人《ひと》さし指《ゆび》を、顔《かお》の横《よこ》で前《まえ》にふります。

1日中　1にちじゅう

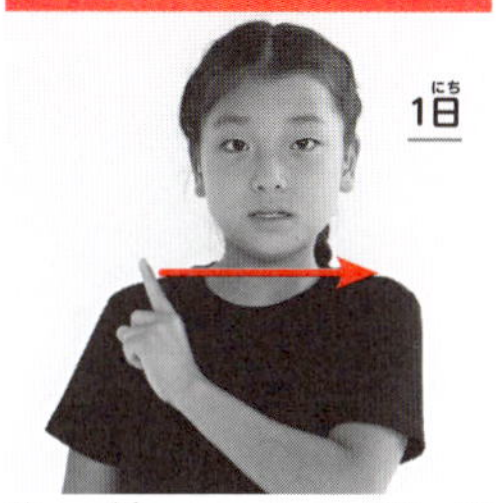
1日《にち》

人《ひと》さし指《ゆび》をかたにあて、横《よこ》に動《うご》かします。

ずっと

人《ひと》さし指《ゆび》をのばし、反対《はんたい》の手《て》の指《ゆび》をコの形《かたち》にしてくっつけます。

★「中《ちゅう》」の字《じ》の形《かたち》。

あさって

人《ひと》さし指《ゆび》と中指《なかゆび》を、顔《かお》の横《よこ》で前《まえ》にふります。

おととい

人《ひと》さし指《ゆび》と中指《なかゆび》を、顔《かお》の横《よこ》で後《うし》ろにふります。

前《まえ》をさすと「未来《みらい》」後《うし》ろをさすと「過去《かこ》」の時間《じかん》なんだ!

※上《うえ》の単語《たんご》の動画《どうが》は、51ページの単語《たんご》とまとまっています。

ねたのは夜《よる》10時《じ》ぐらいで、起《お》きたのは朝《あさ》6時《じ》

ねる

グーを顔《かお》の横《よこ》にあて、目《め》をとじます。

夜《よる》

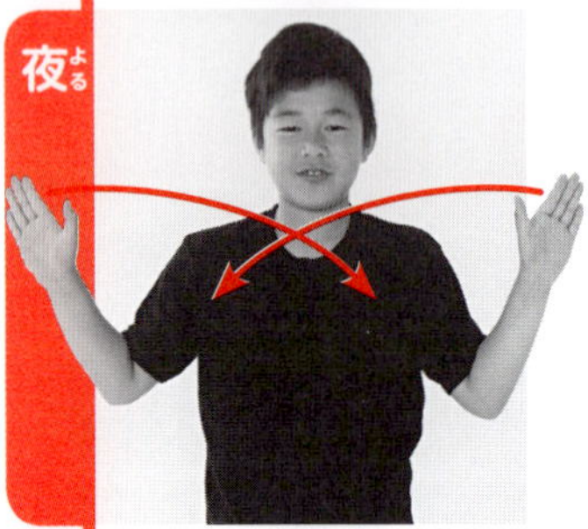

両手《りょうて》を上《あ》げて、顔《かお》の前《まえ》でクロスさせます。

時間《じかん》

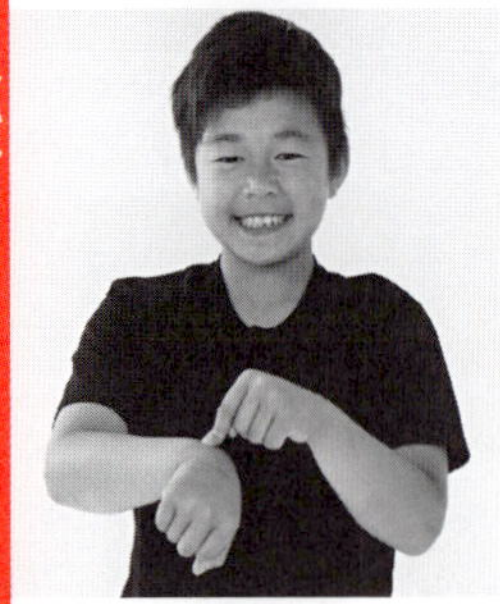

グーにした手《て》の手首《てくび》を、反対《はんたい》の手《て》で指《ゆび》さします。

★うで時計《どけい》をさしている様子《ようす》。

10

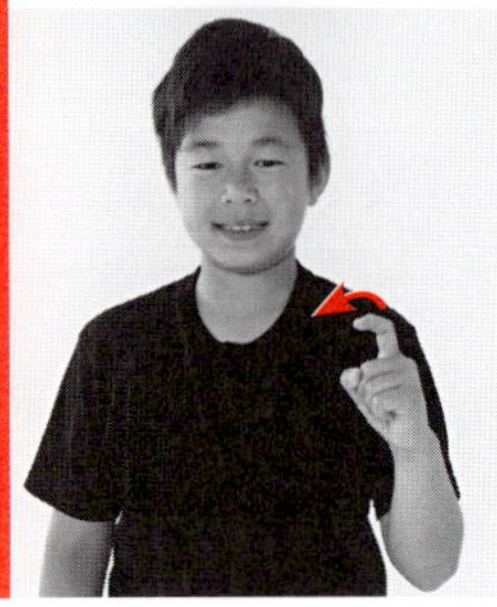

人《ひと》さし指《ゆび》をのばし、指先《ゆびさき》を曲《ま》げ、指文字《ゆびもじ》の「10」をつくります。

★指文字《ゆびもじ》は14ページ。

つづく

起《お》きる

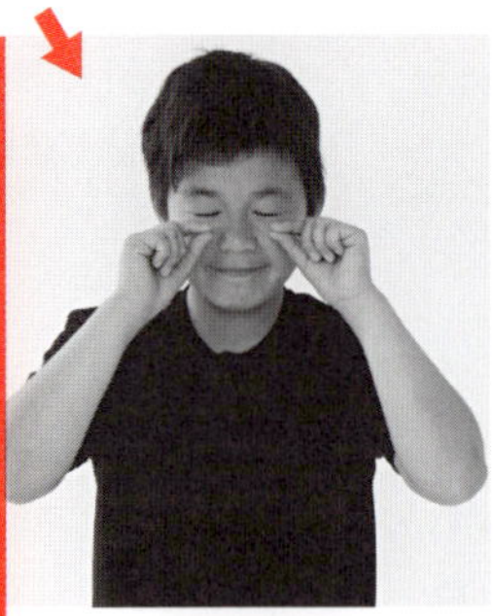

両手《りょうて》をグーにして、人《ひと》さし指《ゆび》と親指《おやゆび》を目《め》の下《した》にあて、目《め》をとじます。

人《ひと》さし指《ゆび》と親指《おやゆび》を開《ひら》き、目《め》を開《あ》けます。

朝《あさ》

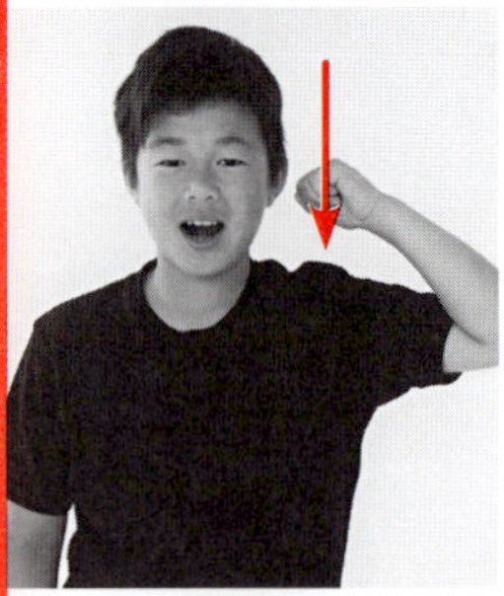

手《て》をグーにして、顔《かお》の横《よこ》から下《した》へ下《お》ろします。

時間《じかん》

グーにした手《て》の手首《てくび》を、反対《はんたい》の手《て》で指《ゆび》さします。

6

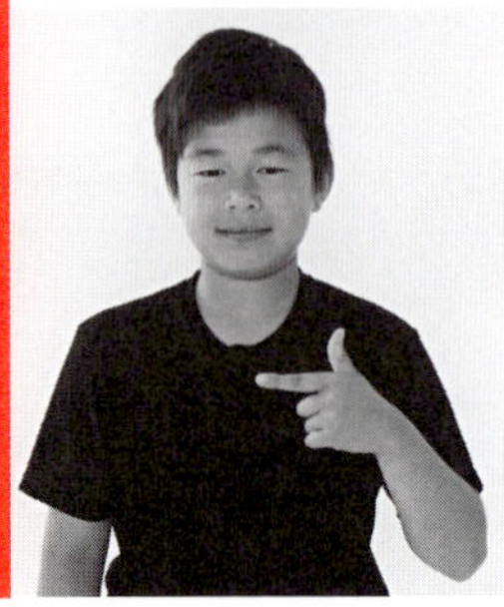

親指《おやゆび》と人《ひと》さし指《ゆび》を開《ひら》いてのばし、3本《ぼん》の指《ゆび》をにぎり、指文字《ゆびもじ》の「6」をつくります。

動画《どうが》も見《み》れるよ!▼
動画《どうが》の説明《せつめい》は10ページ

この手話《しゅわ》も覚《おぼ》えちゃお!

日時《にちじ》②、曜日《ようび》

1週間 1しゅうかん

1週《しゅう》

親指《おやゆび》、人《ひと》さし指《ゆび》、中指《なかゆび》をのばし、指文字《ゆびもじ》の「7」をつくって、横《よこ》に動《うご》かします。★1週《しゅう》=7日《なのか》なので。

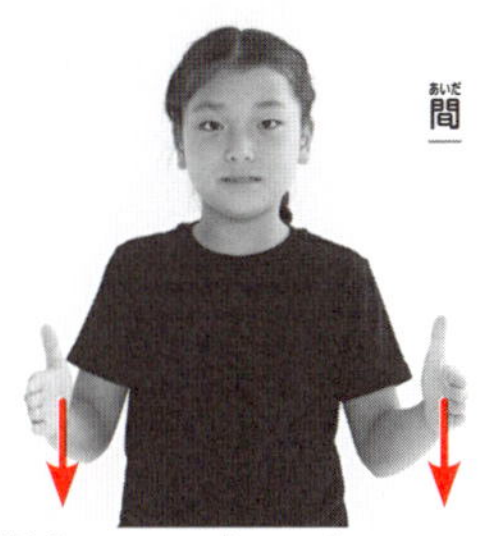
間《あいだ》

両手《りょうて》のひらを向《む》かい合《あ》わせにして、下《した》に動《うご》かします。

1カ月 1かげつ

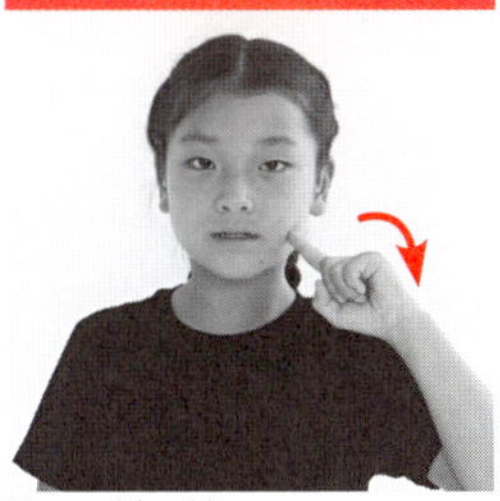

人《ひと》さし指《ゆび》の先《さき》をほおにつけて、手首《てくび》をひねって前《まえ》に出《だ》します。

1年 1ねん

人《ひと》さし指《ゆび》をのばし、グーにした反《はん》対《たい》の手《て》の上《うえ》につける。

今週 こんしゅう

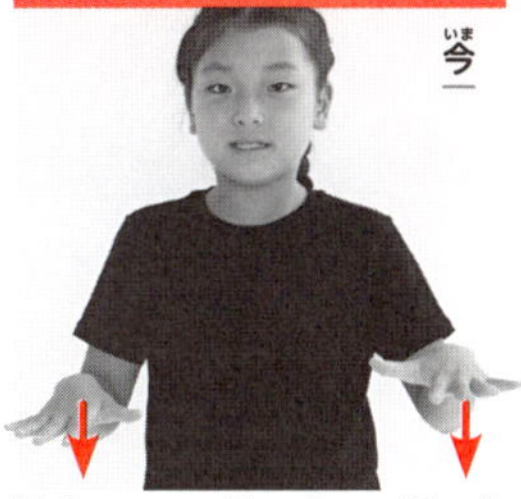
今《いま》

両手《りょうて》のひらを下《した》に向《む》け、少《すこ》し下《さ》げます。

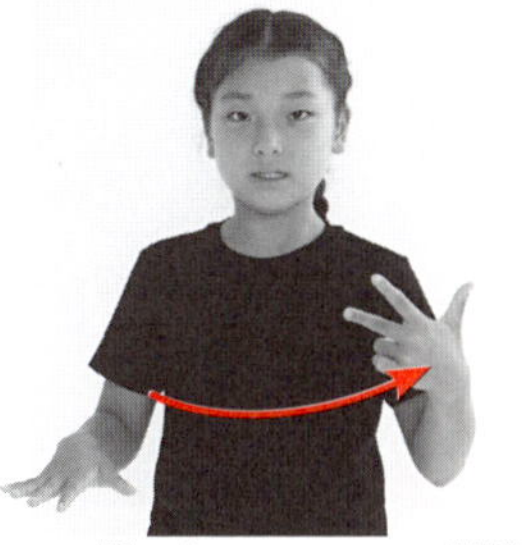

かた方《ほう》の手《て》はそのままで、反対《はんたい》の手《て》で指文字《ゆびもじ》の「7」をつくって、横《よこ》に動《うご》かします。

先週 せんしゅう

指文字《ゆびもじ》の「7」をつくって、後《うし》ろへ動《うご》かします。

来週 らいしゅう

指文字《ゆびもじ》の「7」をつくって、前《まえ》へ動《うご》かします。

月曜日 げつようび

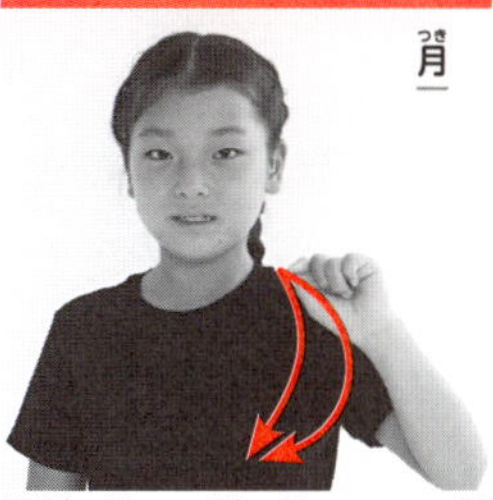
月《つき》

親指《おやゆび》と人《ひと》さし指《ゆび》の先《さき》をつけ、指《ゆび》先《さき》を開《ひら》きながら、三日月《みかづき》の形《かたち》をえがきます。

火曜日 かようび

赤《あか》い

くちびるを指《ゆび》さし、横《よこ》に動《うご》かします。

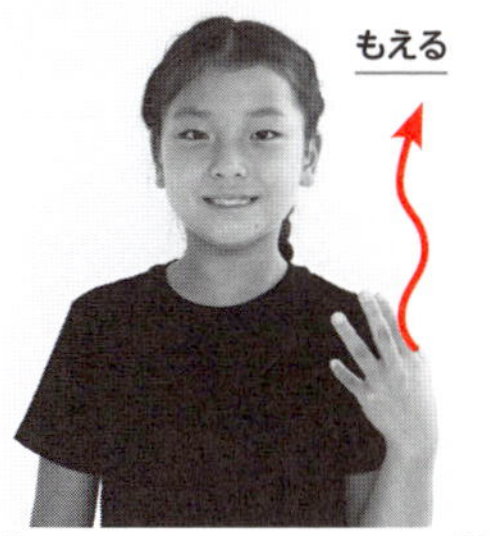
もえる

手《て》をユラユラとゆらしながら、上《うえ》へ動《うご》かします。

水曜日 すいようび

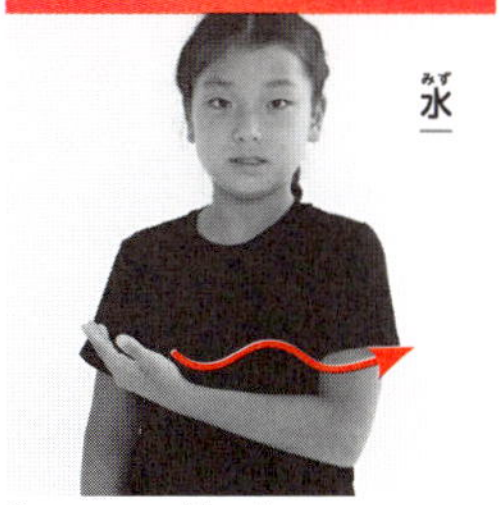
水《みず》

手《て》のひらを上《うえ》に向《む》けて、ゆらゆら横《よこ》に動《うご》かします。

木曜日 もくようび

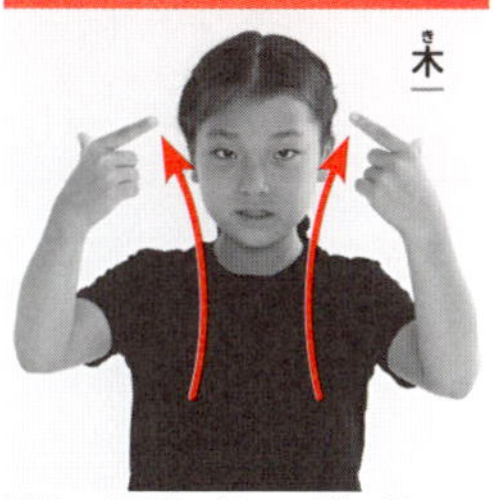
木《き》

両手《りょうて》の親指《おやゆび》と人《ひと》さし指《ゆび》を内《うち》がわに向《む》けてのばし、左右《さゆう》に広《ひろ》げながら上《うえ》へ動《うご》かします。

金曜日 きんようび

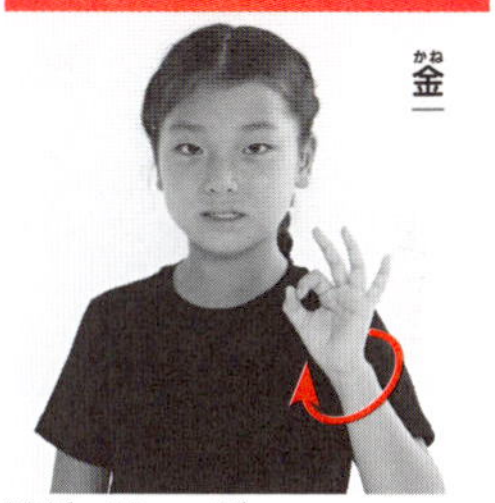
金《かね》

親指《おやゆび》と人《ひと》さし指《ゆび》でわっかをつくり、手首《てくび》を2回《かい》回《まわ》します。

土曜日 どようび

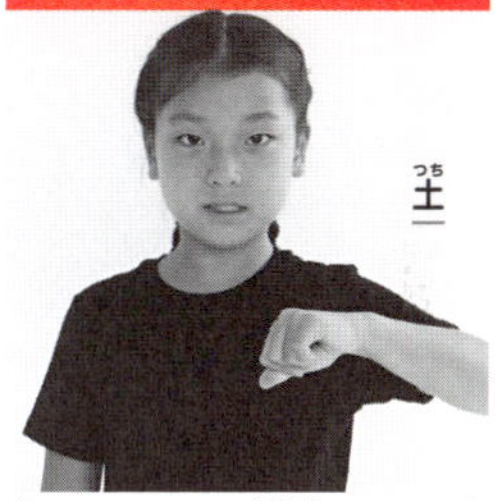
土《つち》

手《て》をすぼめて、指先《ゆびさき》をこすり合《あ》わせるようにします。

日曜日 にちようび

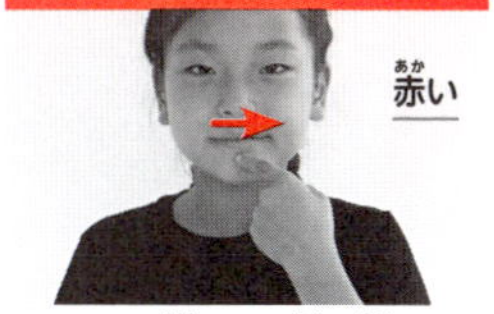
赤《あか》い

くちびるを指《ゆび》さし、横《よこ》に動《うご》かします。

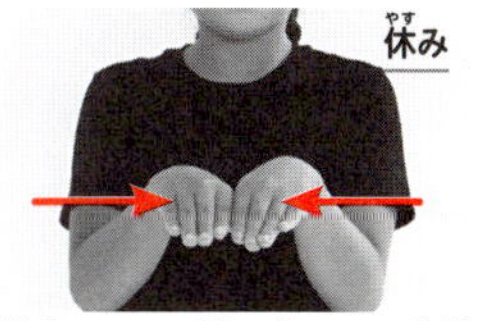
休《やす》み

両手《りょうて》のひらを下《した》に向《む》けて、左右《さゆう》から真《ま》ん中《なか》に向《む》けて動《うご》かしてくっつけます。

勉強《べんきょう》しなさいって、ママにおこられたよ～

勉強《べんきょう》

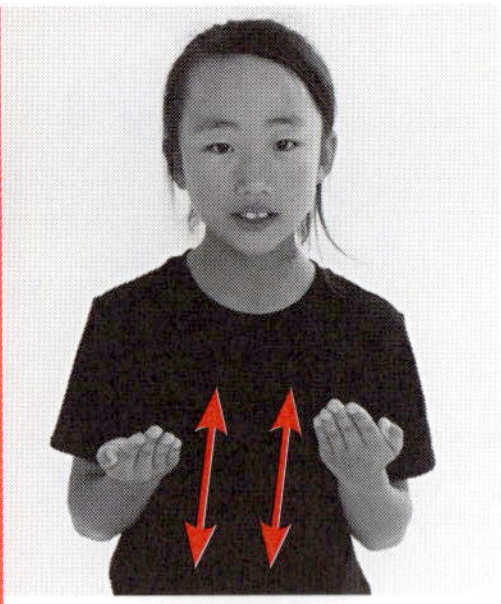

両手《りょうて》を上《うえ》に向《む》けて、前後《ぜんご》に動《うご》かします。

★広《ひろ》げた本《ほん》を持《も》っている様子《ようす》。

学校《がっこう》

授業《じゅぎょう》

しなさい

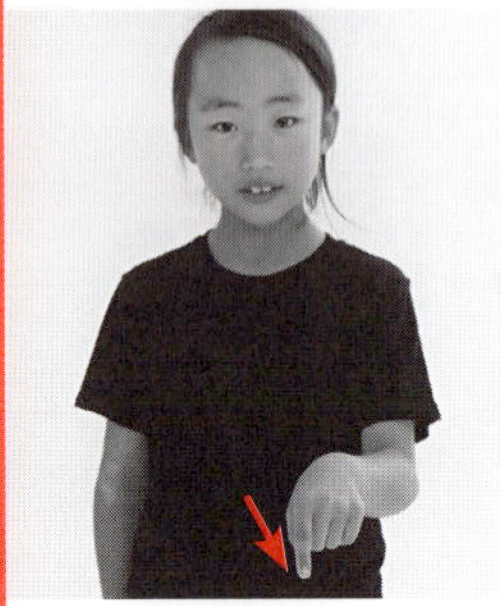

人《ひと》さし指《ゆび》をのばし、ななめ前《まえ》に動《うご》かします。

命令《めいれい》

ママ

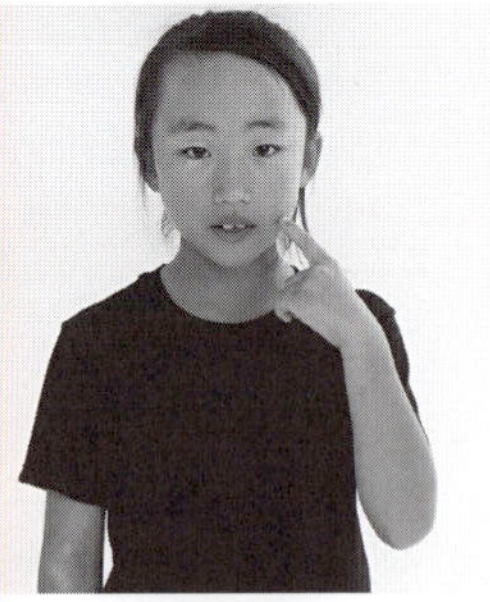

人《ひと》さし指《ゆび》をほおにつけます。

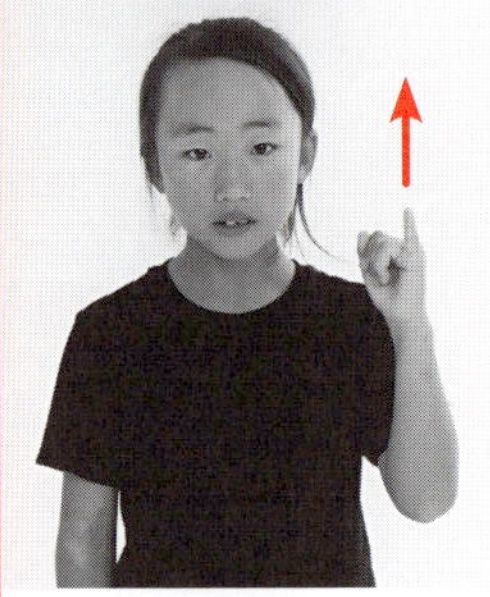

小指《こゆび》をのばして上《うえ》に動《うご》かします。

お母《かあ》さん

おこられる

手《て》をすぼめて、顔《かお》に近《ちか》づけます。

★相手《あいて》が「おこる」場合《ばあい》です。自分《じぶん》が「おこる」ときには、手《て》のひらを相手《あいて》のほうへ向《む》けます。

なんで?

なぜ

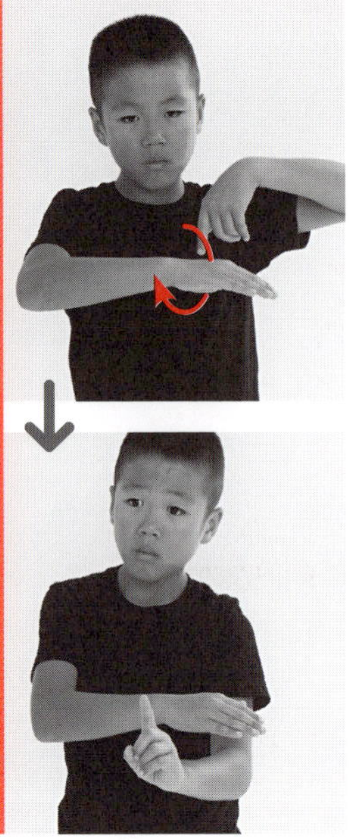

人《ひと》さし指《ゆび》をのばし、反対《はんたい》の手《て》の下《した》をくぐらせます。

「命令《めいれい》」を表《あらわ》す手話《しゅわ》

左上《ひだりうえ》の「勉強《べんきょう》」+「しなさい(命令《めいれい》)」のように、言葉《ことば》に「しなさい」をつけると、命令《めいれい》の手話《しゅわ》になります。

例)

立《た》つ + しなさい → 立《た》ちなさい

行《い》く + しなさい → 行《い》きなさい

起《お》きる + しなさい → 起《お》きなさい

仕事《しごと》 + しなさい → 仕事《しごと》しなさい

手伝《てつだ》い + しなさい → 手伝《てつだ》いなさい

知《し》ってる手話《しゅわ》で、いろいろ考《かんが》えてみるだす!

動画《どうが》も見《み》れるよ!
▼
動画《どうが》の説明《せつめい》は10ページ

スマホでこっそり テレビ見《み》てたから

わたし

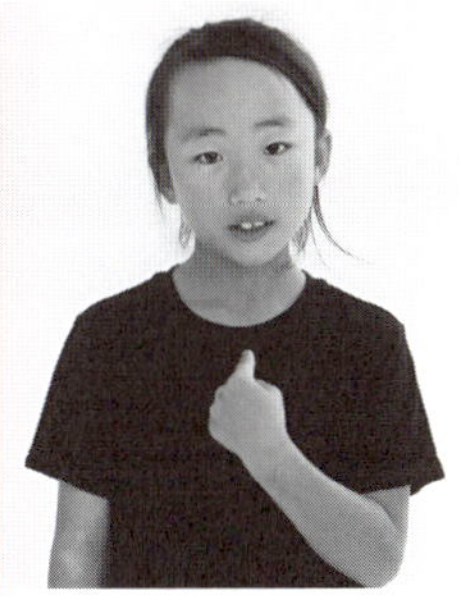

自分《じぶん》を指《ゆび》さします。

こっそり

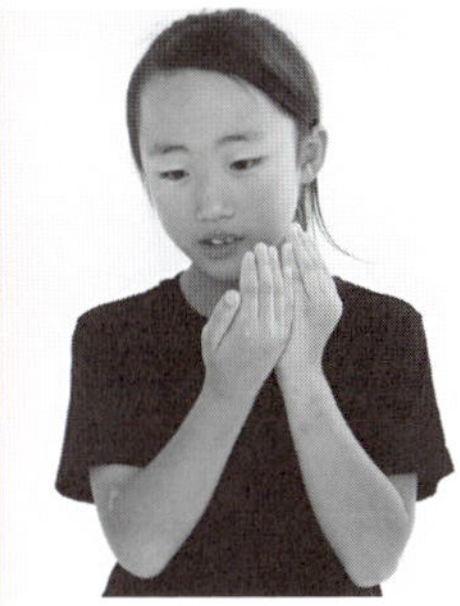

両手《りょうて》で顔《かお》をかくすようにします。

スマホ

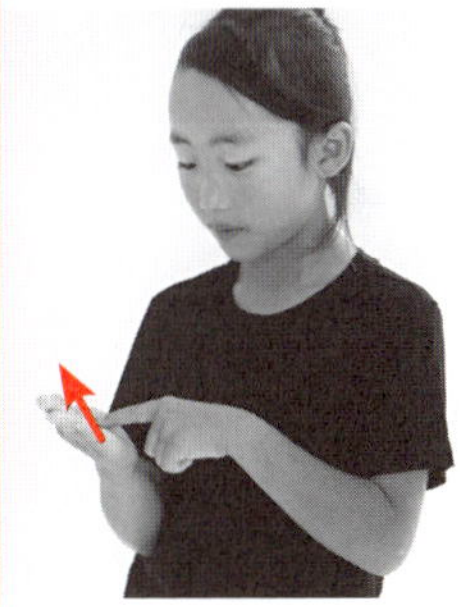

人《ひと》さし指《ゆび》をのばし、反対《はんたい》の手《て》のひらの上《うえ》で、スライドさせるように動《うご》かします。

★スマホの画面《がめん》をそうさしている様子《ようす》。

テレビ

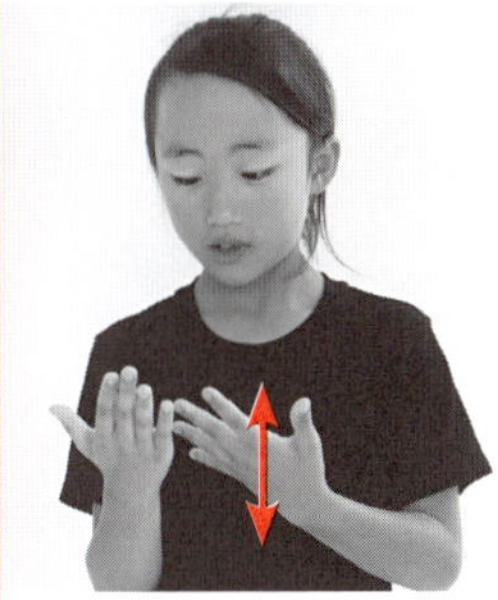

スマホの手《て》はそのままにして、反対《はんたい》の手《て》のひらを上下《じょうげ》に動《うご》かします。

見《み》る

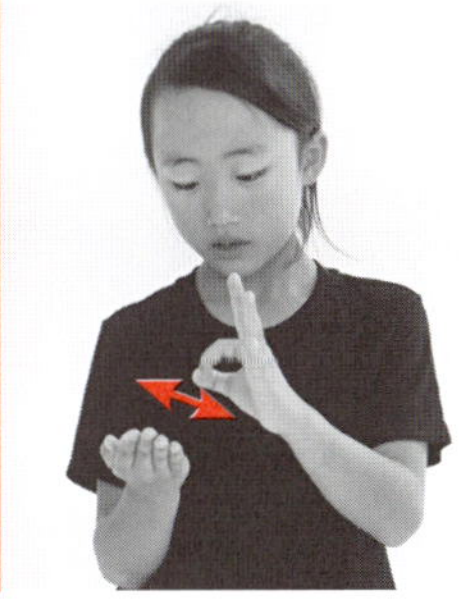

スマホの手《て》はそのままにして、反対《はんたい》の手《て》の親指《おやゆび》と人《ひと》さし指《ゆび》でわっかをつくり、スマホの上《うえ》で動《うご》かします。

★わっかは「目《め》」を表《あらわ》し、スマホを見《み》ている様子《ようす》。

つづく

した

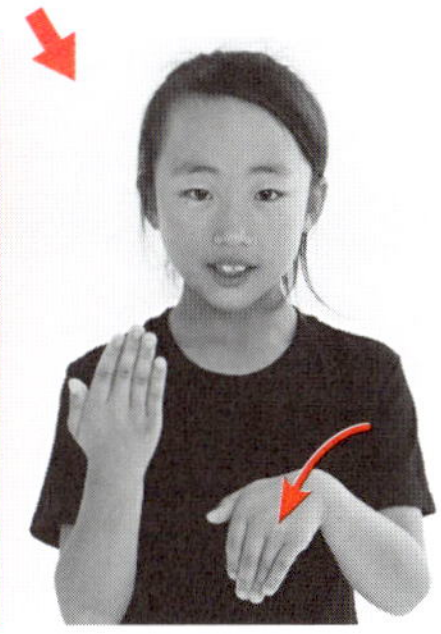

スマホの手《て》はそのままにして、反対《はんたい》の手《て》のひらを前《まえ》にたおします。

★たおした手《て》は、過去《かこ》のことを表《あらわ》す手話《しゅわ》です。

何《なん》のテレビ?

テレビ

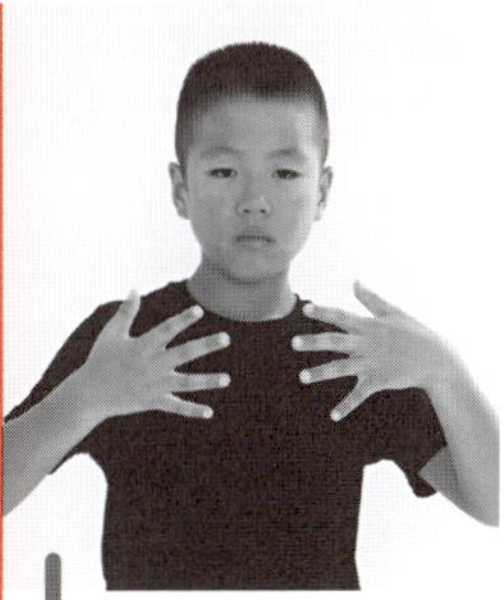

両手《りょうて》の指《ゆび》を開《ひら》いて、指先《ゆびさき》を向《む》かい合《あ》わせます。

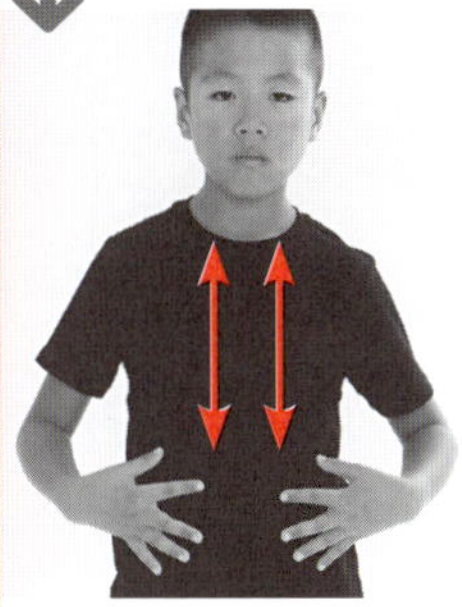

同時《どうじ》に上下《じょうげ》に動《うご》かします。

★この「テレビ」は、スマホで見《み》るテレビではないふつうのテレビなので、左《ひだり》の「テレビ」とちがう手話《しゅわ》になります。

番組《ばんぐみ》

何《なに》

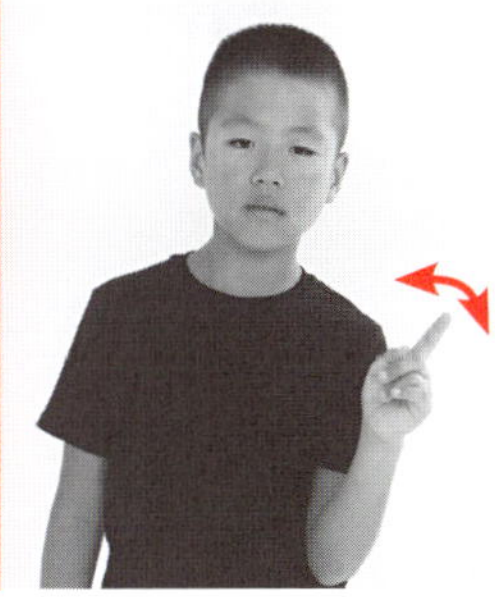

人《ひと》さし指《ゆび》をのばして、横《よこ》に2〜3回《かい》ふります。

「名探偵《めいたんてい》コナン」。おもしろかった！

名《めい》

手《て》を前《まえ》に出《だ》して、反《はん》対《たい》の手《て》の５本《ほん》の指《ゆび》をあてます。

ベテラン

探偵《たんてい》

虫《むし》めがねの取《と》っ手《て》を持《も》っているように指《ゆび》をにぎり、グルグル回《まわ》します。

★探偵《たんてい》が虫《むし》めがねで調《しら》べている様子《ようす》。

コ

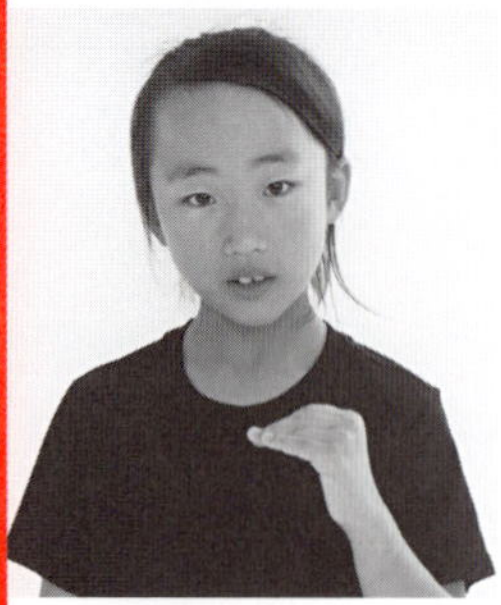

親指《おやゆび》をのばし、４本《ほん》の指《ゆび》をそろえて横《よこ》に曲《ま》げます。

★指文字《ゆびもじ》の「コ」（「ナ」「ン」も指文字《ゆびもじ》・12～13ページ）。

ナ

人《ひと》さし指《ゆび》と中指《なかゆび》を開《ひら》いてのばし、下《した》に向《む》けます。

ン

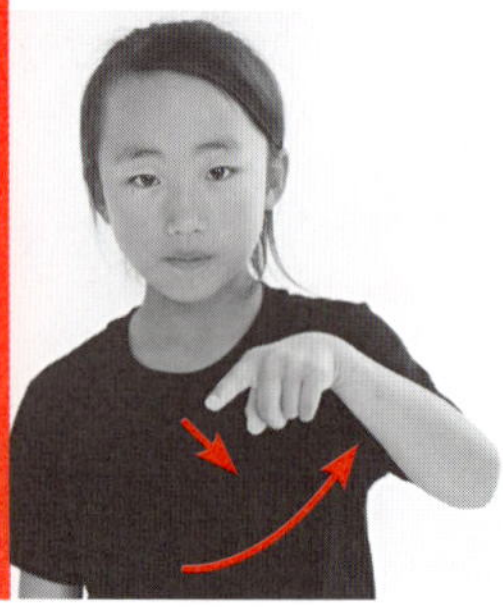

人《ひと》さし指《ゆび》で「ン」と空中《くうちゅう》に書《か》きます。

つづく

おもしろい

グーにした手《て》で、むねを軽《かる》くたたきます。

だった

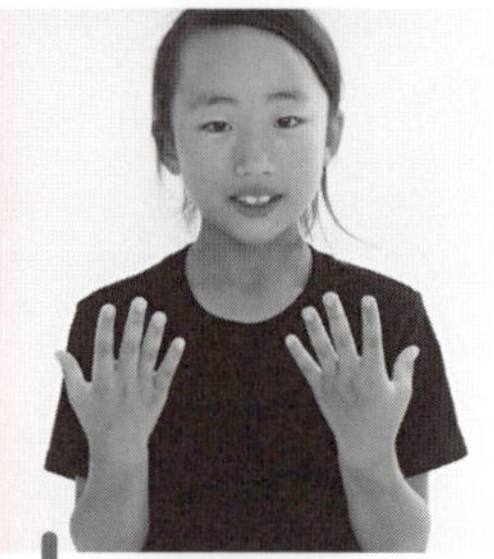

両手《りょうて》を開《ひら》きます。

指先《ゆびさき》をつけながら、下《した》に動《うご》かします。

終《お》わる

「過去《かこ》」を表《あらわ》す手話《しゅわ》

上《うえ》の「おもしろい」＋「～だった（～しました）」のように、言葉《ことば》に「だった」をつけると、過去《かこ》（終《お》わったこと）の手話《しゅわ》になります。

おもしろい

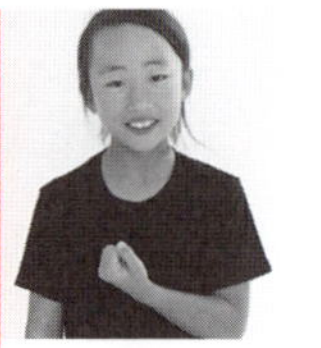

だった

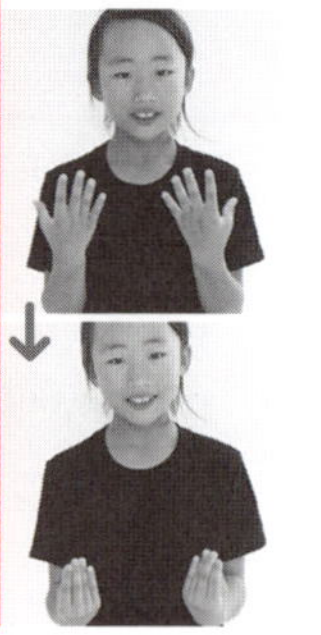

おもしろかった

行《い》く

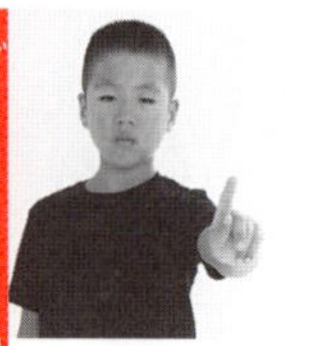

だった

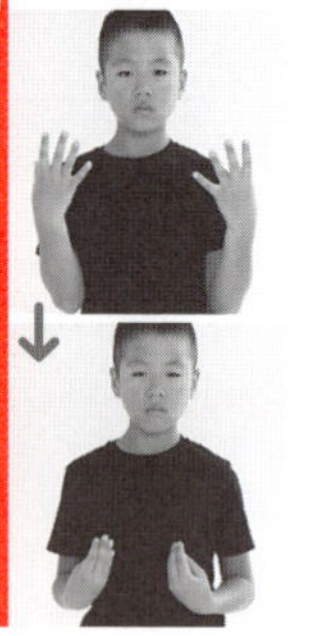

行《い》きました

（60ページ）

動画《どうが》も見《み》れるよ！
動画《どうが》の説明《せつめい》は10ページ

この手話《しゅわ》も覚《おぼ》えちゃお！

気《き》持《も》ち

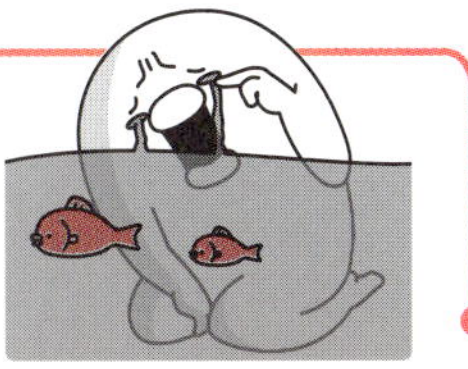

わらう

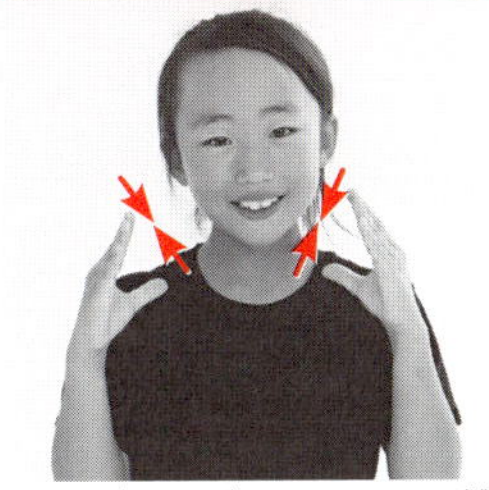

両手《りょうて》を向《む》かい合《あ》わせにして、親《おや》指《ゆび》と4本《ほん》の指《ゆび》の先《さき》をくっつけたりはなしたりします。
★わらっている口《くち》を表《あらわ》します。

なく

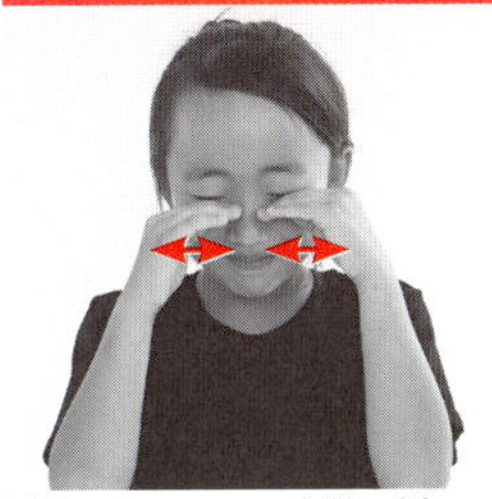

両手《りょうて》を目《め》にあて、左右《さゆう》に動《うご》かします。

楽しい　たのしい

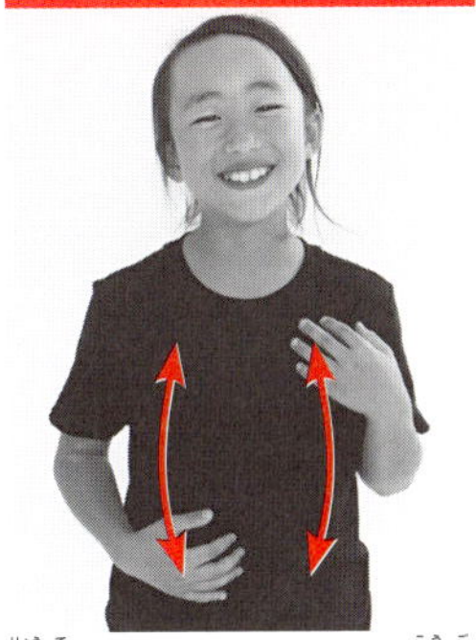

両手《りょうて》のひらをむねにあて、交互《こうご》に上下《じょうげ》に動《うご》かします。

悲しい　かなしい

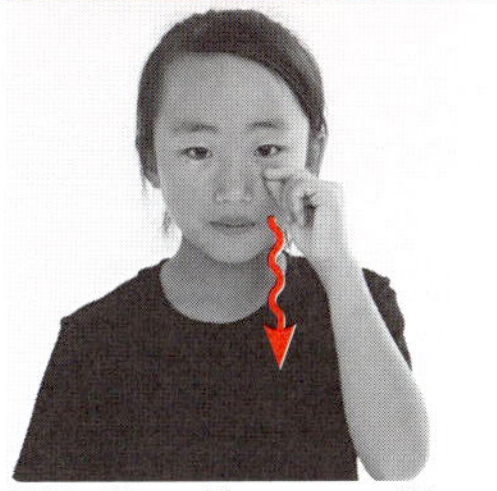

親指《おやゆび》と人《ひと》さし指《ゆび》でなみだの形《かたち》をつくって目《め》の下《した》にあて、ゆらしながら下《した》へ動《うご》かします。

サイコー！

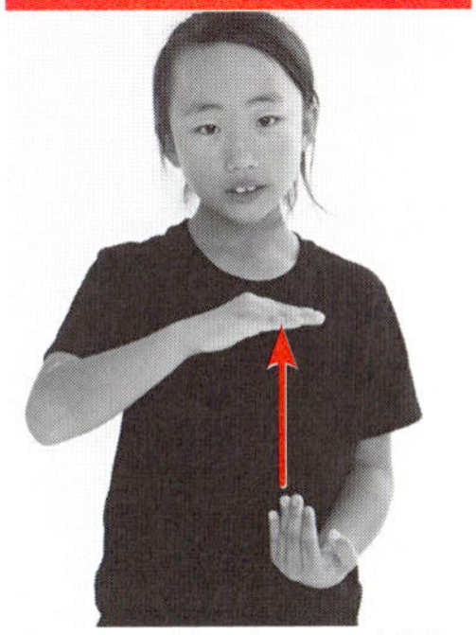

手《て》のひらを下《した》に向《む》けて、反対《はんたい》の手《て》は下《した》のほうで指先《ゆびさき》を上向《うえむ》きにします。

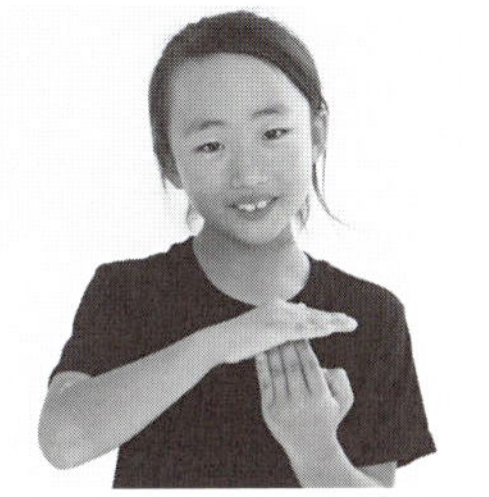

下《した》の手《て》を上《うえ》に動《うご》かし、指先《ゆびさき》を手《て》のひらにつけます。

こわい

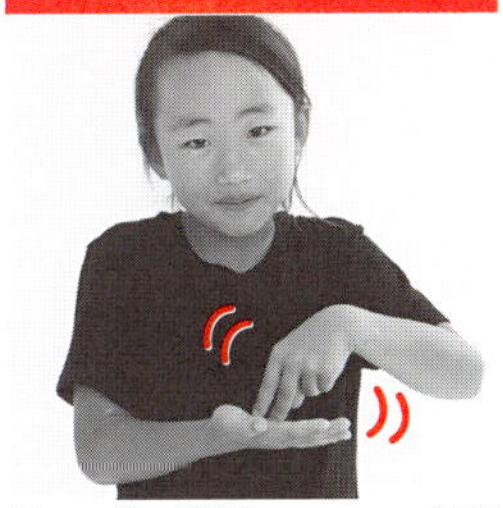

人《ひと》さし指《ゆび》と中指《なかゆび》をのばし、反対《はんたい》の手《て》のひらの上《うえ》で、ふるえるように動《うご》かします。

びっくり

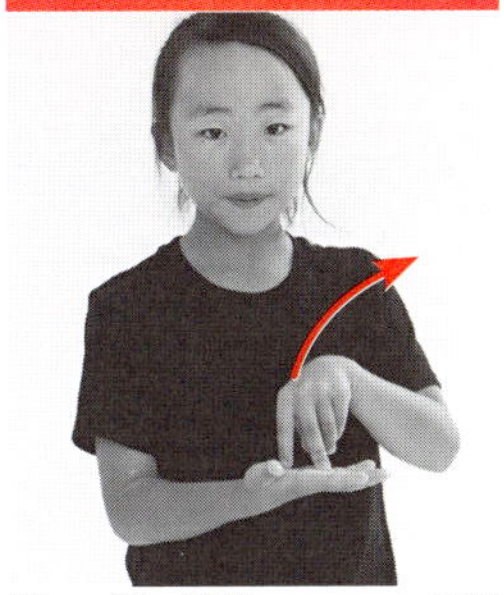

人《ひと》さし指《ゆび》と中指《なかゆび》をのばし、反対《はんたい》の手《て》のひらに指先《ゆびさき》をつけます。

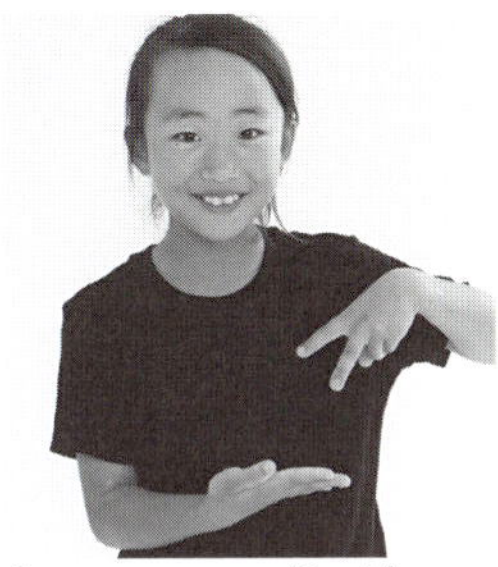

手《て》をパッとななめ上《うえ》へ動《うご》かします。
★おどろいてとび上《あ》がる様子《ようす》。

わくわく

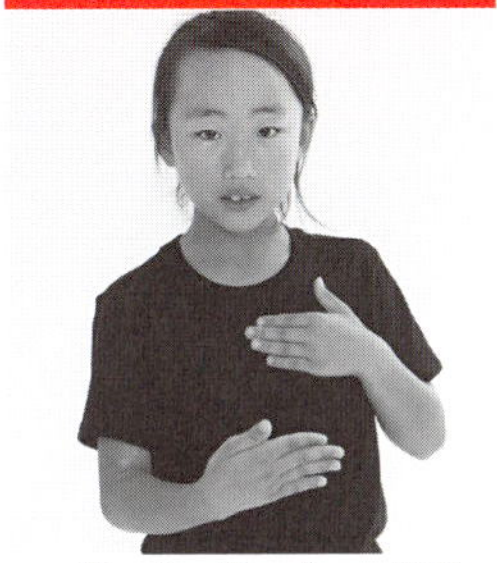

かた方《ほう》の手《て》は前《まえ》に出《だ》し、反対《はんたい》の手《て》はむねにあてます。

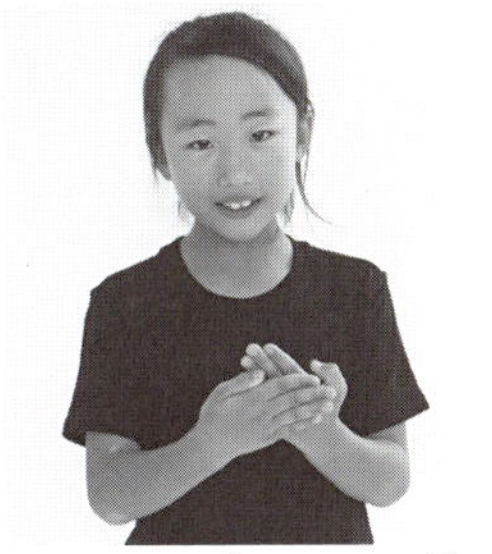

むねにあてた手《て》のこうを、前《まえ》に出《だ》した手《て》のひらにつけたり、はなしたりします。

かわいそう

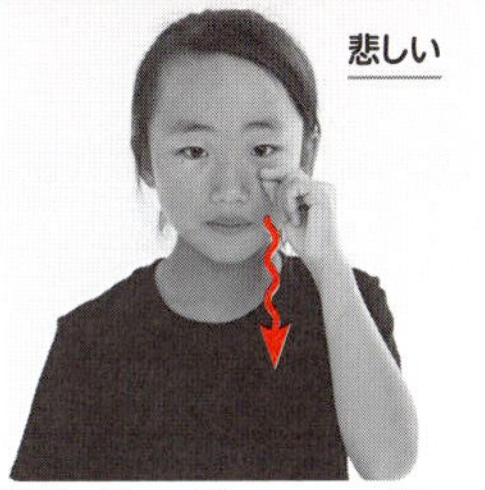

親指《おやゆび》と人《ひと》さし指《ゆび》でなみだの形《かたち》をつくって目《め》の下《した》にあて、ゆらしながら下《した》へ動《うご》かします。

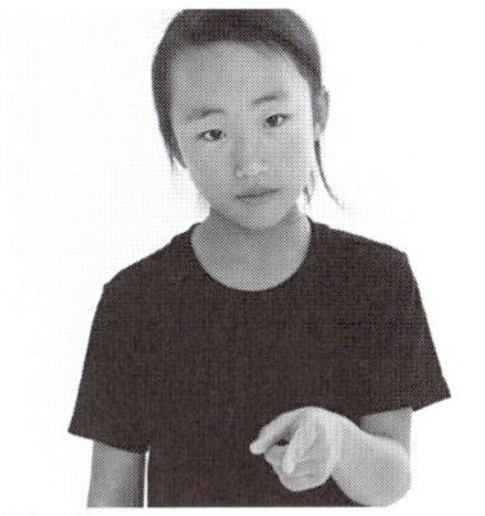

前《まえ》を指《ゆび》さします。
★「かわいそう」と思《おも》う人《ひと》やものを指《ゆび》さすイメージ。

おいしい

ほおを軽《かる》くたたきます。

まずい

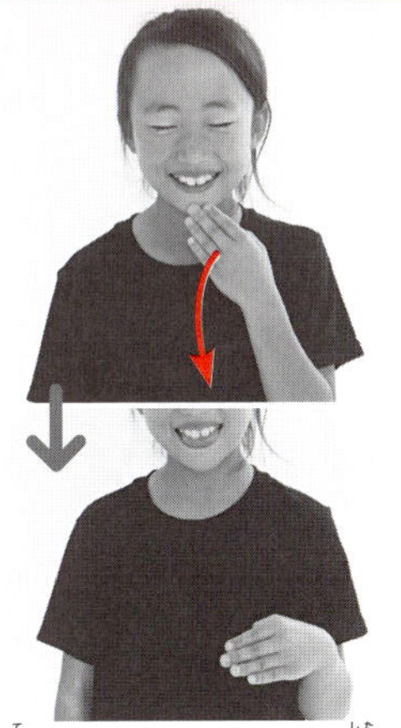

手《て》をあごにあて、すばやく下《した》に動《うご》かします。

次《つぎ》の授業《じゅぎょう》は社会《しゃかい》か。宿題《しゅくだい》やった？

次《つぎ》

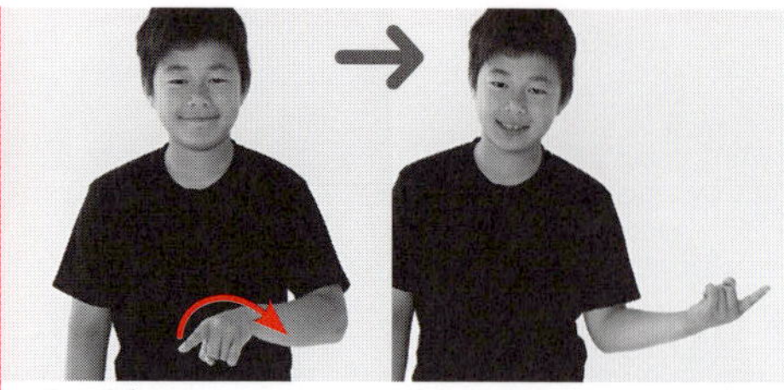

前《まえ》を指《ゆび》さしてから、手首《てくび》をひねるように横《よこ》に動《うご》かします。

授業《じゅぎょう》

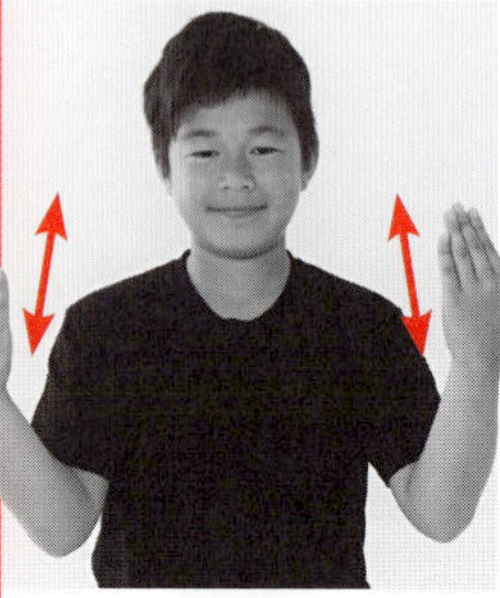

両手《りょうて》を上《うえ》に向《む》けて、前後《ぜんご》に動《うご》かします。

★広《ひろ》げた本《ほん》を持《も》っている様子《ようす》。

学校《がっこう》
勉強《べんきょう》

社会《しゃかい》

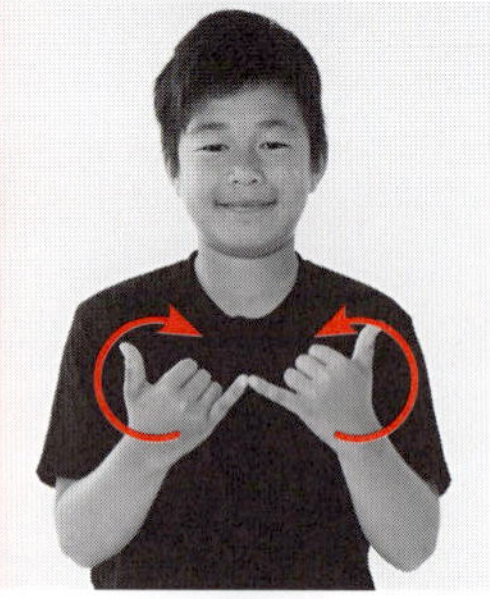

両手《りょうて》の親指《おやゆび》と小指《こゆび》をのばし、小指《こゆび》どうしをつけます。手首《てくび》をくるっと回《まわ》し、親指《おやゆび》どうしがつくようにします。

きみ

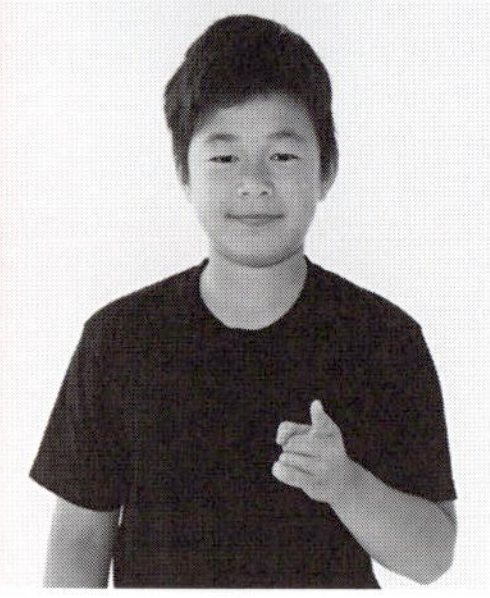

相手《あいて》を指《ゆび》さします。

宿題《しゅくだい》

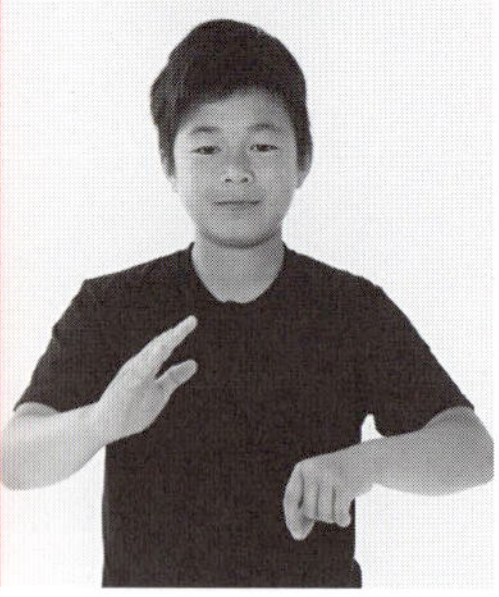

手《て》をななめにして、反対《はんたい》の手《て》は下《した》のほうで文字《もじ》を書《か》くように動《うご》かします。

★ななめにした手《て》は屋根《やね》を表《あらわ》し、家《いえ》で文字《もじ》を書《か》いている＝宿題《しゅくだい》です。

つづく

終《お》わる

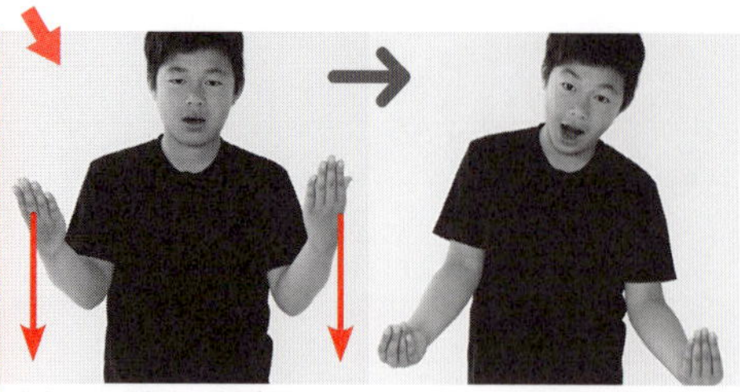

両手《りょうて》を開《ひら》き、指先《ゆびさき》をつけながら、下《した》に動《うご》かします。

やったけど、ノートをわすれちゃった

終《お》わる

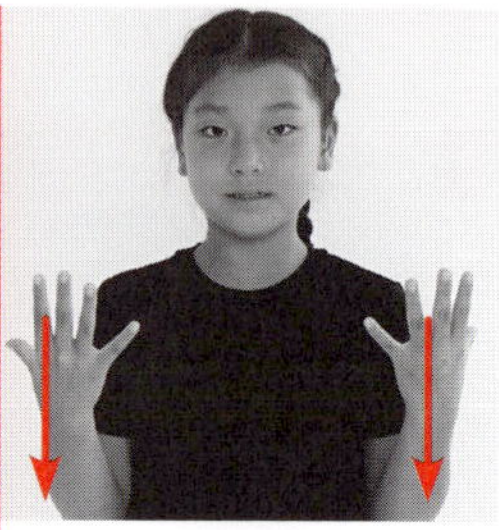

両手《りょうて》を開《ひら》き、指先《ゆびさき》をつけながら、下《した》に動《うご》かします。

でも

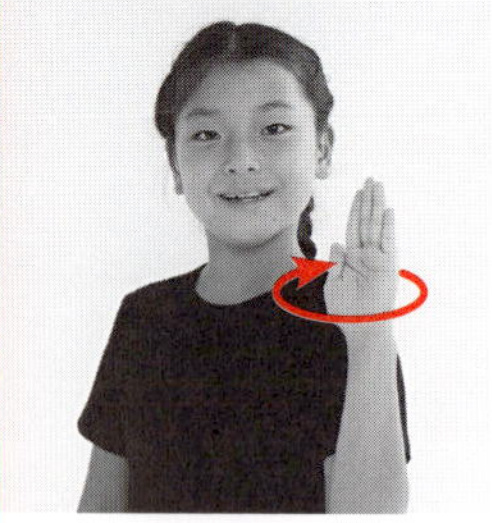

手《て》のひらを前《まえ》に向《む》け、くるっと回《まわ》します（半回転《はんかいてん》）。

ノート

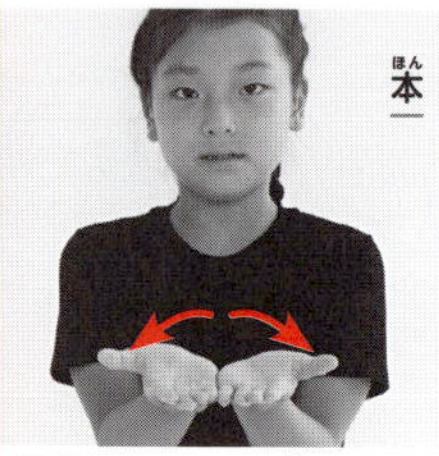

両手《りょうて》のひらを合《あ》わせて、小指《こゆび》のほうをくっつけたまま、左右《さゆう》に開《ひら》きます。

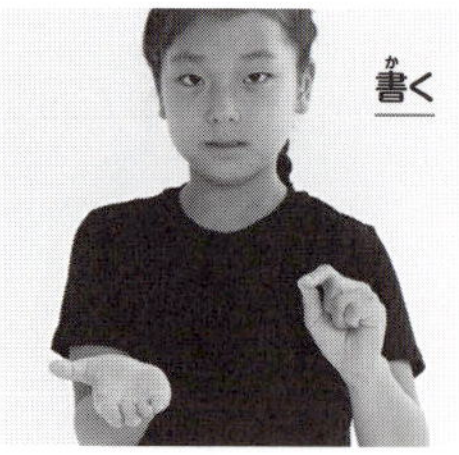

親指《おやゆび》と人《ひと》さし指《ゆび》をつけて、反対《はんたい》の手《て》のひらの上《うえ》で動《うご》かします。

★紙《かみ》の上《うえ》で書《か》いている様子《ようす》。

わすれる

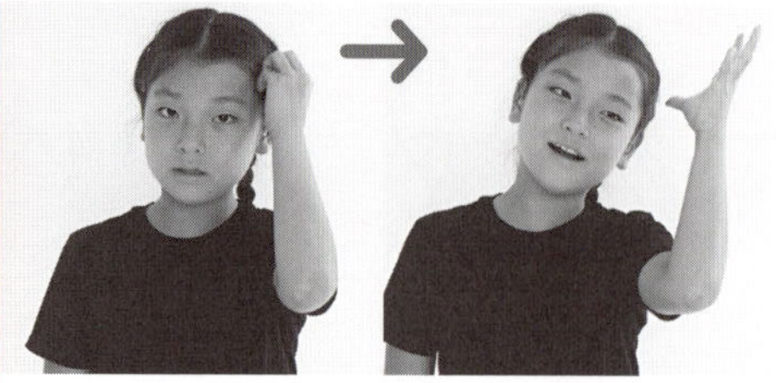

グーの手《て》をこめかみにあて、手《て》を開《ひら》きながら上《うえ》へ動《うご》かします。

動画《どうが》も見《み》れるよ！
▼
動画《どうが》の説明《せつめい》は10ページ

ホントは やってないんじゃない?

本当《ほんとう》

手《て》を立《た》てて、指先《ゆびさき》をあごに2回《かい》あてます。

する

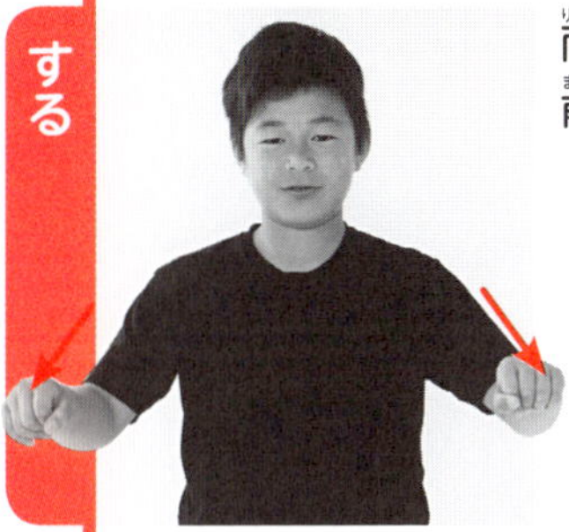

両手《りょうて》をグーにして、前《まえ》に動《うご》かします。

ない

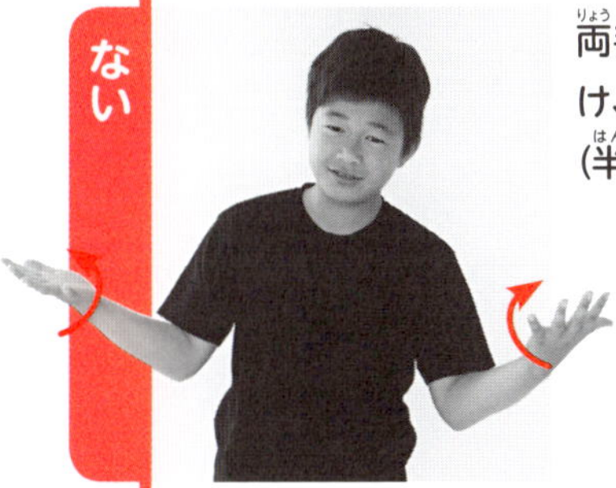

両手《りょうて》のひらを前《まえ》に向《む》け、くるっと回《まわ》します(半回転《はんかいてん》)。

じゃない

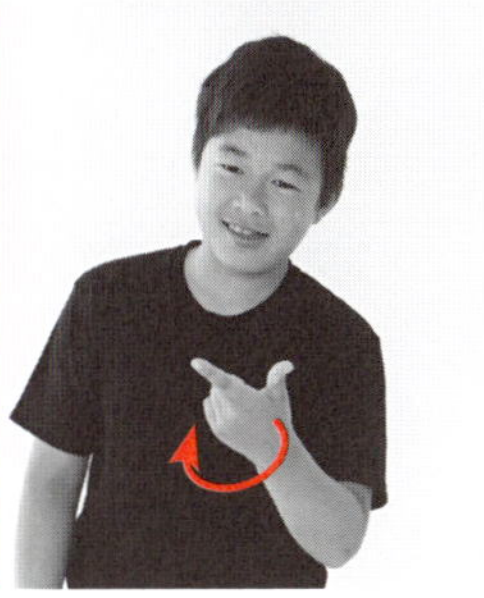

親指《おやゆび》と人《ひと》さし指《ゆび》をのばし、くるっと回《まわ》します(半回転《はんかいてん》)。

★「ちがう」という手話《しゅわ》がもとになっていて、「ちがう?=じゃない?」という意味《いみ》になります。

バレたか! 先生《せんせい》に おこられるのイヤだな

バレる

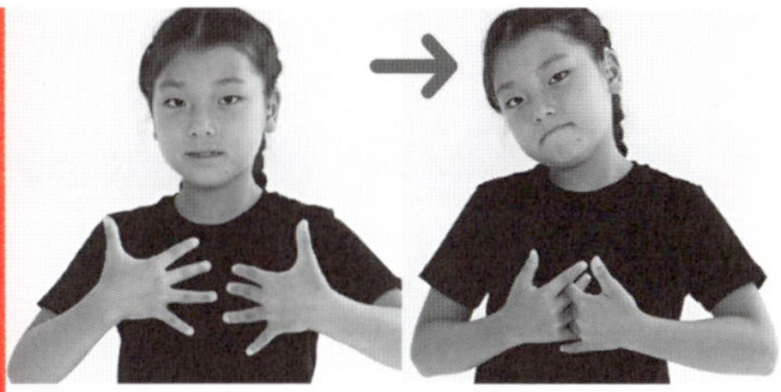

両手《りょうて》の指《ゆび》を開《ひら》いて、むねに両手《りょうて》を近《ちか》づけながら指《ゆび》を組《く》みます。

先生《せんせい》

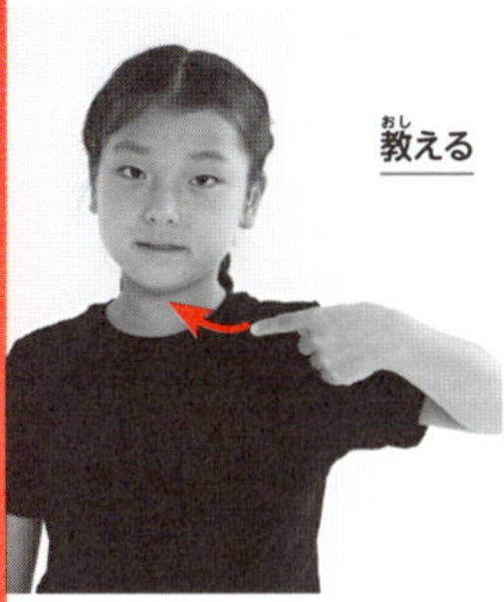

教《おし》える

人《ひと》さし指《ゆび》を自分《じぶん》に向《む》けてふります。

★相手《あいて》から「教《おそ》わる」場合《ばあい》です。自分《じぶん》が「教《おし》える」ときには、指先《ゆびさき》を相手《あいて》に向《む》けてふります。

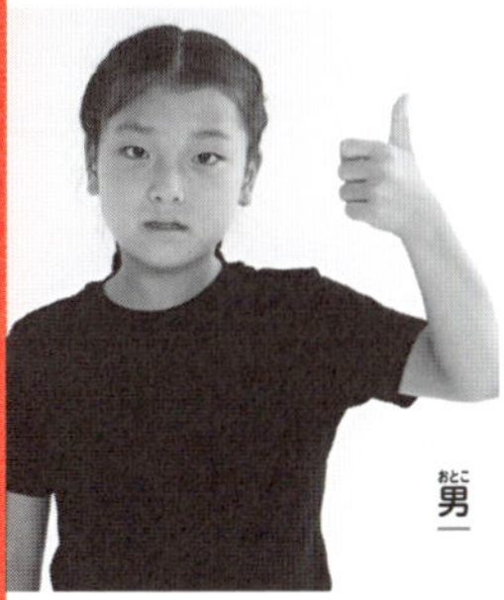

男《おとこ》

親指《おやゆび》をのばします。

★女《おんな》の先生《せんせい》の場合《ばあい》は、小《こ》指《ゆび》をのばします。

おこられる

手《て》をすぼめて、顔《かお》に近《ちか》づけます。

★相手《あいて》が「おこる」場合《ばあい》です。自分《じぶん》が「おこる」ときには、手《て》のひらを相手《あいて》のほうへ向《む》けます。

いや

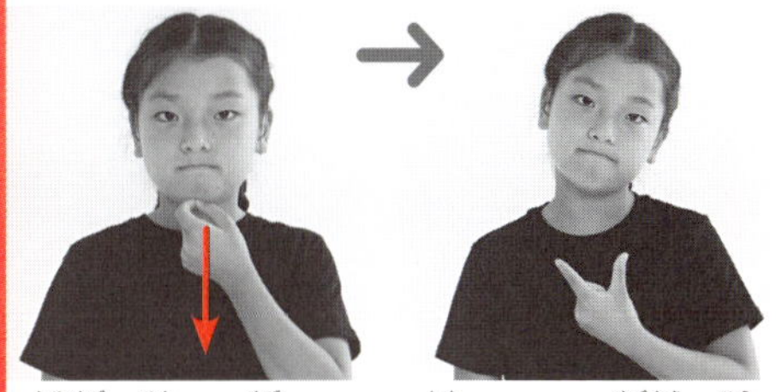

親指《おやゆび》と人《ひと》さし指《ゆび》をあごの下《した》につけ、指先《ゆびさき》を開《ひら》きながら下《した》に動《うご》かします。

きらい

答《こた》え見《み》せてあげようか？

答《こた》え

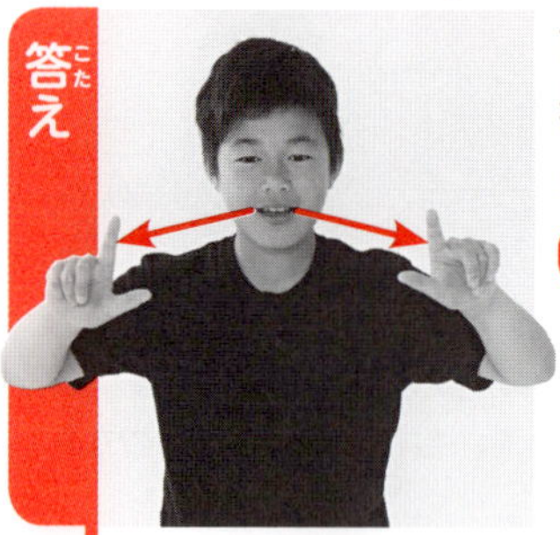

両手《りょうて》の親指《おやゆび》と人《ひと》さし指《ゆび》をのばし、口元《くちもと》から前《まえ》に出します。

返事《へんじ》

見《み》る

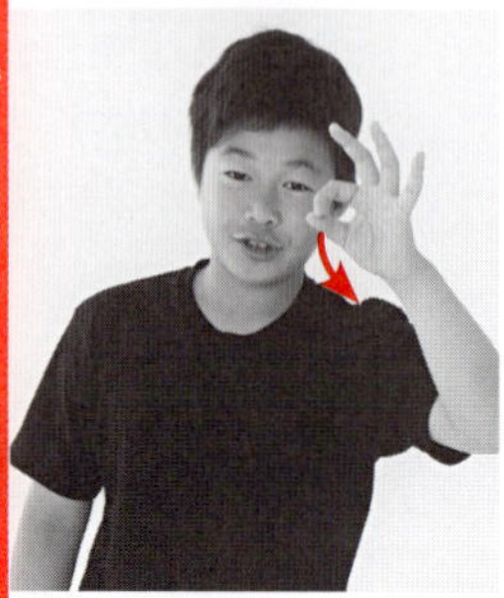

親指《おやゆび》と人《ひと》さし指《ゆび》でわっかをつくり、目《め》のあたりから前《まえ》に出《だ》します。

★わっかは「目《め》」を表《あらわ》します。

あげる

両手《りょうて》のひらを上《うえ》に向《む》け、前《まえ》に出します。

ノート

本《ほん》

両手《りょうて》のひらを合《あ》わせて、小指《こゆび》のほうをくっつけたまま、左右《さゆう》に開《ひら》きます。

書《か》く

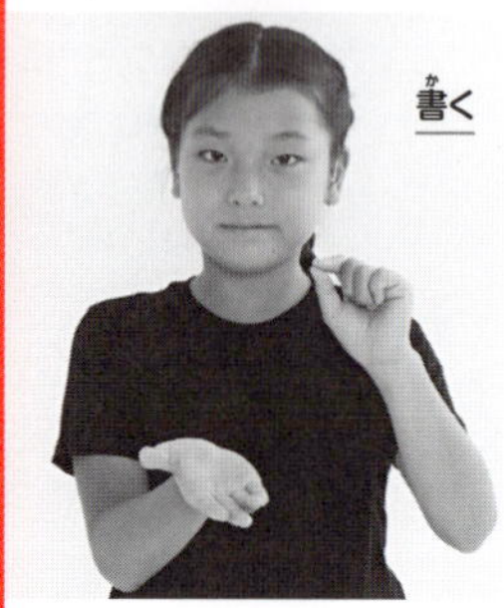

親指《おやゆび》と人《ひと》さし指《ゆび》をつけて、反対《はんたい》の手《て》のひらの上《うえ》で動《うご》かします。

★紙《かみ》の上《うえ》で書《か》いている様子《ようす》。

かりる

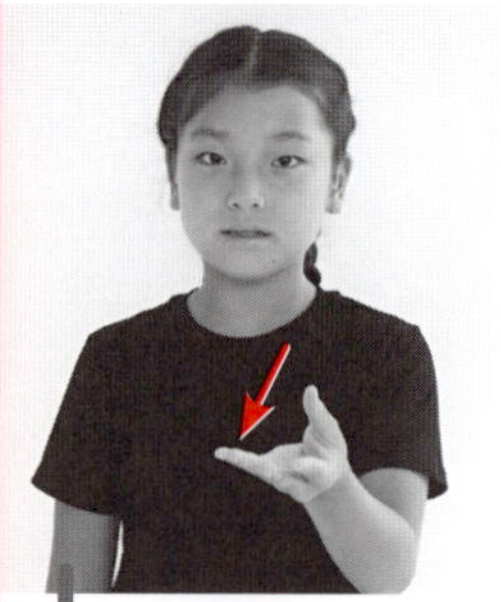

手《て》を少《すこ》しすぼめて、前《まえ》に出《だ》します。

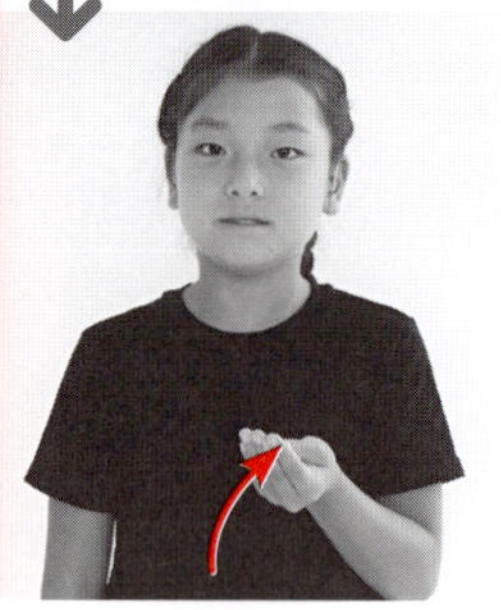

手《て》を体《からだ》のほうに引《ひ》きます。

ありがとう、ノートかして！

ありがとう

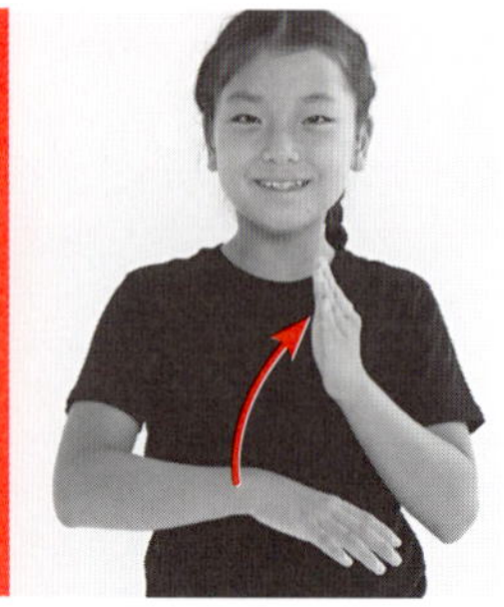

指《ゆび》をのばして、反対《はんたい》の手《て》のこうにのせたあと、のせた手《て》を上《うえ》に上《あ》げます。

つづく

おねがい

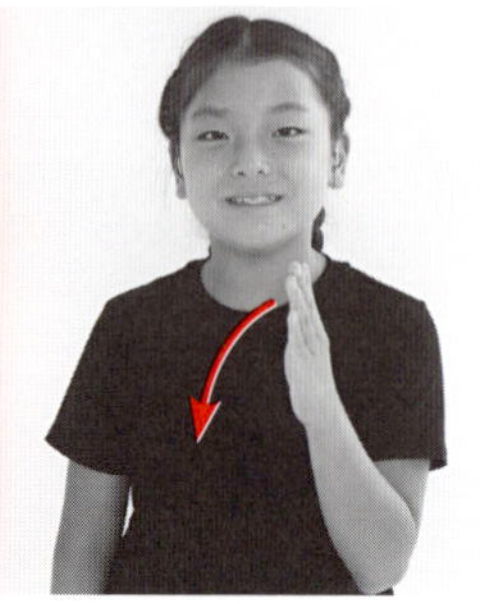

手《て》のひらを立《た》てて、前《まえ》にたおします。

動画《どうが》も見《み》れるよ！▼
動画《どうが》の説明《せつめい》は10ページ

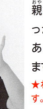

この手話《しゅわ》も覚《おぼ》えちゃお！

学校《がっこう》、勉強《べんきょう》

生徒　せいと

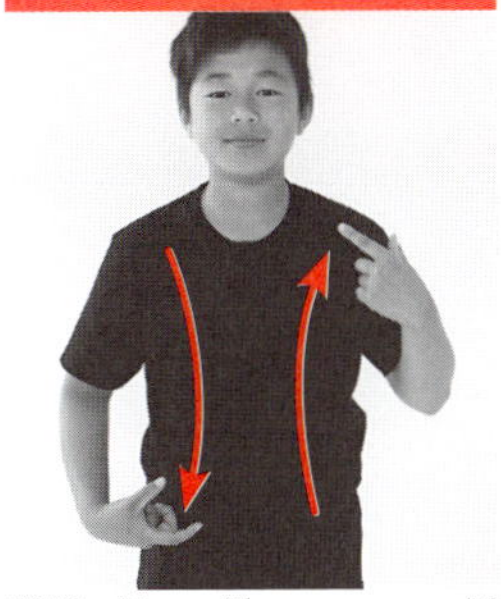

親指《おやゆび》と人《ひと》さし指《ゆび》をのばして、上《じょう》下《げ》に動《うご》かします。

予習　よしゅう

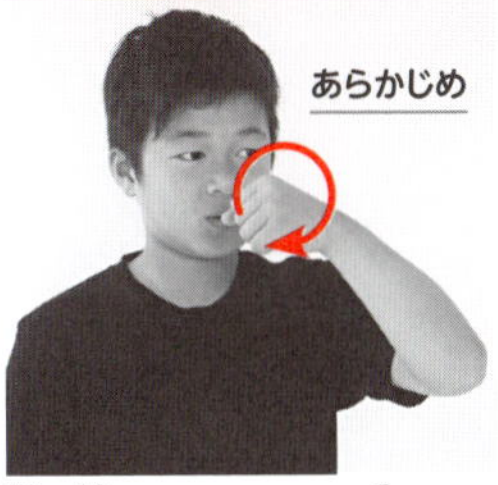
あらかじめ

顔《かお》の前《まえ》でグーをつくり、手《て》のひらがわが見《み》えるよう、くるっと回《まわ》します。

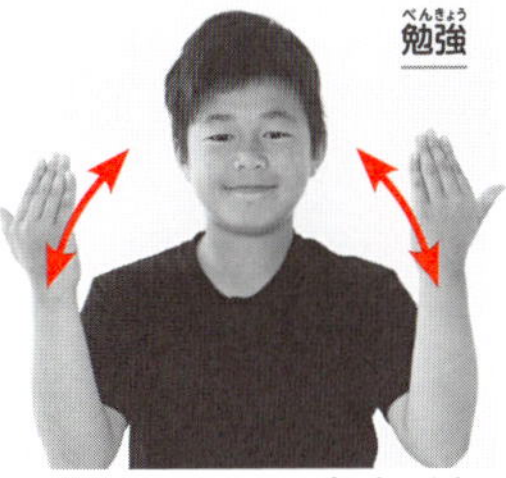
勉強《べんきょう》

両手《りょうて》を上《うえ》に向《む》けて、前後《ぜんご》に動《うご》かします。
★広《ひろ》げた本《ほん》を持《も》っている様子《ようす》。

テスト

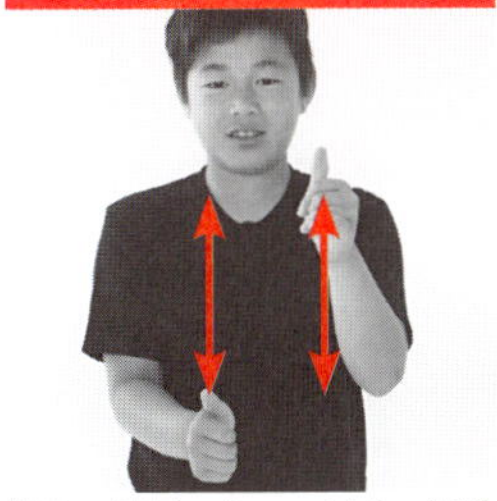

両手《りょうて》の親指《おやゆび》を立《た》て、交互《こうご》に上下《じょうげ》に動《うご》かします。

復習　ふくしゅう

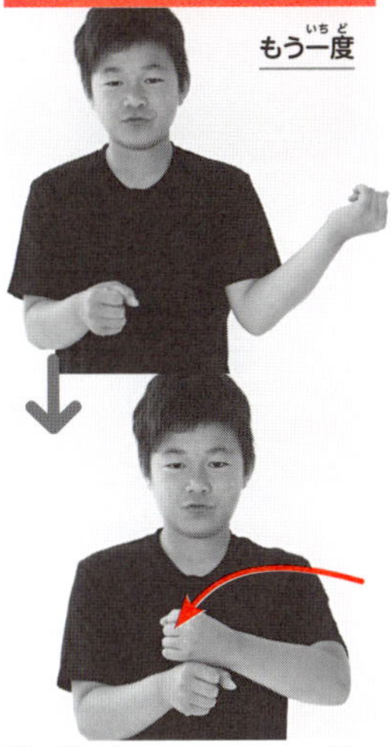
もう一度《いちど》

体《からだ》の前《まえ》と横《よこ》でグーをつくり、横《よこ》でつくったグーを、前《まえ》のグーにのせます。

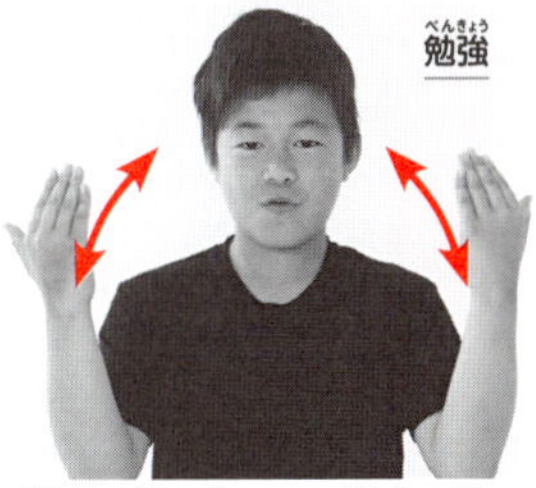
勉強《べんきょう》

両手《りょうて》を上《うえ》に向《む》けて、前後《ぜんご》に動《うご》かします。

休み時間　やすみじかん

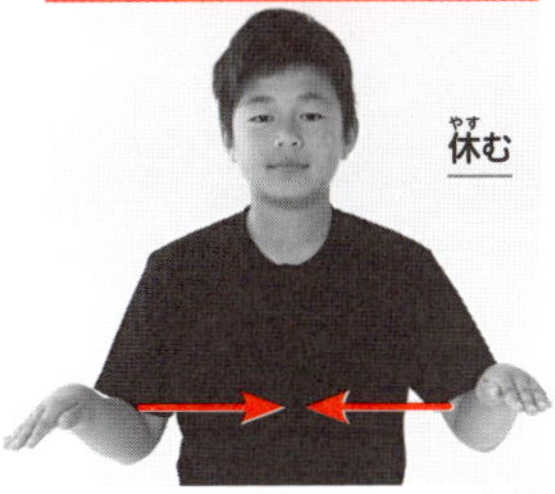
休《やす》む

両手《りょうて》のひらを下《した》に向《む》けて、左右《さゆう》から真《ま》ん中《なか》に向《む》けて動《うご》かしてくっつけます。

時間《じかん》

グーにした手《て》の手首《てくび》を、反対《はんたい》の手《て》で指《ゆび》さします。
★うで時計《どけい》をさしている様子《ようす》。

放課後　ほうかご

人《ひと》さし指《ゆび》と親指《おやゆび》をのばし、指文字《ゆびもじ》の「6」をつくります。反対《はんたい》の手《て》は、手《て》のひらを下向《む》きにします。
★指文字《ゆびもじ》は14ページ。

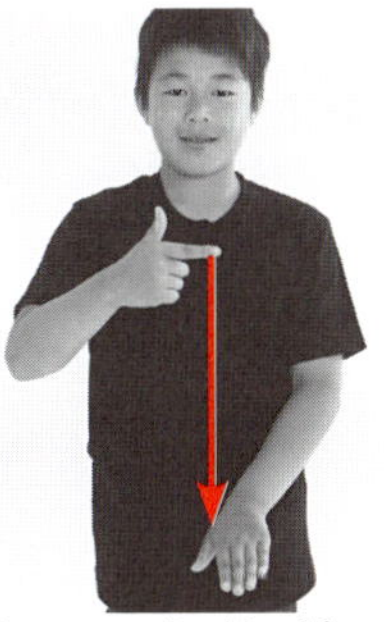

下向《したむ》きにした手《て》を下《した》へ動《うご》かします。

入学　にゅうがく

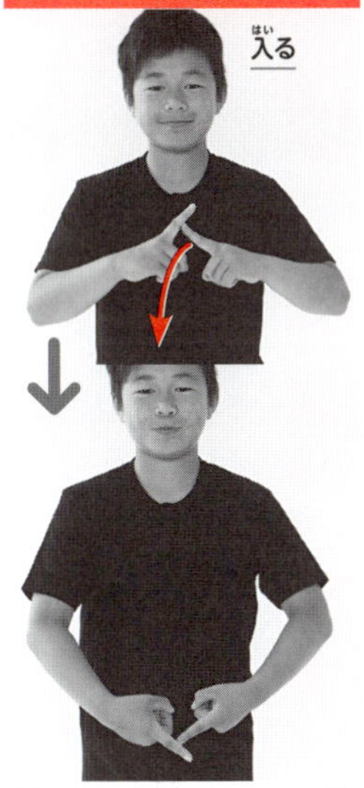
入《はい》る

両手《りょうて》の人《ひと》さし指《ゆび》をのばして「入《にゅう》」という字《じ》をつくり、前《まえ》にたおします。

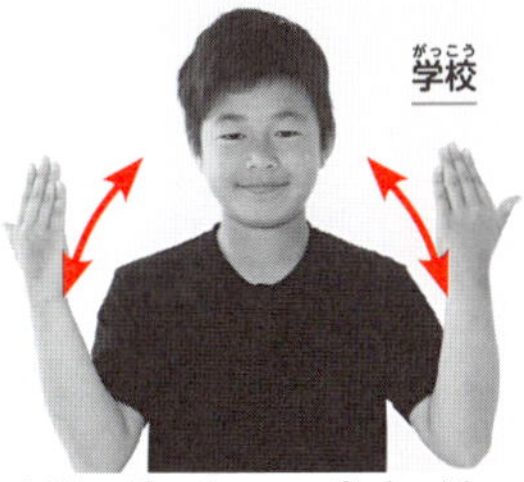
学校《がっこう》

両手《りょうて》を上《うえ》に向《む》けて、前後《ぜんご》に動《うご》かします。

卒業　そつぎょう

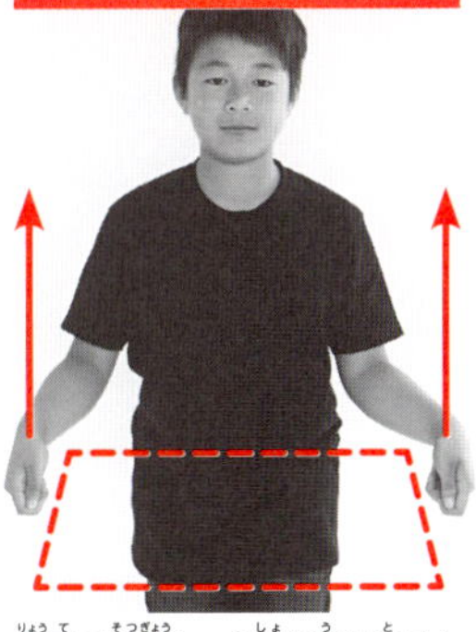

両手《りょうて》で卒業《そつぎょう》しょう書《しょ》を受《う》け取《と》るような動作《どうさ》をします。

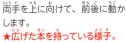

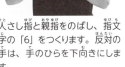

日曜日《にちようび》は何《なに》をしていたの?

日曜日《にちようび》

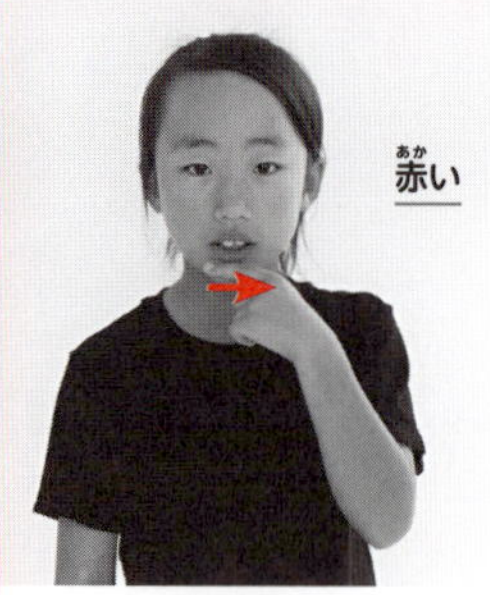

くちびるを指《ゆび》さし、横《よこ》に動《うご》かします。

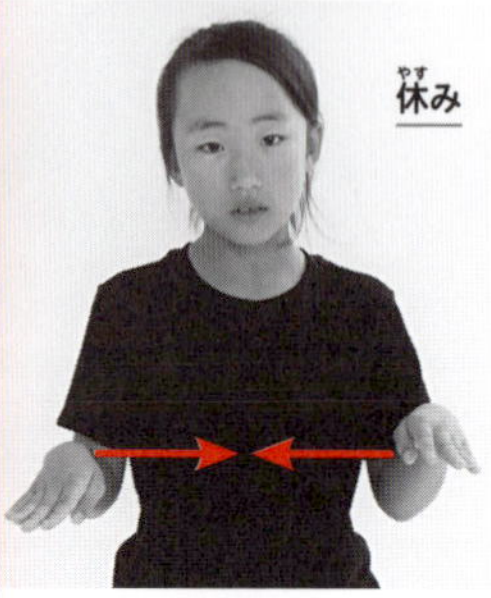

両手《りょうて》のひらを下《した》に向《む》けて、左右《さゆう》から真《ま》ん中《なか》に向《む》けて動《うご》かしてくっつけます。

する

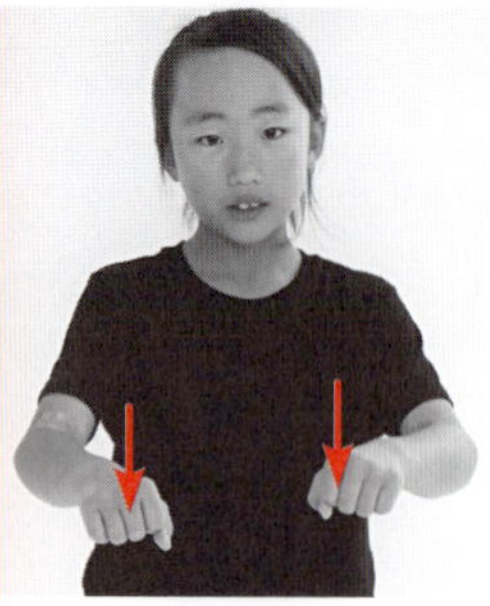

両手《りょうて》をグーにして、前《まえ》に動《うご》かします。

何《なに》

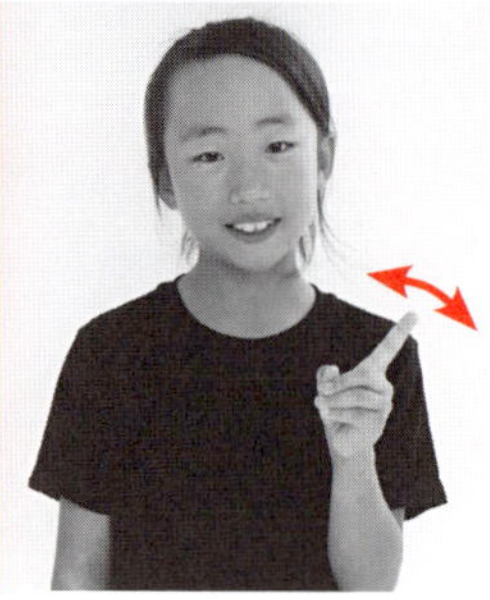

人《ひと》さし指《ゆび》をのばし、横《よこ》に2〜3回《かい》ふります。

家族《かぞく》で動物園《どうぶつえん》に行《い》ったよ

家族《かぞく》

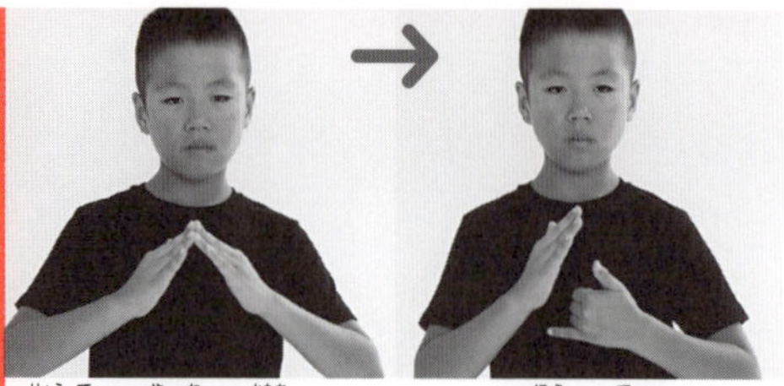

両手《りょうて》で屋根《やね》の形《かたち》をつくり、かた方《ほう》の手《て》はそのままで、反対《はんたい》の手《て》の親指《おやゆび》と小指《こゆび》をのばして、ゆらしながら横《よこ》に動《うご》かします。

動物園《どうぶつえん》

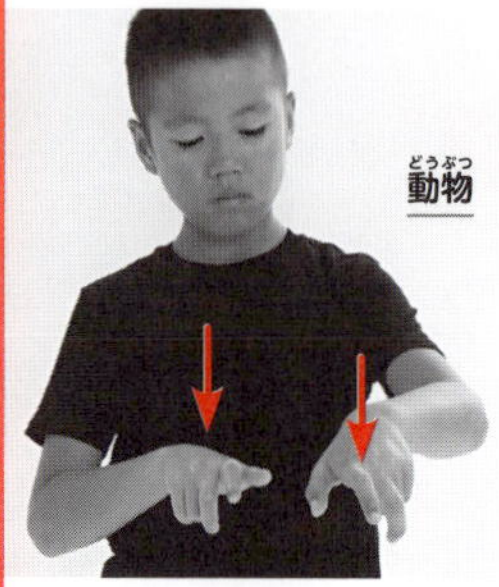

両手《りょうて》の指先《ゆびさき》を曲《ま》げて、交互《こうご》に前《まえ》へ出《だ》します。

★動物《どうぶつ》の足《あし》を表《あらわ》します。

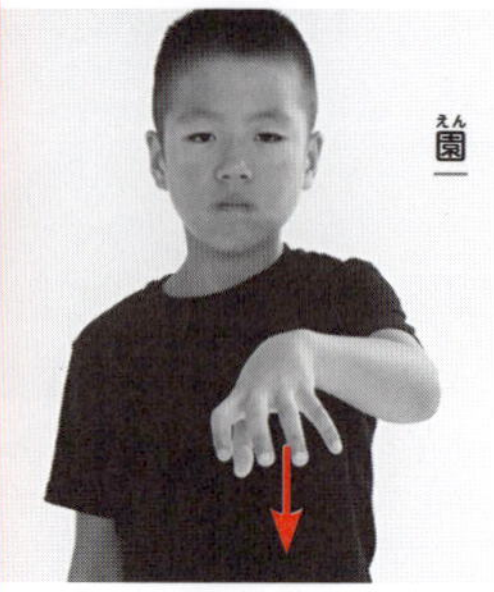

指先《ゆびさき》を曲《ま》げて下《した》に向《む》け、少《すこ》し下《さ》げます。

★「場所《ばしょ》」という手話《しゅわ》です。

行《い》く

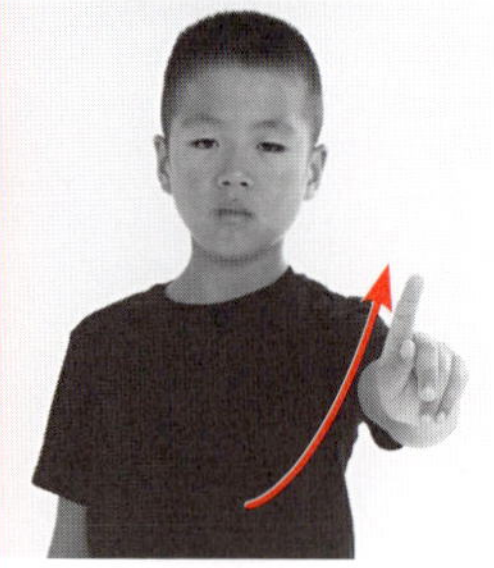

人《ひと》さし指《ゆび》をのばして下《した》に向《む》け、前《まえ》にふります。

だった

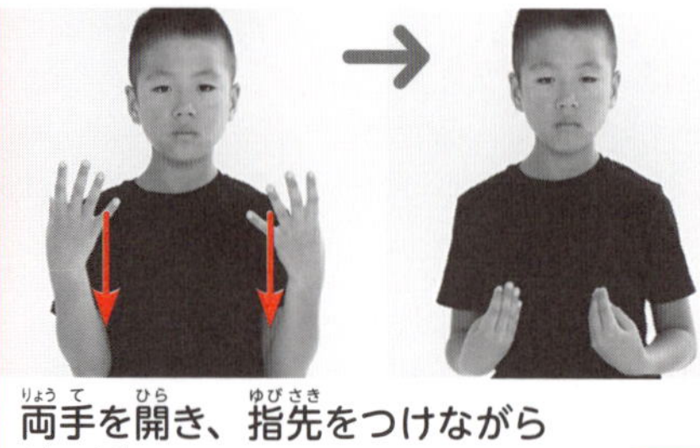

両手《りょうて》を開《ひら》き、指先《ゆびさき》をつけながら下《した》に動《うご》かします。

終《お》わる

動画《どうが》も見《み》れるよ！▼
動画《どうが》の説明《せつめい》は10ページ

わたしはライオンがすき。あなたはどの動物《どうぶつ》がすき？

わたし

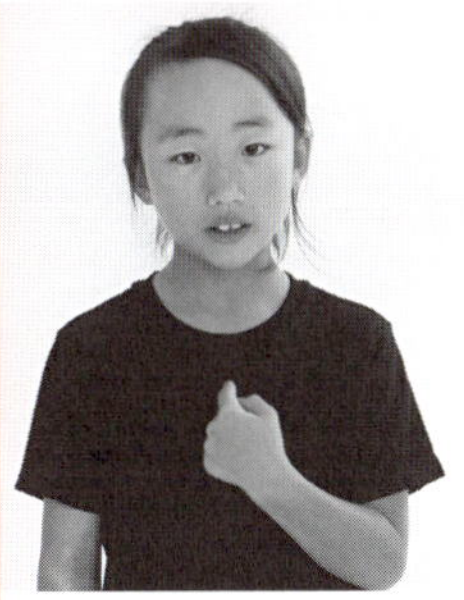

自分《じぶん》を指《ゆび》さします。

ライオン

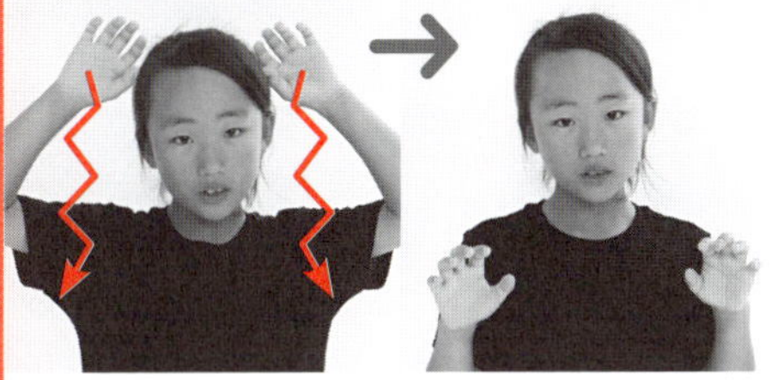

頭《あたま》の横《よこ》で両手《りょうて》を開《ひら》き、ギザギザさせながら下《した》へ動《うご》かします。★ライオンのたてがみを表《あらわ》します。

すき

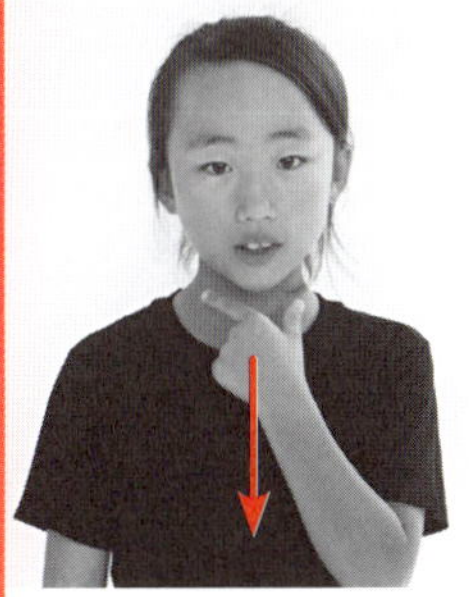

親指《おやゆび》と人《ひと》さし指《ゆび》をあごの下《した》につけます。手《て》を下《した》に動《うご》かして、指先《ゆびさき》をつけます。

ほしい

～したい

きみ

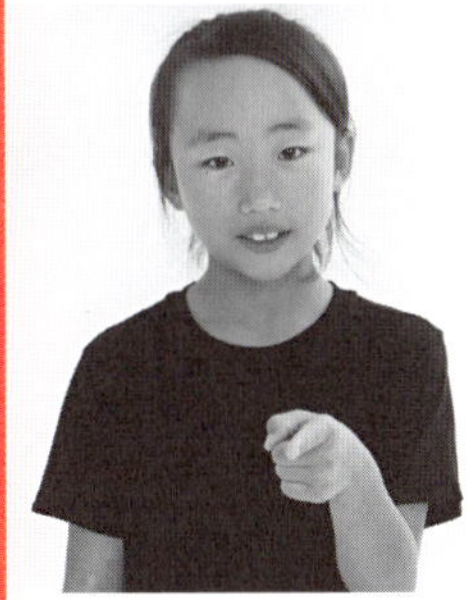

相手《あいて》を指《ゆび》さします。

何《なに》

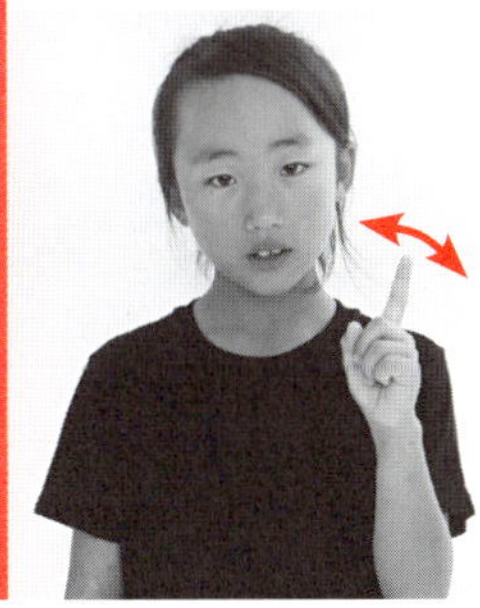

人《ひと》さし指《ゆび》をのばして、横《よこ》に2～3回《かい》ふります。

パンダ。とってもかわいかったよ

ぼく

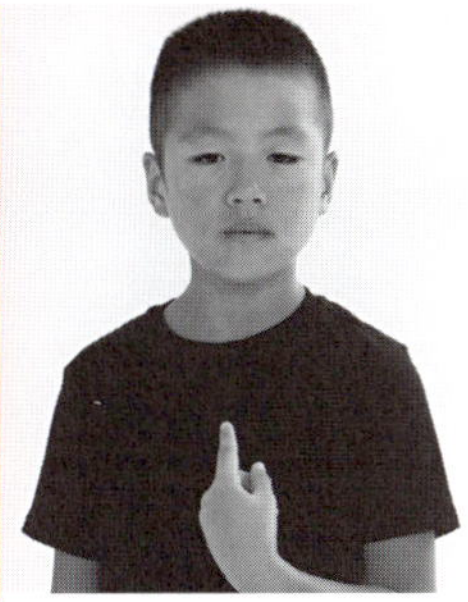

自分《じぶん》を指《ゆび》さします。

パンダ

両手《りょうて》の親指《おやゆび》と人《ひと》さし指《ゆび》で、自分《じぶん》の目《め》をかこみます。

★パンダの目《め》のまわりの黒《くろ》いフチを表《あらわ》します。

とても

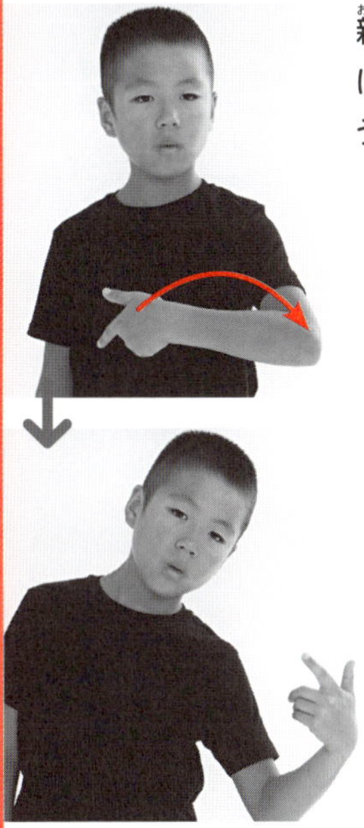

親指《おやゆび》と人《ひと》さし指《ゆび》をのばし、円《えん》をえがくように横《よこ》に動《うご》かします。

かわいい

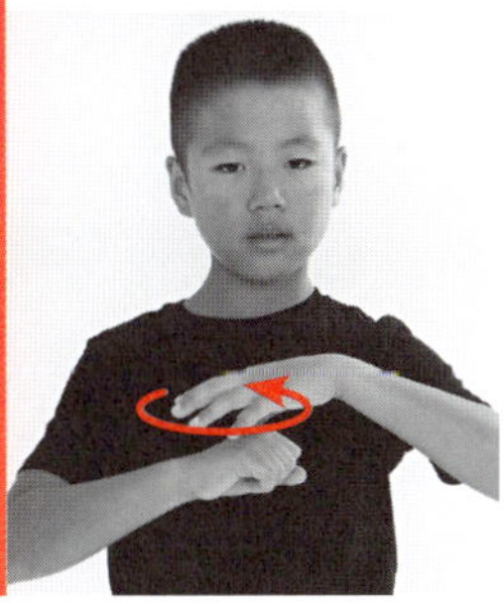

グーにした手《て》の上《うえ》で、反対《はんたい》の手《て》を回《まわ》します。

★頭《あたま》をなでている様子《ようす》。

この手話《しゅわ》も覚《おぼ》えちゃお！

動物《どうぶつ》、生《い》き物《もの》

ぞう

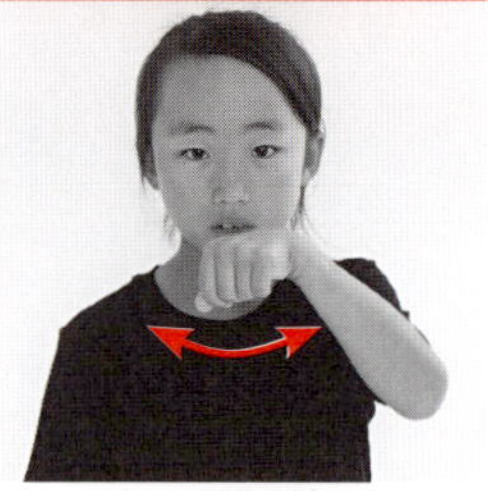

グーの手《て》を、顔《かお》の前《まえ》でゆらします。
★ぞうの鼻《はな》を表《あらわ》します。

牛 うし

両手《りょうて》の人《ひと》さし指《ゆび》と親指《おやゆび》をのばして、頭《あたま》の横《よこ》にあてます。
★牛《うし》のつのを表《あらわ》します。

ゴリラ

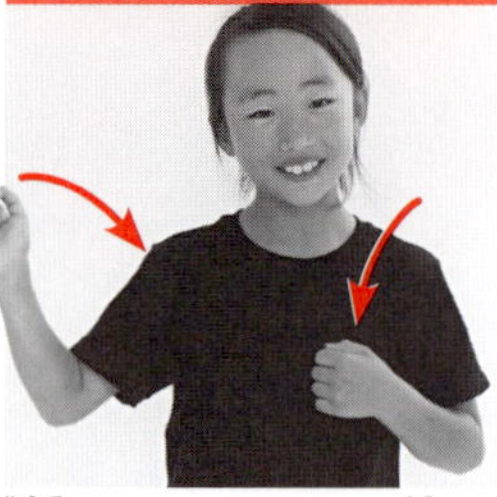

両手《りょうて》をグーにして、むねを軽《かる》くたたきます。

犬 いぬ

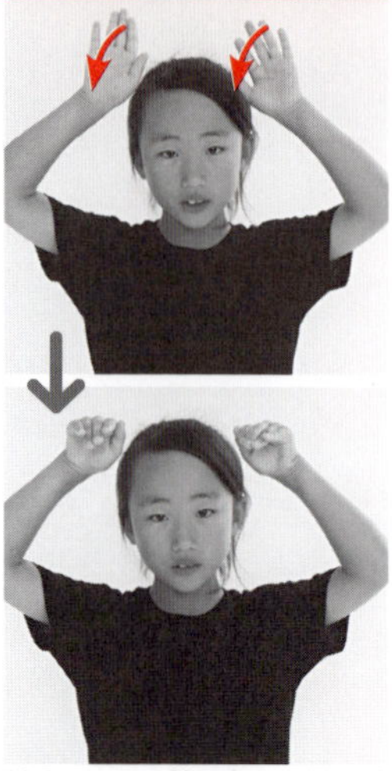

両手《りょうて》のひらを前《まえ》に向《む》けて頭《あたま》の上《うえ》にあて、2回《かい》たおします。
★犬《いぬ》の耳《みみ》を表《あらわ》します。

きりん

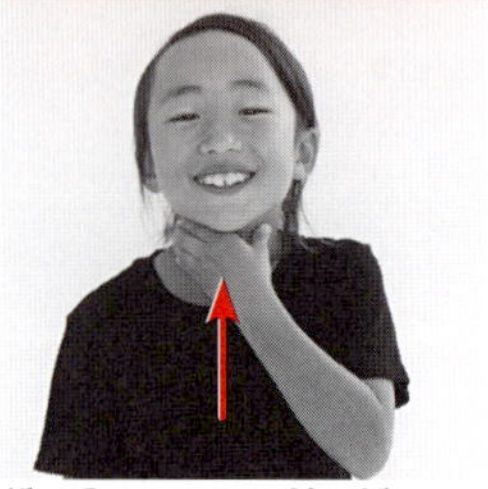

首《くび》に手《て》をあてて、上《うえ》に動《うご》かします。

かば

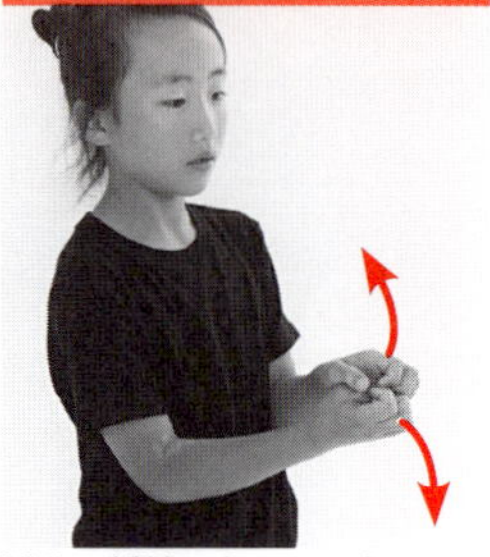

両手《りょうて》の指先《ゆびさき》を曲《ま》げて、合《あ》わせます。

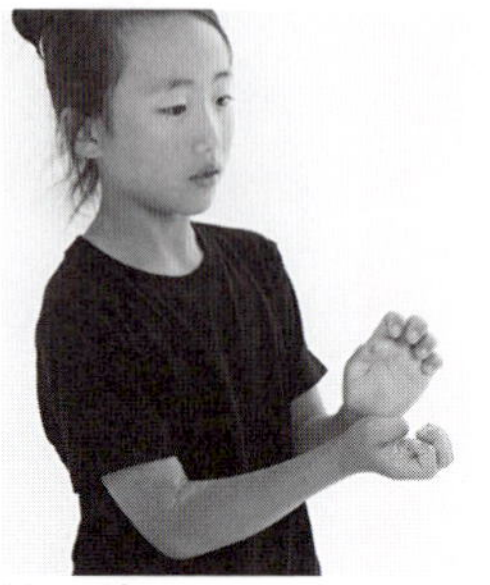

両手《りょうて》を開《ひら》きます。
★かばの口《くち》が大《おお》きく開《ひら》いた様子《ようす》。

さる

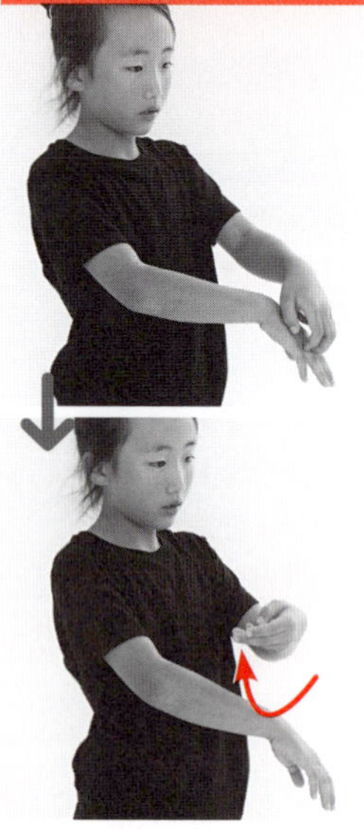

指先《ゆびさき》を反対《はんたい》の手《て》のこうにのせ、上《うえ》へ動《うご》かします。
★さるが手《て》をかいている様子《ようす》。

馬 うま

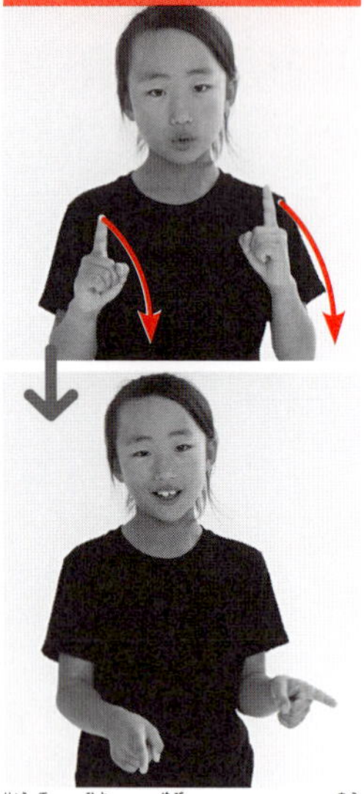

両手《りょうて》の人《ひと》さし指《ゆび》をのばして、前《まえ》に２回《かい》たおします。
★馬《うま》をムチで打《う》っている様子《ようす》。

ねこ

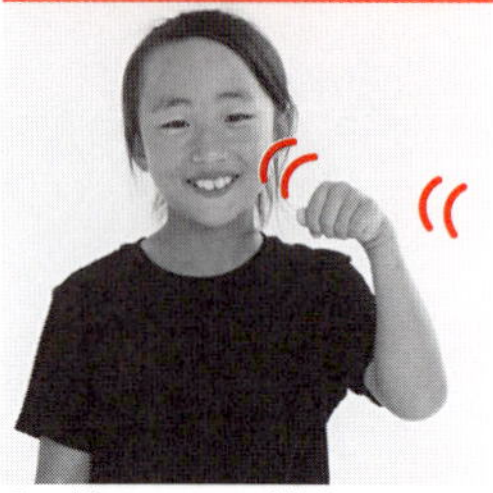

手《て》を軽《かる》くにぎり、空中《くうちゅう》をかくように動《うご》かします。

コアラ

両手《りょうて》の人《ひと》さし指《ゆび》と中指《なかゆび》をのばして先《さき》を少《すこ》し曲《ま》げ、木《き》につかまるような動作《どうさ》をします。

うさぎ

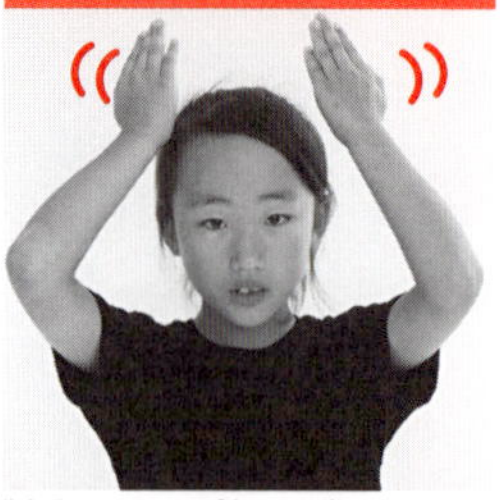

両手《りょうて》のひらを後《うし》ろに向《む》けて頭《あたま》の上《うえ》にあて、パタパタ動《うご》かします。
★うさぎの耳《みみ》を表《あらわ》します。

動画《どうが》も見《み》れるよ！▼
動画《どうが》の説明《せつめい》は10ページ

ハムスター

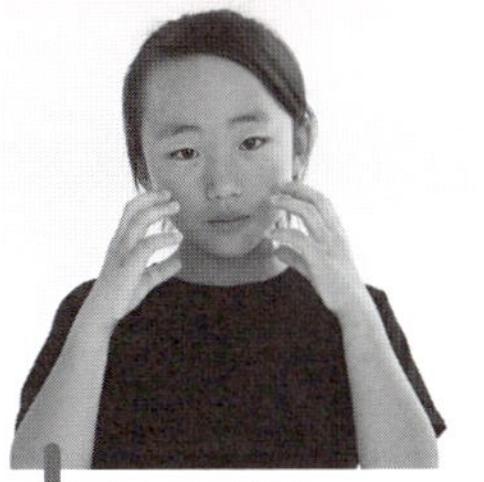

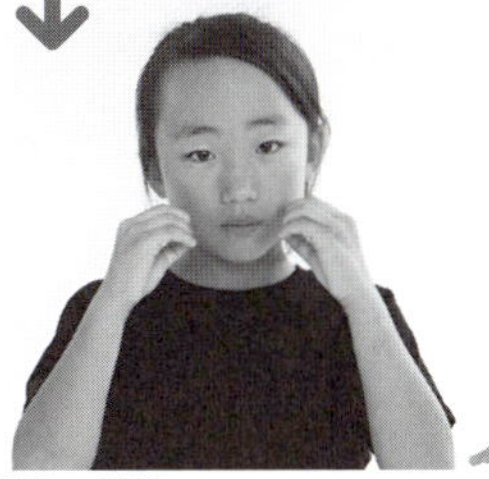

両手《りょうて》の指先《ゆびさき》をすぼめてほおにあて、開《ひら》いたりとじたりします。
★ハムスターが食《た》べ物《もの》をほおにつめこんだ様子《ようす》。

カラス

黒《くろ》
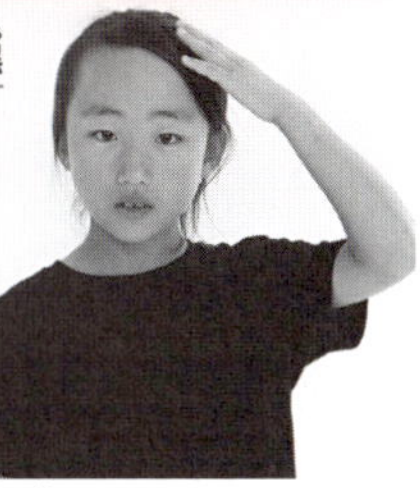

かみの毛《け》をさわります。

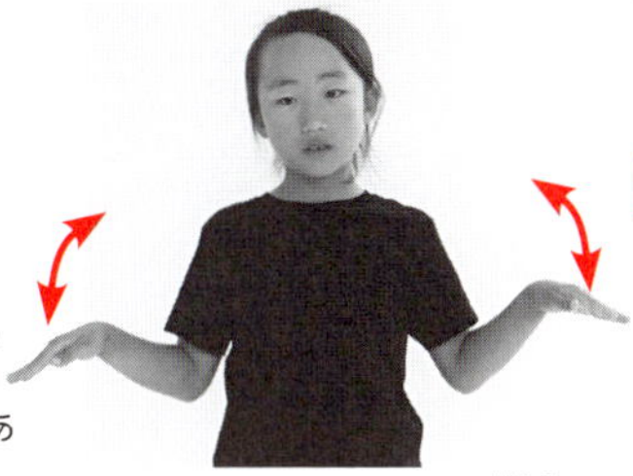

鳥がはばたくときのように、両手《りょうて》をパタパタ動《うご》かします。

魚　さかな

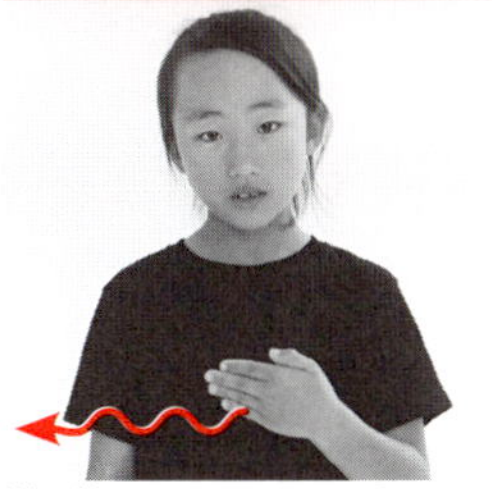

魚《さかな》が泳《およ》ぐときのように、手《て》のひらをゆらゆら横《よこ》に動《うご》かします。

きょうりゅう

手首《てくび》を曲《ま》げて、ひじを反対《はんたい》の手《て》にあてます。
★きょうりゅうの長《なが》い首《くび》を表《あらわ》します。

鳥　とり

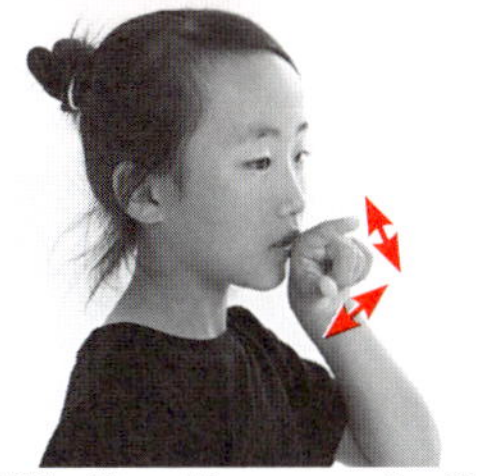

親指《おやゆび》と人《ひと》さし指《ゆび》をのばした手《て》を口《くち》にあて、指《ゆび》を開《ひら》いたりとじたりします。
★鳥《とり》のくちばしを表《あらわ》します。

どれも動物《どうぶつ》の体《からだ》や動《うご》きのとくちょうを表《あらわ》していて、ジェスチャーみたいだす
当《あ》てっこゲームをしてもおもしろいだすよ

単語《たんご》
動物《どうぶつ》、生《い》き物《もの》

今日《きょう》の給食《きゅうしょく》はカレーライスだけど、わたしはにんじんきらい！

今日《きょう》

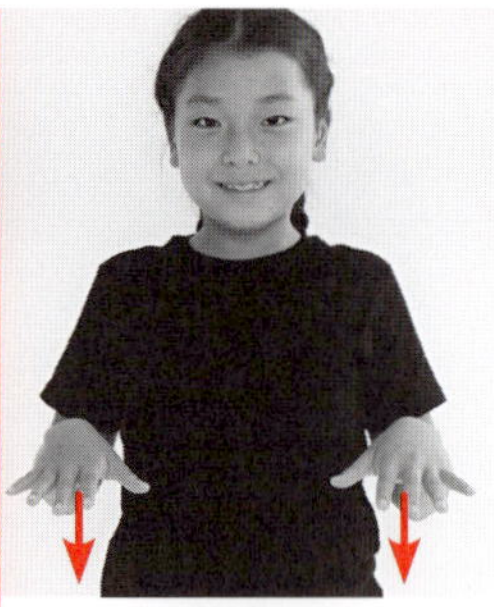

両手《りょうて》のひらを下《した》に向《む》け、少《すこ》し下《さ》げます。

今《いま》

昼《ひる》

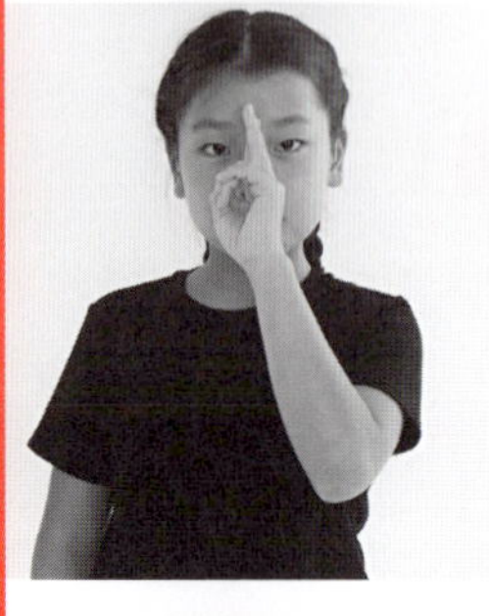

人《ひと》さし指《ゆび》と中指《なかゆび》をのばして、おでこにあてます。

食事《しょくじ》

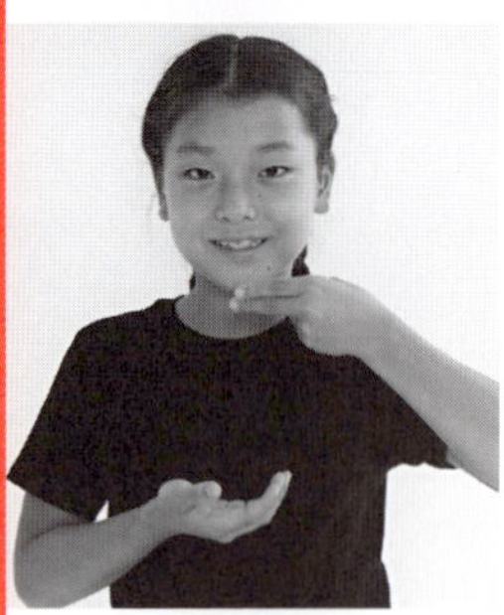

かた方《ほう》の手《て》を上《うえ》向《む》きにすぼめ、反対《はんたい》の手《て》の人《ひと》さし指《ゆび》と中指《なかゆび》をのばし、食《た》べる動作《どうさ》をします。

★お茶《ちゃ》わんを持《も》って、おはしで食《た》べている様子《ようす》。

食《た》べる

カレーライス

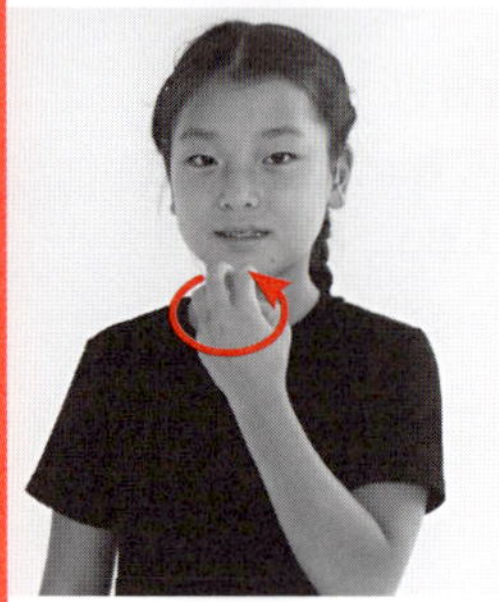

指先《ゆびさき》を曲《ま》げて、口《くち》の前《まえ》で回《まわ》します。

からい

でも

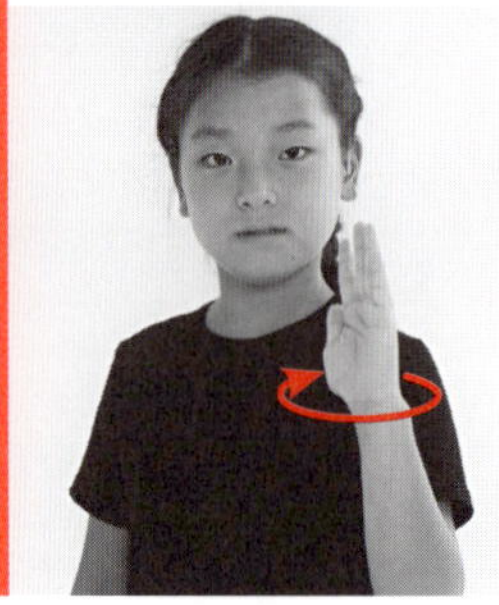

手《て》のひらを前《まえ》に向《む》け、くるっと回《まわ》します（半《はん》回転《かいてん》）。

わたし

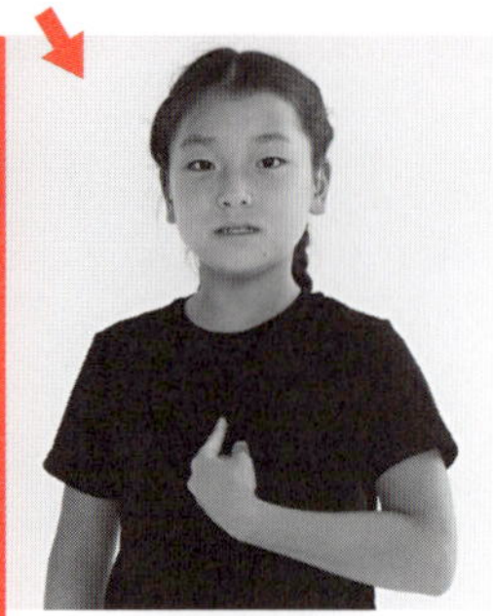

自分《じぶん》を指《ゆび》さします。

にんじん

チョキをつくって、反《はん》対《たい》の手《て》のひらにあてます。

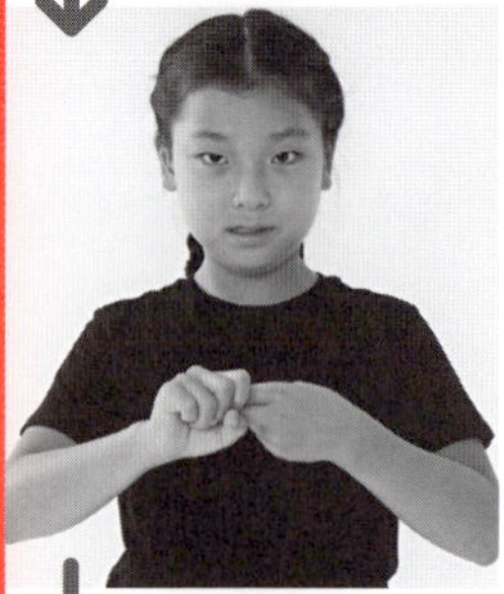

チョキの指《ゆび》を、反対《はんたい》の手《て》でギュッとにぎります。

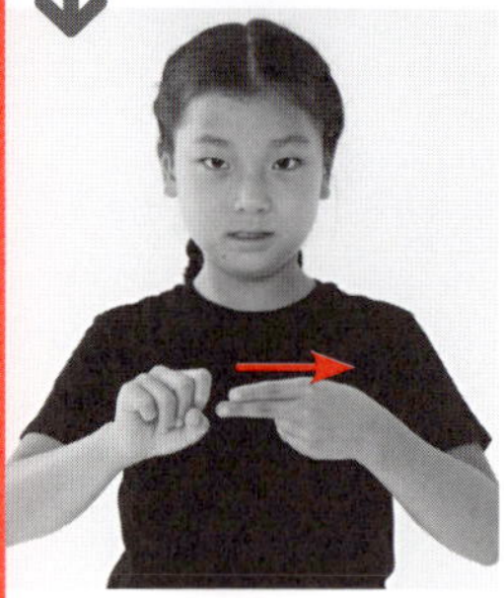

チョキにした手《て》を横《よこ》に動《うご》かします。

★にんじんの形《かたち》を表《あらわ》します。

きらい

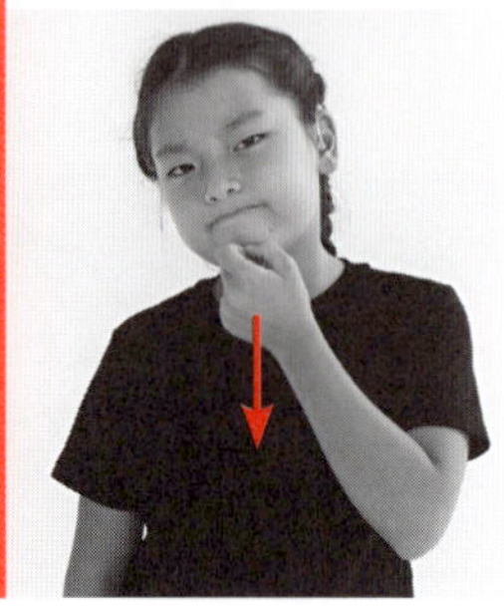

親指《おやゆび》と人《ひと》さし指《ゆび》をあごの下《した》につけ、指先《ゆびさき》を開《ひら》きながら下《した》に動《うご》かします。

いや

つづく

動画《どうが》も見《み》れるよ！▼

動画《どうが》の説明《せつめい》は10ページ

ぼくが代《か》わりに食《た》べてあげようか？

ぼく

自分《じぶん》を指《ゆび》さします。

代《か》わりに

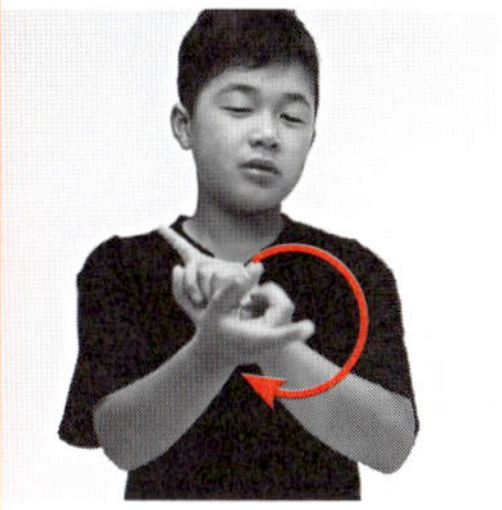

親指《おやゆび》と人《ひと》さし指《ゆび》をのばした両手《りょうて》をくっつけ、前後《ぜんご》の手《て》が入れかわるように、くるっと回《まわ》します。

交代《こうたい》

食《た》べる

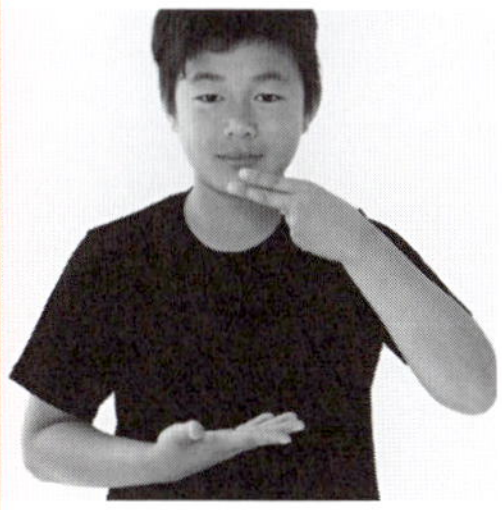

かた方《ほう》の手《て》を上《うえ》向《む》きにすぼめ、反対《はんたい》の手《て》の人《ひと》さし指《ゆび》と中指《なかゆび》をのばし、食《た》べる動作《どうさ》をします。

食事《しょくじ》

あげる

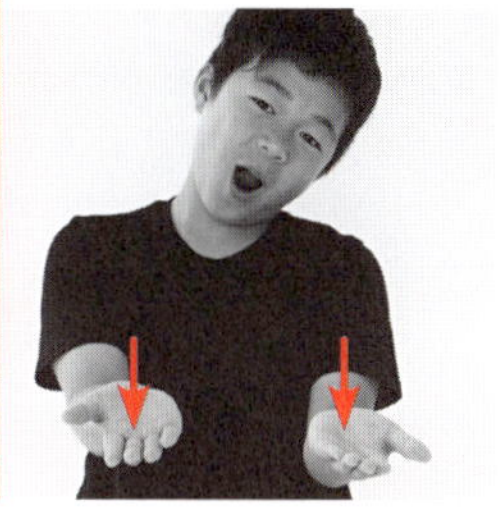

両手《りょうて》のひらを上《うえ》に向《む》け、前《まえ》に出《だ》します。

にんじんをあげるから、デザートのプリンちょうだい！

にんじん

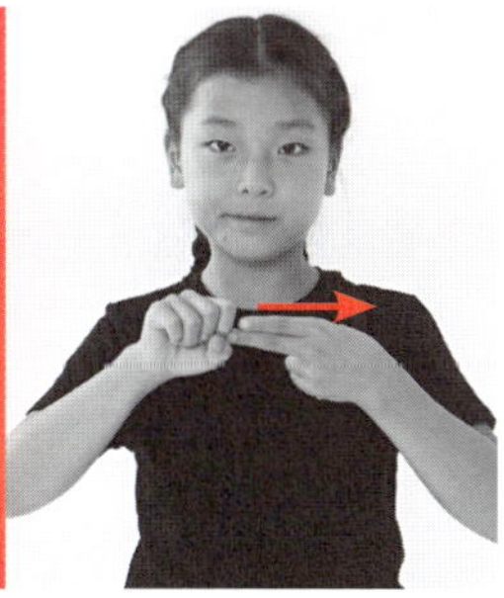

チョキをつくって反対《はんたい》の手《て》のひらにあて、ギュッとにぎります。チョキにした手《て》を横《よこ》に動《うご》かします。

つづく

あげる

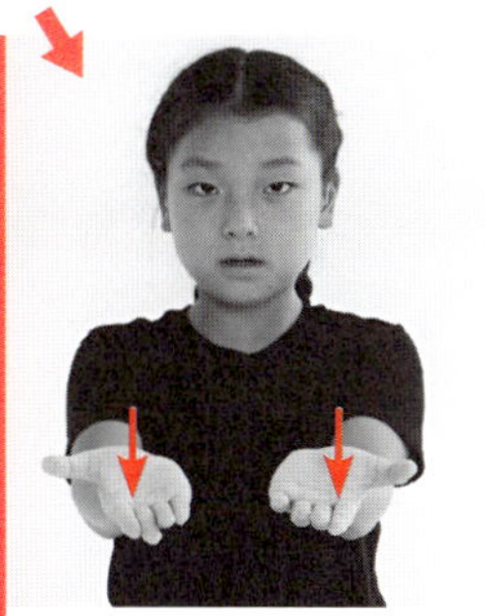

両手《りょうて》のひらを上《うえ》に向《む》け、前《まえ》に出《だ》します。

あべこべ

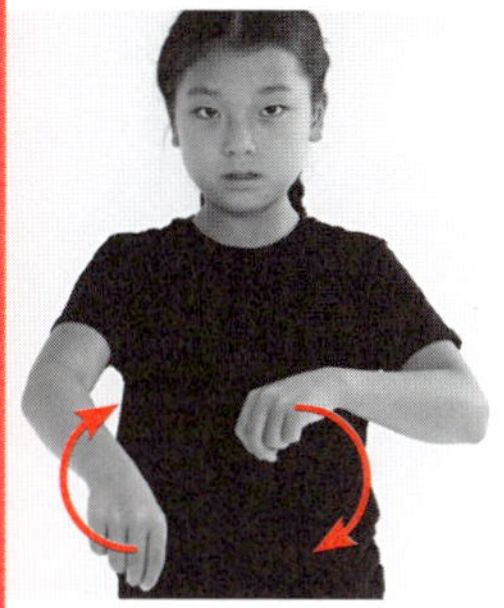

両手《りょうて》をすぼめて、円《えん》をえがくように、たがいちがいに動《うご》かします。

★入《い》れかえている動作《どうさ》。

ぎゃく

デザート

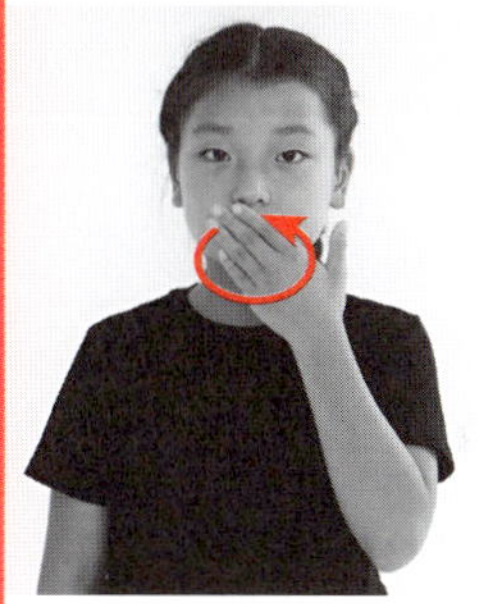

口《くち》の前《まえ》で、手《て》のひらを回《まわ》します。

さとう

あまい

プリン

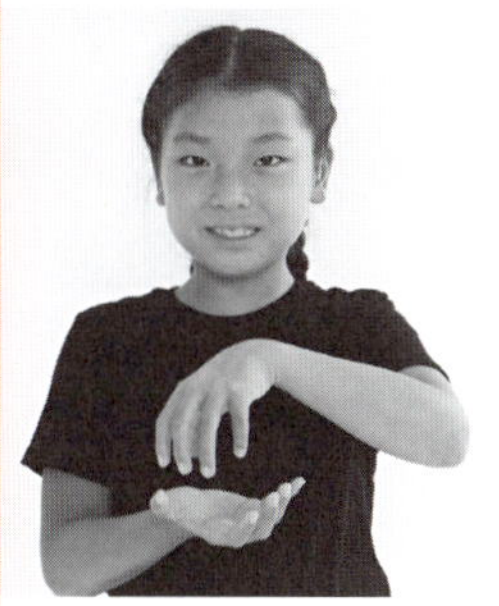

手《て》のひらを上《うえ》に向《む》け、反対《はんたい》の手《て》の指先《ゆびさき》を下《した》に向《む》けます。

★お皿《さら》の上《うえ》にプリンがのっている様子《ようす》。

ちょうだい

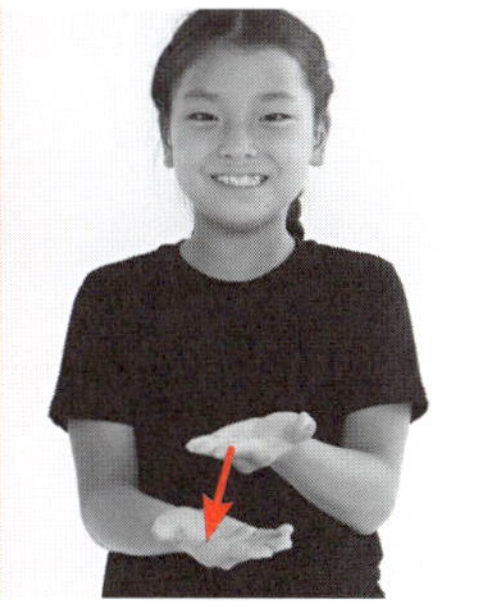

両手《りょうて》のひらを上《うえ》に向《む》け、上《うえ》の手《て》を下《した》の手《て》に2回《かい》打《う》ちつけます。

ぜったいダメ〜！

ぜったい

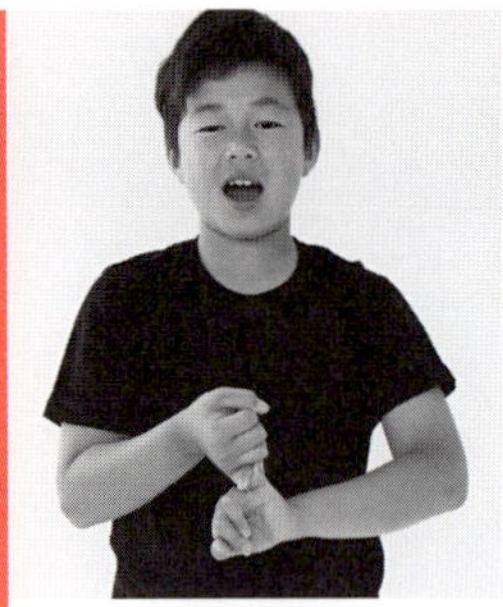

両手《りょうて》の小指《こゆび》を組《く》みます。

やくそく
かならず

ダメ

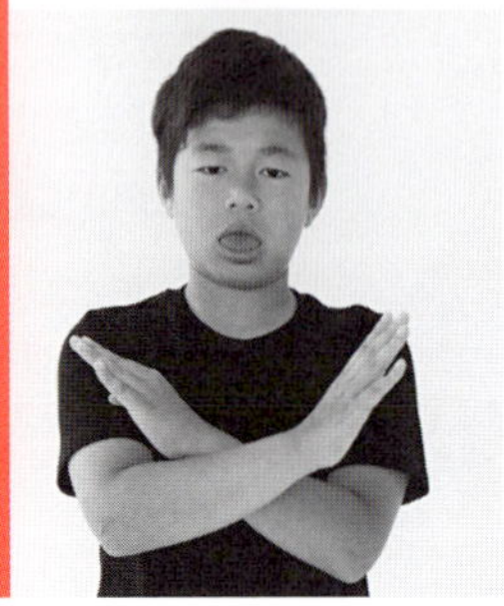

両手《りょうて》で×（バツマーク）をつくります。

この手話《しゅわ》も覚《おぼ》えちゃお！

ごはん

親指《おやゆび》と人《ひと》さし指《ゆび》の先《さき》をくちびるのはしにつけます。

野菜 やさい

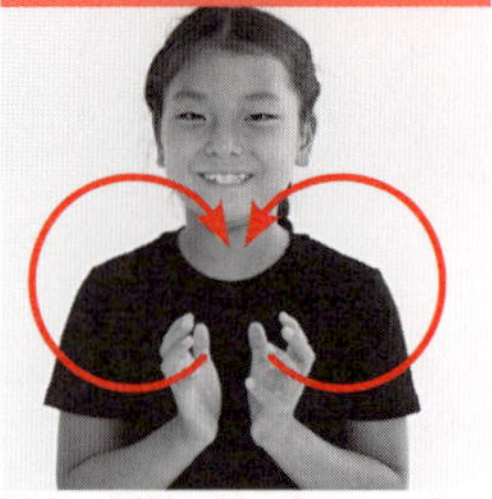

両手《りょうて》の指先《ゆびさき》を少《すこ》し曲《ま》げて、向《む》かい合《あ》わせに、円《えん》を書《か》くように動《うご》かします。

パン

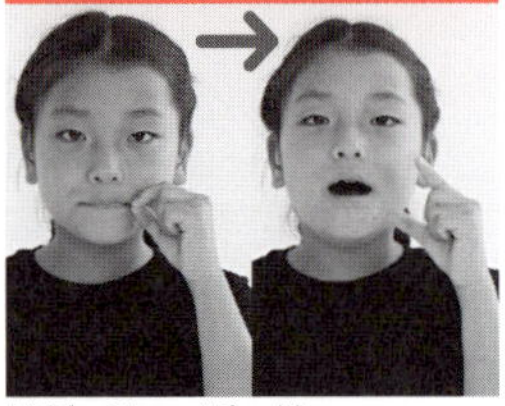

親指《おやゆび》と人《ひと》さし指《ゆび》の先《さき》をくちびるのはしにつけ、指先《ゆびさき》をはなしながら前《まえ》に出《だ》します。

くだもの

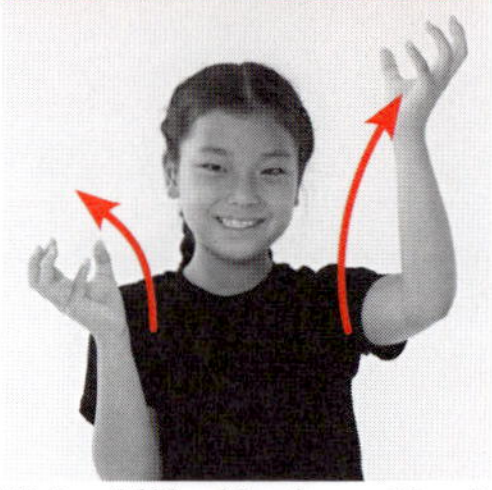

両手《りょうて》の指先《ゆびさき》を軽《かる》く曲《ま》げて上《うえ》に向《む》け、かた手《て》ずつ上《うえ》へ上《あ》げます。

いただきます

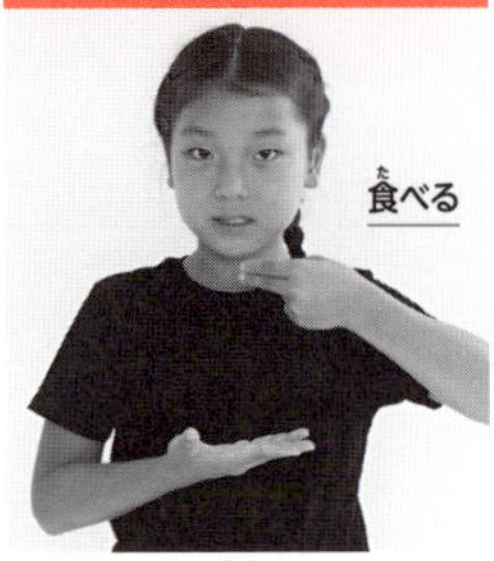

かた方《ほう》の手《て》を上《うえ》向《む》きにすぼめ、反対《はんたい》の手《て》の人《ひと》さし指《ゆび》と中指《なかゆび》をのばし、食《た》べる動作《どうさ》をします。

両手《りょうて》のひらを合《あ》わせます。

ごちそうさま

ほおを軽《かる》くたたきます。

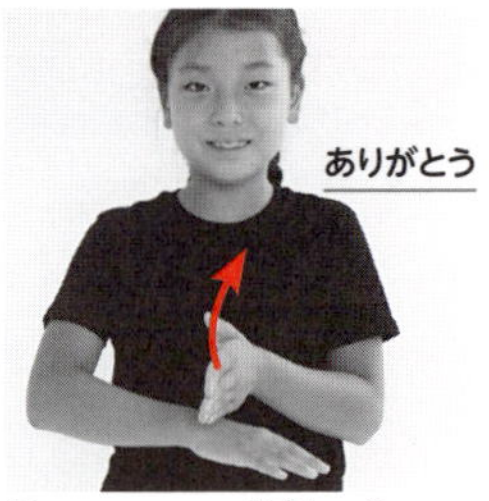

指《ゆび》をのばして、反対《はんたい》の手《て》のこうにのせたあと、のせた手《て》を上《うえ》に上《あ》げます。

肉 にく

親指《おやゆび》と人《ひと》さし指《ゆび》の間《あいだ》を、反対《はんたい》の手《て》でつまみます。

水 みず

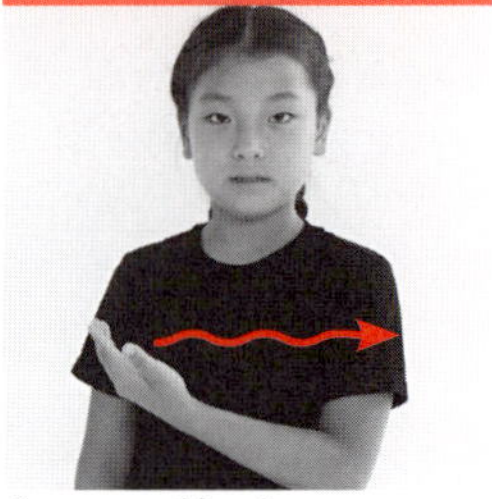

手《て》のひらを上《うえ》に向《む》けて、ゆらゆら横《よこ》に動《うご》かします。

魚 さかな

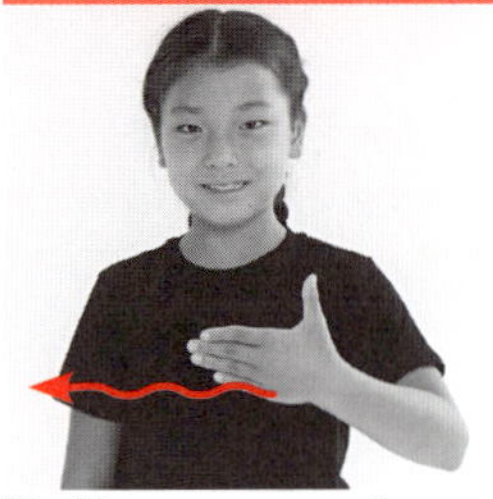

魚《さかな》が泳《およ》ぐときのように、手《て》のひらをゆらゆら横《よこ》に動《うご》かします。

お茶 おちゃ

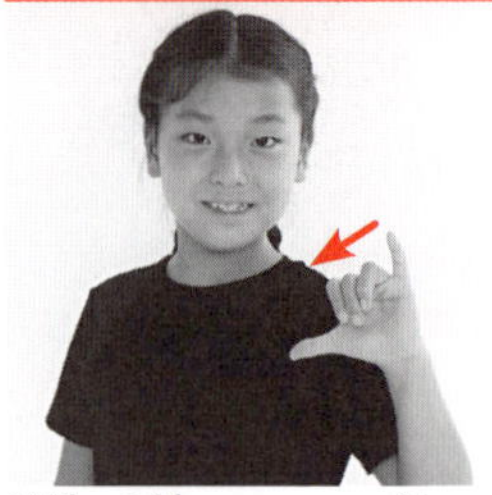

親指《おやゆび》と小指《こゆび》をのばして、少《すこ》しかたむけます。
★きゅうすでお茶《ちゃ》をそそぐ様子《ようす》。

動画《どうが》も見《み》れるよ！▼
動画《どうが》の説明《せつめい》は10ページ

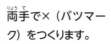

食《た》べ物《もの》、飲《の》み物《もの》

ジュース

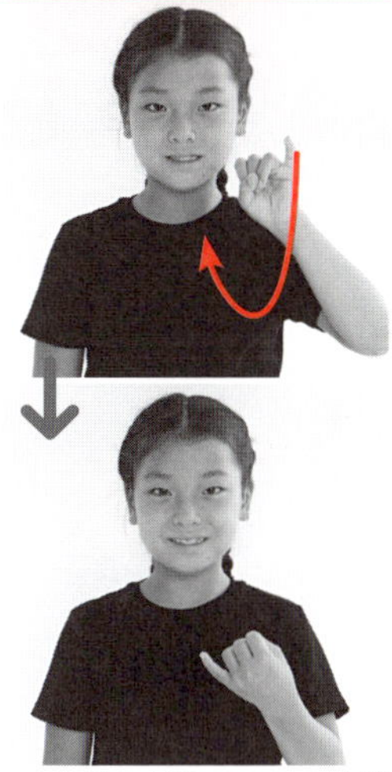

かたの前《まえ》で小指《こゆび》をのばし、手首《てくび》をくるっと回《まわ》して「J」の字《じ》を空中《くうちゅう》に書《か》きます。

★ジュース（英語で「juice」）の「J」です。

ハンバーグ

両手《りょうて》を上下《じょうげ》に向《む》かい合《あ》わせにします。手《て》の上下《じょうげ》を入れかえ、ハンバーグの形《かたち》をつくるような動作《どうさ》をします。

スパゲッティ

人《ひと》さし指《ゆび》、中指《なかゆび》、薬指《くすりゆび》をのばし、スパゲッティをまくような動作《どうさ》をします。

★3本《ぼん》の指《ゆび》がフォークを表《あらわ》します。

ピザ

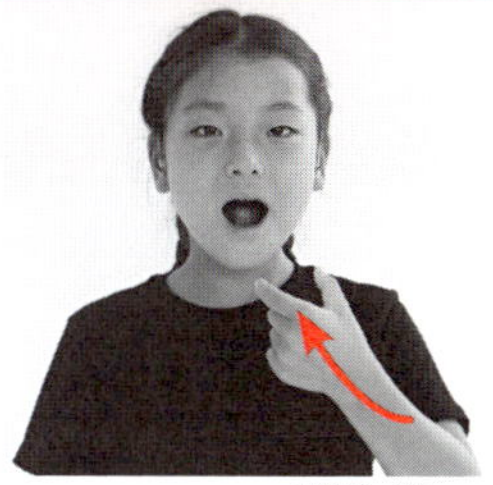

ピザをつまむように親指《おやゆび》と人《ひと》さし指《ゆび》をのばし、口《くち》を開《あ》けて近《ちか》づけます。

ラーメン

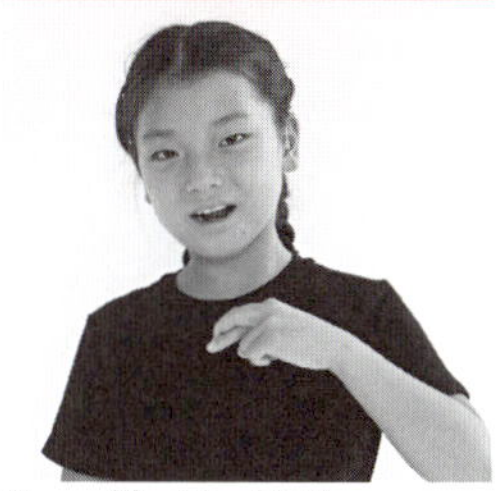

人《ひと》さし指《ゆび》の上《うえ》に中指《なかゆび》をのせて、指文字《ゆびもじ》の「ラ」をつくり、食《た》べるような動作《どうさ》をします。

★指文字《ゆびもじ》は13ページ。

からあげ

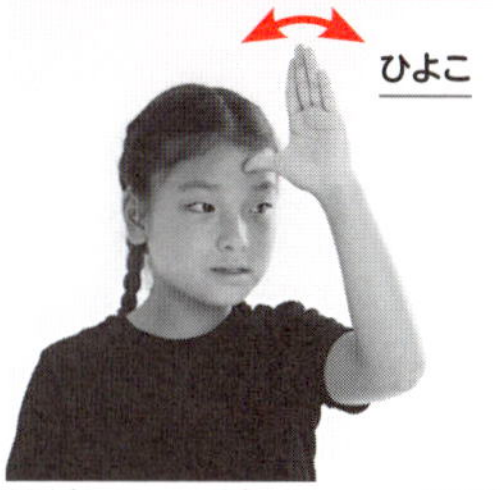

親指《おやゆび》と人《ひと》さし指《ゆび》をのばし、親指《おやゆび》はおでこにつけ、人《ひと》さし指《ゆび》を2回《かい》ゆらします。

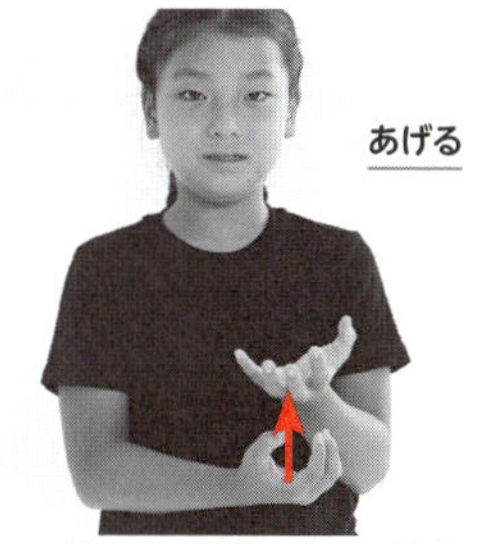

かた方《ほう》の手《て》は指先《ゆびさき》を曲《ま》げて上向《うえむ》きにします。その下《した》で、反対《はんたい》の手《て》の指《ゆび》をすぼめ、上《うえ》の手《て》にあてます。

★なべで食《た》べ物《もの》をあげている様子《ようす》。

サンドイッチ

手《て》をコの字《じ》にして、反対《はんたい》の手《て》の指《ゆび》をはさむようにします。

おにぎり

両手《りょうて》で、おにぎりをにぎるような動作《どうさ》をします。

おべんとう

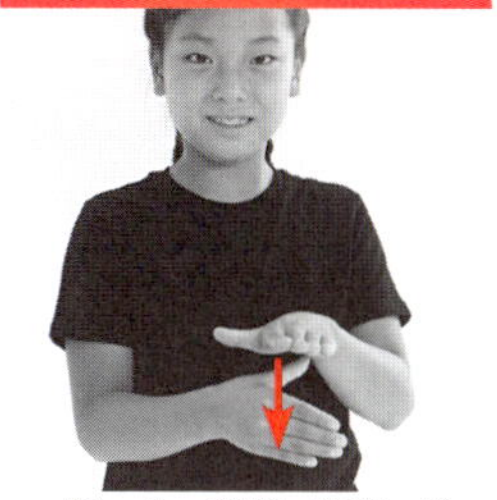

かた方《ほう》の手《て》の親指《おやゆび》を直角《ちょっかく》に開《ひら》いて、その上《うえ》で、反対《はんたい》の手《て》のひらを軽《かる》く上下《じょうげ》させます。

★おべんとうばこに、ごはんをつめている様子《ようす》。

あめ

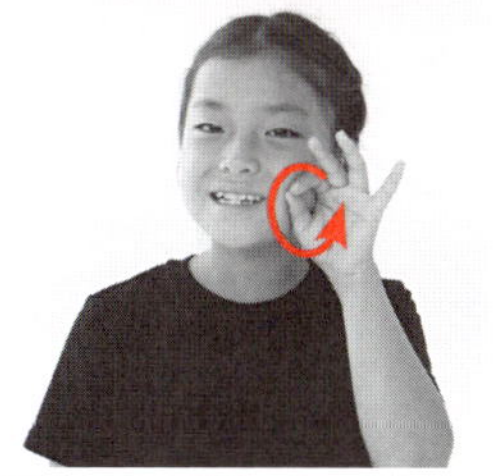

親指《おやゆび》と人《ひと》さし指《ゆび》でわっかをつくり、ほおにあてて、回《まわ》します。

チョコ

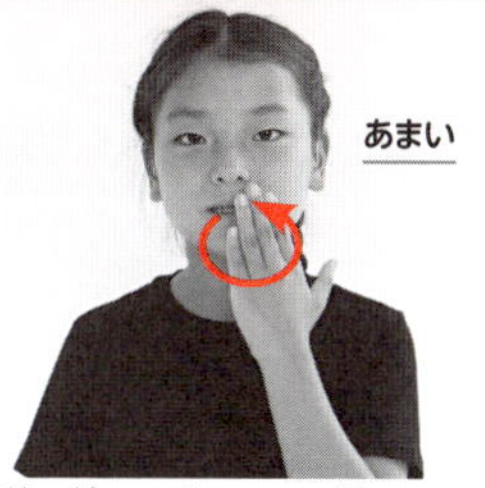

口《くち》の前《まえ》で、手《て》のひらを回《まわ》します。

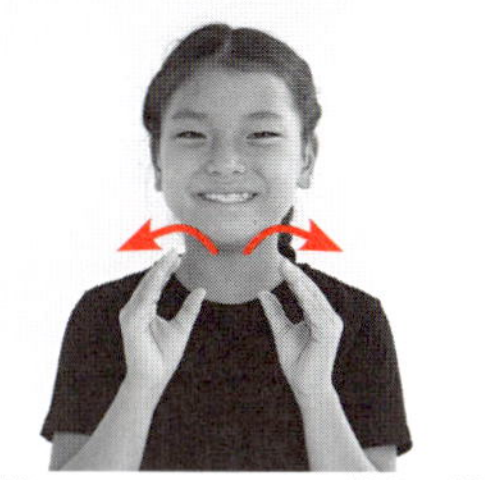

板《いた》チョコをわるように、両手《りょうて》を動《うご》かします。

ガム

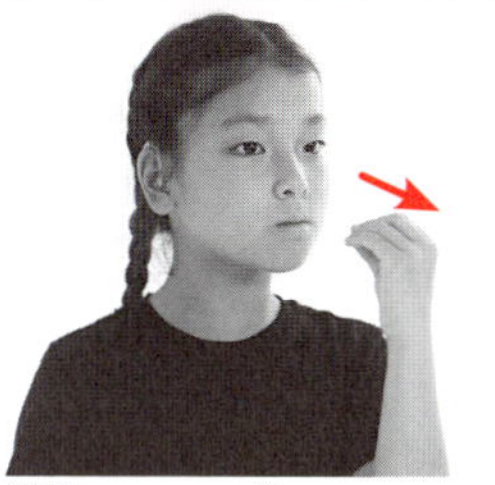

指先《ゆびさき》をすぼめて口《くち》にあて、そのまま前《まえ》に出《だ》します。

★ガムがのびる様子《ようす》。

フーセンガム

人《ひと》さし指《ゆび》を口《くち》にあててから、空中《くうちゅう》に丸《まる》を書《か》きます

★フーセンガムがふくらむ様子《ようす》。

手話《しゅわ》ゲームをやってみよう!

※ここにのっているゲームの答《こた》えは例《れい》のひとつで、動画《どうが》では別《べつ》の例《れい》が見《み》れます。

指文字《ゆびもじ》しりとり

指文字《ゆびもじ》を使《つか》って、しりとりをします。
指文字《ゆびもじ》は、12 ～ 14 ページを見《み》てね!

りんご → ゴリラ → ラッパ → パラソル

指文字《ゆびもじ》じゃんけん

1 まず、リーダーを決《き》めます。リーダーは、五十音《ごじゅうおん》の中《なか》から、「あ行《ぎょう》(あ、い、う、え、お)」「か行《ぎょう》(か、き、く、け、こ)」など、じゃんけんで使《つか》う「行《ぎょう》」を決めます。

2 「じゃんけんぽん!」でいっせいに、決《き》めた行《ぎょう》の中《なか》の文字《もじ》を1つえらんで、指文字《ゆびもじ》で出《だ》します。

3 出《だ》した指文字《ゆびもじ》が、リーダーと同《おな》じだった人《ひと》は負《ま》けで、負《ま》けた人《ひと》はぬけていきます。

4 勝《か》ちのこった人《ひと》が、次《つぎ》のリーダーになります。

動画《どうが》も見《み》れるよ!
▼
動画《どうが》の説明《せつめい》は10ページ

3つのヒントクイズ

1 まずリーダーを決《き》めます。リーダーは頭《あたま》の中《なか》で、すきなお話《はなし》を1つ思《おも》いうかべます。

2 リーダーはそのお話《はなし》に関係《かんけい》した言葉《ことば》（ヒント）を3つ（4つでもいい）、指文字《ゆびもじ》や手話《しゅわ》で表《あらわ》します。

3 リーダーの指文字《ゆびもじ》や手話《しゅわ》を読《よ》み取《と》って、答《こた》えがわかった人《ひと》は手《て》をあげます。答《こた》えを指文字《ゆびもじ》で表《あらわ》し、当《あ》たっていたら次《つぎ》のリーダーになります。

ヒントの言葉《ことば》の例《れい》

ヒント	答え
おじいさん つる はたおり	→ つるのおんがえし
まじょ かぼちゃ 12時《じ》	→ シンデレラ
もも きびだんご 犬《いぬ》	→ ももたろう
赤《あか》 おおかみ おばあちゃん	→ 赤《あか》ずきんちゃん
兄《あに》 妹《いもうと》 おかしの家《いえ》	→ ヘンゼルとグレーテル

今日《きょう》、家《いえ》に遊《あそ》びに行《い》ってもいい？

今日《きょう》

両手《りょうて》のひらを下《した》に向《む》け、少《すこ》し下《さ》げます。

今《いま》

あなた

相手《あいて》を指《ゆび》さします。

家《いえ》

両手《りょうて》で屋根《やね》の形《かたち》をつくります。

遊《あそ》び

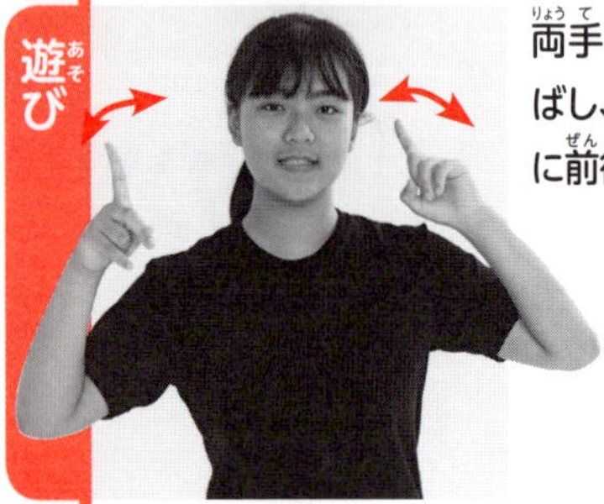

両手《りょうて》の人《ひと》さし指《ゆび》をのばし、顔《かお》の横《よこ》で交互《こうご》に前後《ぜんご》にふります。

行《い》く

かた方《ほう》の手《て》は屋根《やね》の形《かたち》にして、その下《した》で、反対《はんたい》の手《て》の人《ひと》さし指《ゆび》を下《した》に向《む》け、前《まえ》にふります。

★「家《いえ》に行《い》く」ことを表《あらわ》します。

つづく

いい

小指《こゆび》をのばして、あごに2回《かい》つけます。

ごめん、今日《きょう》お兄《にい》ちゃんと出《で》かけるやくそくしてるの

ごめん

親指《おやゆび》と人《ひと》さし指《ゆび》で、まゆ毛《げ》の間《あいだ》をつまむようにします。

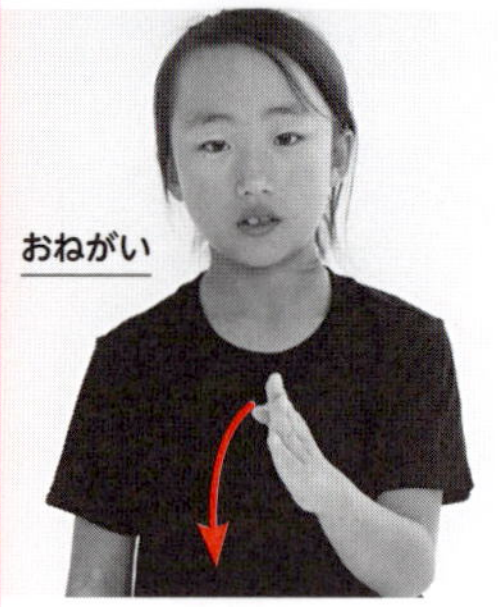

手《て》のひらを立《た》てて、前《まえ》にたおします。

わたし

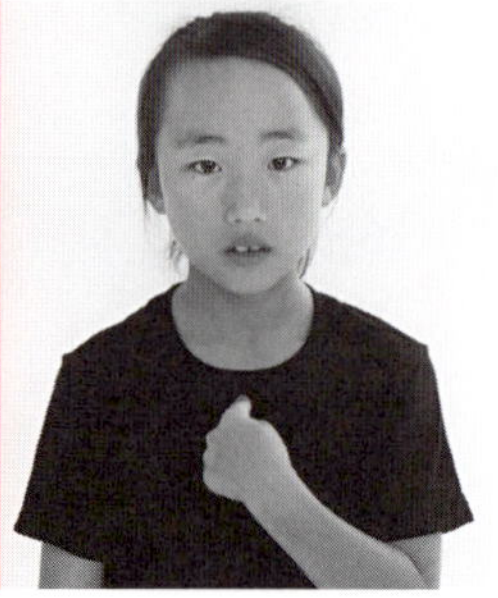

自分《じぶん》を指《ゆび》さします。

つづく

動画《どうが》も見《み》れるよ！▼
動画《どうが》の説明《せつめい》は10ページ

今日《きょう》

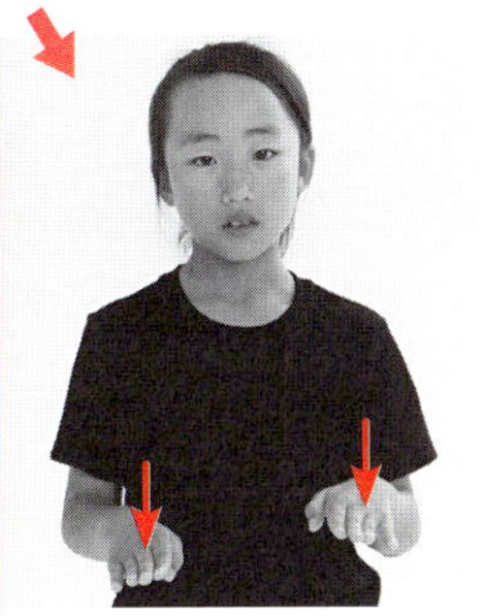

両手《りょうて》のひらを下《した》に向《む》け、少《すこ》し下《さ》げます。

兄《あに》

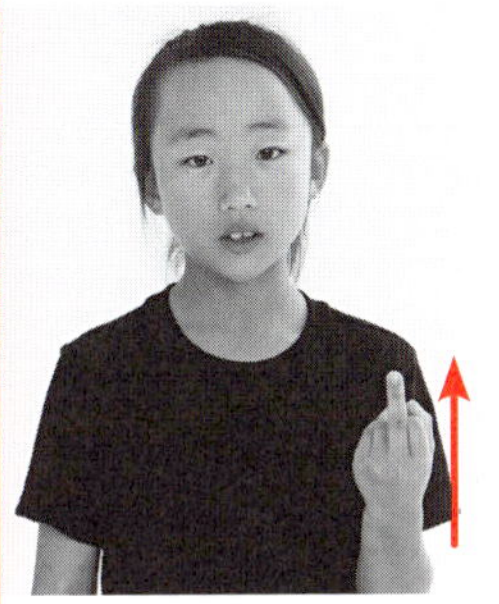

中指《なかゆび》をのばして、上《うえ》に動《うご》かします。

いっしょに

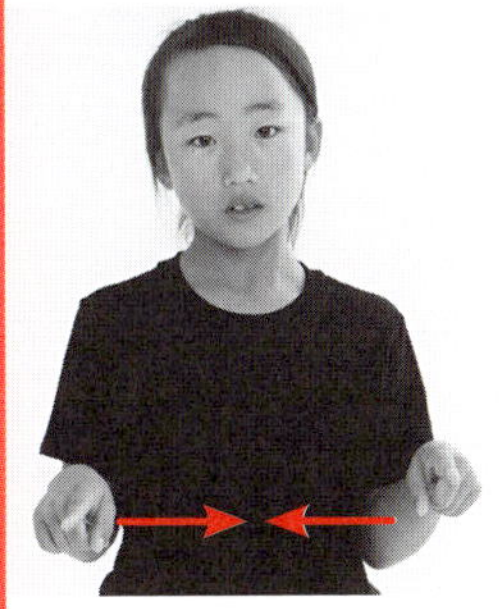

両手《りょうて》の人《ひと》さし指《ゆび》を前《まえ》にのばし、真《ま》ん中《なか》でくっつけます。

遊《あそ》び

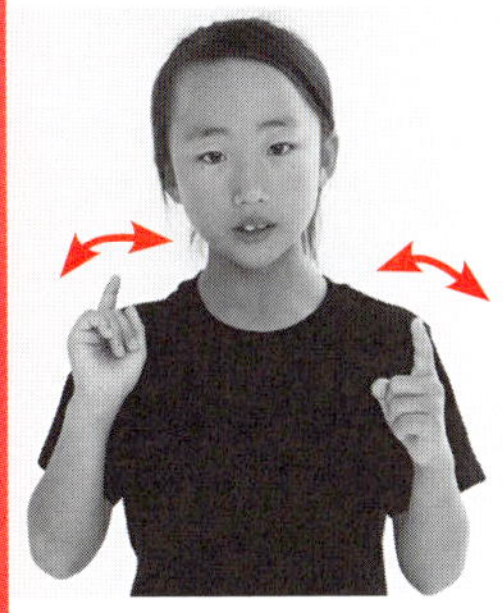

両手《りょうて》の人《ひと》さし指《ゆび》をのばし、顔《かお》の横《よこ》で交互《こうご》に前後《ぜんご》にふります。

行《い》く

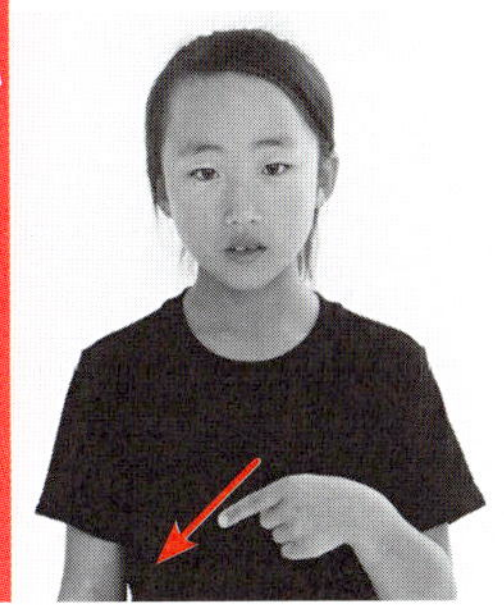

人《ひと》さし指《ゆび》をのばして下《した》に向《む》け、前《まえ》にふります。

つづく

やくそく

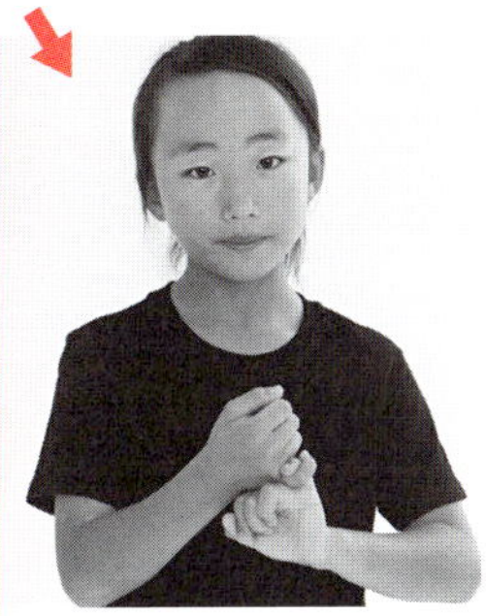

両手《りょうて》の小指《こゆび》を組《く》みます。

ぜったい

かならず

ある

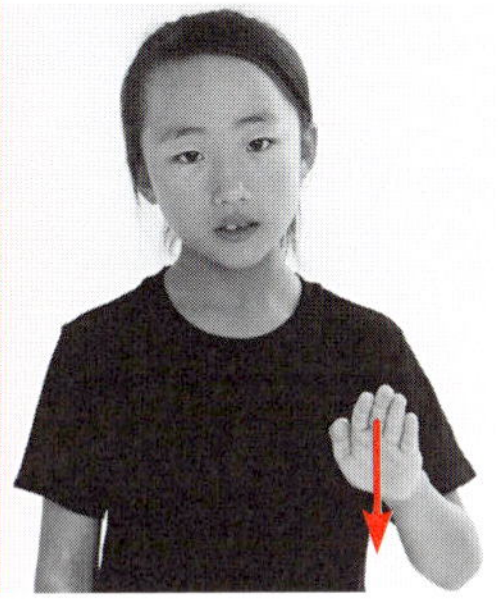

手《て》のひらを下《した》に動《うご》かします。

明日《あした》はどう?

明日《あした》

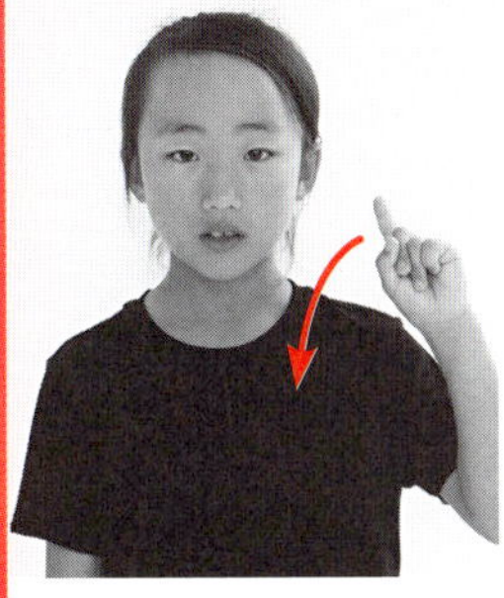

人《ひと》さし指《ゆび》を、顔《かお》の横《よこ》で前《まえ》にふります。

どう

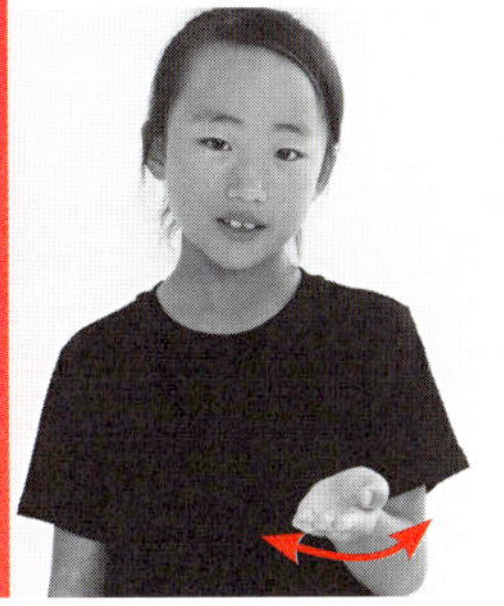

手《て》のひらを上《うえ》向《む》けにして、左右《さゆう》に動《うご》かします。

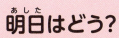

明日《あした》はじゅくだからムリ

明日《あした》

人《ひと》さし指《ゆび》を、顔《かお》の横《よこ》で前《まえ》にふります。

じゅく

両手《りょうて》を上《うえ》に向《む》けて、真《ま》ん中《なか》で2〜3回《かい》くっつけます。

だから

両手《りょうて》の親指《おやゆび》と人《ひと》さし指《ゆび》でわっかをつくって組《く》み合《あ》わせ、前《まえ》に出《だ》します。

ムリ

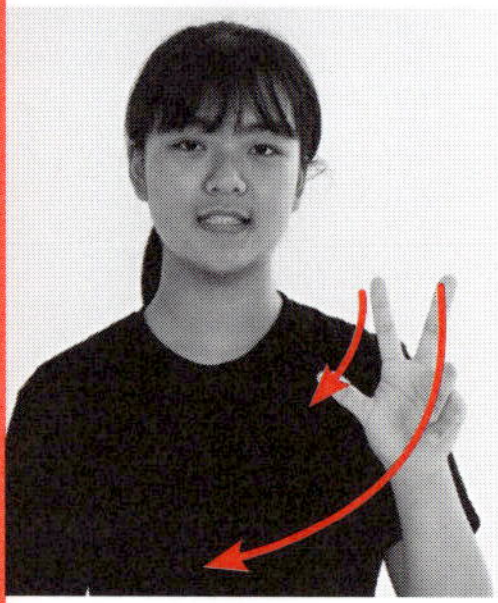

親指《おやゆび》、人《ひと》さし指《ゆび》、中《なか》指《ゆび》をのばします。

手《て》のこうが前《まえ》に向《む》くよう手首《てくび》を回《まわ》しながら、ななめ下《した》へ動《うご》かします。

★指文字《ゆびもじ》の「ム」と「リ」を組《く》み合《あ》わせた手話《しゅわ》です(指文字《ゆびもじ》は13ページ)。

土曜日《どようび》は?

土曜日《どようび》

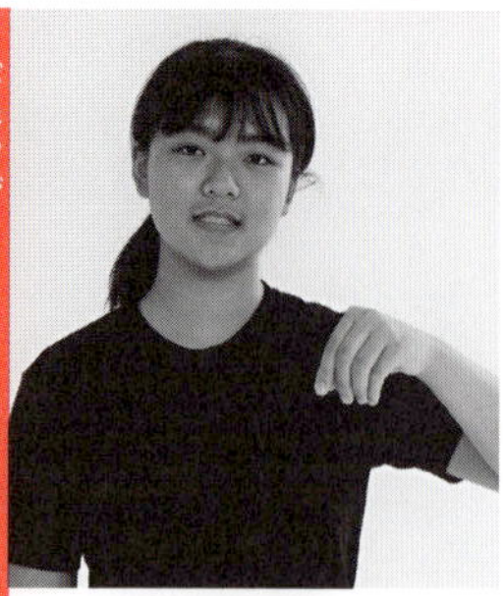

手《て》をすぼめて、指先《ゆびさき》をこすり合《あ》わせるようにします。

土《つち》

どう

手《て》のひらを上向《うえむ》けにして、左右《さゆう》に動《うご》かします。

オッケー。みんなで野球《やきゅう》しよう!

オッケー

親指《おやゆび》と人《ひと》さし指《ゆび》でわっか(オッケーマーク)をつくります。

みんな

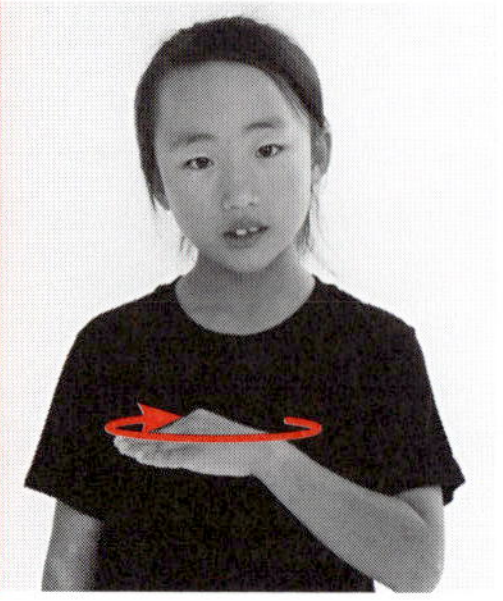

手《て》のひらを下《した》に向《む》けて、ぐるっと回《まわ》します。

つづく

動画《どうが》も見《み》れるよ!▼
動画《どうが》の説明《せつめい》は10ページ

野球《やきゅう》

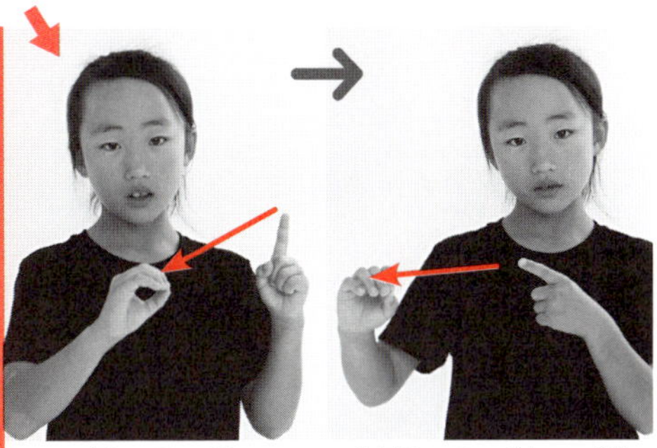

かた方《ほう》の手《て》を丸《まる》めます。反対《はんたい》の手《て》の人《ひと》さし指《ゆび》をのばして、丸《まる》めた手《て》にあて、丸《まる》めた手《て》を横《よこ》に動《うご》かします。★バットでボールを打《う》った様子《ようす》。

しよう

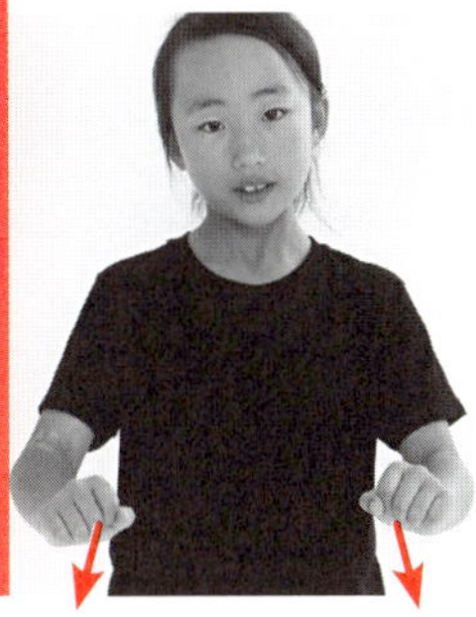

両手《りょうて》をグーにして、前《まえ》に動《うご》かします。

★「する」という手話《しゅわ》です(48ページなど)。この手《しゅ》話《わ》をしながら、さそう表《ひょう》情《じょう》をすることで、「しよう」という手話《しゅわ》になります。

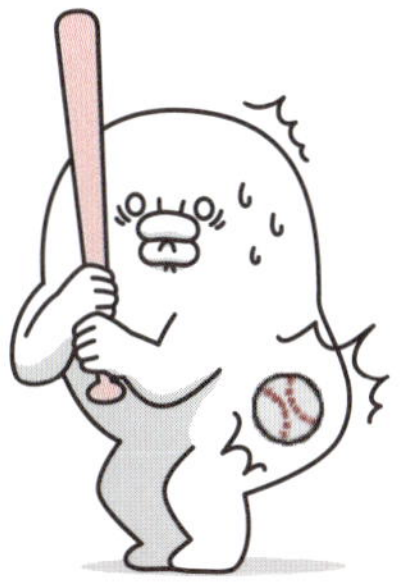

この手話《しゅわ》も覚《おぼ》えちゃお!

スポーツ、遊《あそ》び

バレーボール

両手《りょうて》を上《あ》げて、頭《あたま》の上《うえ》で動《うご》かします。

★バレーボールの「トス」の動作《どうさ》。

スキー

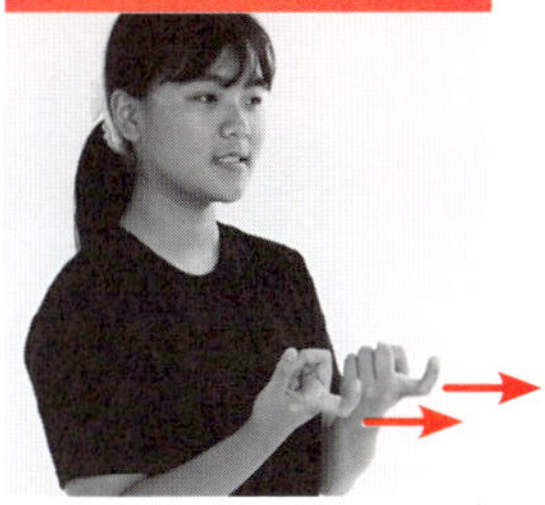

両手《りょうて》の人《ひと》さし指《ゆび》を曲《ま》げ、前《まえ》へ出《だ》します。

★スキー板《いた》の形《かたち》。

水泳 すいえい

人《ひと》さし指《ゆび》と中指《なかゆび》をのばし、バタ足《あし》をするように上下《じょうげ》させながら、手《て》を横《よこ》に動《うご》かします。

ピアノ

両手《りょうて》の指《ゆび》でピアノをひく動作《どうさ》をします。

テニス

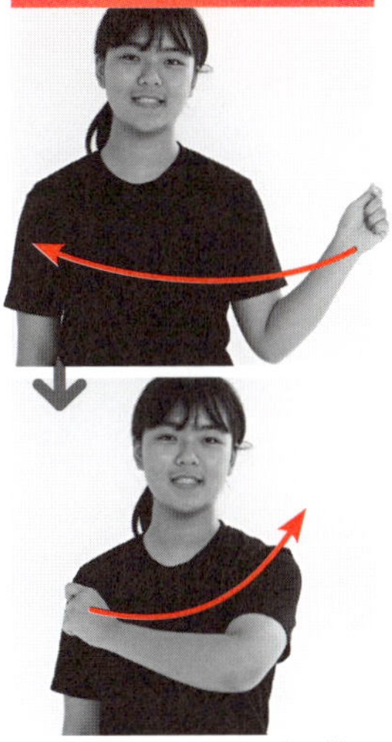

ラケットをにぎるような手《て》の形《かたち》にして、ボールを打《う》つ動作《どうさ》をします。

たっ球 たっきゅう

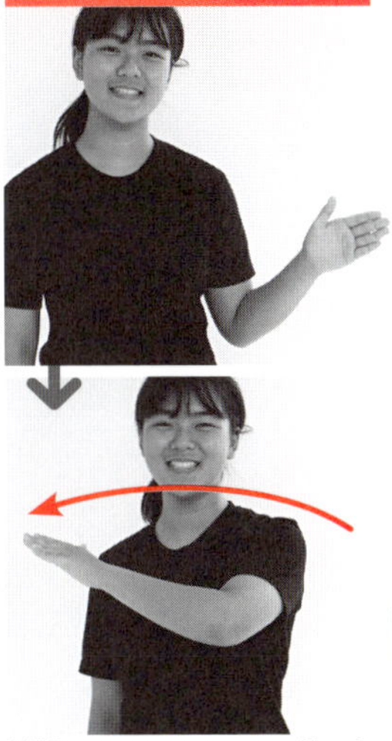

指先《ゆびさき》をのばし、ピンポン球《だま》を打《う》つ動作《どうさ》をします。

体そう たいそう

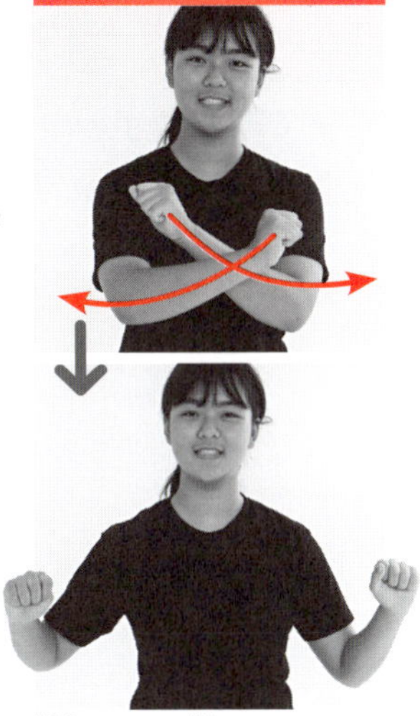

両手《りょうて》をグーの形《かたち》にして、クロスさせてから開《ひら》きます。

ダンス

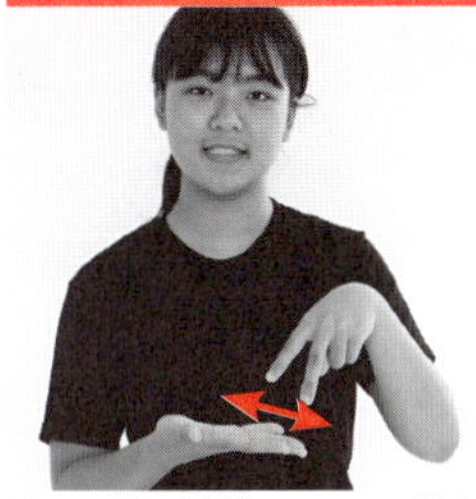

人《ひと》さし指《ゆび》と中指《なかゆび》をのばし、反対《はんたい》の手《て》のひらの上《うえ》で左右《さゆう》に動《うご》かします。

★おどっている足《あし》を表《あらわ》します。

なわとび

両手《りょうて》でなわを回《まわ》しているような動作《どうさ》をします。

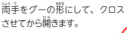

公園《こうえん》でサッカーを教《おし》えてくれない？

公園《こうえん》

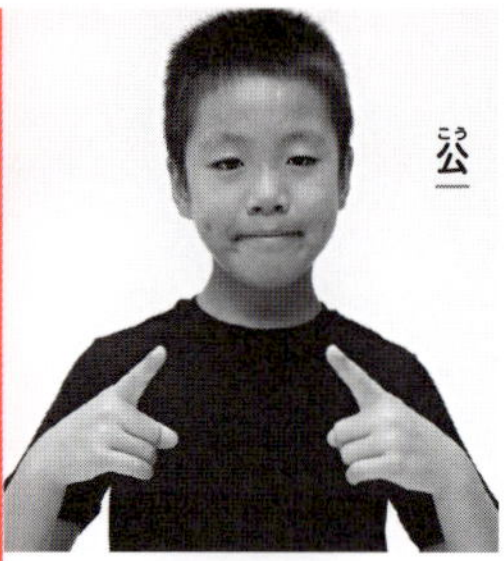

両手《りょうて》の人《ひと》さし指《ゆび》をのばし、「ハ」の形《かたち》にします。

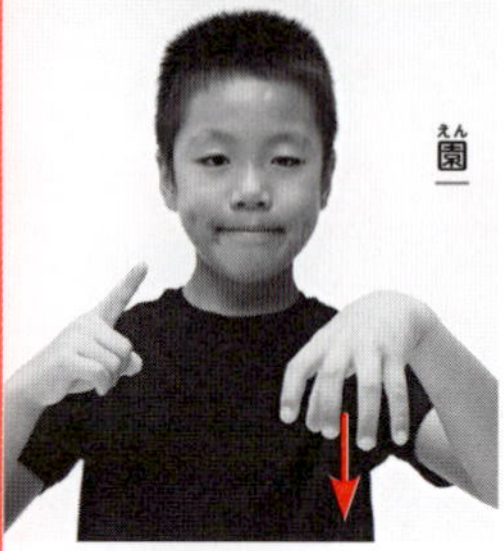

かた方《ほう》の手《て》はそのままで、反対《はんたい》の手《て》の指《ゆび》先《さき》を曲《ま》げて下《した》に向《む》け、少《すこ》し下《さ》げます。

★下《した》に向《む》けたほうは「場《ば》所《しょ》」という手話《しゅわ》（22ページなど）です。

サッカー

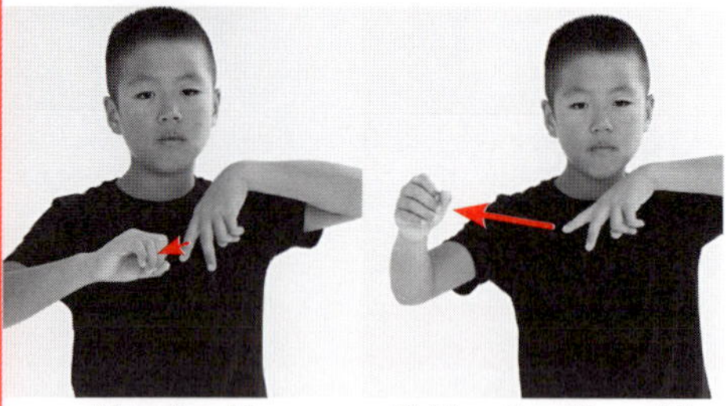

かた方《ほう》の手《て》を丸《まる》めます。反対《はんたい》の手《て》の人《ひと》さし指《ゆび》と中指《なかゆび》をのばして丸《まる》めた手《て》にあて、丸《まる》めた手《て》を横《よこ》に動《うご》かします。★足《あし》でボールをけった様子《ようす》。

教《おし》える

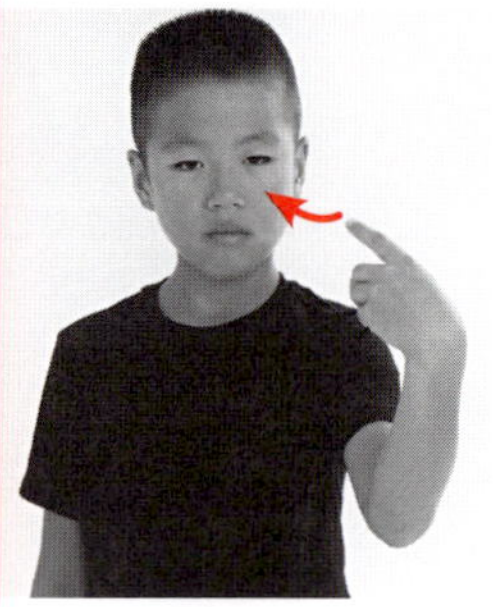

人《ひと》さし指《ゆび》を自分《じぶん》に向《む》けてふります。

★相手《あいて》から「教《おそ》わる」場合《ばあい》です。自分《じぶん》が「教《おし》える」ときには、指先《ゆびさき》を相手《あいて》に向《む》けてふります。

おねがい

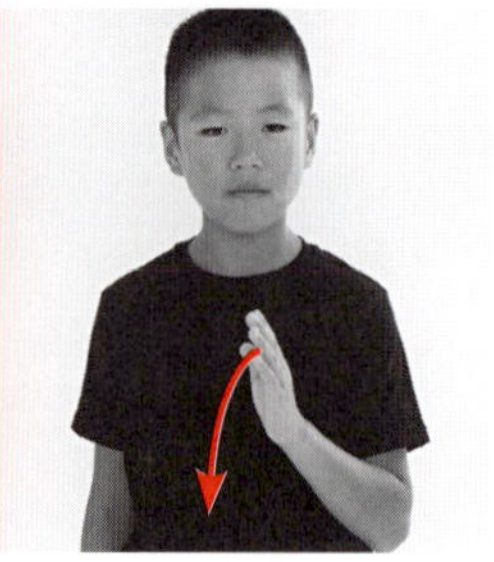

手《て》のひらを立《た》てて、前《まえ》にたおします。

いいよ。一回帰《いっかいかえ》って、3時《じ》に公園《こうえん》で待《ま》ち合《あ》わせね

いいよ

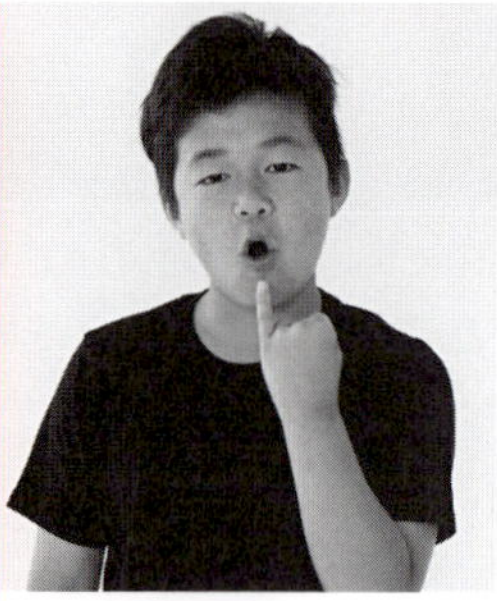

小指《こゆび》をのばして、あごに2回《かい》つけます。

1回《かい》

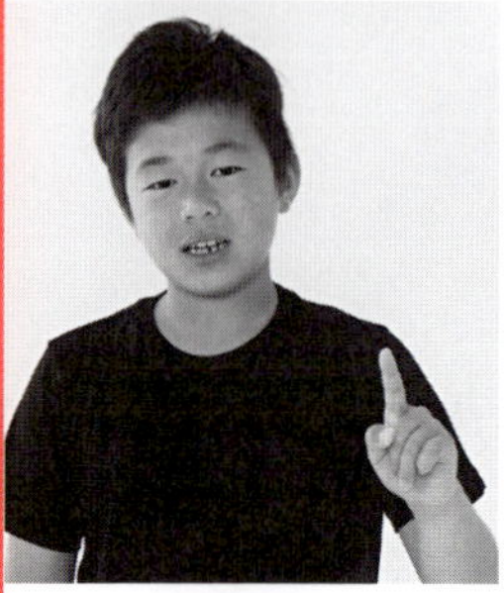

人《ひと》さし指《ゆび》をのばします。

★指文字《ゆびもじ》の「1」（14ページ）。

家《いえ》

両手《りょうて》で屋根《やね》の形《かたち》をつくります。

帰《かえ》る

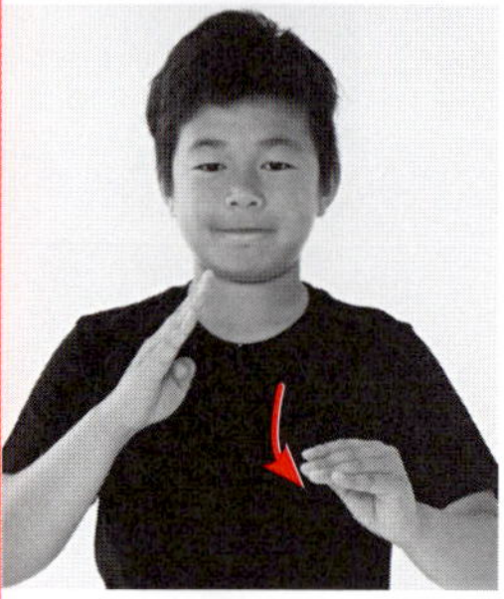

かた方《ほう》の手《て》はそのままで、その下《した》で、反対《はんたい》の手《て》をすぼめながら、前《まえ》に出《だ》します。

★「家《いえ》に帰《かえ》る」ことを表《あらわ》します。

時間《じかん》

グーにした手《て》の手首《てくび》を、反対《はんたい》の手《て》で指《ゆび》さします。

★うで時計《どけい》をさしている動作《どうさ》。

つづく

動画《どうが》も見《み》れるよ！▼
動画《どうが》の説明《せつめい》は10ページ

練習《れんしゅう》していつかオリンピック代表選手《だいひょうせんしゅ》になりたい！

3

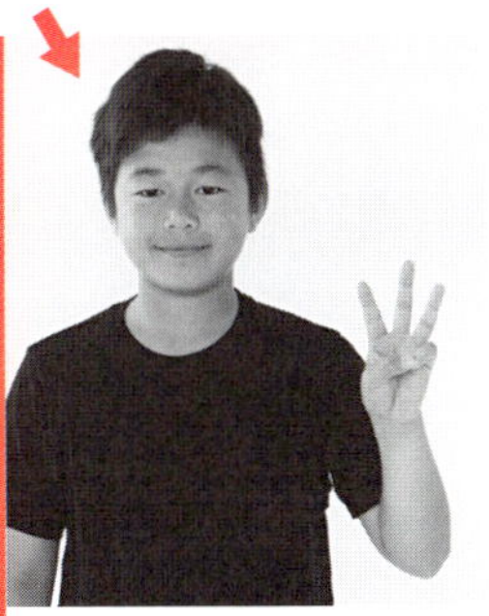

人《ひと》さし指《ゆび》、中指《なかゆび》、薬指《くすりゆび》をのばします。
★指文字《ゆびもじ》の「3」。

公園《こうえん》

公《こう》

両手《りょうて》の人《ひと》さし指《ゆび》をのばし、「ハ」の形《かたち》にします。

園《えん》

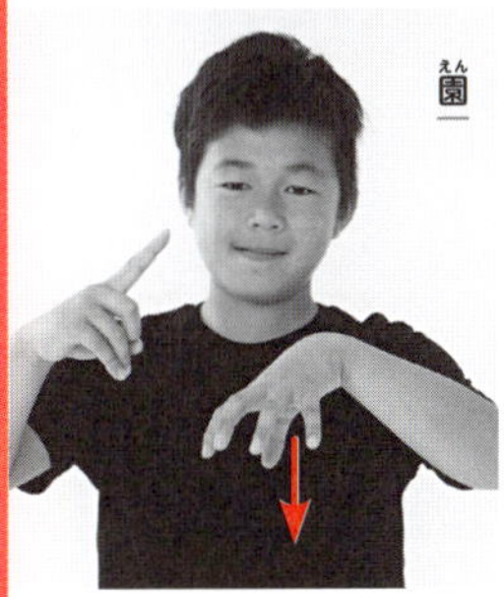

かた方《ほう》の手《て》はそのままで、反対《はんたい》の手《て》の指《ゆび》先《さき》を曲《ま》げて下《した》に向《む》け、少《すこ》し下《さ》げます。

待《ま》つ

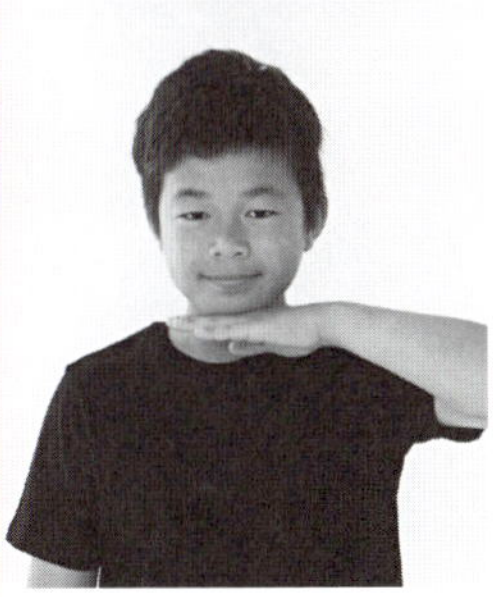

指《ゆび》をのばした手《て》を、あごにつけます。

合《あ》わせる

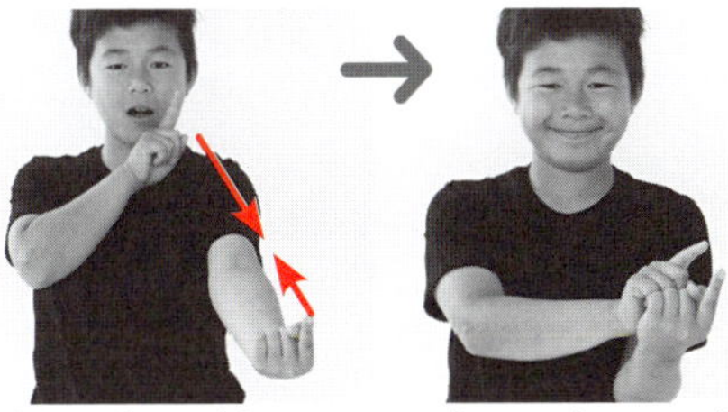

両手《りょうて》の人《ひと》さし指《ゆび》をのばして向《む》かい合《あ》わせ、近《ちか》づけます。

練習《れんしゅう》

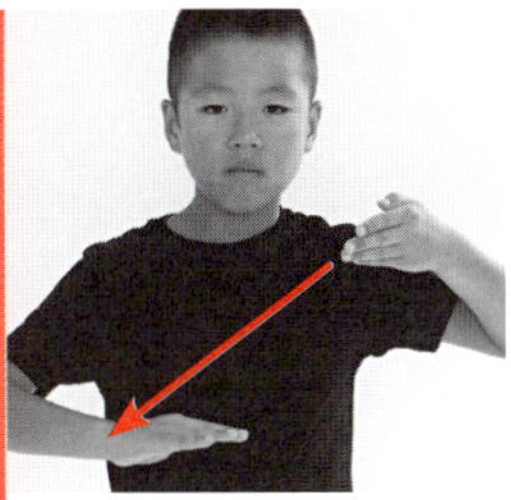

かた方《ほう》の手《て》を、反対《はんたい》の手《て》に2回《かい》あてます。

いつか

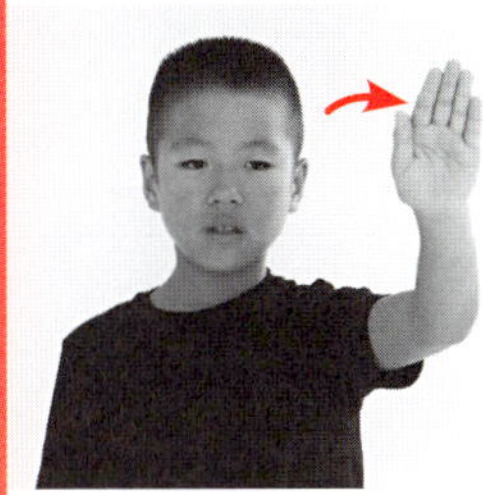

手《て》のひらを前《まえ》に出《だ》します。

オリンピック

両手《りょうて》の親指《おやゆび》と人《ひと》さし指《ゆび》でわっかをつくり、組《く》みます。指《ゆび》を組《く》みかえながら、わっかを5つつくります。
★オリンピックのマークを表《あらわ》します。

選手《せんしゅ》

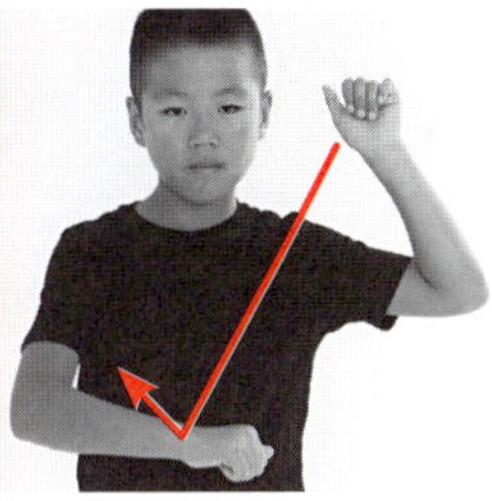

親指《おやゆび》をのばした手《て》を、グーにした反対《はんたい》の手《て》の手首《てくび》にあて、はね上《あ》げます。

なる

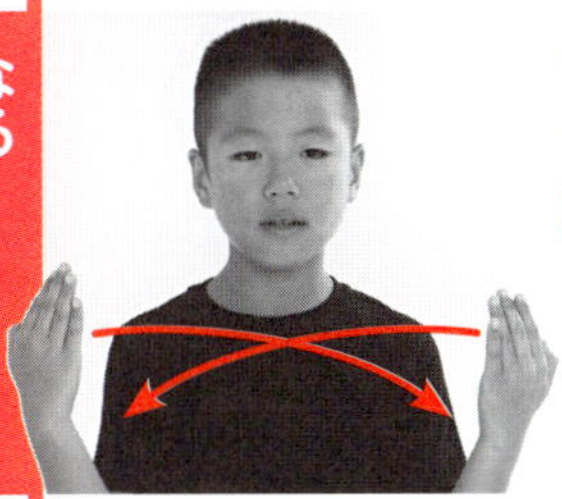

両手《りょうて》をむねの前《まえ》でクロスさせます。
かわる

したい

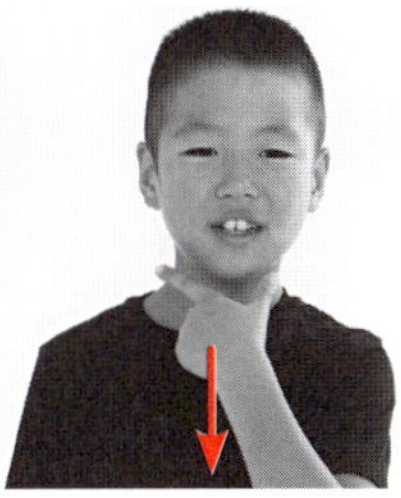

親指《おやゆび》と人《ひと》さし指《ゆび》をあごの下《した》につけます。手《て》を下《した》に動《うご》かして、指先《ゆびさき》をつけます。
すき　ほしい

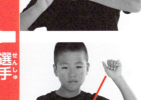

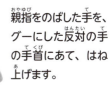

この手話《しゅわ》も覚《おぼ》えちゃお！

場所《ばしょ》、国《くに》

教室　きょうしつ

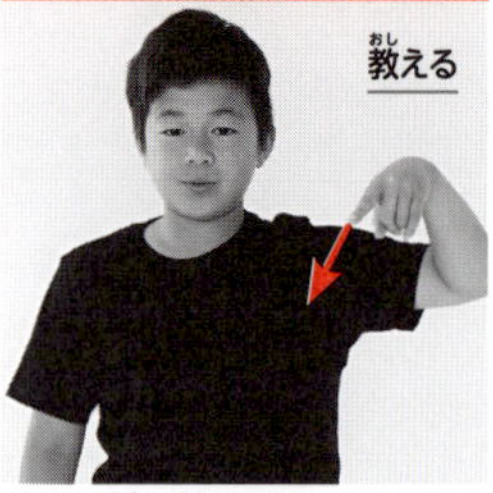
教《おし》える

人《ひと》さし指《ゆび》を前《まえ》（相手《あいて》）に向《む》けてふります。

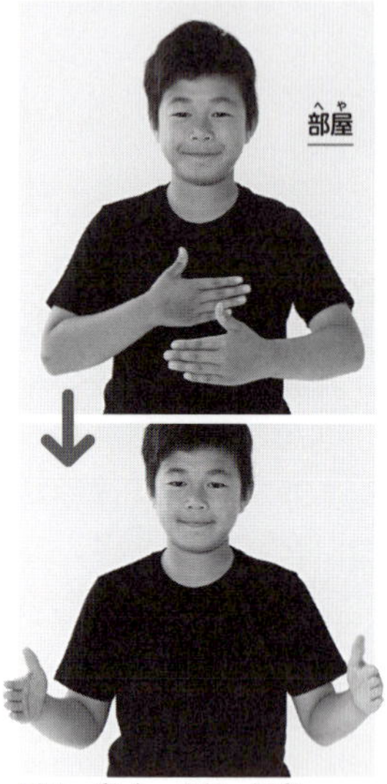
部屋《へや》

両手《りょうて》を前後《ぜんご》→左右《さゆう》の順番《じゅんばん》でかまえます。
★四角《しかく》をつくり、部屋《へや》を表《あらわ》します。

校庭　こうてい

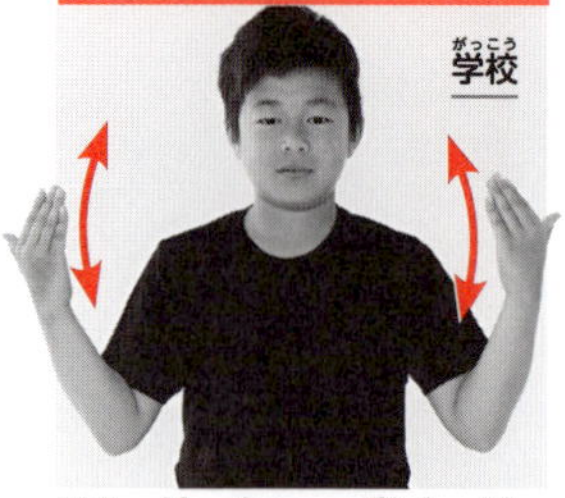
学校《がっこう》

両手《りょうて》を上《うえ》に向《む》けて、前後《ぜんご》に動《うご》かします。
★広《ひろ》げた本《ほん》を持《も》っている様子《ようす》。

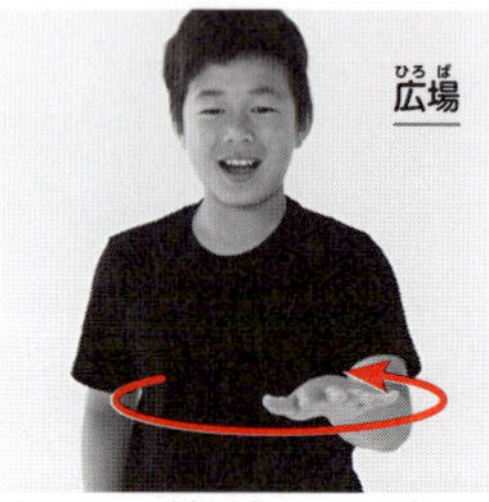
広場《ひろば》

手《て》のひらを下《した》に向《む》けて、体《からだ》の前《まえ》に大《おお》きな円《えん》を書《か》きます。

階だん　かいだん

手《て》のひらを下《した》に向《む》けて、空中《くうちゅう》に「だん」を書《か》きます。

トイレ

中指《なかゆび》、薬指《くすりゆび》、小指《こゆび》をのばし、親指《おやゆび》と人《ひと》さし指《ゆび》を曲《ま》げます。
★トイレ（WC）の、「W」と「C」の形《かたち》。

駅　えき

親指《おやゆび》と人《ひと》さし指《ゆび》で、反対《はんたい》の手《て》をはさむようにします。
★改札《かいさつ》ばさみできっぷをはさむ様子《ようす》。

図書館　としょかん

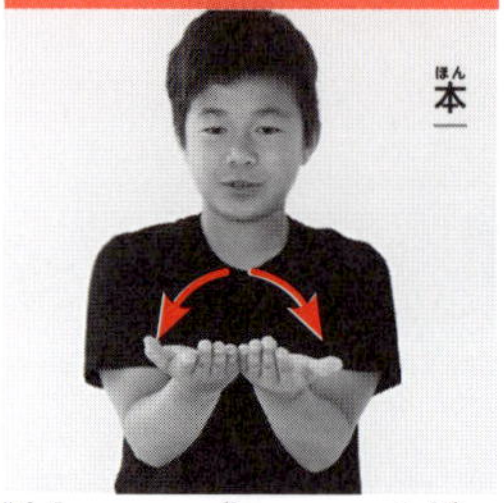
本《ほん》

両手《りょうて》のひらを合《あ》わせて、小指《こゆび》のほうをくっつけたまま、左右《さゆう》に開《ひら》きます。

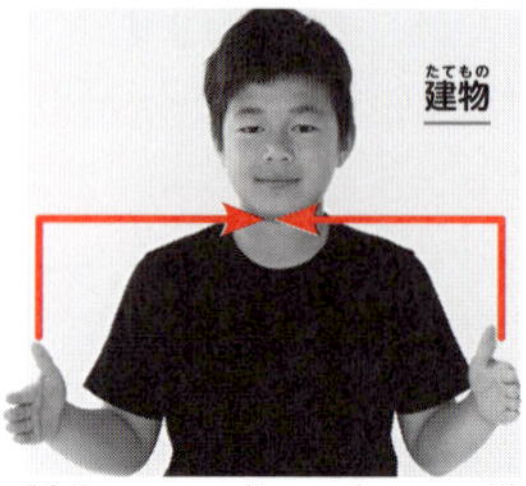
建物《たてもの》

両手《りょうて》のひらを向《む》かい合《あ》わせ、上《うえ》→横《よこ》に動《うご》かして、くっつけます。
★四角《しかく》い建物《たてもの》を表《あらわ》します。

コンビニ

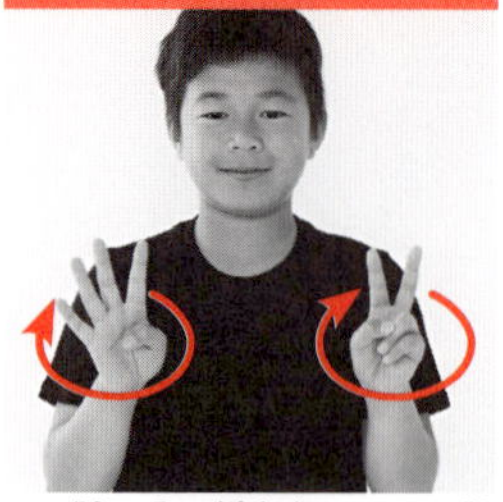

かた方《ほう》の手《て》で指文字《ゆびもじ》の「2」、反対《はんたい》の手《て》で「4」をつくり、手《て》のひらを前《まえ》に向《む》けたまま、うでごと回転《かいてん》させます。
★「24時間営業《じかんえいぎょう》」を表《あらわ》します。指文字《ゆびもじ》は14ページ。

スーパー

かたの上《うえ》あたりで、両手《りょうて》をグーにします。

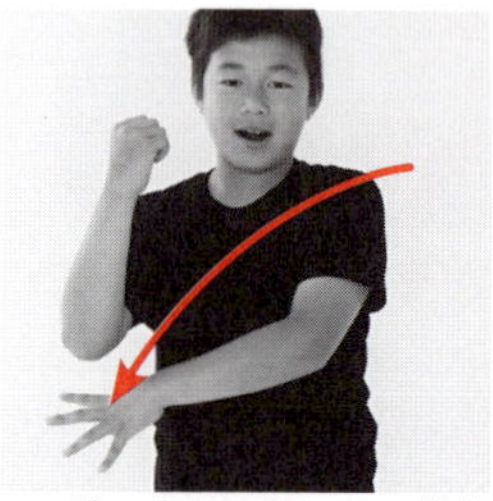

かた方《ほう》の手《て》はそのままで、反対《はんたい》の手《て》をパーにしながらななめ下《した》へ下《お》ろします。
★買《か》い物《もの》かごにものを入れている様子《ようす》。

ファミレス

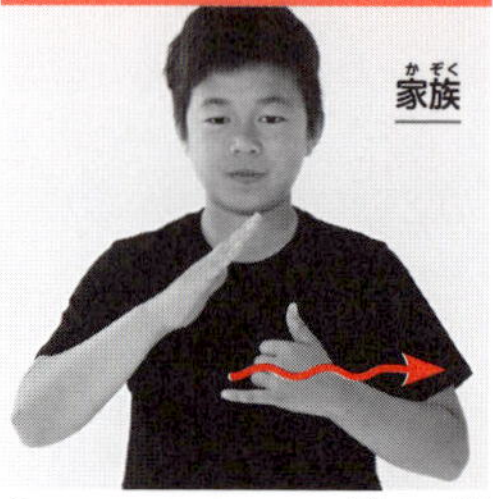
家族《かぞく》

手《て》をななめにし、その下《した》で、反対《はんたい》の手《て》の親指《おやゆび》と小指《こゆび》をのばして、ゆらしながら横《よこ》に動《うご》かします。

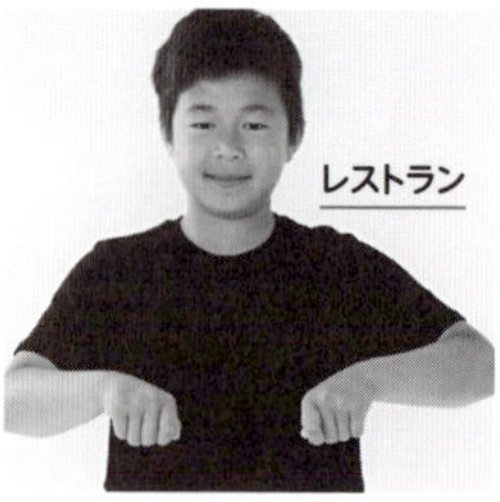
レストラン

ナイフとフォークを使《つか》っているような動作《どうさ》をします。

動画《どうが》も見《み》れるよ！
▼
動画《どうが》の説明《せつめい》は10ページ

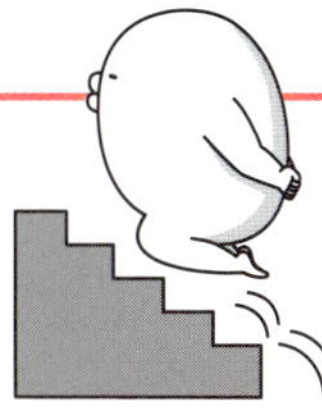

銀行　ぎんこう

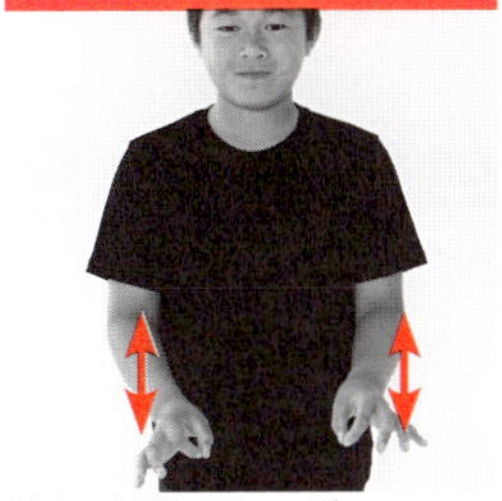

両手《りょうて》の親指《おやゆび》と人《ひと》さし指《ゆび》でわっかをつくり、同時《どうじ》に上下《じょうげ》に動《うご》かします。
★わっかはお金《かね》を表《あらわ》します。

庭　にわ

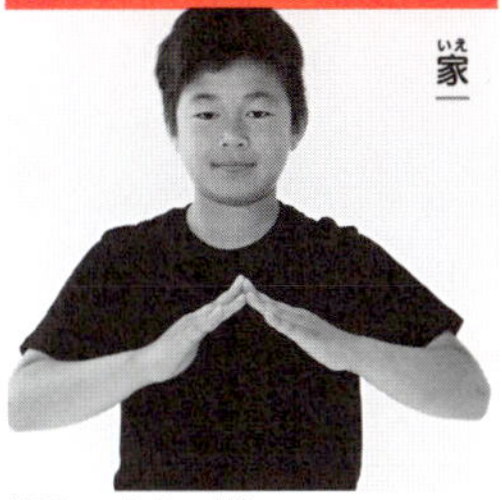

両手《りょうて》で屋根《やね》の形《かたち》をつくります。

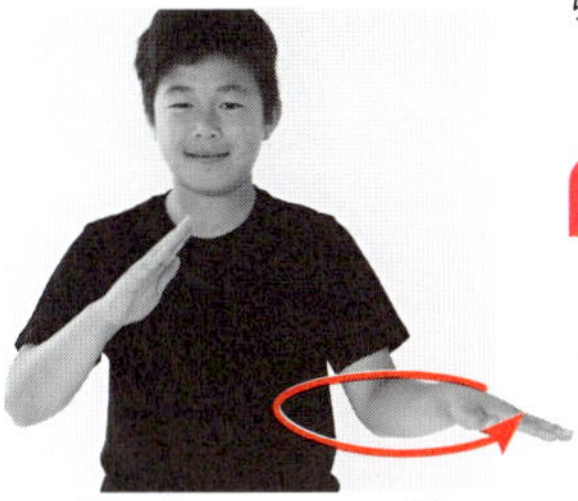

かた方《ほう》の手《て》はそのままの形《かたち》で、反対《はんたい》の手《て》のひらを下《した》に向《む》けて大《おお》きな円《えん》を書《か》きます。
★下《した》のほうの手《て》は「広場《ひろば》」の手話《しゅわ》です。

アメリカ

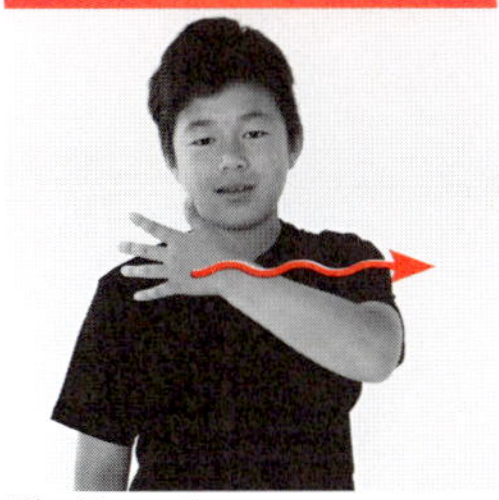

指《ゆび》を開《ひら》いた手《て》のひらをゆらしながら、横《よこ》へ動《うご》かします。

中国　ちゅうごく

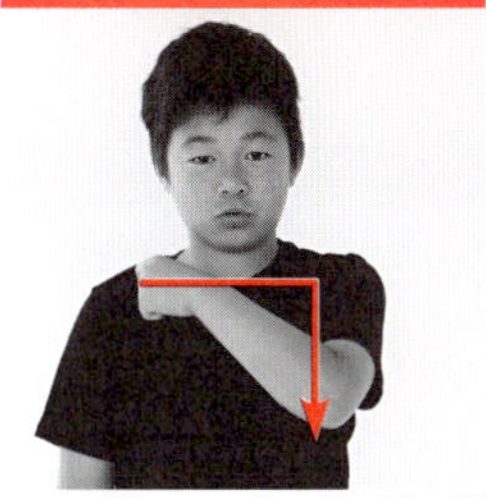

グーの形《かたち》にした手《て》を横《よこ》→下《した》に動《うご》かします。

バス停　バスてい

両手《りょうて》の親指《おやゆび》と人《ひと》さし指《ゆび》をのばし、前《まえ》へ出《だ》します。
★バスのバンパーを表《あらわ》します。

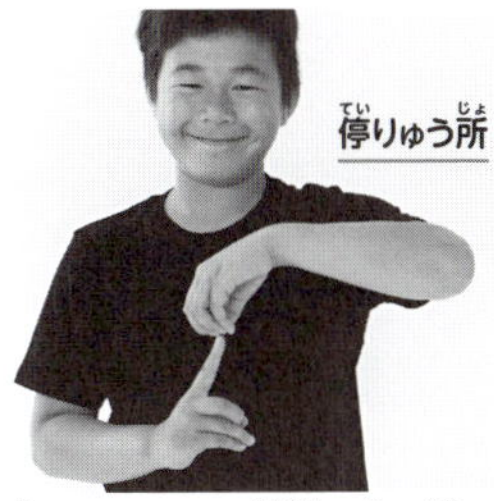

手《て》をすぼめて、反対《はんたい》の手《て》の人《ひと》さし指《ゆび》の上《うえ》にのせます。

イギリス

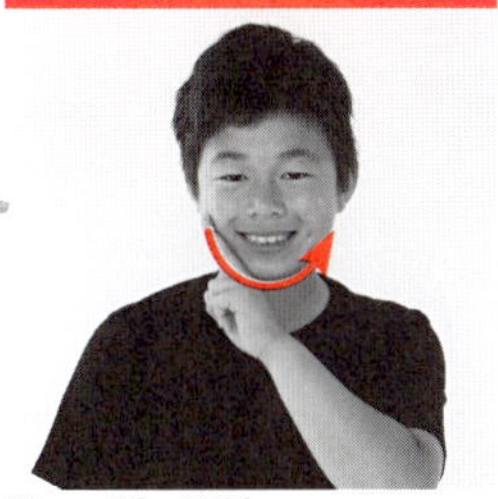

人《ひと》さし指《ゆび》と中指《なかゆび》をのばし、あごにそって動《うご》かします。

パラリンピック

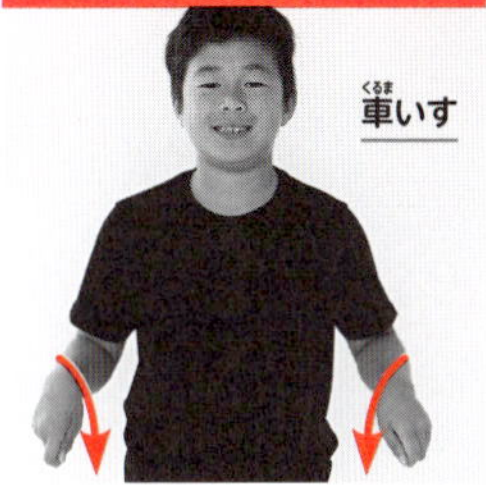

両手《りょうて》で車《くるま》いすのタイヤを回《まわ》すような動作《どうさ》をします。

両手《りょうて》の親指《おやゆび》と人《ひと》さし指《ゆび》でわっかをつくり、組《く》みます。指《ゆび》を組《く》みかえながら、わっかを5つつくります。
★オリンピックのマーク(75ページ)を表《あらわ》します。

ドア

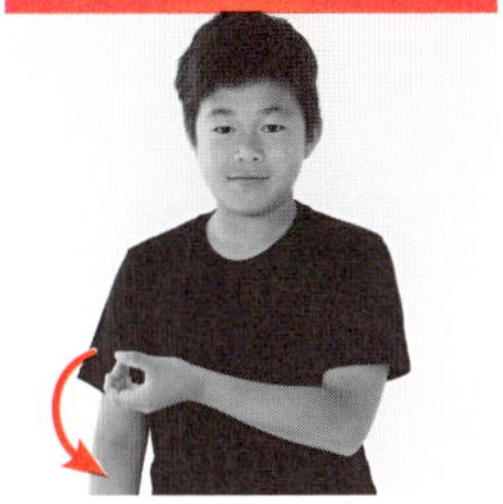

ドアノブをにぎって、開《あ》けるような動作《どうさ》をします。

フランス

親指《おやゆび》をのばして、半円《はんえん》をえがくように下《お》ろします。

ちゅう車場　ちゅうしゃじょう

人《ひと》さし指《ゆび》をのばし、反対《はんたい》の手《て》の親指《おやゆび》と人《ひと》さし指《ゆび》の先《さき》をつけ「P」の形《かたち》をつくります。
★ちゅう車場《しゃじょう》=パーキング(英語《えいご》で「parking」)の「P」です。

まど

まどを開《あ》けるような動作《どうさ》をします。

ロシア

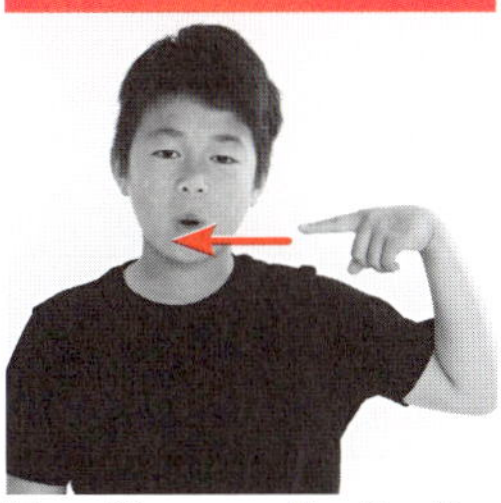

人《ひと》さし指《ゆび》をあごの前《まえ》で横《よこ》に動《うご》かします。

デフリンピック

両手《りょうて》の親指《おやゆび》と人《ひと》さし指《ゆび》でそれぞれわっかをつくり、前後《ぜんご》に重《かさ》ね、さらに前後《ぜんご》を入《い》れかえます。★デフリンピックのマークを表《あらわ》します。

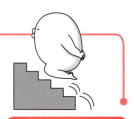

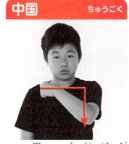

何《なに》してるの?

する

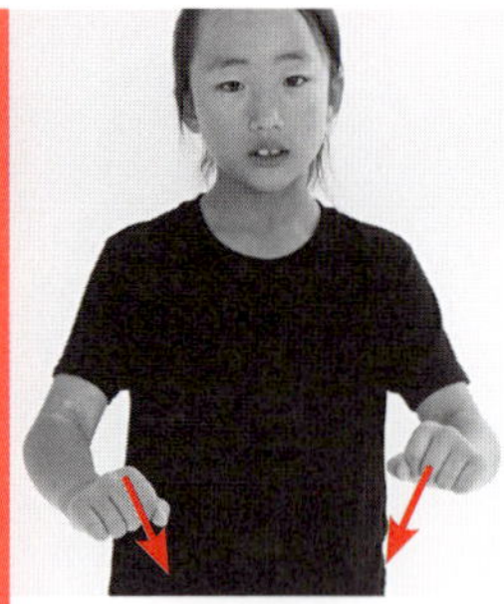

両手《りょうて》をグーにして、前《まえ》に動《うご》かします。

何《なに》

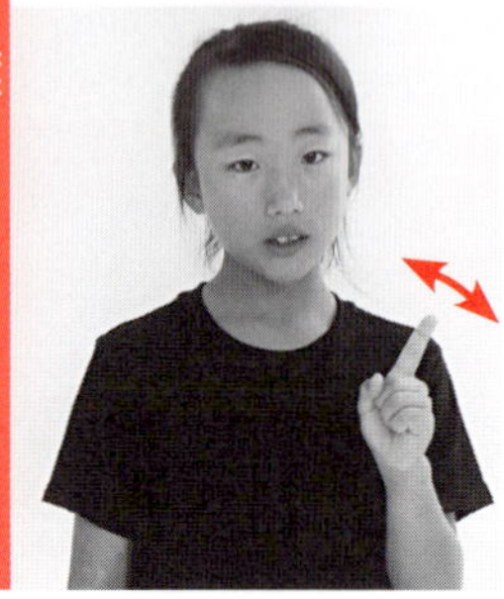

人《ひと》さし指《ゆび》をのばして、横《よこ》に2～3回《かい》ふります。

へ

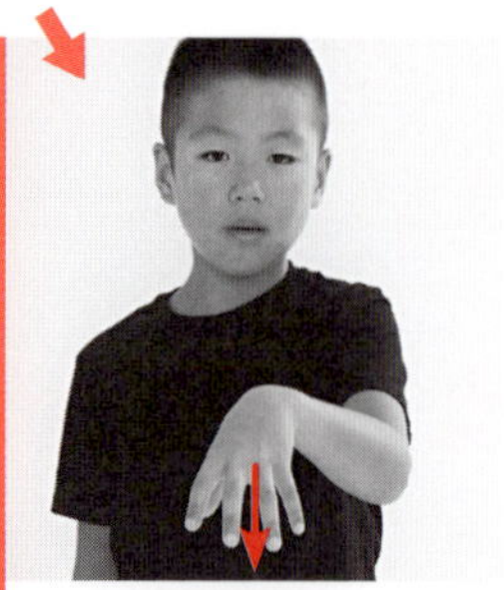

指先《ゆびさき》を曲《ま》げて下《した》に向《む》け、少《すこ》し下《さ》げます。

★「場所《ばしょ》」という手話《しゅわ》で、「(その場所《ばしょ》)へ」という意《い》味を表《あらわ》します。

虫《むし》

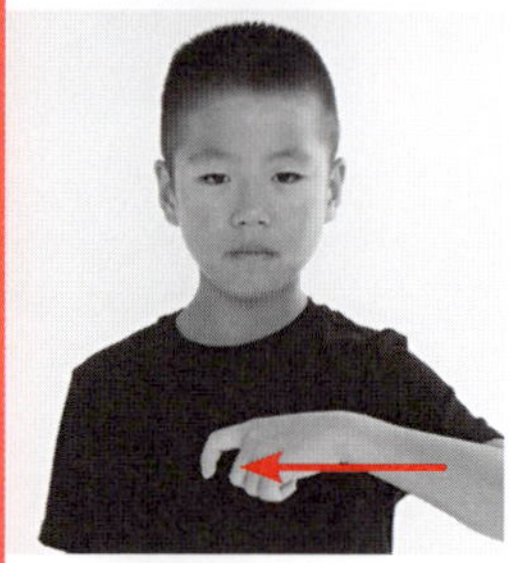

人《ひと》さし指《ゆび》の先《さき》をのばしたり曲《ま》げたりしながら、横《よこ》に動《うご》かします。

★虫《むし》がはっている様子《ようす》。

これから、森《もり》に虫《むし》をつかまえに行《い》くんだ

これから

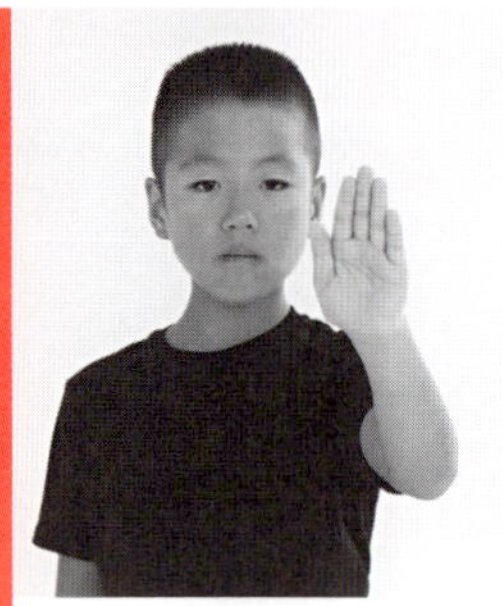

手《て》のひらを前《まえ》に出《だ》します。

森《もり》

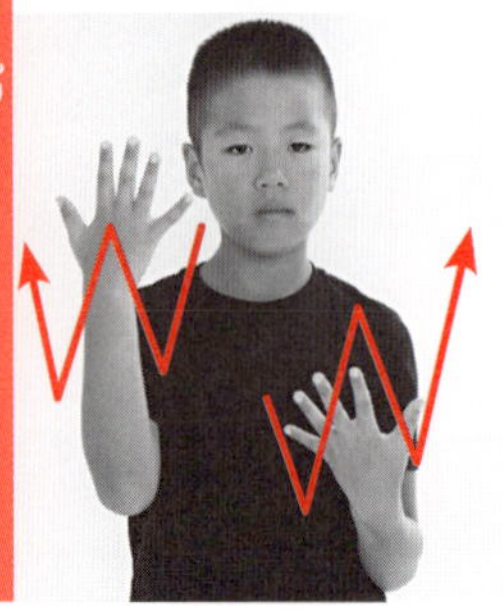

両手《りょうて》の指《ゆび》を開《ひら》き、大《おお》きく交互《こうご》に上下《じょうげ》に動《うご》かします

★小《ちい》さい上下《じょうげ》だと「草《くさ》」(44ページ)。

つづく

とる

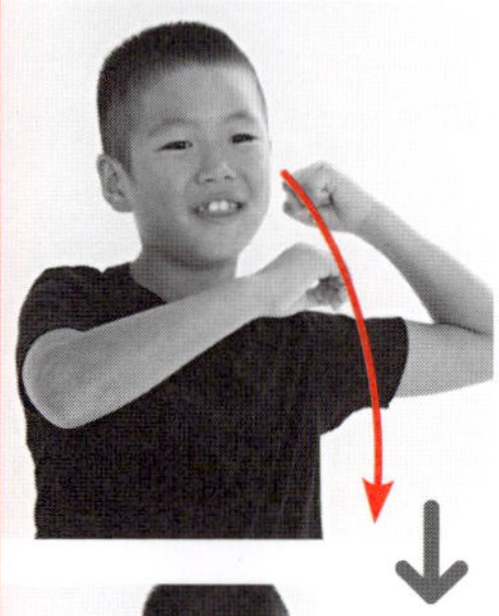

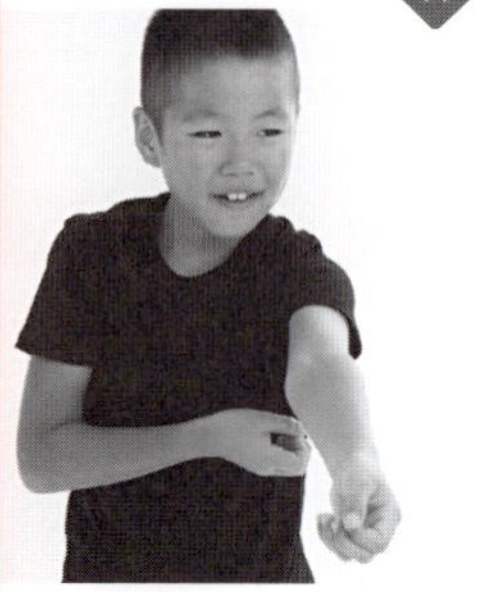

両手《りょうて》を虫《むし》とりあみの取《と》っ手《て》を持《も》つ形《かたち》にして、前《まえ》にたおし、虫《むし》をつかまえるような動作《どうさ》をします。

★「あみでとる」様子《ようす》を表《あらわ》します。

虫《むし》とりあみ

行《い》く

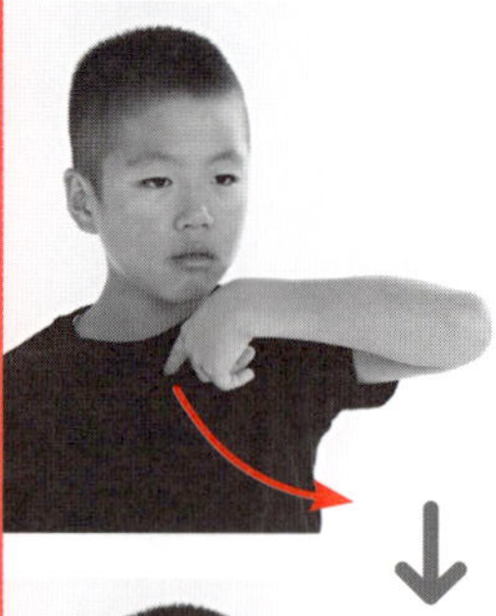

人《ひと》さし指《ゆび》をのばして下《した》に向《む》け、前《まえ》にふります。

動画《どうが》も見《み》れるよ!

▼

動画《どうが》の説明《せつめい》は10ページ

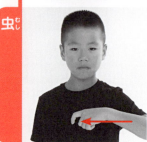

かぶと虫《むし》がたくさんいる場所《ばしょ》を知《し》ってるよ

わたし

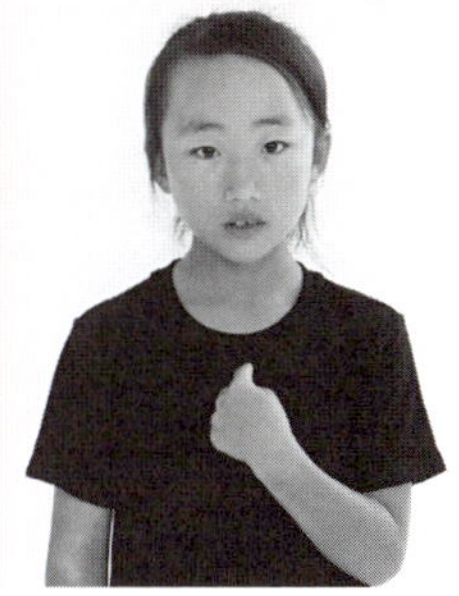

自分《じぶん》を指《ゆび》さします。

かぶと虫《むし》

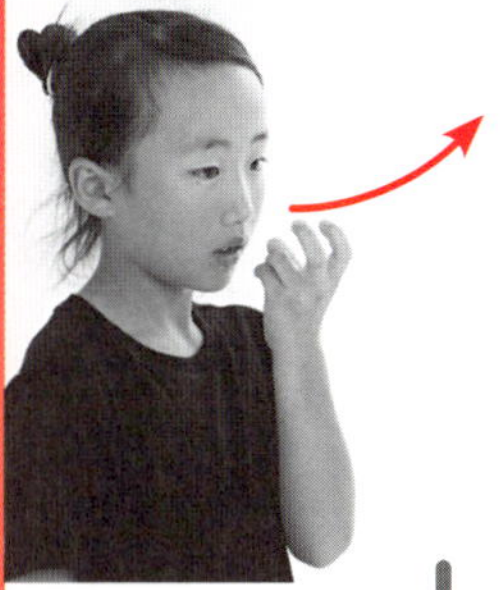

鼻《はな》の前《まえ》で指先《ゆびさき》を曲《ま》げ、ななめ上《うえ》へ動《うご》かします。

★かぶと虫《むし》のつのを表《あらわ》します。

たくさん

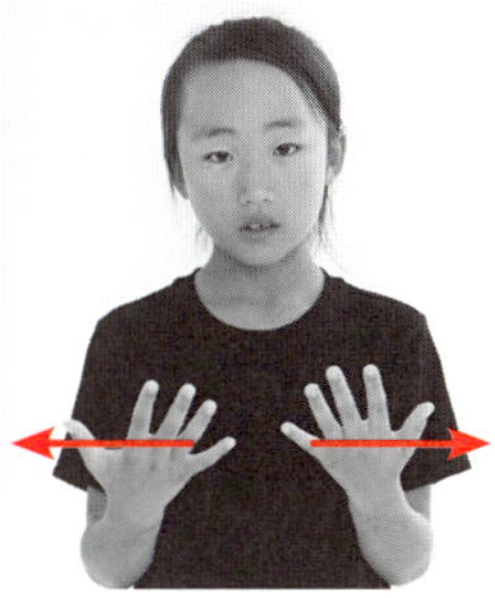

両手《りょうて》の指《ゆび》を開《ひら》き、左《さ》右《ゆう》へ動《うご》かします。

場所《ばしょ》

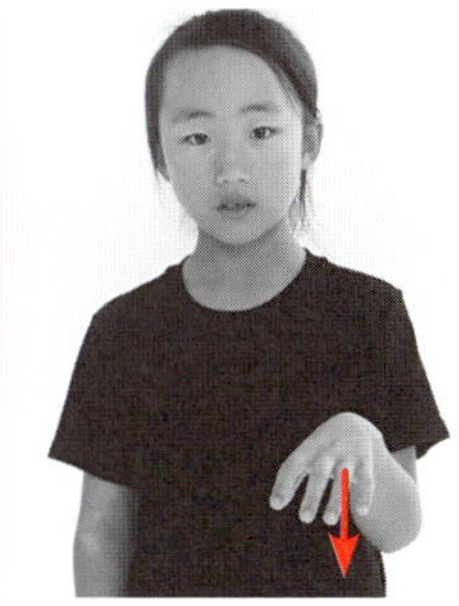

指先《ゆびさき》を曲《ま》げて下《した》に向《む》け、少《すこ》し下《さ》げます。

つづく

知《し》る

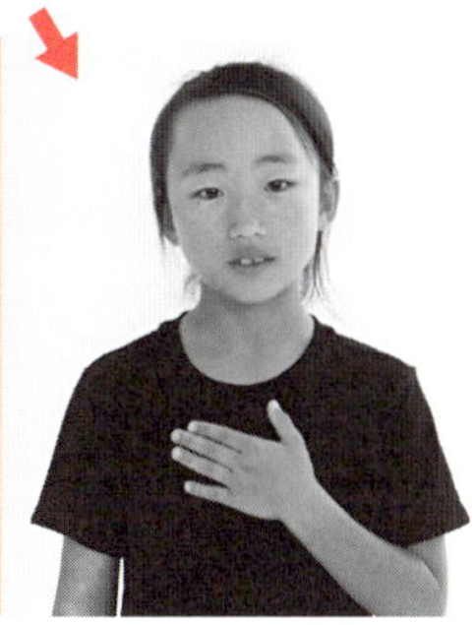

手《て》をむねにあてて、トントンとたたきます。

★41ページの「知《し》ってる（わかる）」と同《おな》じ意味《いみ》ですが、このようにむねをたたくこともあります。

わかる

じゃあいっしょに行《い》こう！

いっしょ

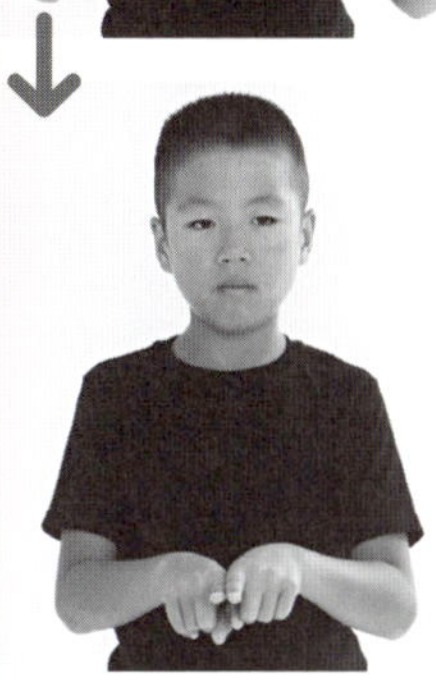

両手《りょうて》の人《ひと》さし指《ゆび》をのばし、真《ま》ん中《なか》でくっつけます。

行《い》く

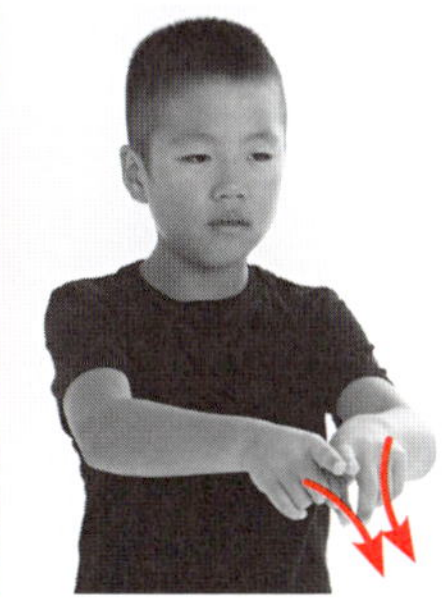

「いっしょ」の手《て》の形《かたち》のまま、手《て》を前《まえ》へ出《だ》します。

★両手《りょうて》を前《まえ》に出《だ》すことで、「いっしょに行《い》く」ことを表《あらわ》しています。

この手話《しゅわ》も覚《おぼ》えちゃお！

虫《むし》、自然《しぜん》

くわがた

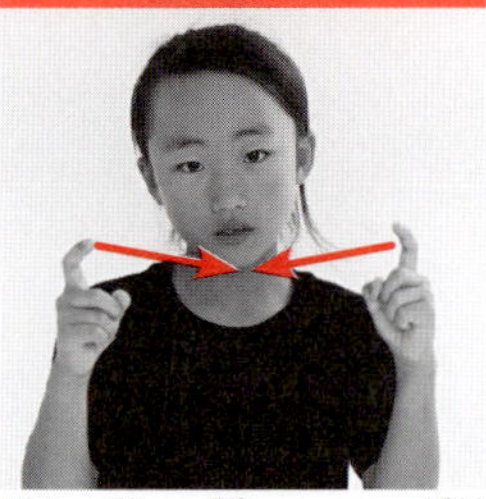

両手《りょうて》の人《ひと》さし指《ゆび》をのばし、指先《ゆびさき》を曲《ま》げます。

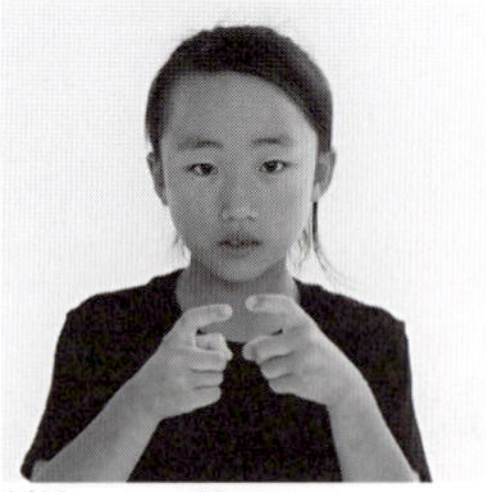

指先《ゆびさき》どうしを近《ちか》づけます。
★くわがたのアゴがとじる様子《ようす》。

ばった

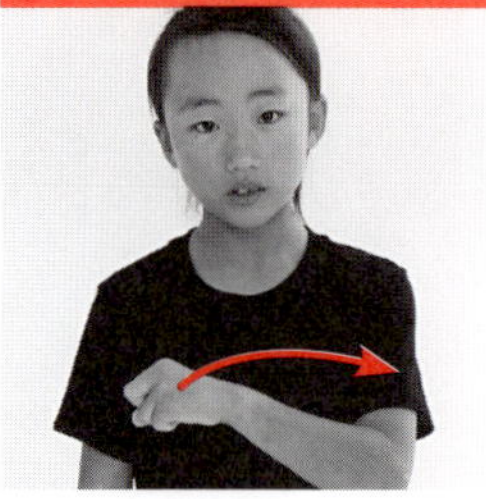

グーをつくります。

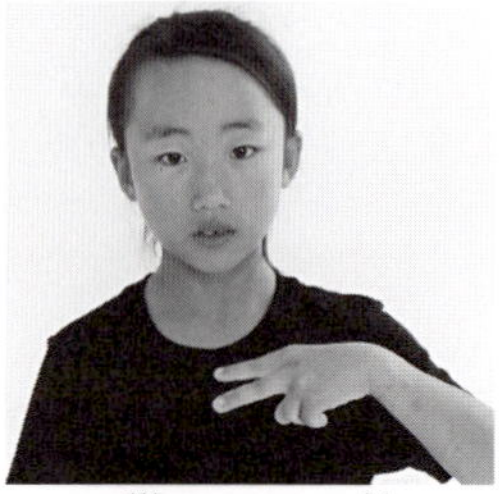

チョキの形《かたち》にしながら、円《えん》をえがくように横《よこ》に動《うご》かします。
★バッタがはねる様子《ようす》。

かたつむり

人《ひと》さし指《ゆび》と中指《なかゆび》をのばした手《て》の上《うえ》に、グーにした反対《はんたい》の手《て》をのせ、両手《りょうて》ごと動《うご》かします。

くも

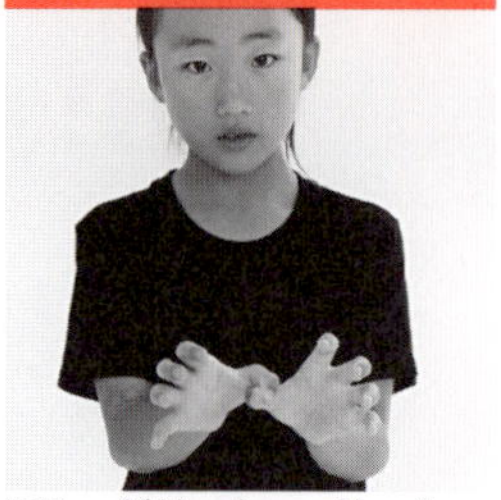

両手《りょうて》の指先《ゆびさき》を曲《ま》げて前《まえ》に向《む》け、親指《おやゆび》どうしを組《く》み合《あ》わせ、指《ゆび》を動《うご》かします。

てんとう虫 てんとうむし

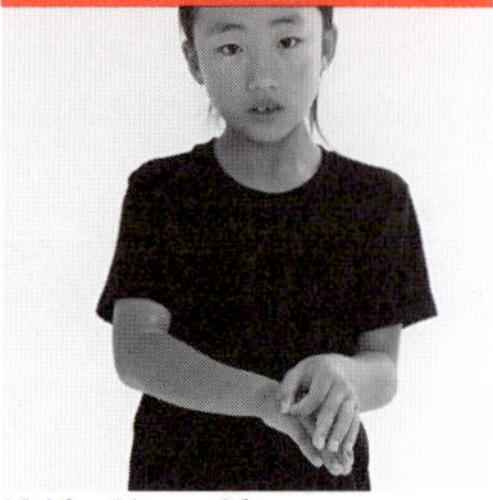

親指《おやゆび》と人《ひと》さし指《ゆび》でわっかをつくり、反対《はんたい》の手《て》のこうに何度《なんど》かつけます。★てんとう虫《むし》のはん点《てん》を表《あらわ》します。

か

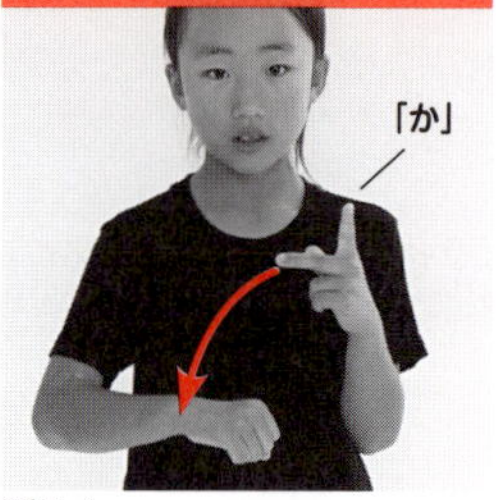

指文字《ゆびもじ》の「か」をつくり、グーにした反対《はんたい》の手《て》にあてます。
★指文字《ゆびもじ》は12ページ。

とんぼ

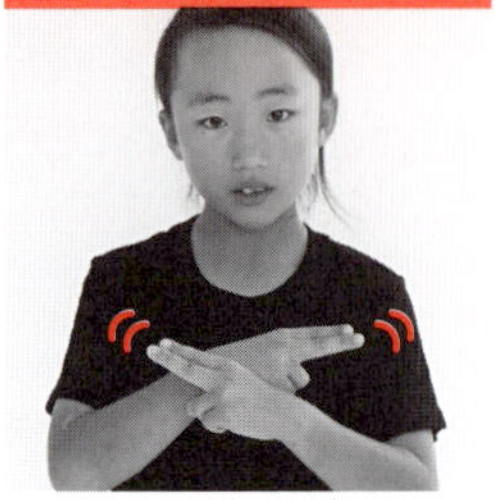

両手《りょうて》の人《ひと》さし指《ゆび》と中指《なかゆび》をクロスさせ、はねのようにパタパタと動《うご》かします。

ちょうちょ

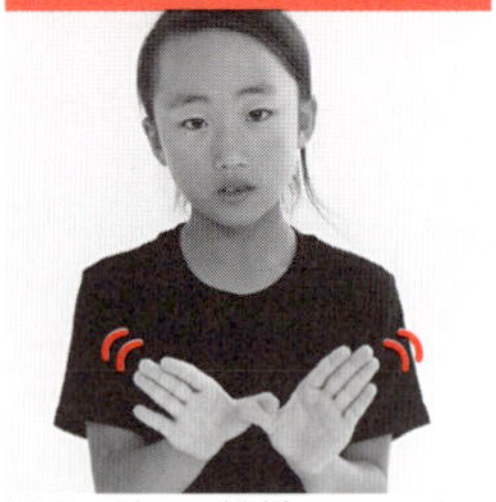

両手《りょうて》を開《ひら》き、親指《おやゆび》どうしを組《く》み合《あ》わせて、はねのようにひらひらと動《うご》かします。

すず虫 すずむし

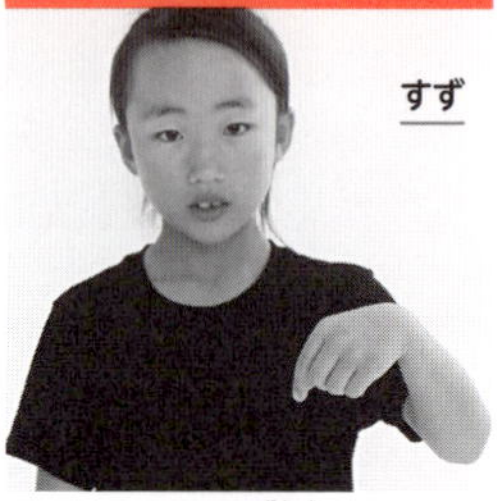

すずをふるような動作《どうさ》をします。

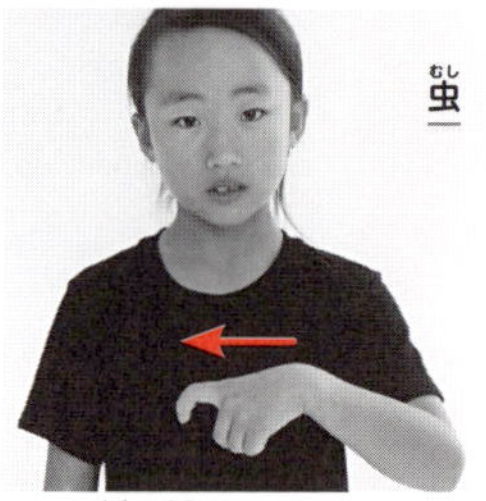

人《ひと》さし指《ゆび》の先《さき》をのばしたり曲《ま》げたりしながら、横《よこ》に動《うご》かします。
★虫《むし》がはっている様子《ようす》。

あり

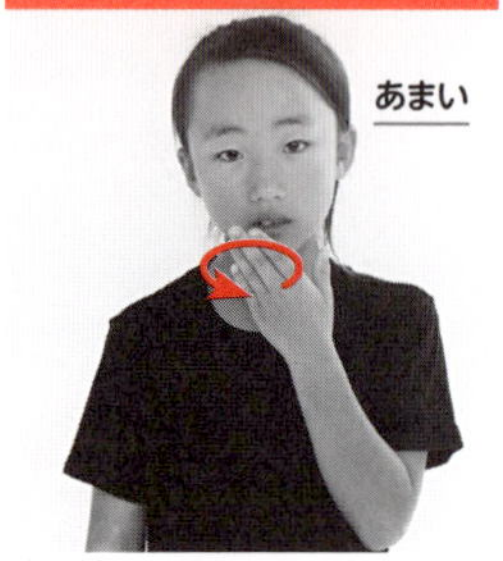

口《くち》の前《まえ》で、手《て》のひらを回《まわ》します。

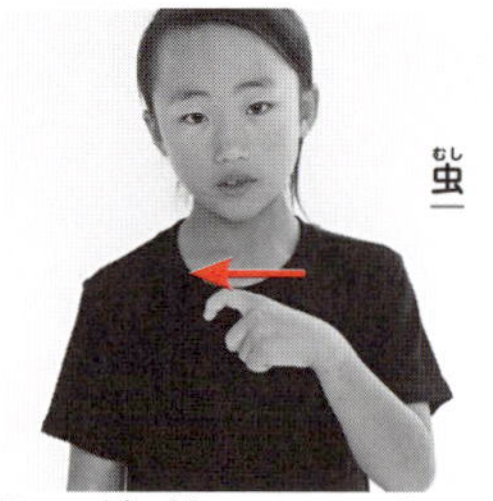

人《ひと》さし指《ゆび》の先《さき》をのばしたり曲《ま》げたりしながら、横《よこ》に動《うご》かします。

はえ

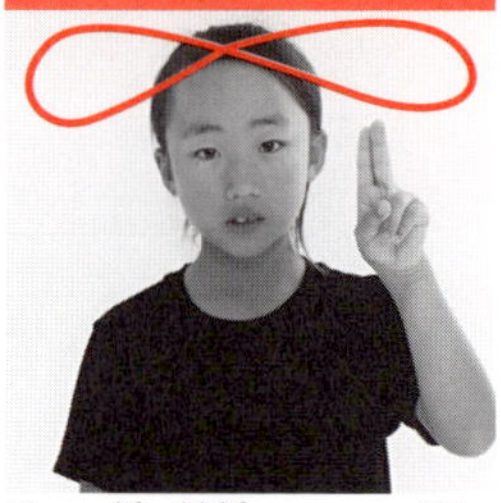

人《ひと》さし指《ゆび》と中指《なかゆび》をのばし、頭《あたま》の上《うえ》で「8」の字《じ》を書《か》きます。

はち

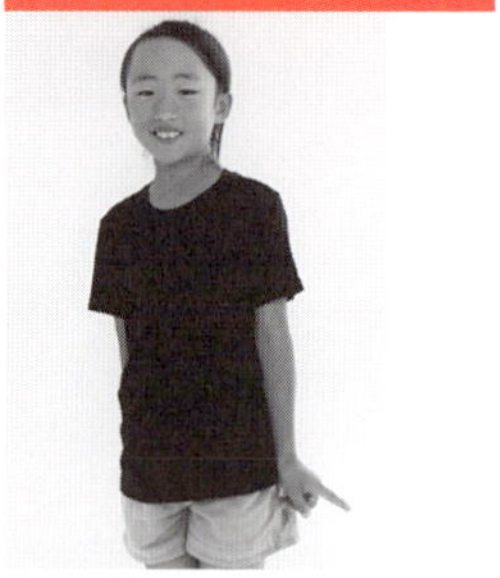

人《ひと》さし指《ゆび》をのばし、こしのあたりにあてます。
★はちのハリを表《あらわ》します。

動画《どうが》も見《み》れるよ！
▼
動画《どうが》の説明《せつめい》は10ページ

虫かご　むしかご

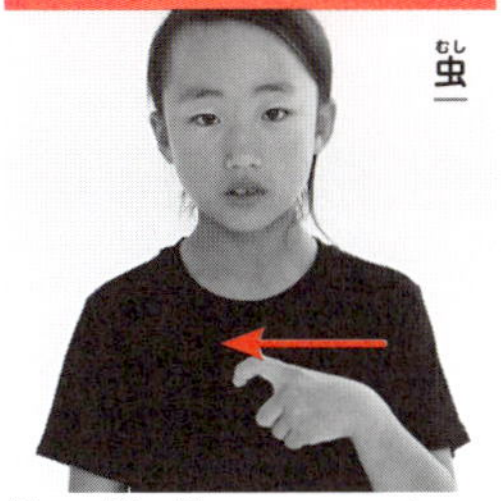

人《ひと》さし指《ゆび》の先《さき》をのばしたり曲《ま》げたりしながら、横《よこ》に動《うご》かします。

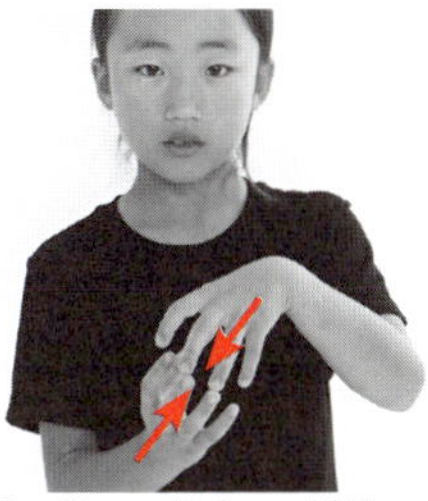

両手《りょうて》を開《ひら》き、上下《じょうげ》から指先《ゆびさき》をつけます。

★かごの形《かたち》。

花　はな

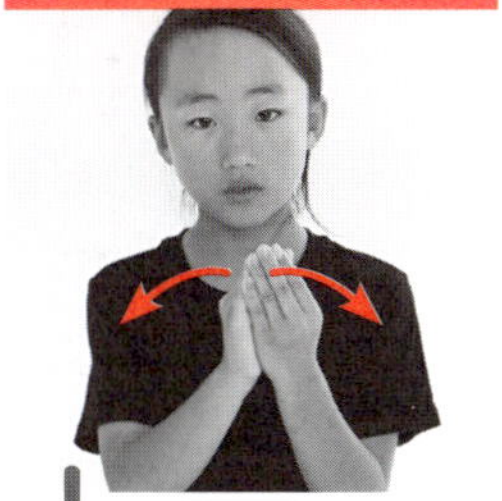

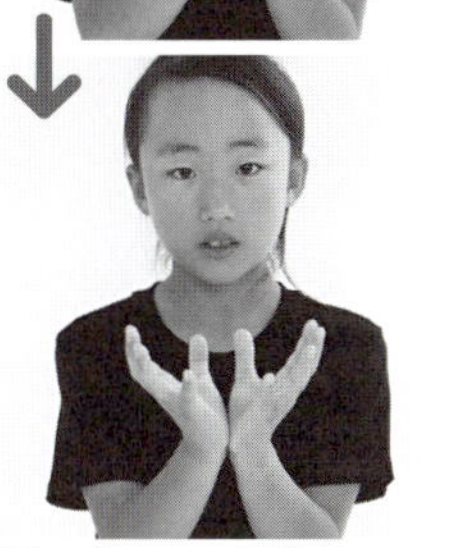

両手《りょうて》を合《あ》わせ、手首《てくび》をつけたまま、手《て》をひねるように開《ひら》きます。

★花《はな》が開《ひら》く様子《ようす》。

木　き

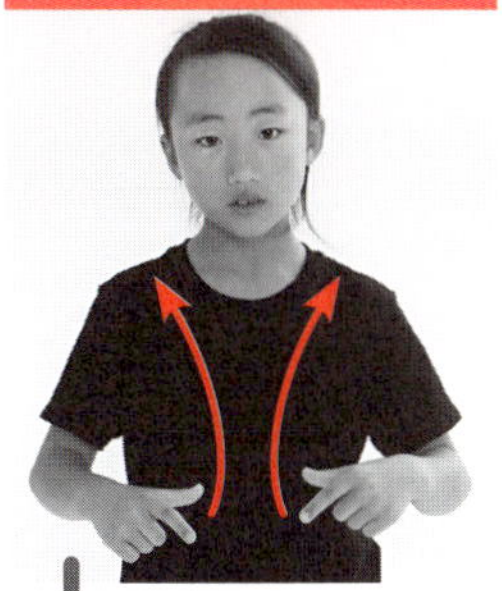

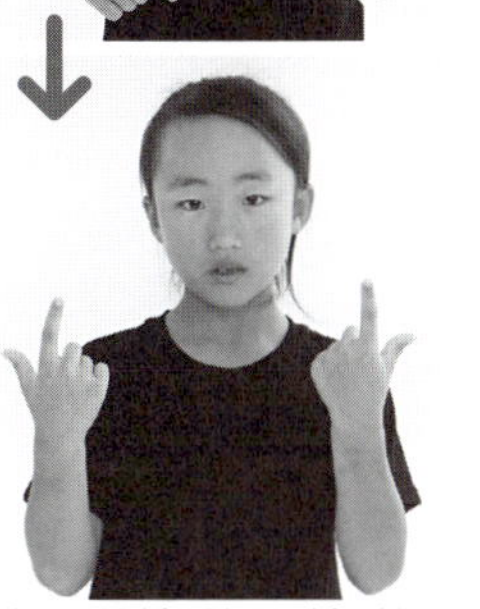

両手《りょうて》の親指《おやゆび》と人《ひと》さし指《ゆび》を内《うち》がわに向《む》けてのばし、左右《さゆう》に広《ひろ》げながら上《うえ》へ動《うご》かします。

川　かわ

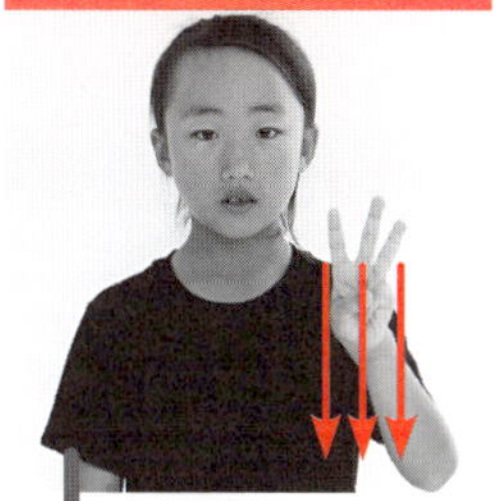

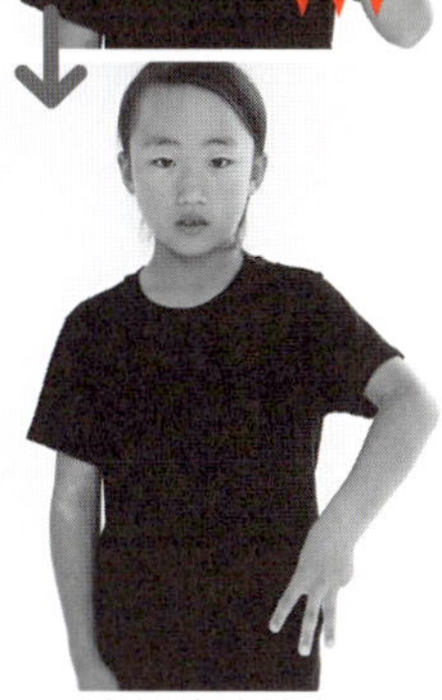

人《ひと》さし指《ゆび》、中指《なかゆび》、薬指《くすりゆび》をのばして、下《した》へ動《うご》かします。

★「川《かわ》」の3本線《ぼんせん》を表《あらわ》します。

虫とりあみ　むしとりあみ

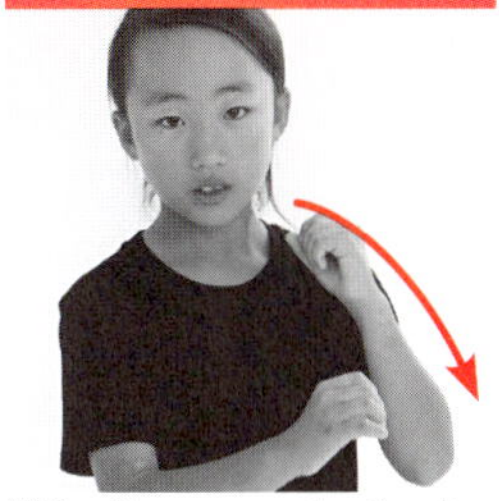

両手《りょうて》を虫《むし》とりあみの取《と》っ手《て》を持《も》つ形《かたち》にします。

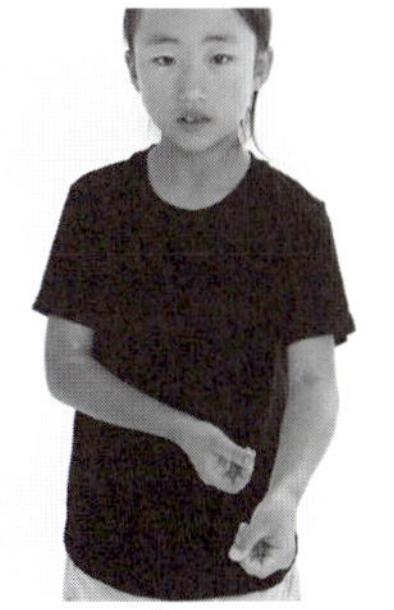

前《まえ》にたおし、虫《むし》をつかまえるような動作《どうさ》をします。

草　くさ

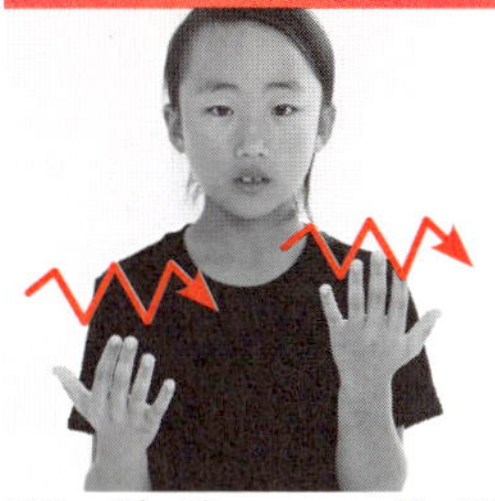

両手《りょうて》の指《ゆび》を開《ひら》き、むねの前《まえ》で上《じょう》下《げ》に動《うご》かします。

★草《くさ》がボーボーに生《は》えている様子《ようす》。

森　もり

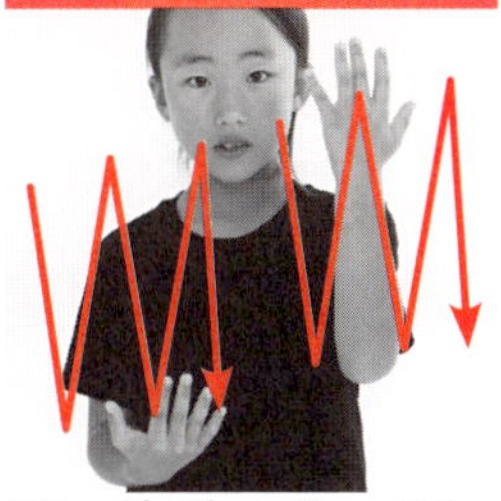

両手《りょうて》の指《ゆび》を開《ひら》き、大《おお》きく交互《こうご》に上下《じょうげ》に動《うご》かします。

山　やま

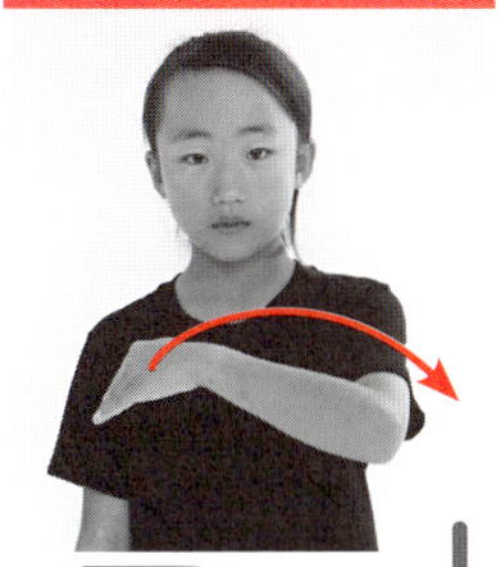

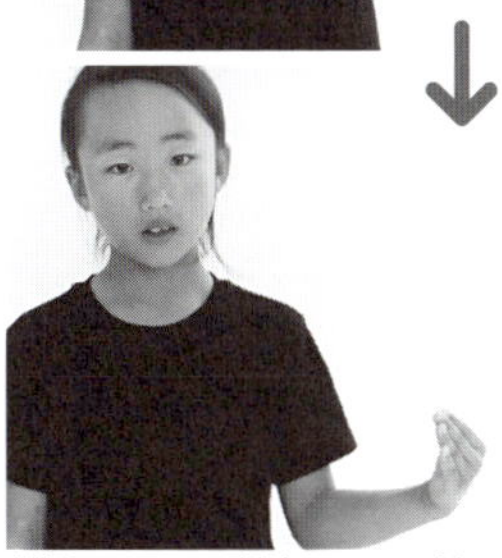

指先《ゆびさき》をそろえて下向《したむ》きにし、円《えん》をえがくように横《よこ》に動《うご》かします。

★山《やま》の形《かたち》。

海　うみ

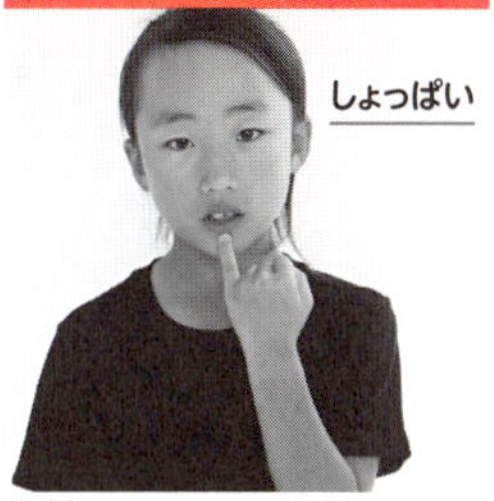

小指《こゆび》をのばして、口元《くちもと》にあてます。

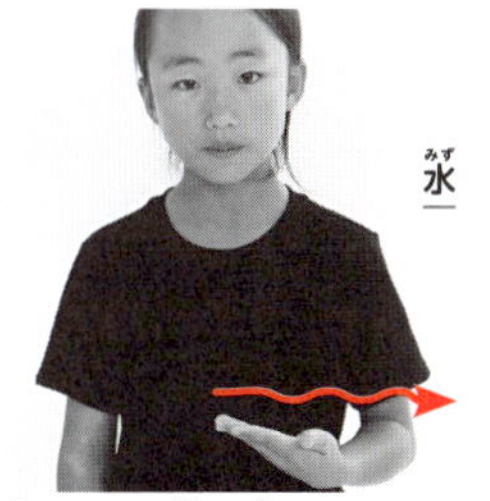

手《て》のひらを上《うえ》に向《む》けて、ゆらゆら横《よこ》に動《うご》かします。

手話《しゅわ》で歌《うた》おう！

BELIEVE（ビリーブ）

卒業式《そつぎょうしき》でよく歌《うた》われる曲《きょく》です。
気持《きも》ちをこめて表現《ひょうげん》してみよう！
※この歌《うた》の動画《どうが》には、音《おと》は入っていません。

BELIEVE（ビリーブ）　作詞《さくし》・作曲《さっきょく》　杉本竜一《すぎもとりゅういち》

ビリーブ

※「ビリーブ」というのは、英語《えいご》で「信《しん》じる」という意味《いみ》です。英語《えいご》の部分《ぶぶん》は日本語《にほんご》に訳《やく》して、手話《しゅわ》にします。

信《しん》じる

手《て》のひらを上《うえ》に向《む》けます。

手《て》をグーの形《かたち》にしながら、上《うえ》へ動《うご》かします。

1. たとえば君《きみ》が　傷《きず》ついて
くじけそうに　なった時《とき》は
かならずぼくが　そばにいて
ささえてあげるよ　その肩《かた》を
世界中《せかいじゅう》の　希望《きぼう》のせて
この地球《ちきゅう》は　まわってる

※いま未来《みらい》の　扉《とびら》を開《あ》けるとき
悲《かな》しみや　苦《くる》しみが
いつの日《ひ》か　喜《よろこ》びに変《か》わるだろう
アイ　ビリーブ　イン　フューチャー
信《しん》じてる

2. もしも誰《だれ》かが　君《きみ》のそばで
泣《な》き出《だ》しそうに　なった時《とき》は
だまって腕《うで》を　とりながら
いっしょに歩《ある》いて　くれるよね
世界中《せかいじゅう》の　やさしさで
この地球《ちきゅう》を　つつみたい

いま素直《すなお》な　気持《きも》ちになれるなら
憧《あこが》れや　愛《いと》しさが
大空《おおぞら》に　はじけて耀《ひか》るだろう
アイ　ビリーブ　イン　フューチャー
信《しん》じてる

※くりかえし

※「アイ ビリーブ イン フューチャー」は英語《えいご》で「未来《みらい》を信《しん》じる」という意味《いみ》です。

動画《どうが》も見《み》れるよ！▼

動画《どうが》の説明《せつめい》は10ページ

たとえば君《きみ》が　傷《きず》ついて
くじけそうに　なった時《とき》は

たとえば

人《ひと》さし指《ゆび》と親指《おやゆび》でわっかをつくり、反対《はんたい》の手《て》のこうにつけたり、はなしたりします。

きみ

相手《あいて》を指《ゆび》さします。

きずつく

人《ひと》さし指《ゆび》をのばし、胸《むね》に×（バツマーク）を書《か》きます。

くじける

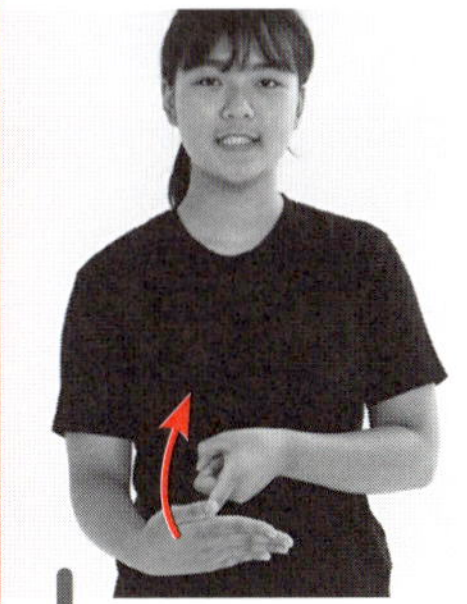

人《ひと》さし指《ゆび》をのばし、反対《はんたい》の手《て》のひらにあてます。

手《て》の形《かたち》はそのままで、両手《りょうて》を起《お》こします。

なる

両手《りょうて》をむねの前《まえ》でクロスさせます。

かわる

とき

人《ひと》さし指《ゆび》と親指《おやゆび》をのばし、親指《おやゆび》を反対《はんたい》の手《て》のひらにあてたまま、前《まえ》にたおします。

かならずぼくが　そばにいて
ささえてあげるよ　その肩《かた》を

かならず

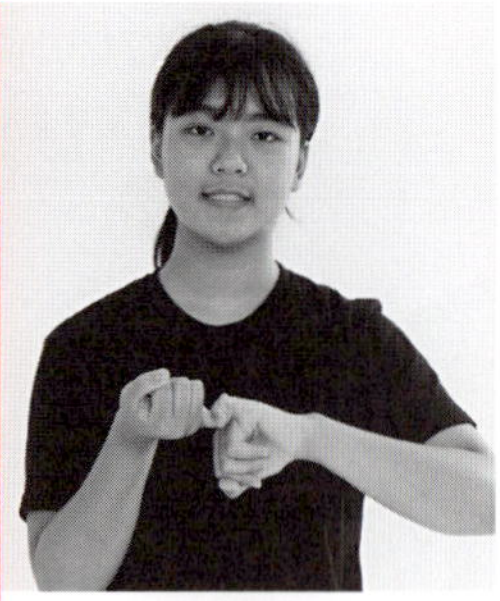

両手《りょうて》の小指《こゆび》を組《く》みます。

やくそく

ぜったい

ぼく

自分《じぶん》を指《ゆび》さします。

いっしょ

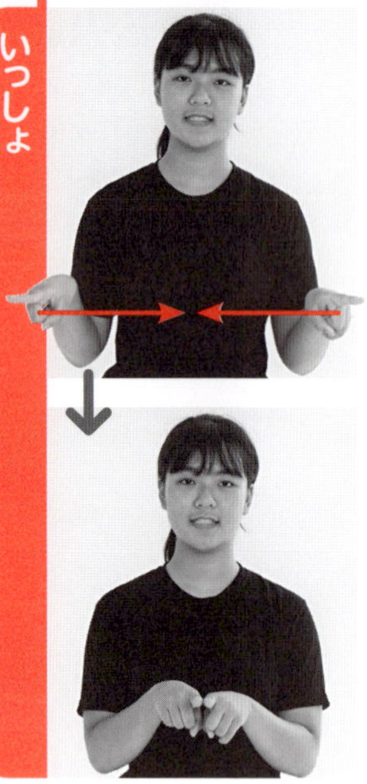

両手《りょうて》の人《ひと》さし指《ゆび》をのばし、真《ま》ん中《なか》でくっつけます。

★「いっしょ（そばに）にいる」という意味《いみ》です。

ささえる

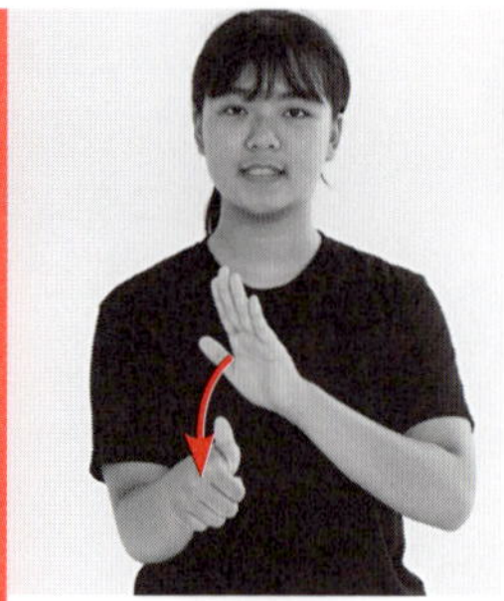

親指《おやゆび》を立《た》てた手《て》に、反対《はんたい》の手《て》のひらを2回《かい》あてます。

あげる

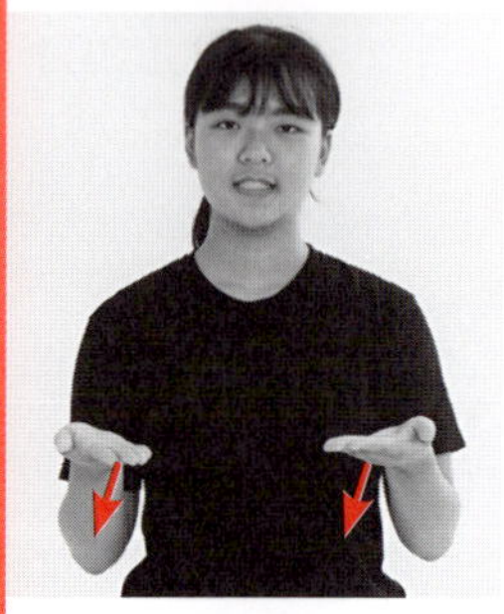

両手《りょうて》のひらを上《うえ》に向《む》け、前《まえ》に出《だ》します。

その

前《まえ》を指《ゆび》さします。

かた

かたに手《て》をあてます。

動画《どうが》も見《み》れるよ！▼

動画《どうが》の説明《せつめい》は10ページ

世界中《せかいじゅう》の　希望《きぼう》のせて
この地球《ちきゅう》は　まわってる

世界《せかい》

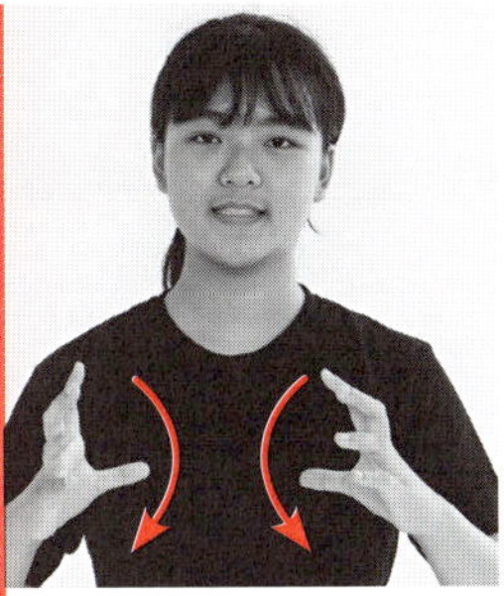

両手《りょうて》を丸《まる》いものを持《も》つような形《かたち》にして、前《まえ》に回《まわ》します。

地球《ちきゅう》

きぼう

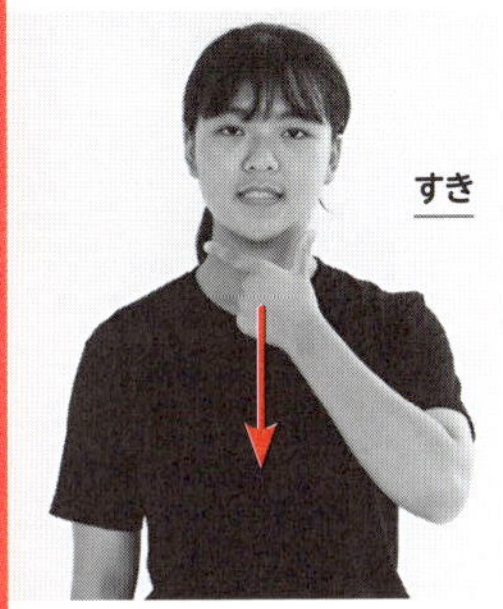

親指《おやゆび》と人《ひと》さし指《ゆび》をあごの下《した》につけます。手《て》を下《した》に動《うご》かして、指先《ゆびさき》をつけます。

手《て》を少《すこ》しゆらしながら、頭《あたま》の横《よこ》からななめ上《うえ》へ動《うご》かします。

★「すき」+「ゆめ」で「きぼう」を表《あらわ》します。

いっしょ

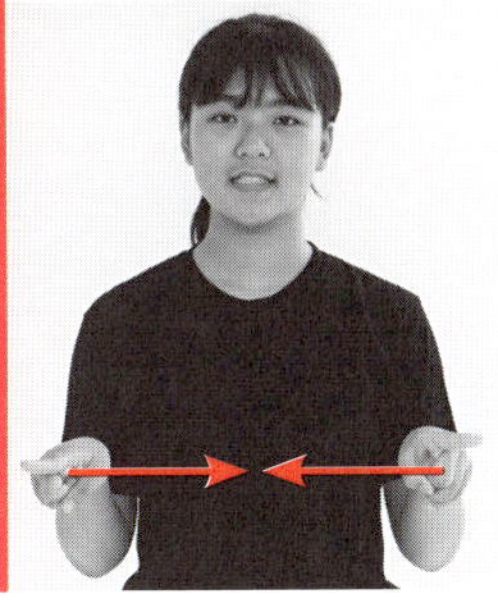

両手《りょうて》の人《ひと》さし指《ゆび》をのばし、真《ま》ん中《なか》でくっつけます。

★「きぼうをのせて」=「きぼうといっしょに」という手話《しゅわ》になります。

地球《ちきゅう》

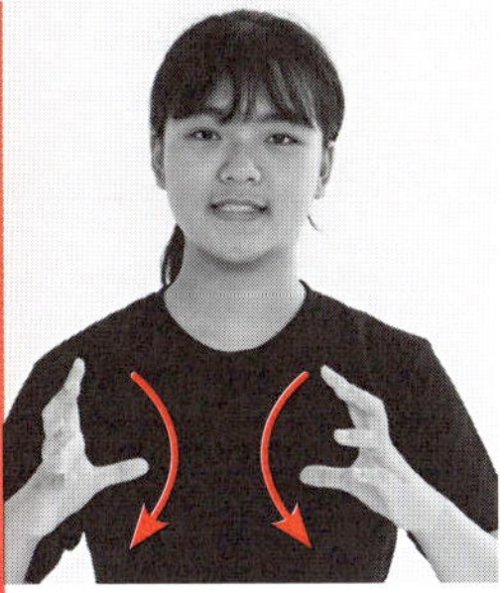

両手《りょうて》を丸《まる》いものを持《も》つような形《かたち》にして、前《まえ》に回《まわ》します。

世界《せかい》

回《まわ》る

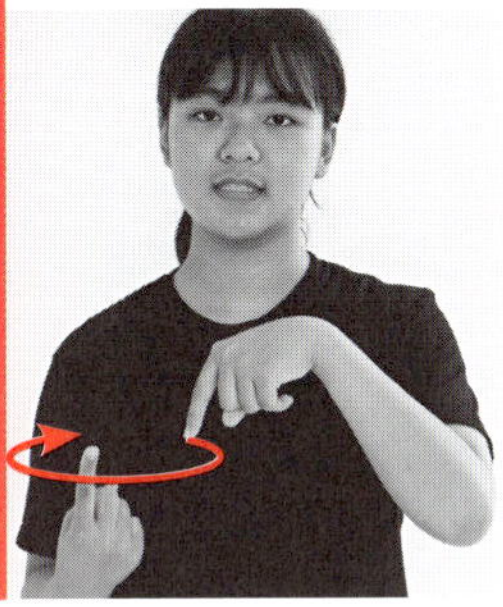

両手《りょうて》の人《ひと》さし指《ゆび》をのばして上下《じょうげ》に向《む》け、上《うえ》の指《ゆび》を、下《した》の指《ゆび》の上《うえ》でぐるっと回《まわ》します。

ぼく・わたしと手話《しゅわ》 2

愛望《まなみ》ちゃんは野球《やきゅう》が大《だい》すき。お父《とう》さんとの練習中《れんしゅうちゅう》も、かた手《て》で手話《しゅわ》を使《つか》って会話《かいわ》ができます。

手話《しゅわ》でお父《とう》さんとお話《はな》し中《ちゅう》。

手話《しゅわ》ができると楽《たの》しいことがいっぱい！

工藤愛望《くどうまなみ》ちゃん（小学《しょうがく》3年生《ねんせい》）

「わたしのパパは耳《みみ》が聞《き》こえないので、赤《あか》ちゃんのときから、自《し》ぜんに手話《しゅわ》をおぼえました」と愛望《まなみ》ちゃん。手話《しゅわ》がまだうまくできなかったときは、お父《とう》さんと愛望《まなみ》ちゃんの通《つう》やくを、お母《かあ》さんがしてくれたそうです。お父《とう》さんは手話《しゅわ》の先生《せんせい》をしていて、今《いま》では愛望《まなみ》ちゃんも手話《しゅわ》がとってもじょうず。手話《しゅわ》ができて楽《たの》しいなと思《おも》うのは、どんなとき?

「耳《みみ》の聞《き》こえないお友《とも》だちとも、手話《しゅわ》でおしゃべりできてなかよくなれたこと。ほ育園《いくえん》で手話歌《しゅわうた》の発表会《はっぴょうかい》があったとき、手話《しゅわ》をみんなに教《おし》えてあげたこと。はなれたところにいるパパとも会話《かいわ》ができること。テレビで手話《しゅわ》の番組《ばんぐみ》を見《み》て、内《ない》ようがわかること」と、たくさん教《おし》えてくれました。

手話《しゅわ》でおしゃべりして、友《とも》だちもつくれました

新谷蒼介《にいやそうすけ》くん（小学《しょうがく》4年生《ねんせい》）

蒼介《そうすけ》くんが手話《しゅわ》を習《なら》い始《はじ》めたのは2年前《ねんまえ》。「親子《おやこ》の手話《しゅわ》サークルで、お母《かあ》さん、お姉《ねえ》ちゃんと習《なら》い始《はじ》めました。すっごく楽《たの》しいです！」。蒼介《そうすけ》くんはけん道《どう》を習《なら》っていますが、しあいのとき、見《み》ている人《ひと》は選手《せんしゅ》に声《こえ》をかけてはいけないことがあるそうです。でもそんなときも、お母《かあ》さんが「がんばって!」と手話《しゅわ》で伝《つた》えたりできて、とてもべんりだそうです。

手話《しゅわ》のじょうずな蒼介《そうすけ》くんは、お友《とも》だちをつくるのもじょうず。お祭《まつ》りのときいなくなって、お母《かあ》さんがさがしたら、耳《みみ》の聞《き》こえない消防《しょうぼう》しさんと手話《しゅわ》でずっとおしゃべりしていたそうです。親子《おやこ》でさんかしたバスツアーでも、耳《みみ》の聞《き》こえない女《おんな》の子《こ》となかよしになって、いっぱいおしゃべりを楽《たの》しみました。

「手話《しゅわ》サークルでは、手話《しゅわ》を使《つか》った歌《うた》やゲームが楽《たの》しい」と蒼介《そうすけ》くん。お母《かあ》さん、お姉《ねえ》さんといっしょに「3つのヒント」ゲーム（69ページ）を見《み》せています。

手話《しゅわ》サークルは月《つき》に2回《かい》。近《ちか》くの公民館《こうみんかん》で。

お母《かあ》さんと手話《しゅわ》で会話《かいわ》。「えい画館《がかん》とか声《こえ》を出《だ》せない場所《ばしょ》で、手話《しゅわ》はべんりです」。

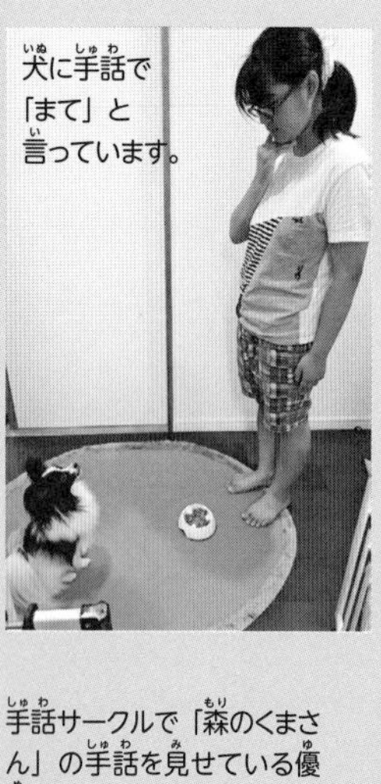

犬《いぬ》に手話《しゅわ》で「まて」と言《い》っています。

手話《しゅわ》サークルで「森《もり》のくまさん」の手話《しゅわ》を見《み》せている優芽《ゆめ》ちゃん。

手話《しゅわ》が楽《たの》しくて、犬《いぬ》にも教《おし》えました

染谷優芽《そめやゆめ》ちゃん（中学《ちゅうがく》1年生《ねんせい》）

優芽《ゆめ》ちゃんのお母《かあ》さんは、親子《おやこ》の手話《しゅわ》サークルをひらいています。優芽《ゆめ》ちゃんもお母《かあ》さんから手話《しゅわ》を習《なら》いましたが、その方法《ほうほう》は楽《たの》しくて、ゲームのようなやり方《かた》でした。たとえば、外《そと》を歩《ある》きながら、車《くるま》のナンバープレートを見《み》て指文字《ゆびもじ》で表《あらわ》したり、都道府県《とどうふけん》や知《し》っている市《し》の名前《なまえ》を覚《おぼ》えたり、サークルでも「指文字《ゆびもじ》じゃんけん」（68ページ）など、手話《しゅわ》を使《つか》ったゲームをいろいろしました。

「手話《しゅわ》にきょう味《み》を持《も》ったのは、耳《みみ》の聞《き》こえない弟《おとうと》のいるお友《とも》だちがいて、その子《こ》と話《はな》したいなと思《おも》ったからです」と優芽《ゆめ》ちゃん。「今《いま》は手話《しゅわ》をしているときがいちばん楽《たの》しいです」と言《い》う優芽《ゆめ》ちゃんは、かっている犬《いぬ》にも手話《しゅわ》を教《おし》えているそうです！

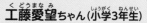

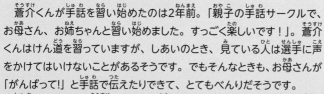

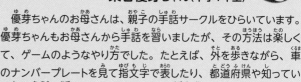

4章《しょう》

とくべつな日《ひ》のことを手話《しゅわ》で話《はな》そう!

お出《で》かけ、友《とも》だちの家《いえ》、たんじょう会《かい》、遠足《えんそく》など、
ふだんとちがう日《ひ》のおしゃべりだよ。

病気《びょうき》や災害《さいがい》のときの手話《しゅわ》も覚《おぼ》えてみてだもん!

水族館《すいぞくかん》で何《なに》が見《み》たい？

水族館《すいぞくかん》

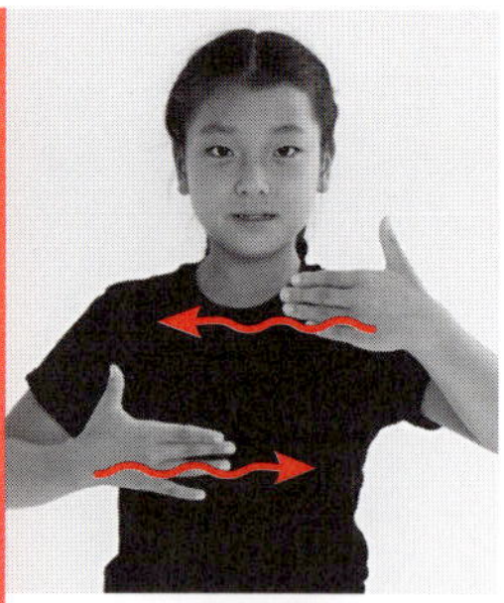

魚《さかな》が泳《およ》ぐときのように、両手《りょうて》のひらをゆらゆら横《よこ》に動《うご》かします。

★それぞれの手《て》が「魚《さかな》」の手話《しゅわ》で、魚《さかな》がたくさん泳《およ》いでいる様子《ようす》。

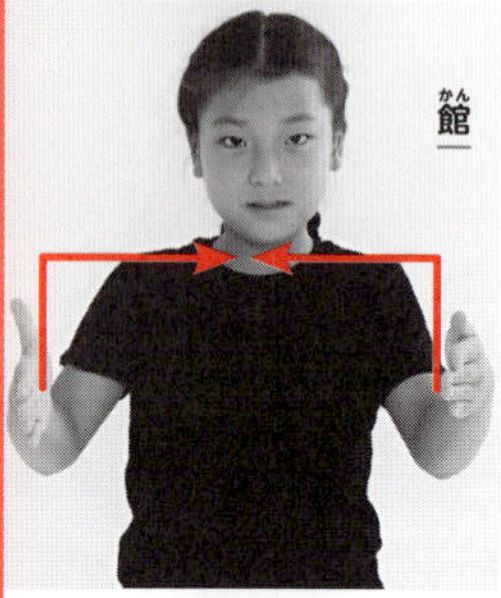

館《かん》

両手《りょうて》のひらを向《む》かい合《あ》わせ、上《うえ》→横《よこ》に動《うご》かして、くっつけます。

★「建物《たてもの》」という手話《しゅわ》です。

見《み》る

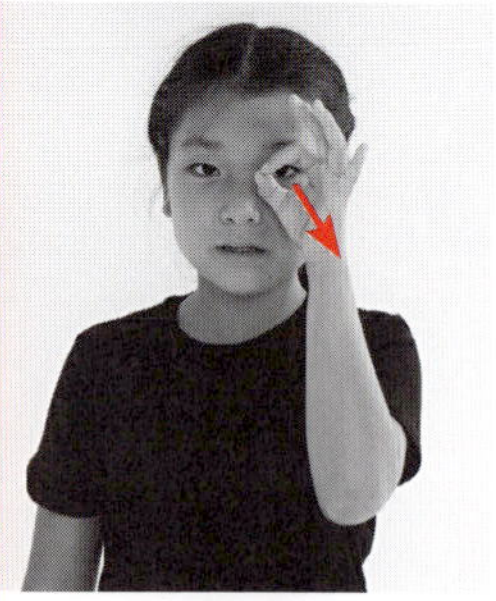

親指《おやゆび》と人《ひと》さし指《ゆび》でわっかをつくり、目《め》のあたりから前《まえ》に出《だ》します。

★わっかは「目《め》」を表《あらわ》します。

したい

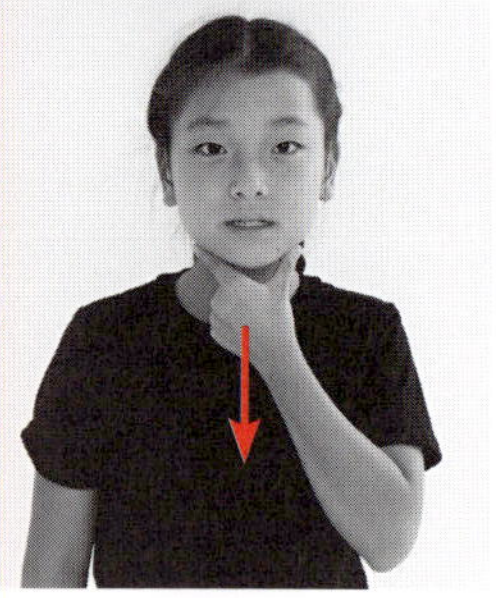

親指《おやゆび》と人《ひと》さし指《ゆび》をあごの下《した》につけます。手《て》を下《した》に動《うご》かして、指先《ゆびさき》をつけます。

すき

ほしい

何《なに》

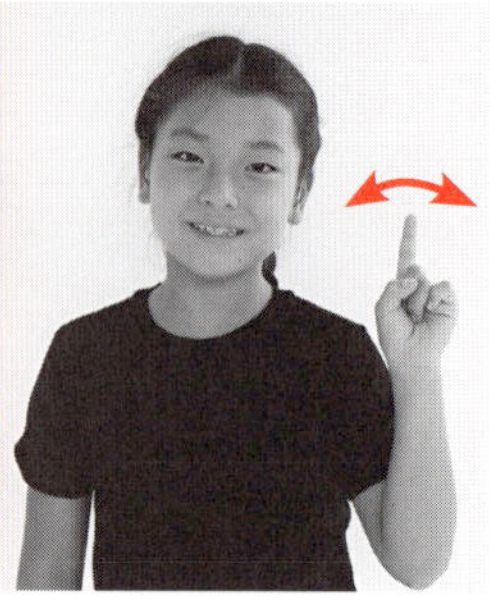

人《ひと》さし指《ゆび》をのばして、横《よこ》に2～3回《かい》ふります。

ペンギンにえさをあげるところ

ペンギン

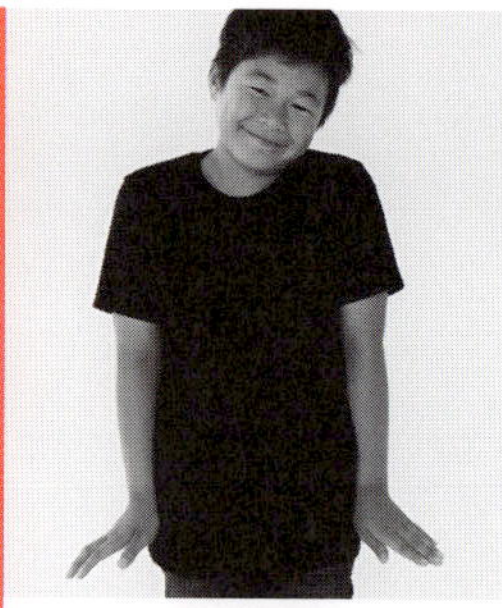

両手《りょうて》のひらを下《した》に向《む》けて体《からだ》の横《よこ》につけ、ペンギンが歩《ある》くような動作《どうさ》をします。

えさ

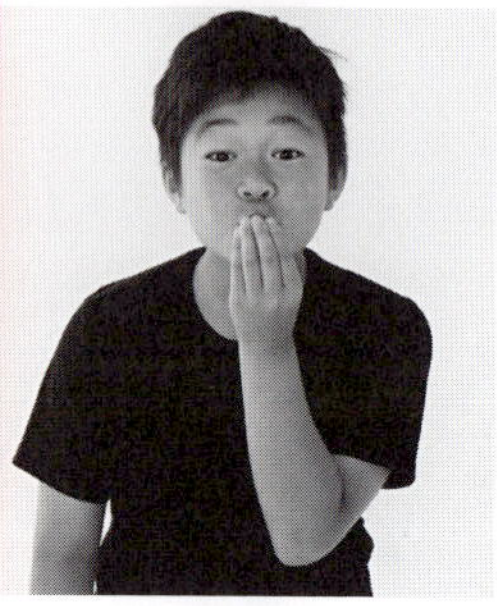

手《て》を口《くち》にあてます。

あげる

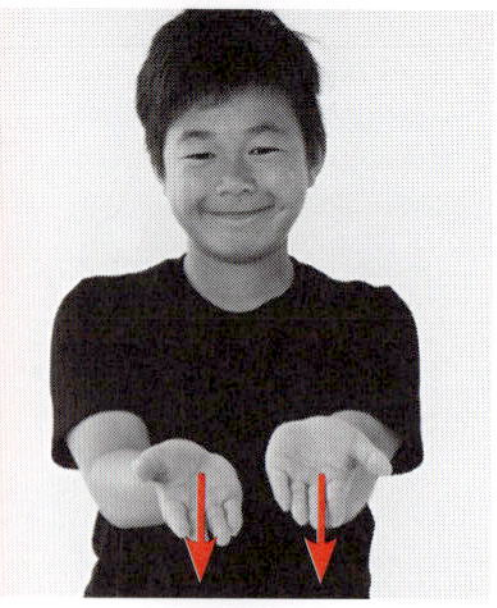

両手《りょうて》のひらを上《うえ》に向《む》け、前《まえ》に出《だ》します。

様子《ようす》

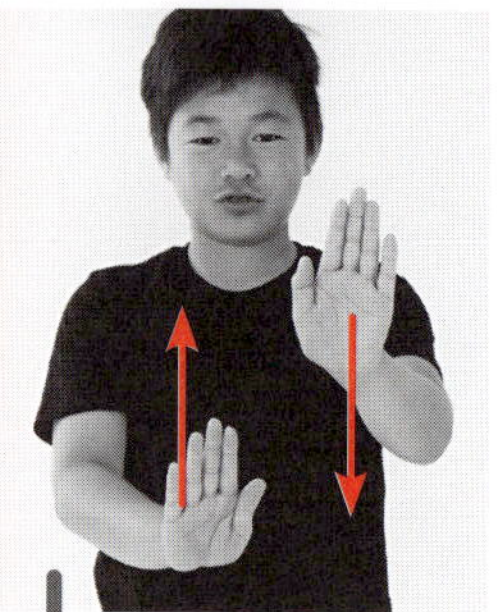

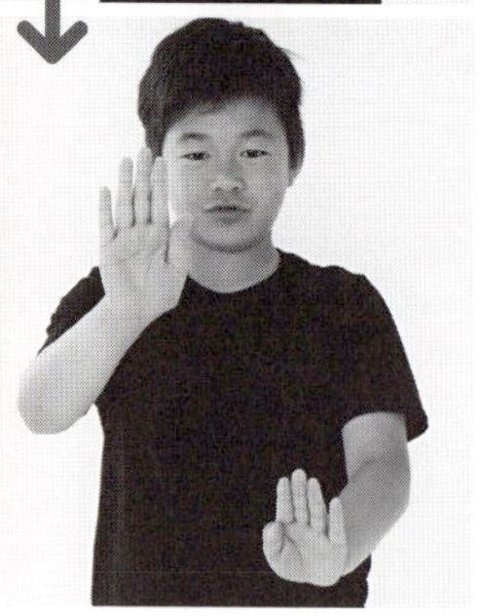

両手《りょうて》のひらを立《た》てて、交互《こうご》に上下《じょうげ》に動《うご》かします。

動画《どうが》も見《み》れるよ！
▼
動画《どうが》の説明《せつめい》は10ページ

わたしはイルカのショーが見《み》たいな

わたし

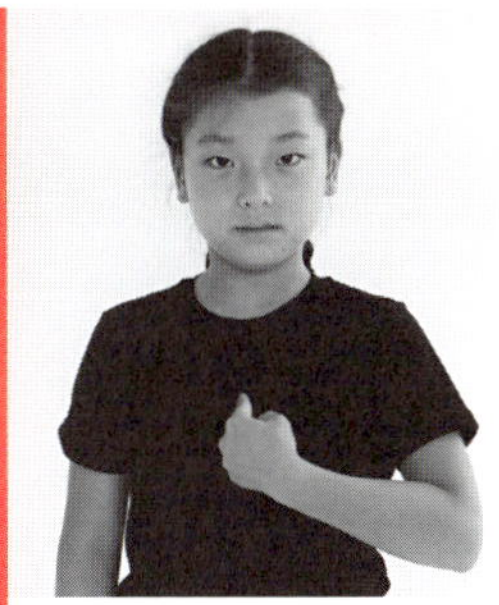

自分《じぶん》を指《ゆび》さします。

イルカ

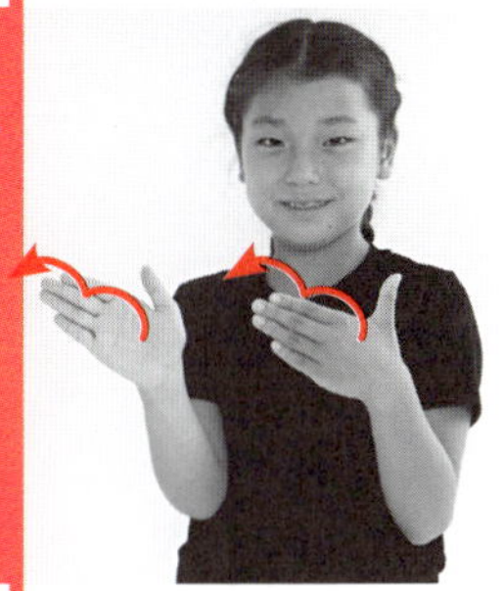

両手《りょうて》のひらを向《む》かい合《あ》わせ、イルカがジャンプしながら泳《およ》ぐように動《うご》かします。

ショー

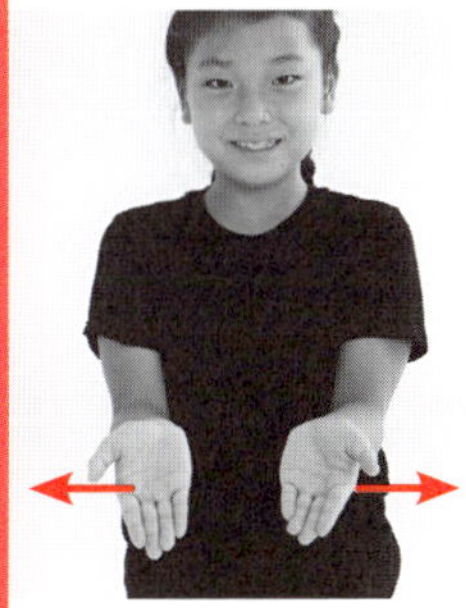

両手《りょうて》のひらを上《うえ》に向《む》け、左右《さゆう》に開《ひら》きます。

★「人《ひと》に見《み》せる」という意《い》味《み》の手話《しゅわ》です。

店《みせ》

ならべる

見《み》る

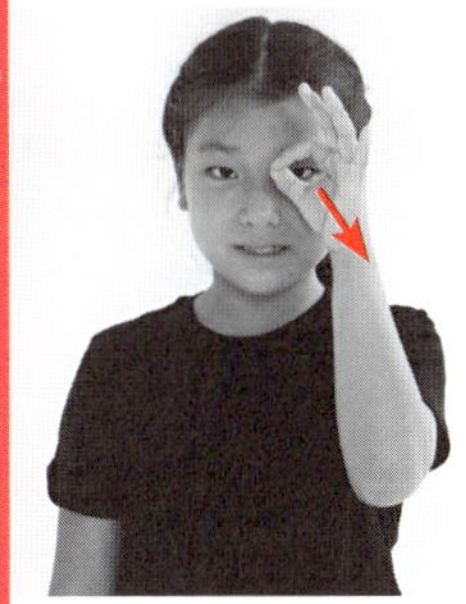

親指《おやゆび》と人《ひと》さし指《ゆび》でわっかをつくり、目《め》のあたりから前《まえ》に出《だ》します。

したい

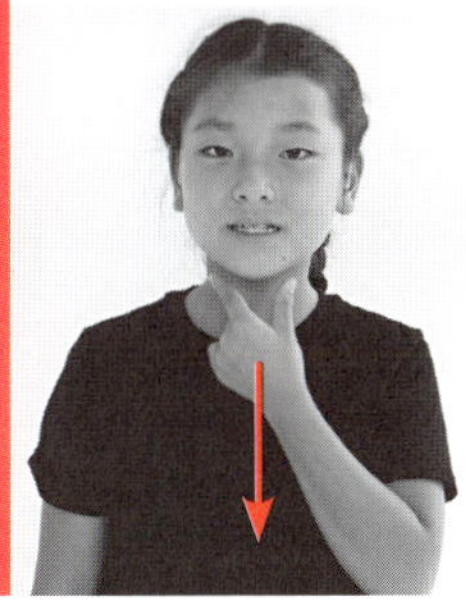

親指《おやゆび》と人《ひと》さし指《ゆび》をあごの下《した》につけます。手《て》を下《した》に動《うご》かして、指先《ゆびさき》をつけます。

すき

ほしい

前《まえ》のほうで見《み》たいね

前《まえ》

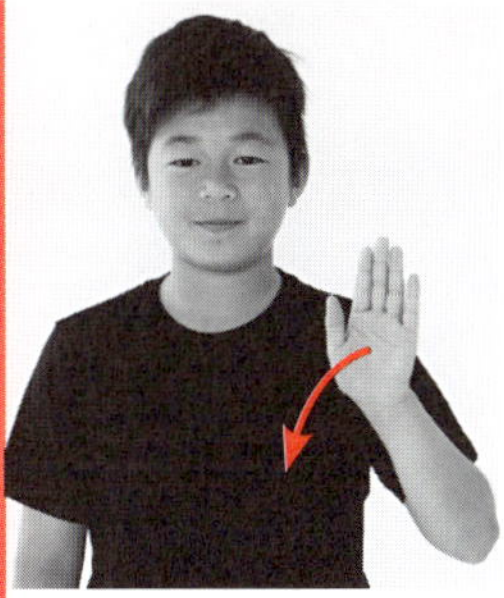

手《て》のひらを前《まえ》に出《だ》します。

はりついて見《み》る

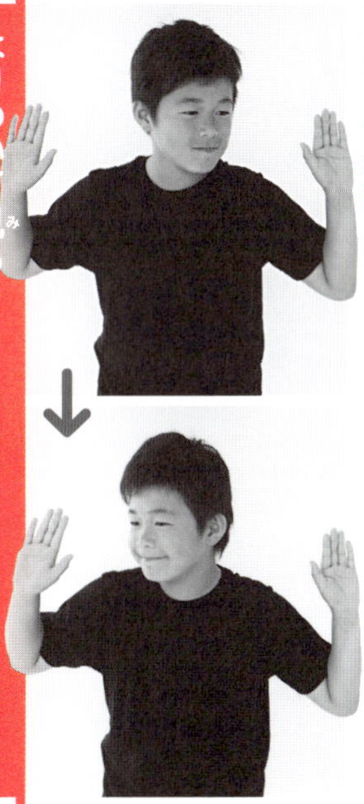

両手《りょうて》を上《あ》げて、右《みぎ》や左《ひだり》を見《み》ます。

★水《すい》そうのガラスにぴったりくっついて見《み》ている様子《ようす》。

したい

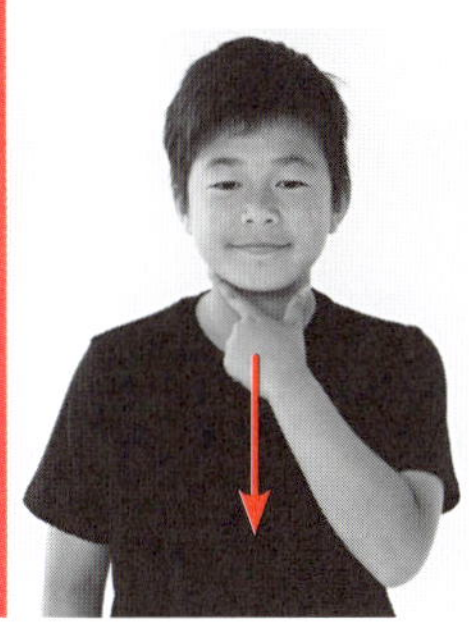

親指《おやゆび》と人《ひと》さし指《ゆび》をあごの下《した》につけます。手《て》を下《した》に動《うご》かして、指先《ゆびさき》をつけます。

すき

ほしい

水《みず》がはねそうだけど、気《き》持《も》ちいいかも

水《みず》

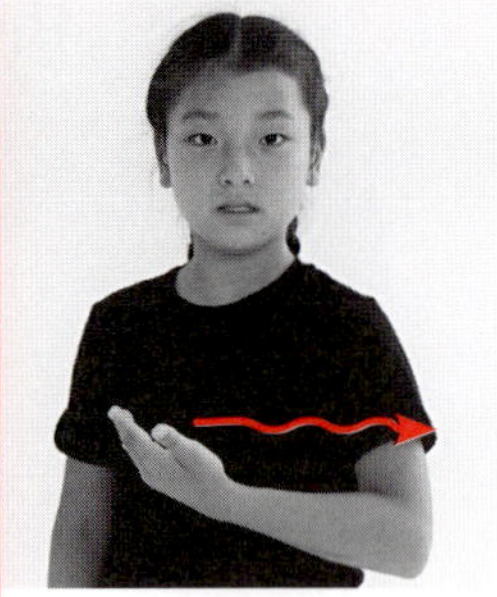

手《て》のひらを上《うえ》に向《む》けて、ゆらゆら横《よこ》に動かします。

はねる

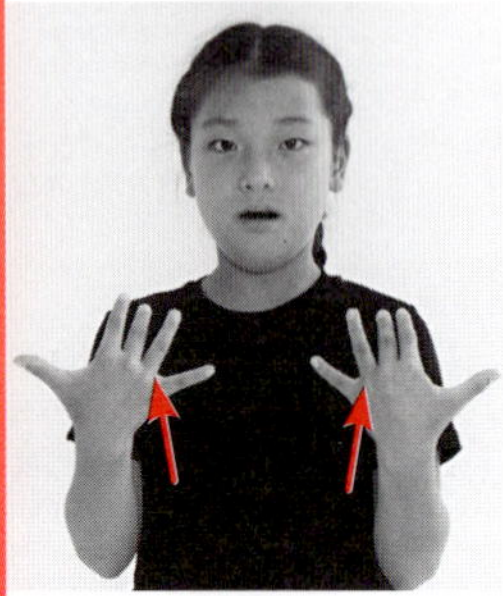

両手《りょうて》を開《ひら》いて、体《からだ》のほうに近《ちか》づけます。
★水《みず》しぶきがかかる様子《ようす》。

でも

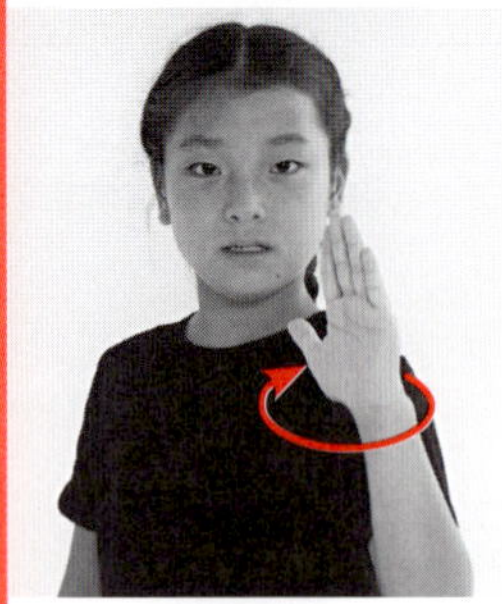

手《て》のひらを前《まえ》に向《む》け、くるっと回《まわ》します（半《はん》回転《かいてん》）。

気《き》持《も》ちいい

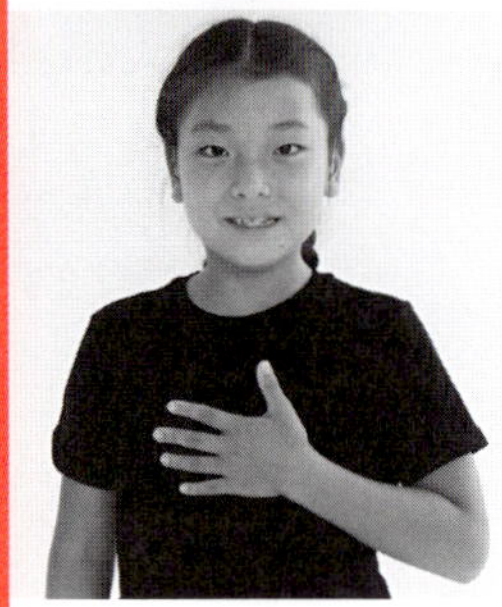

手《て》のひらでむねをさすります。

かもしれない

人《ひと》さし指《ゆび》と中指《なかゆび》で、空中《くうちゅう》に「？（ハテナマーク）」を書《か》きます。

この手話《しゅわ》も覚《おぼ》えちゃお！

はく物館 はくぶつかん

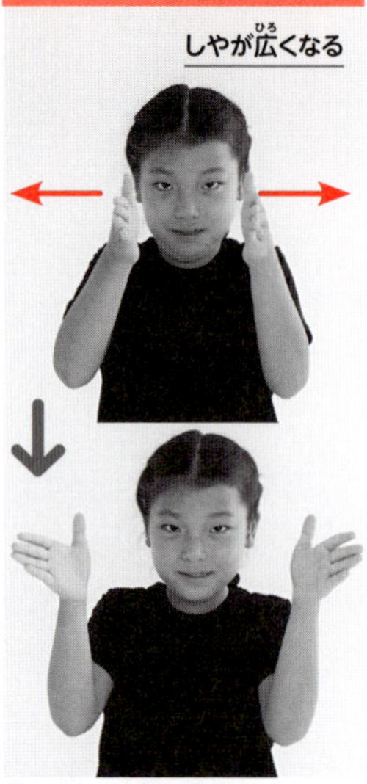
しやが広《ひろ》くなる

目《め》の横《よこ》で両手《りょうて》を向《む》かい合《あ》わせにして、左右《さゆう》に開《ひら》きます。

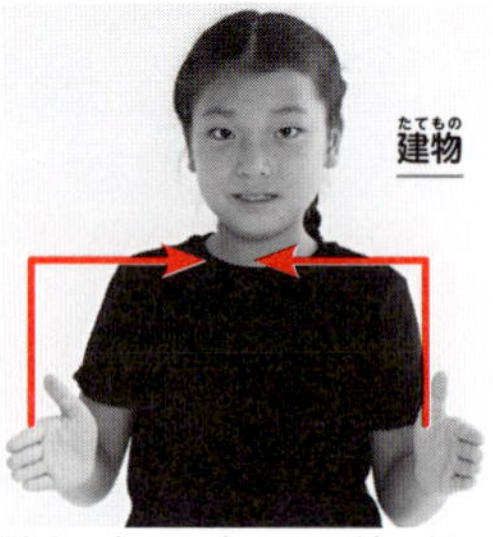
建物《たてもの》

両手《りょうて》を向《む》かい合《あ》わせ、上《うえ》→横《よこ》に動《うご》かして、くっつけます。

えい画館 えいがかん

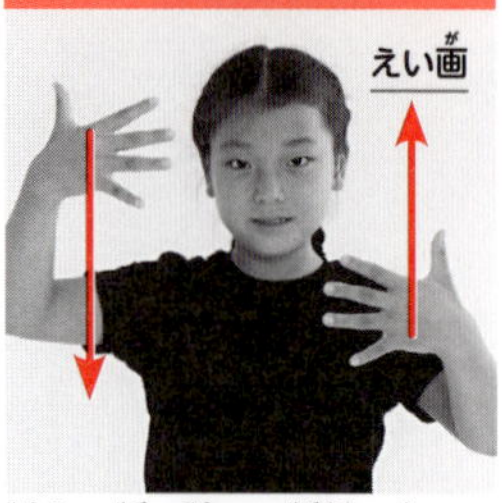
えい画《が》

両手《りょうて》の指《ゆび》を開《ひら》いて指先《ゆびさき》を向《む》かい合《あ》わせ、交互《こうご》に大《おお》きく上下《じょうげ》に動《うご》かします。

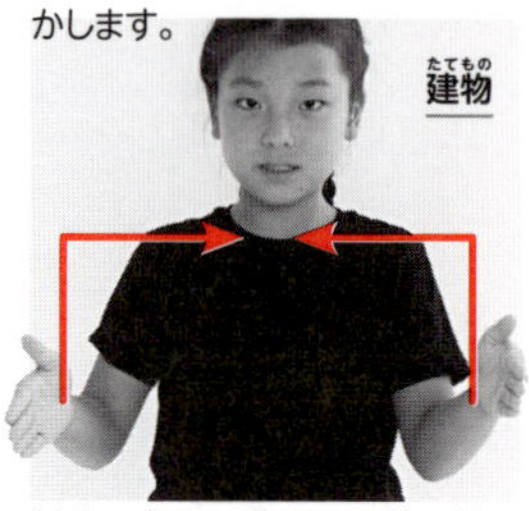
建物《たてもの》

両手《りょうて》を向《む》かい合《あ》わせ、上《うえ》→横《よこ》に動《うご》かして、くっつけます。

「えい画《が》」+「建物《たてもの》」=えい画館《がかん》
「遊《あそ》ぶ」+「場所《ばしょ》」=遊園地《ゆうえんち》って、
クイズみたいだす

「建物《たてもの》」と「場所《ばしょ》」の
手話《しゅわ》を覚《おぼ》えておくと
べんりだすよ！

動画《どうが》も見《み》れるよ！▼
動画《どうが》の説明《せつめい》は10ページ

お出《で》かけ先《さき》、方向《ほうこう》・方角《ほうがく》

ショッピングセンター

手《て》のひらを上向《うえむ》きにして、その上《うえ》で、反対《はんたい》の手《て》の親指《おやゆび》と人《ひと》さし指《ゆび》でわっかをつくり、前《まえ》に2回《かい》出《だ》します。
★わっかはお金《かね》を表《あらわ》します。

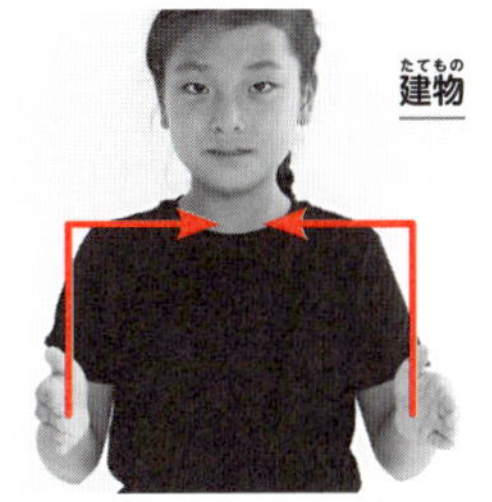

両手《りょうて》を向《む》かい合《あ》わせ、上《うえ》→横《よこ》に動《うご》かして、くっつけます。

遊園地　ゆうえんち

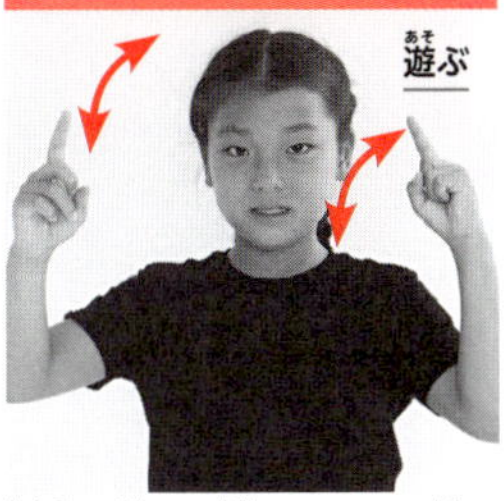

両手《りょうて》の人《ひと》さし指《ゆび》をのばし、顔《かお》の横《よこ》で交互《こうご》に前後《ぜんご》にふります。

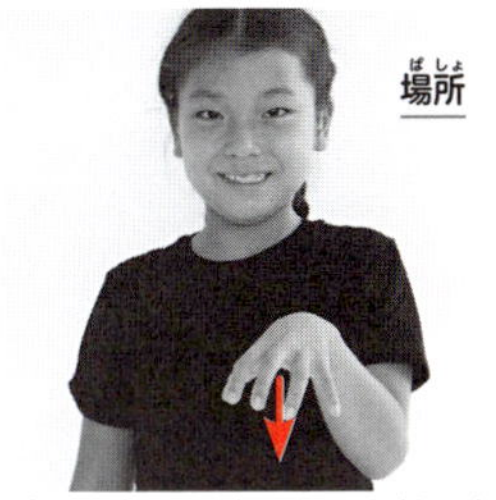

指先《ゆびさき》を曲《ま》げて下《した》に向《む》け、少《すこ》し下《さ》げます。

右　みぎ

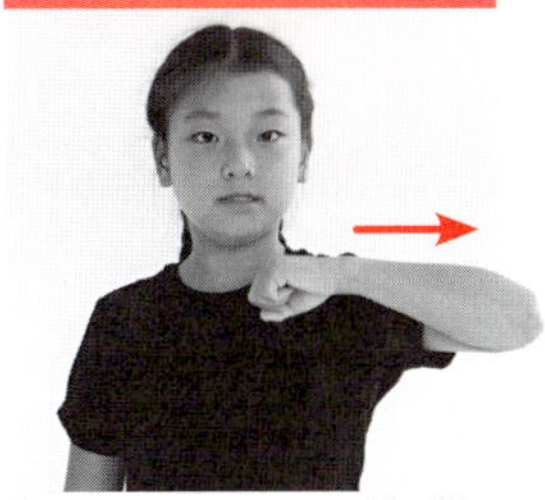

手《て》をグーにして、ひじを右《みぎ》へ動《うご》かします。
★左《ひだり》ききでも同《おな》じです。

東　ひがし

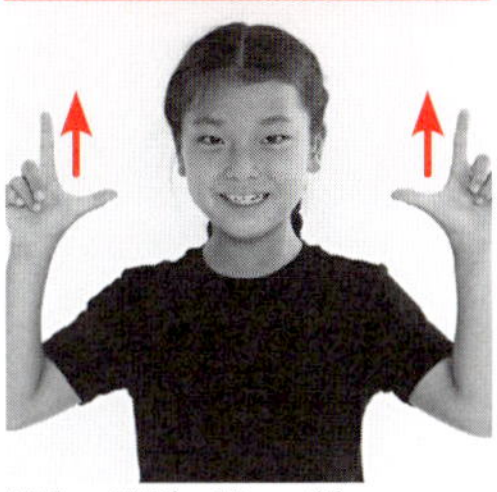

両手《りょうて》の親指《おやゆび》と人《ひと》さし指《ゆび》をのばし、上《うえ》へ動《うご》かします。
★太陽《たいよう》がのぼる様子《ようす》。

左　ひだり

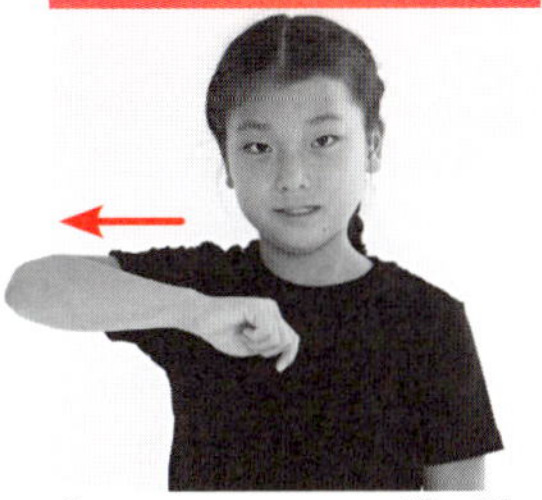

手《て》をグーにして、ひじを左《ひだり》へ動《うご》かします。
★左《ひだり》ききでも同《おな》じです。

西　にし

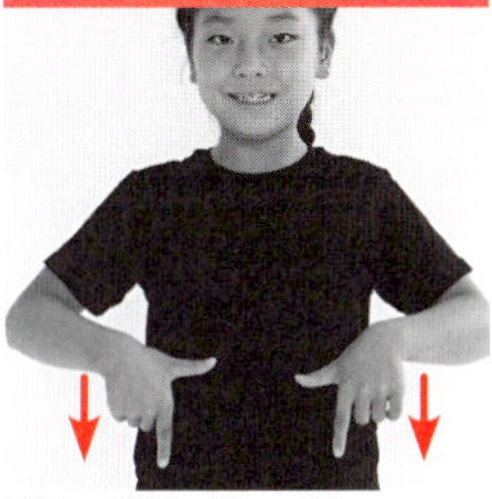

両手《りょうて》の親指《おやゆび》と人《ひと》さし指《ゆび》をのばし、下《した》へ動《うご》かします。
★太陽《たいよう》がしずむ様子《ようす》。

商店がい　しょうてんがい

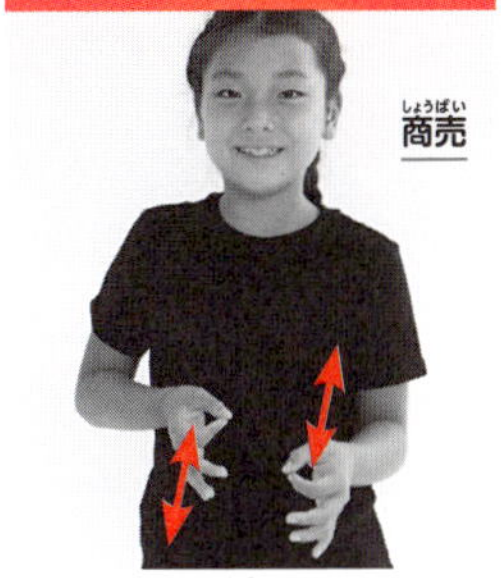

親指《おやゆび》と人《ひと》さし指《ゆび》でわっかをつくり、交互《こうご》に前後《ぜんご》に動《うご》かします。

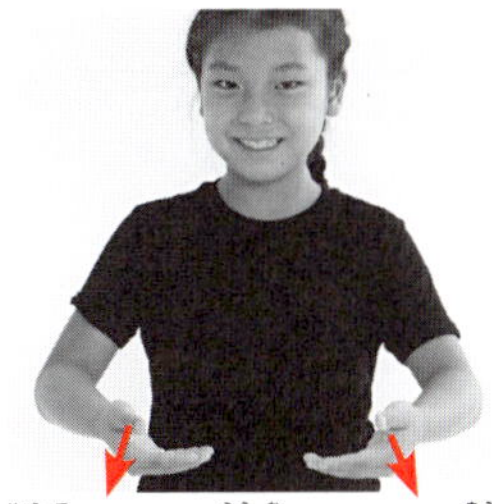

両手《りょうて》のひらを上向《うえむ》きにして、前《まえ》に出《だ》します。
★店《みせ》がならんでいる様子《ようす》。

ディズニーランド

両手《りょうて》の指先《ゆびさき》で、頭《あたま》の上《うえ》に丸《まる》を書《か》きます。
★ミッキーマウスの耳《みみ》の形《かたち》。

上　うえ

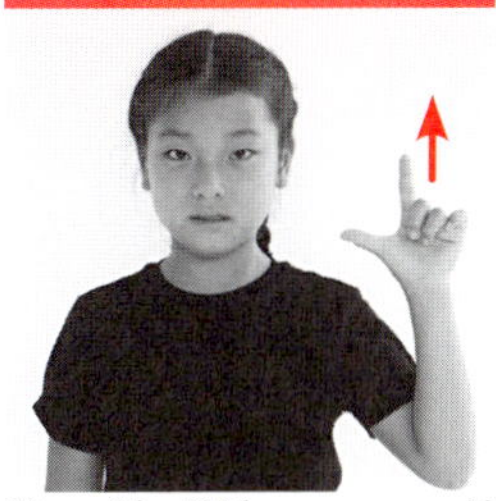

人《ひと》さし指《ゆび》と親指《おやゆび》をのばして、上《うえ》へ動《うご》かします。

南　みなみ

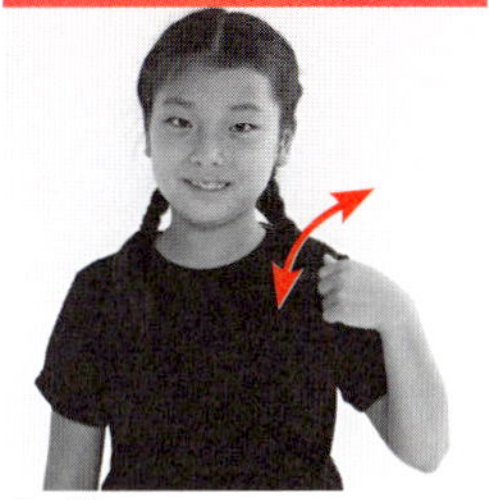

手《て》を軽《かる》くにぎって、かたのあたりでふります。
★うちわであおいでいる様子《ようす》（南《みなみ》は暑《あつ》いので）。

下　した

親指《おやゆび》と人《ひと》さし指《ゆび》をのばして、下《した》へ動《うご》かします。

北　きた

両手《りょうて》の親指《おやゆび》、人《ひと》さし指《ゆび》、中指《なかゆび》をのばしてクロスさせます。
★「北《きた》」の形《かたち》。

何《なに》して遊《あそ》ぶ？

遊《あそ》ぶ

両手《りょうて》の人《ひと》さし指《ゆび》をのばし、顔《かお》の横《よこ》で交互《こうご》に前後《ぜんご》にふります。

何《なに》

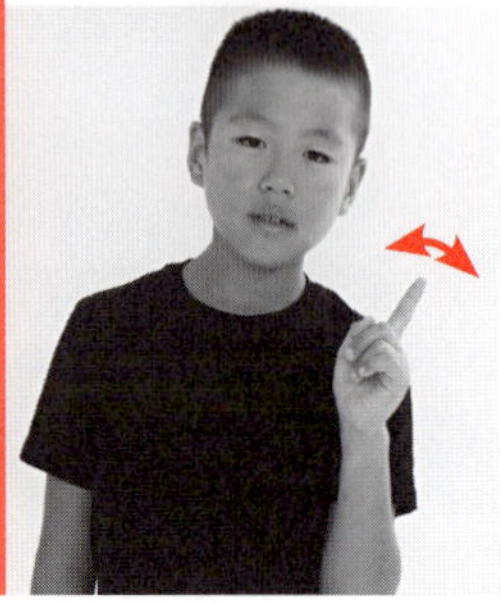

人《ひと》さし指《ゆび》をのばして、横《よこ》に2〜3回《かい》ふります。

あと30分《ぷん》で、見《み》たいテレビが始《はじ》まるよ

30

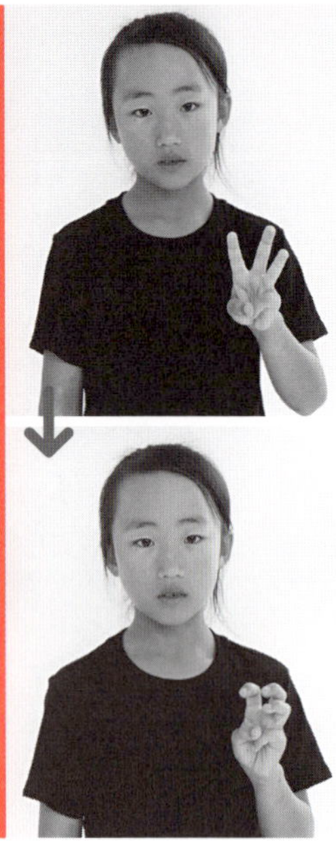

人《ひと》さし指《ゆび》、中指《なかゆび》、薬指《くすりゆび》をのばし、指先《ゆびさき》を曲《ま》げます。

★指文字《ゆびもじ》の「30」（14ページ）。

つづく

分《ふん》

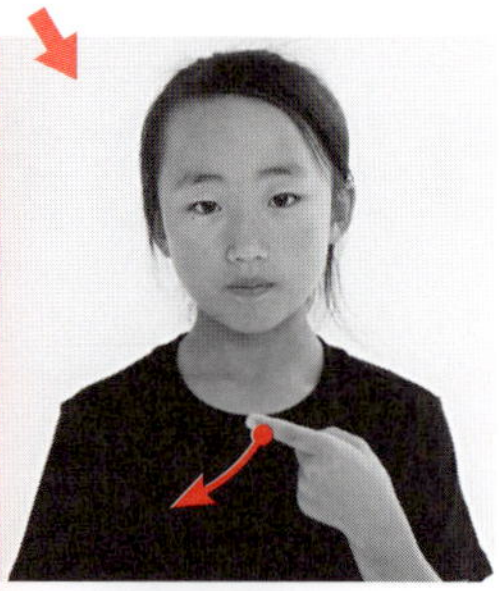

人《ひと》さし指《ゆび》で、「❜」を空中《くうちゅう》に書《か》きます。

★「コンマ」の指文字《ゆびもじ》です（15ページ）。

あと

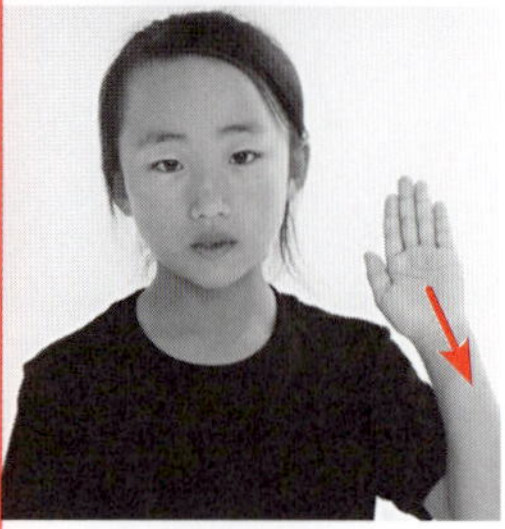

手《て》のひらを前《まえ》に出《だ》します。

見《み》る

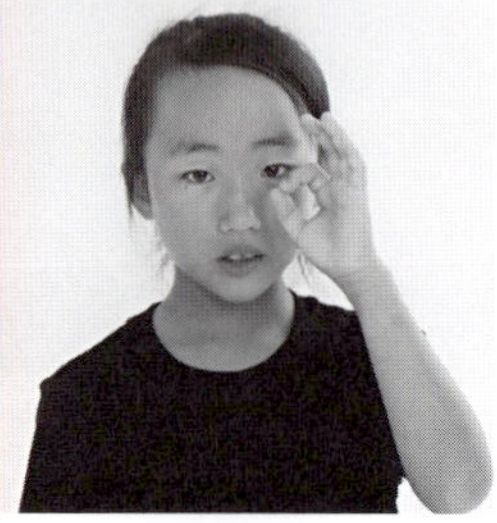

親指《おやゆび》と人《ひと》さし指《ゆび》でわっかをつくり、目《め》のあたりから前《まえ》に出《だ》します。

★わっかは「目《め》」を表《あらわ》します。

したい

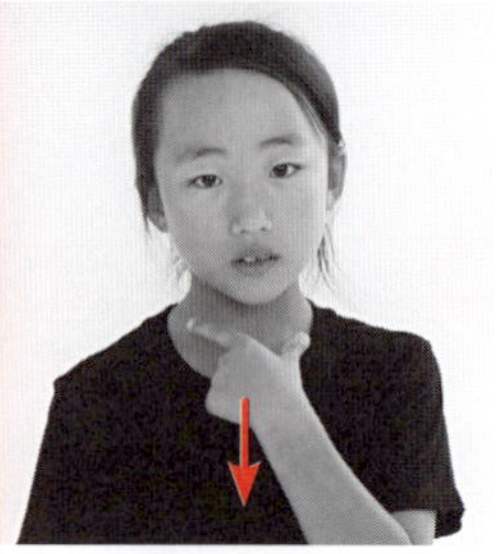

親指《おやゆび》と人《ひと》さし指《ゆび》をあごの下《した》につけます。手《て》を下《した》に動《うご》かして、指先《ゆびさき》をつけます。

すき

ほしい

テレビ

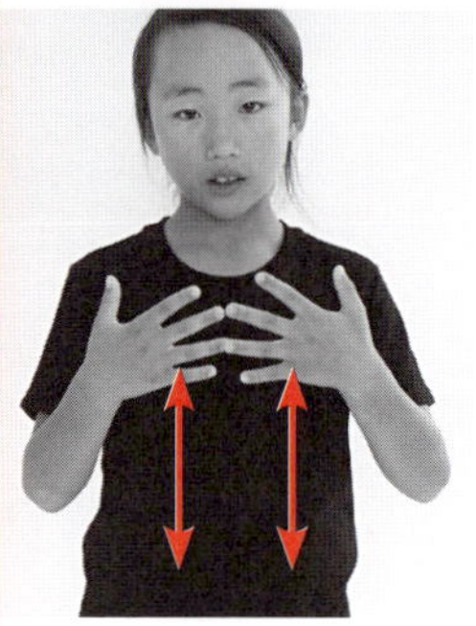

両手《りょうて》の指《ゆび》を開《ひら》いて指先《ゆびさき》を向《む》かい合《あ》わせ、同時《どうじ》に上下《じょうげ》に動《うご》かします。

始《はじ》まる

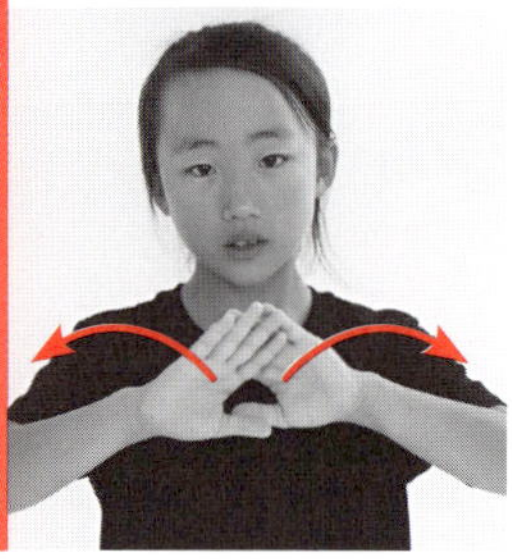

両手《りょうて》のひらを重《かさ》ねてから、左右《さゆう》に開《ひら》きます。

開《あ》ける

動画《どうが》も見《み》れるよ！
▼
動画《どうが》の説明《せつめい》は10ページ

じゃあ、先《さき》に宿題《しゅくだい》をかたづけないと

わかる

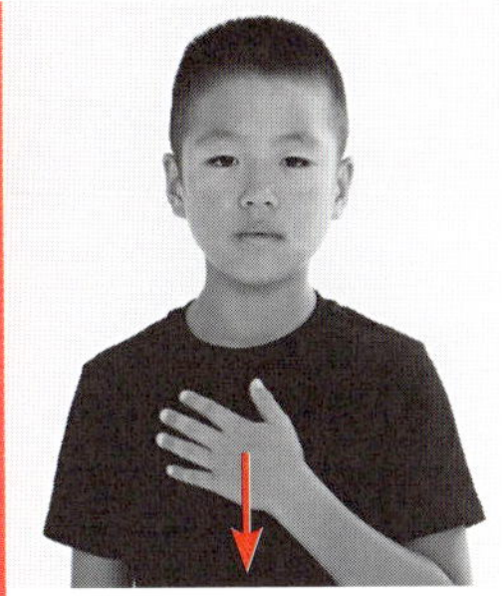

手《て》をむねにあてて、下《した》に動《うご》かします。

★「わかった、じゃあ(それなら)」という意味《いみ》です。

知《し》る

先《さき》に

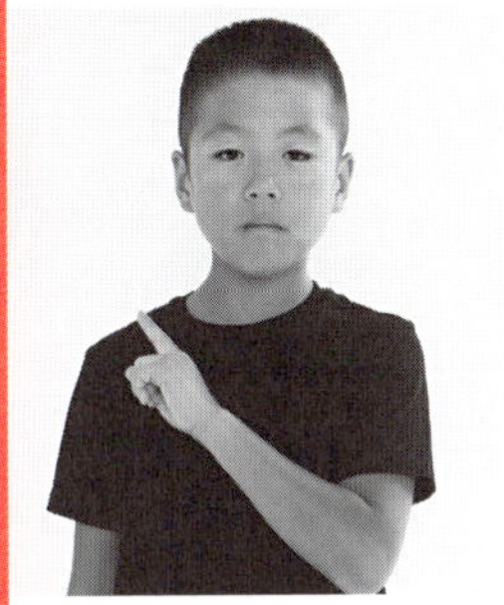

人《ひと》さし指《ゆび》をのばし、かたにあてます。

まず

はじめに

宿題《しゅくだい》

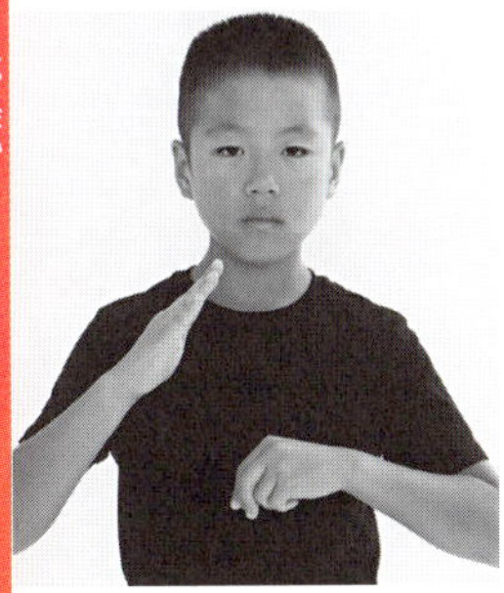

手《て》をななめにして、反対《はんたい》の手《て》は下《した》のほうで文字《もじ》を書《か》くように動《うご》かします。

★ななめにした手《て》は屋根《やね》を表《あらわ》し、家《いえ》で文字《もじ》を書《か》いている=宿題《しゅくだい》です。

終《お》わる

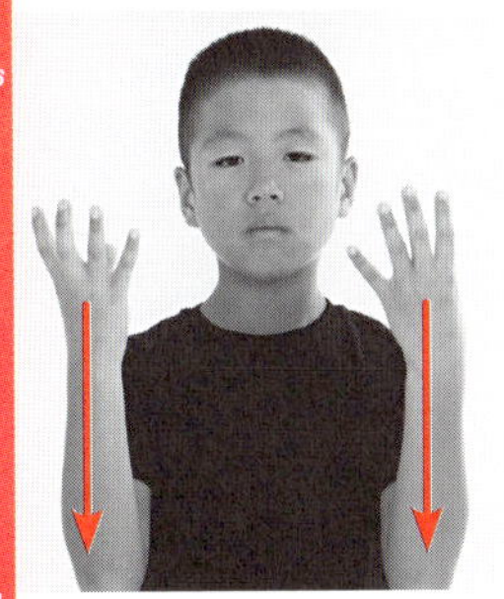

両手《りょうて》を開《ひら》き、指先《ゆびさき》をつけながら下《した》に動《うご》かします。

ひつよう

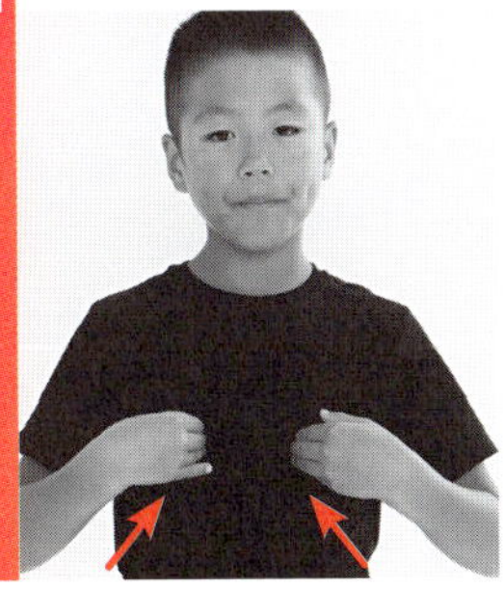

両手《りょうて》をすぼめ、体《からだ》のほうに引《ひ》きます。

この手話《しゅわ》も覚《おぼ》えちゃお!

家電《かでん》

パソコン

指文字《ゆびもじ》の「パ」をつくり、反対《はんたい》の手《て》でキーボードをたたくような動作《どうさ》をします。

★指文字《ゆびもじ》は14ページ。

インターネット

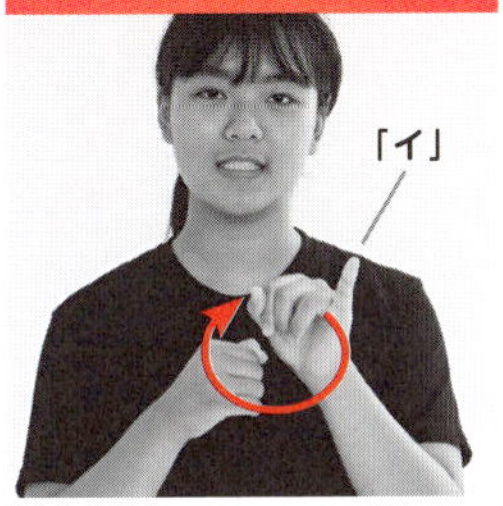

指文字《ゆびもじ》の「イ」をつくり、グーにした反対《はんたい》の手《て》のまわりで回《まわ》します。

★指文字《ゆびもじ》は12ページ。

YouTube ユーチューブ

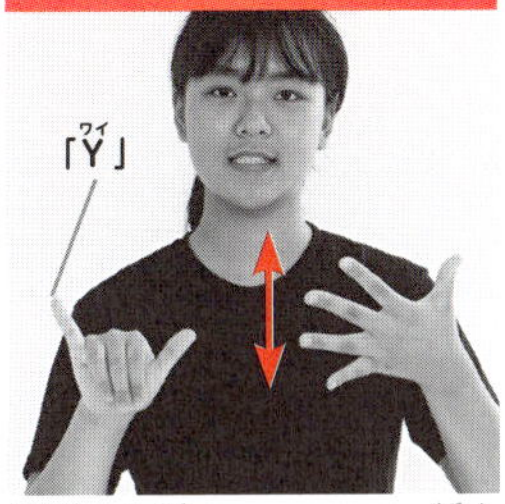

親指《おやゆび》と小指《こゆび》をのばします(指文字《ゆびもじ》の「Y《ワイ》」)。反対《はんたい》の手《て》は指《ゆび》を開《ひら》いて、上下《じょうげ》に動《うご》かします。

スマホ

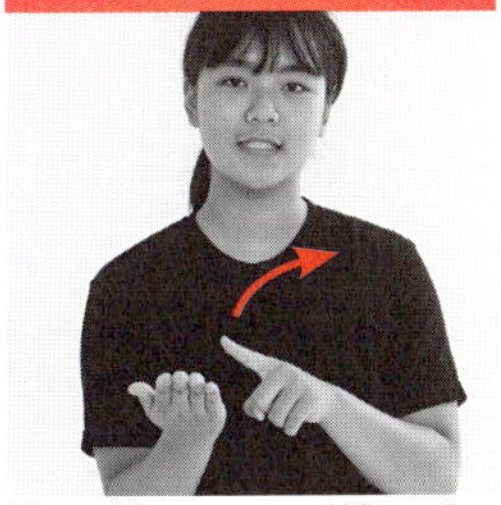

人《ひと》さし指《ゆび》をのばし、反対《はんたい》の手《て》のひらの上《うえ》で、スライドさせるように動《うご》かします。★スマホの画面《がめん》をそうさしている様子《ようす》。

iPhone アイフォン

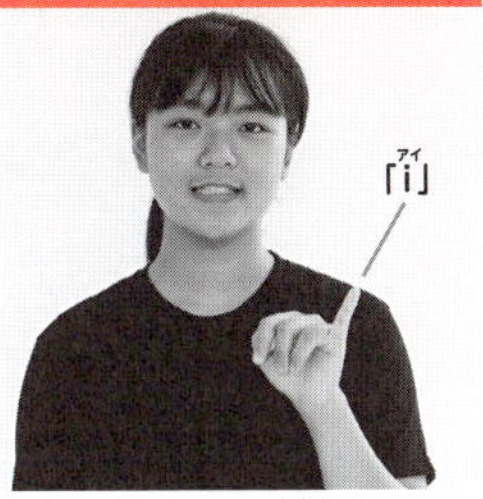

小指《こゆび》をのばします(指文字《ゆびもじ》の「i《アイ》」)。

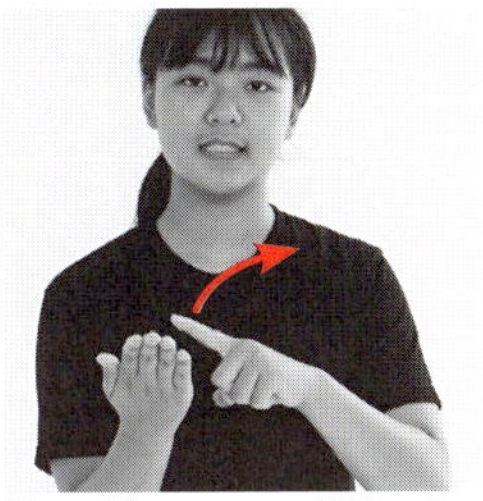

人《ひと》さし指《ゆび》をのばし、反対《はんたい》の手《て》のひらの上《うえ》で、スライドさせるように動《うご》かします。

iPad アイパッド

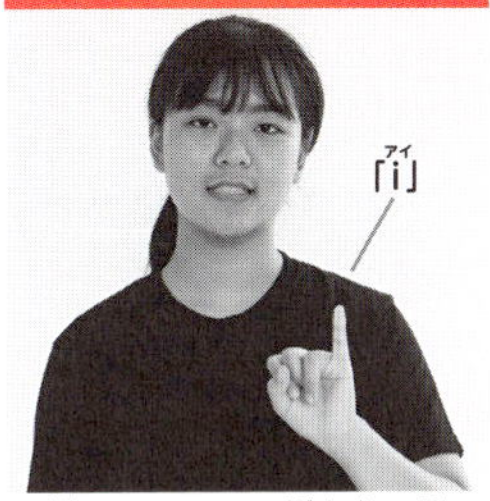

小指《こゆび》をのばします(指文字《ゆびもじ》の「i《アイ》」)。

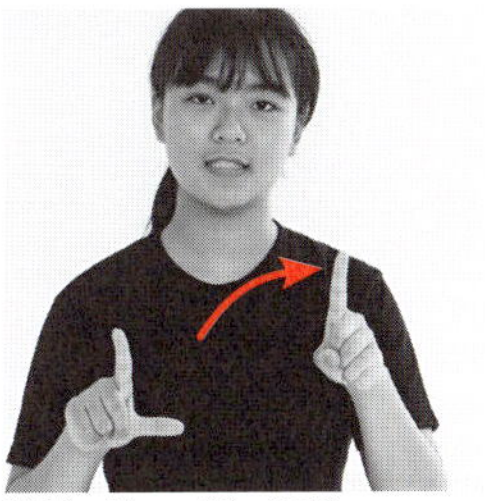

親指《おやゆび》と人《ひと》さし指《ゆび》を直角《ちょっかく》にのばし、反対《はんたい》の手《て》の人《ひと》さし指《ゆび》をスライドさせるように動《うご》かします。

★タブレットの四角《しかく》い形《かたち》。

※上《うえ》の単語《たんご》の動画《どうが》は、94～95ページの単語《たんご》とまとまっています。

おなかがすいちゃった。おやつを先《さき》に食《た》べたいな

わたし

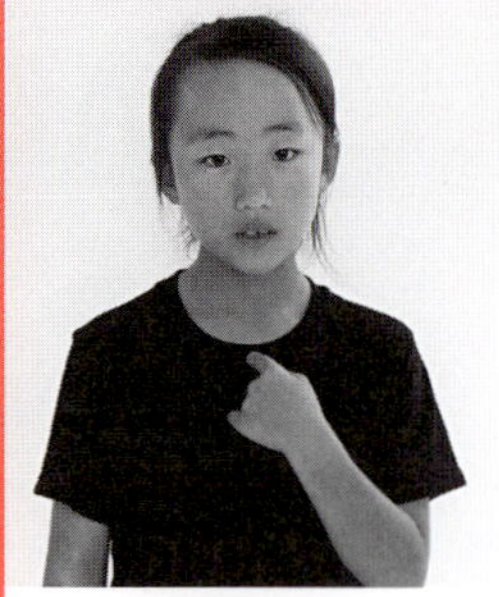

自分《じぶん》を指《ゆび》さします。

おなかがすいた

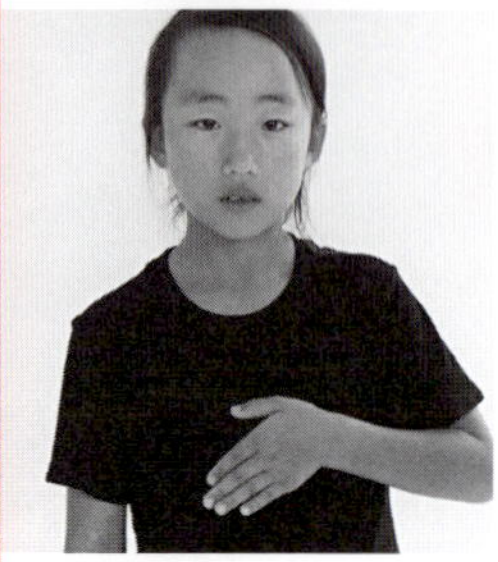

手《て》のひらをおなかにあてます。

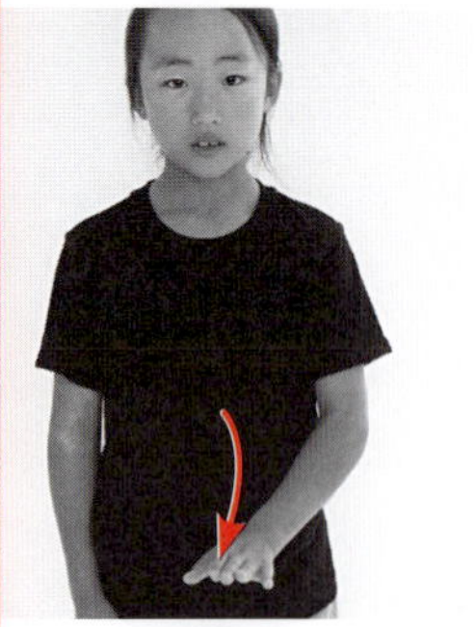

手《て》を下《した》へ動《うご》かしながら、前《まえ》に出《だ》します。

先《さき》に

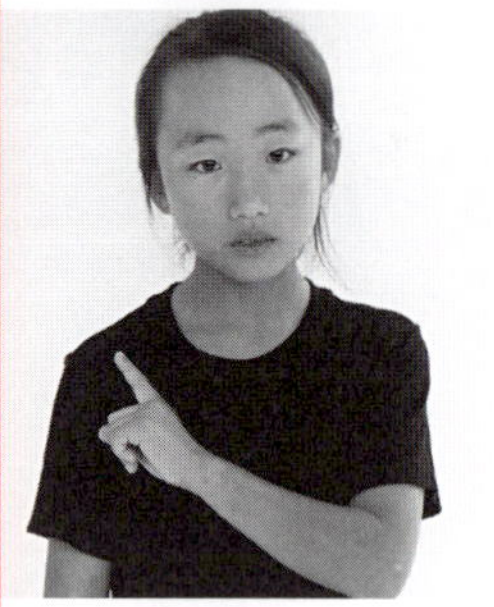

人《ひと》さし指《ゆび》をのばし、かたにあてます。

まず

はじめに

3

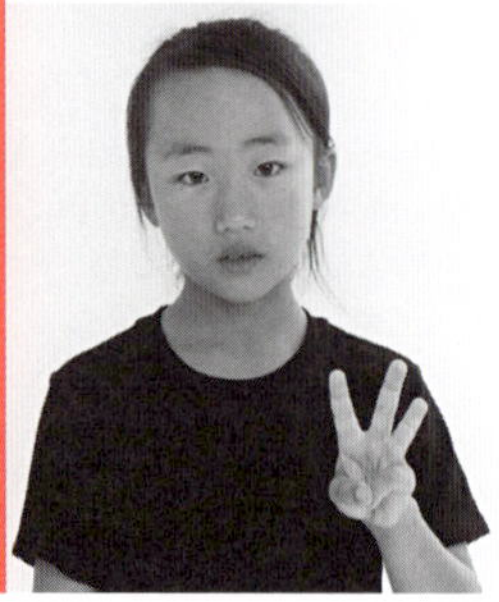

人《ひと》さし指《ゆび》、中指《なかゆび》、薬《くすり》指《ゆび》をのばします。

★指文字《ゆびもじ》の「3」（14ページ）。

つづく

食《た》べる

グーの形《かたち》をつくり、口元《くちもと》にあてます。

★「3（時《じ》）」＋「食《た》べる」で「おやつ」です。

したい

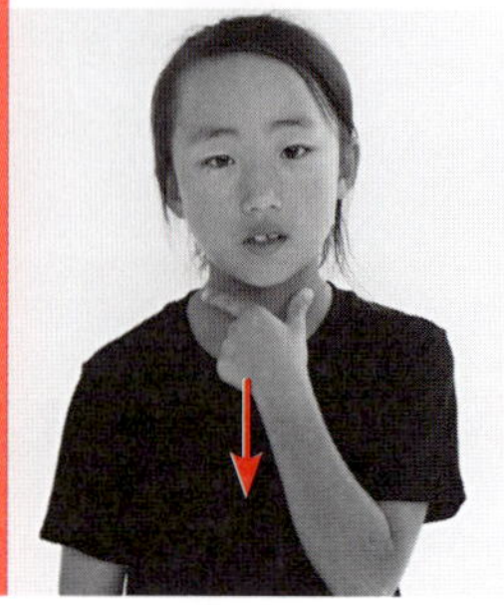

親指《おやゆび》と人《ひと》さし指《ゆび》をあごの下《した》につけます。手《て》を下《した》に動《うご》かして、指先《ゆびさき》をつけます。

すき

ほしい

この手話《しゅわ》も覚《おぼ》えちゃお！

道具《どうぐ》、服《ふく》、文具《ぶんぐ》

新聞 しんぶん

両手《りょうて》で新聞《しんぶん》を広《ひろ》げるような動作《どうさ》をします。

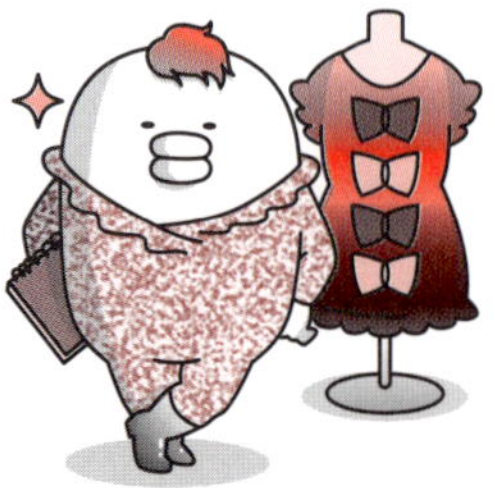

本 ほん

両手《りょうて》のひらを合《あ》わせて、小指《こゆび》のほうをくっつけたまま、左右《さゆう》に開《ひら》きます。

洋服 ようふく

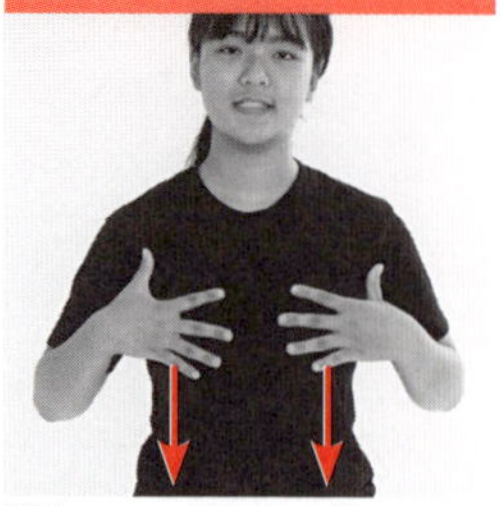

両手《りょうて》をむねにあて、服《ふく》をさわりながら、なで下《お》ろします。

動画《どうが》も見《み》れるよ！

動画《どうが》の説明《せつめい》は10ページ

シャツ

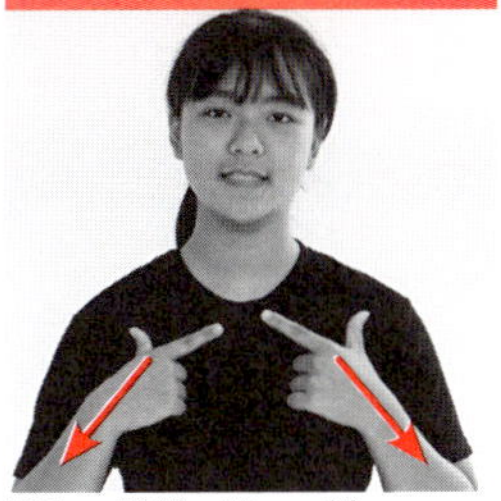

両手《りょうて》の親指《おやゆび》と人《ひと》さし指《ゆび》をのばして首元《くびもと》にあて、指《ゆび》をとじながら、ななめ下《した》へ動《うご》かします。
★シャツのえりを表《あらわ》します。

水とう　すいとう

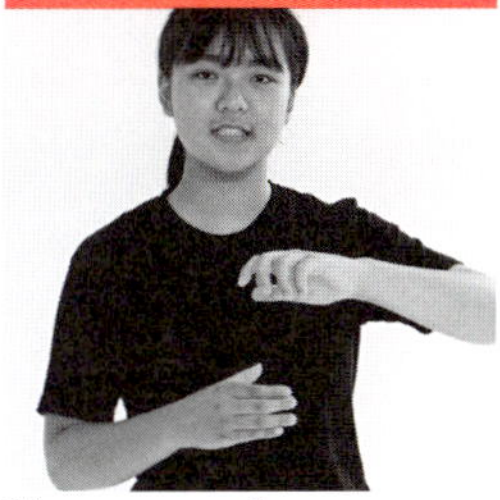

水《すい》とうのふたを開《あ》ける（ひねる）ような動作《どうさ》をします。

かばん

手《て》さげかばんを持《も》つような動作《どうさ》をします。

のり

人《ひと》さし指《ゆび》をのばし、反対《はんたい》の手《て》のひらにあて、小《ちい》さく動《うご》かします。
★指先《ゆびさき》でのりをつけている様子《ようす》。

両手《りょうて》を上下《じょうげ》からくっつけます。

スカート

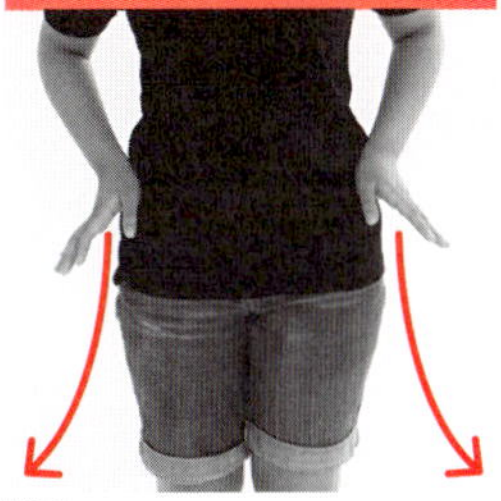

両手《りょうて》を、わきばらから、ななめ下《した》へ動《うご》かします。
★スカートの形《かたち》。

かさ

両手《りょうて》をかさを持《も》つ形《かたち》にしてから、かた方《ほう》の手《て》を、かさを開《ひら》くときのように、上《うえ》に動《うご》かします。

ハンカチ

手《て》をふくような動作《どうさ》をします。

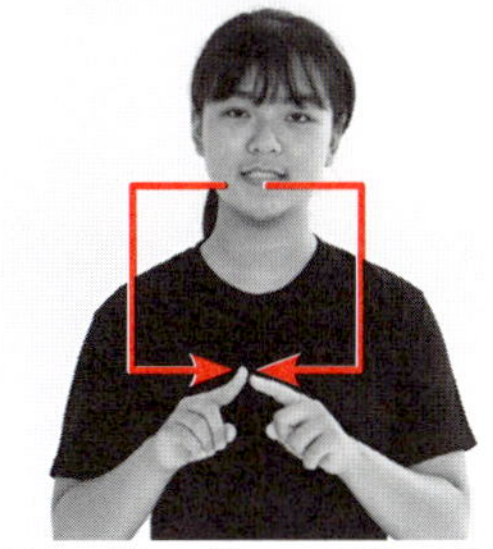

両手《りょうて》の人《ひと》さし指《ゆび》で、空中《くうちゅう》に四角《しかく》を書《か》きます。

くつ

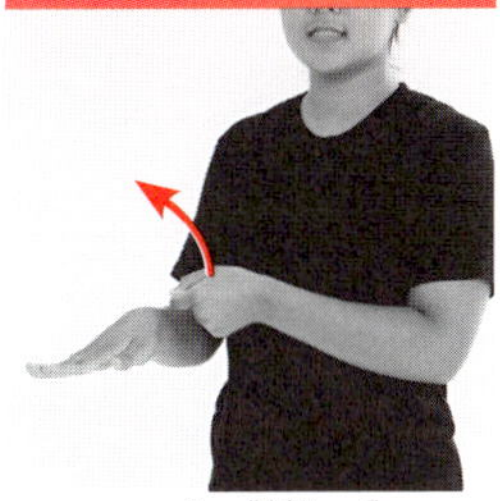

グーにした手《て》に反対《はんたい》の手《て》をかぶせ、グーの手《て》を下《した》から上《うえ》に動《うご》かします。
★くつベラでくつをはく様子《ようす》。

長ぐつ　ながぐつ

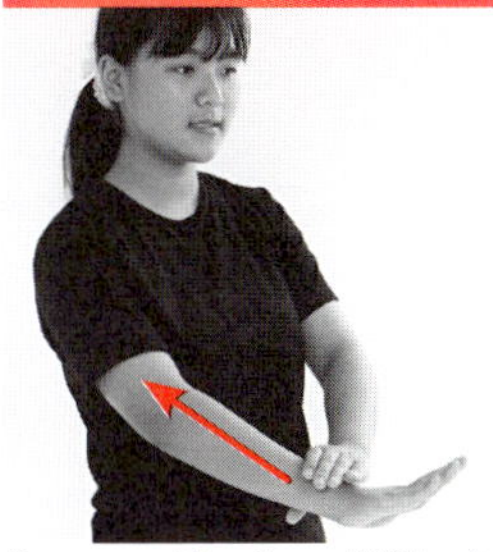

手《て》のひらを下《した》に向《む》け、反対《はんたい》の手《て》で手首《てくび》をつかみます。

上《うえ》のほうへなで上《あ》げます。
★長《なが》ぐつの様子《ようす》。

はさみ

人《ひと》さし指《ゆび》と中指《なかゆび》をのばして、開《ひら》いたりとじたりします。
★はさみで切《き》る様子《ようす》。

ぼうし

両手《りょうて》でぼうしのつばを持《も》って、かぶるような動作《どうさ》をします。

タオル

タオルで顔《かお》をふくような動作《どうさ》をします。

ホッチキス

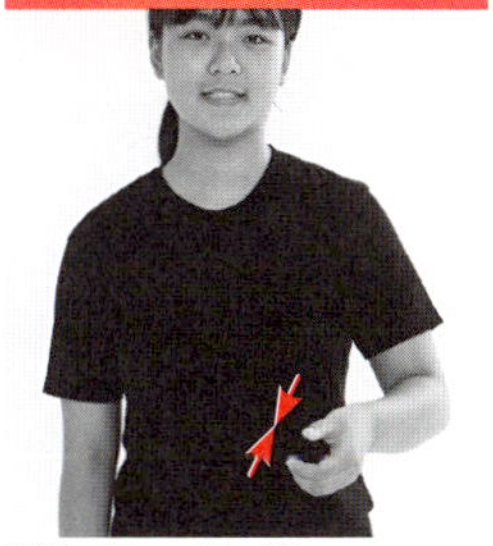

親指《おやゆび》と人《ひと》さし指《ゆび》の間《あいだ》をとじます。
★ホッチキスをとじる様子《ようす》。

4月9日《がつここのか》、わたしの たんじょう会《かい》に来《き》てね

4月《がつ》

指文字《ゆびもじ》の「4」をつくり、その下《した》に、反対《はんたい》の手《て》で空中《くうちゅう》に三日月《みかづき》の形《かたち》を書《か》きます。

★指文字《ゆびもじ》は14ページ。

9日《ここのか》

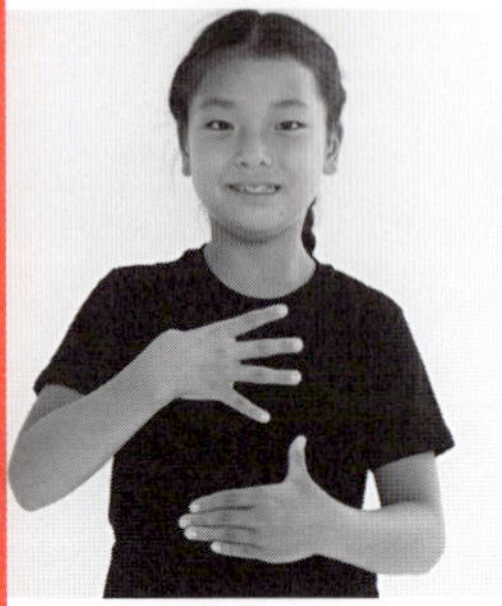

「4」はそのままで、その下《した》に、指文字《ゆびもじ》の「9」をつくります。

わたし

自分《じぶん》を指《ゆび》さします。

たんじょう

両手《りょうて》を軽《かる》くにぎります。

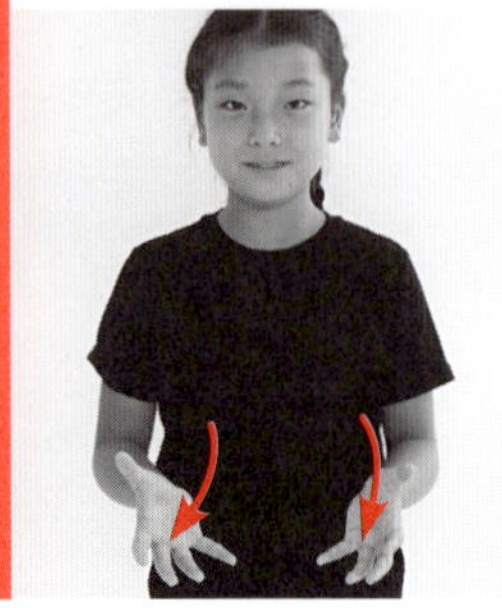

両手《りょうて》を開《ひら》きながら、おなかの前《まえ》に出《だ》します。

★赤《あか》ちゃんがおなかから出《で》てくる様子《ようす》(「生《う》まれる」→「たんじょう」です)。

つづく

会《かい》

両手《りょうて》の指先《ゆびさき》を合《あ》わせます。

来《く》る

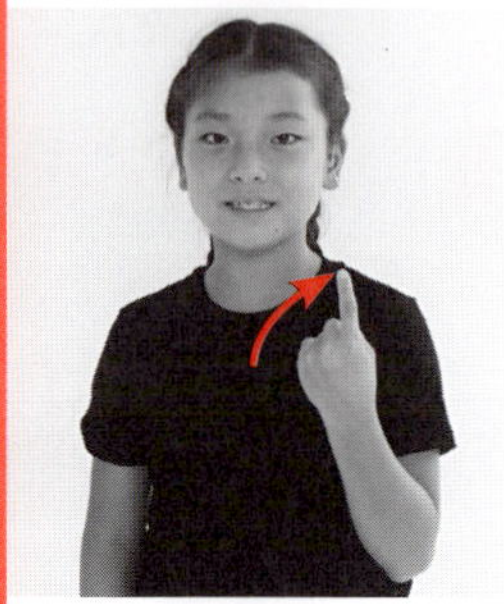

人《ひと》さし指《ゆび》をのばし、体《からだ》のほうに引《ひ》きます。

おねがい

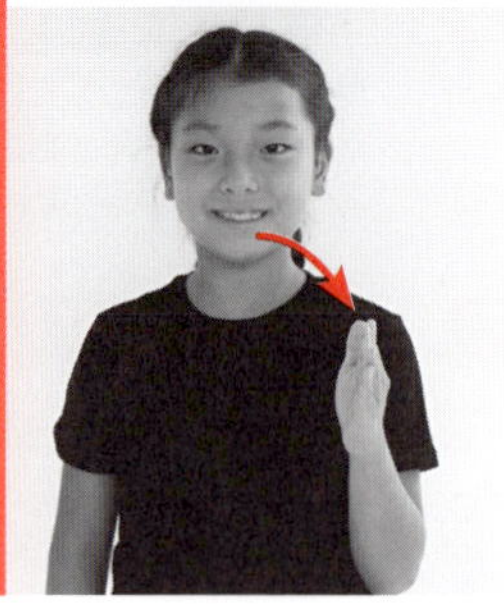

手《て》のひらを立《た》てて、前《まえ》にたおします。

オッケー、おめでとう!

オッケー

人《ひと》さし指《ゆび》と親指《おやゆび》でわっか(オッケーマーク)をつくります。

つづく

動画《どうが》も見《み》れるよ!▼

動画《どうが》の説明《せつめい》は10ページ

おめでとう

両手《りょうて》を上向《うえむ》きにすぼめて、開《ひら》きながら、上《うえ》に動《うご》かします。

まだ早《はや》いよ

まだ

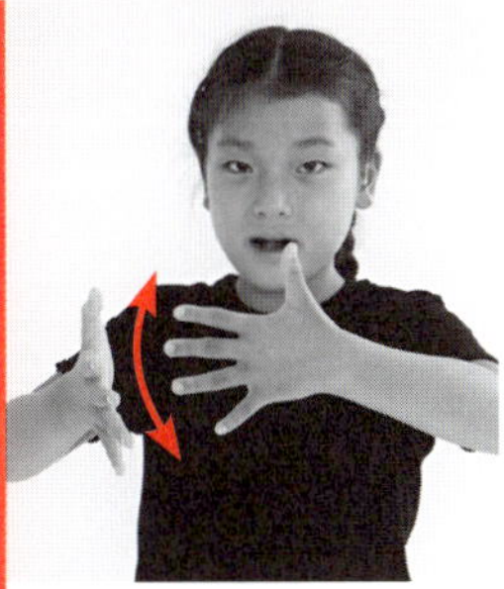

指《ゆび》を開《ひら》いた手《て》のひらの指先《ゆびさき》を、反対《はんたい》の手《て》のひらに向《む》けて、上《じょう》下《げ》にふります。

早《はや》い

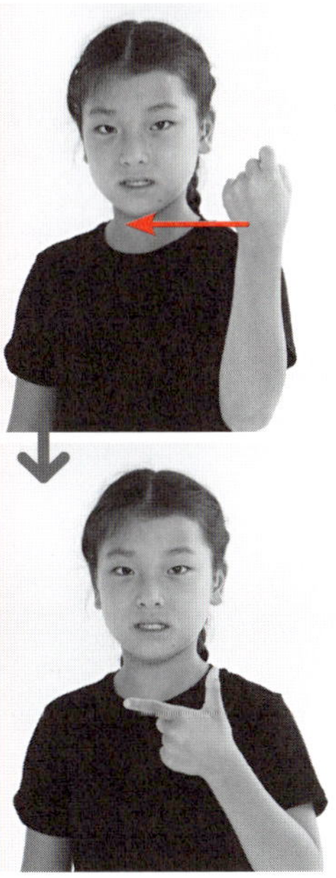

グーをつくって、親指《おやゆび》と人《ひと》さし指《ゆび》をのばしながら、手《て》を横《よこ》に動《うご》かします。

急《いそ》ぐ

プレゼント何《なに》がほしい?

プレゼント

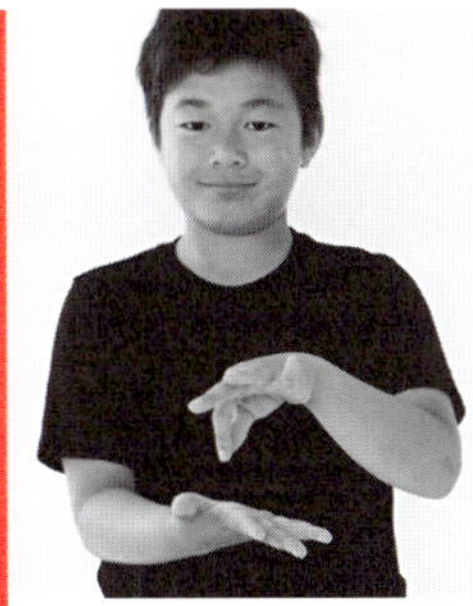

手《て》のひらを上《うえ》に向《む》け、反対《はんたい》の手《て》でプレゼントのリボンをつまんでいるような動作《どうさ》をします。

ほしい

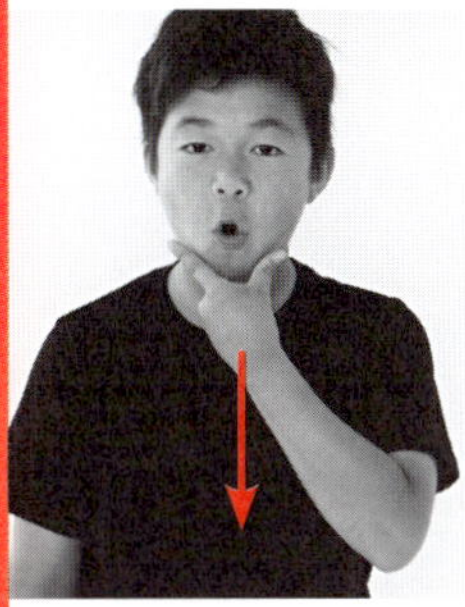

親指《おやゆび》と人《ひと》さし指《ゆび》をあごの下《した》につけます。手《て》を下《した》に動《うご》かして、指先《ゆびさき》をつけます。

すき

～したい

何《なに》

人《ひと》さし指《ゆび》をのばして、横《よこ》に2～3回《かい》ふります。

「○月《がつ》○日《にち》」の表《あらわ》し方《かた》

①かた方《ほう》の手《て》で「○月《がつ》」の「○=数字《すうじ》」を指文字《ゆびもじ》でつくります。その下《した》で、反対《はんたい》の手《て》は三日月《みかづき》の形《かたち》を空中《くうちゅう》に書《か》きます（「月《がつ》」）。

②数字《すうじ》のほうの手《て》をそのままにして、反対《はんたい》の手《て》で日《ひ》にちの数字《すうじ》の指文字《ゆびもじ》をつくります。

10月5日 10がついつか

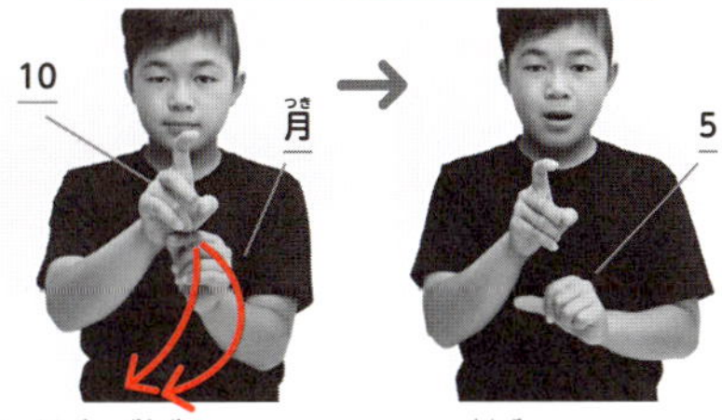

※上《うえ》の単語《たんご》の動画《どうが》は、98～99ページの単語《たんご》とまとまっています。

マンガいっぱい!

おもしろい

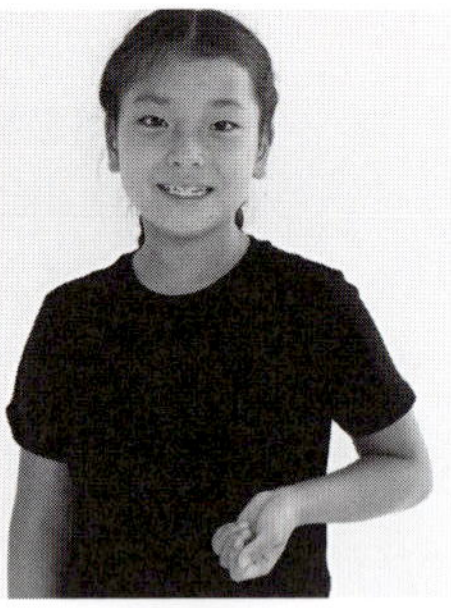

グーにした手《て》で、わきばらを軽《かる》くたたきます。

本《ほん》

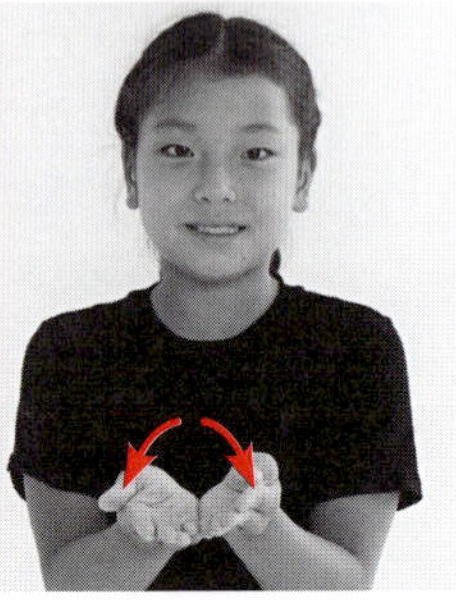

両手《りょうて》のひらを合《あ》わせて、小指《こゆび》のほうをくっつけたまま、左右《さゆう》に開《ひら》きます。

★「おもしろい」+「本《ほん》」で「マンガ」です。

いっぱい

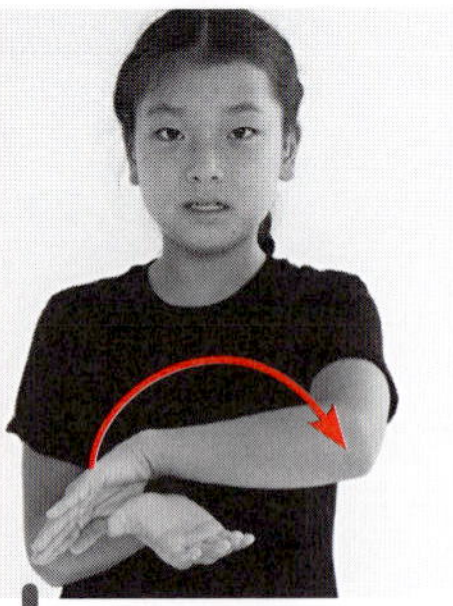

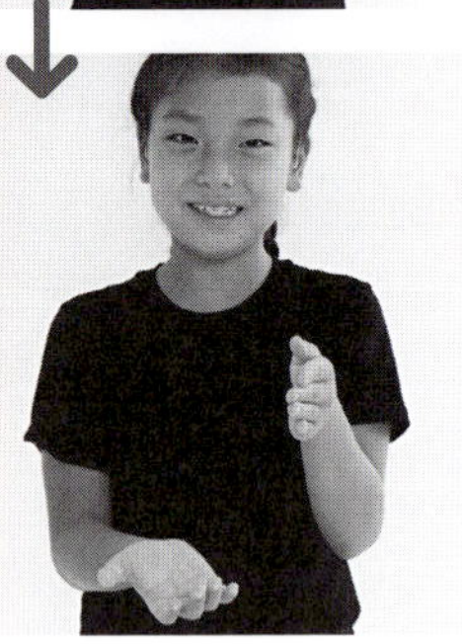

上《うえ》に向《む》けた手《て》のひらの上《うえ》で、反対《はんたい》の手《て》を山《やま》をえがくように、横《よこ》へ動《うご》かします。

この手話《しゅわ》も覚《おぼ》えちゃお! 星《せい》ざ

おひつじざ

ひつじ

両手《りょうて》の人《ひと》さし指《ゆび》をのばして、グルグル回《まわ》します。

★ひつじのつの。

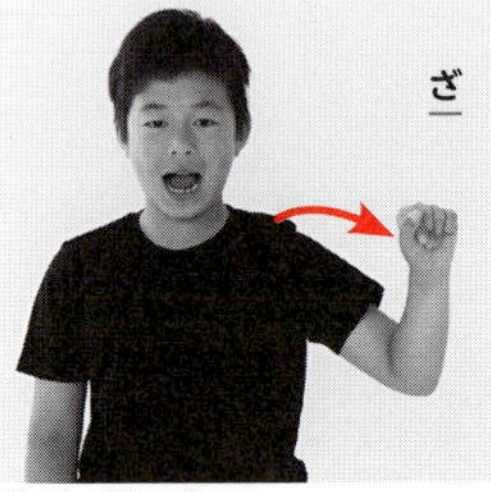
ざ

親指《おやゆび》を外《そと》に出《だ》したグーをつくり、外《そと》がわへ動《うご》かします。

★指文字《ゆびもじ》の「ざ」(12、14ページ)。

かにざ

かに

両手《りょうて》の人《ひと》さし指《ゆび》と中指《なかゆび》をのばし、指先《ゆびさき》を開《ひら》いたりとじたりします。

ししざ

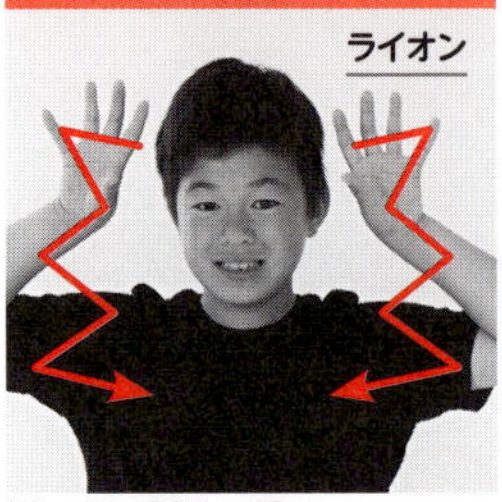
ライオン

頭《あたま》の横《よこ》で両手《りょうて》を開《ひら》き、ギザギザさせながら下《した》へ動《うご》かします。

★ライオンのたてがみ。

おうしざ

牛《うし》

両手《りょうて》の親指《おやゆび》と人《ひと》さし指《ゆび》をのばして、頭《あたま》の横《よこ》にあてます。

★牛《うし》のつの。

おとめざ

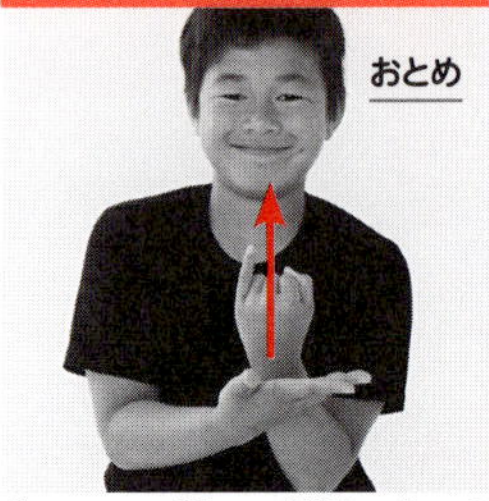
おとめ

手《て》のひらの上《うえ》で、反対《はんたい》の手《て》の小《こ》指《ゆび》をのばし、両手《りょうて》ごと上《うえ》へ動《うご》かします。

★小指《こゆび》は「女《おんな》」。

ふたござ

ふたご

人《ひと》さし指《ゆび》と中指《なかゆび》をのばし、前《まえ》に出《だ》します。

てんびんざ

てんびん

両手《りょうて》の指先《ゆびさき》をすぼめて、交互《こうご》に上下《じょうげ》に動《うご》かします。

★てんびんが動《うご》く様子《ようす》。

動画《どうが》も見《み》れるよ!▼

動画《どうが》の説明《せつめい》は10ページ

さそりざ

人《ひと》さし指《ゆび》の指先《ゆびさき》を曲《ま》げ、前《まえ》に向《む》け動《うご》かします。

みずがめざ

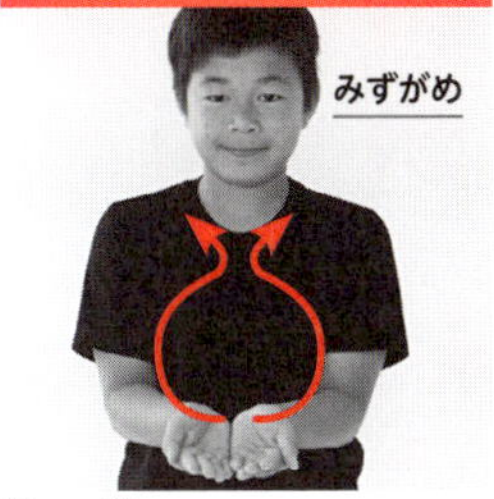

下《した》から上《うえ》へみずがめをえがくように、両手《りょうて》を動《うご》かします。

いてざ

弓《ゆみ》を引《ひ》いて、まとをねらっているような動作《どうさ》をします。

うおざ

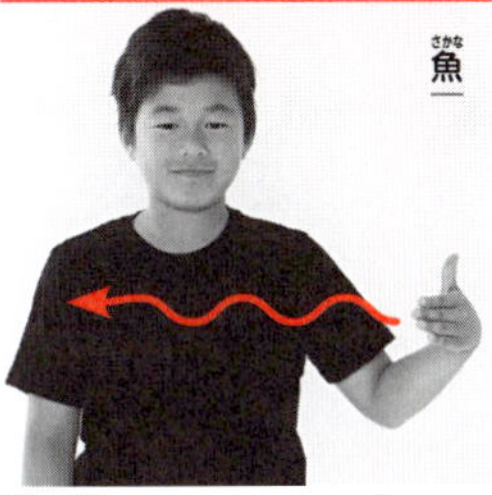

魚《さかな》が泳《およ》ぐときのように、手《て》のひらをゆらゆらと横《よこ》に動《うご》かします。

やぎざ

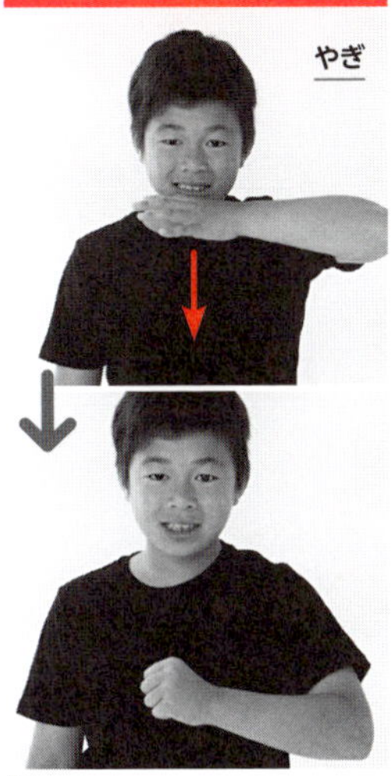

指《ゆび》をあごにつけ、にぎりながら下《した》へ動《うご》かします。
★やぎのヒゲ。

何《なに》ざですか?

あなた

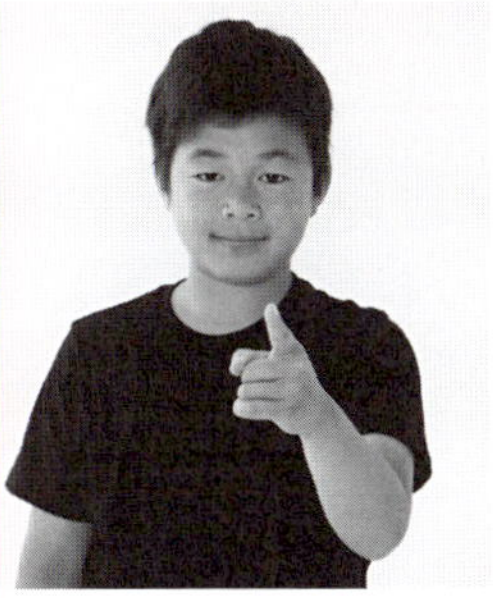

相手《あいて》を指《ゆび》さします。

星《せい》ざ

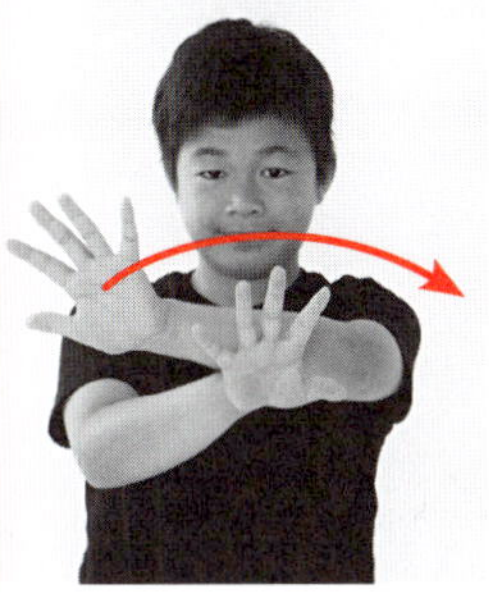

両手《りょうて》のひらを開《ひら》いて、クロスさせます。

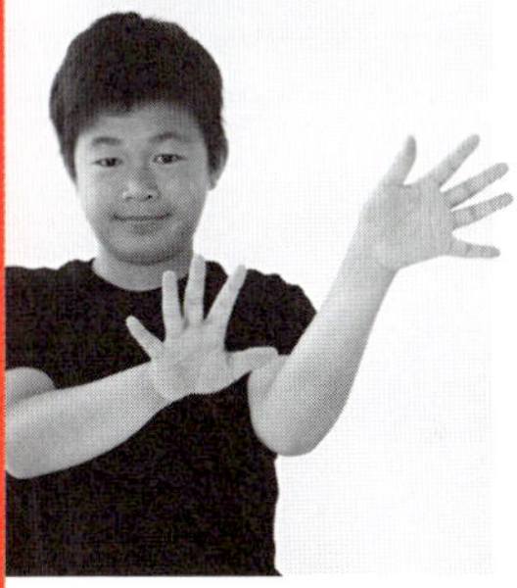

後《うし》ろがわの手《て》を、円《えん》をえがくように横《よこ》へ動《うご》かします。
★天体《てんたい》が動《うご》く様子《ようす》。

何《なに》

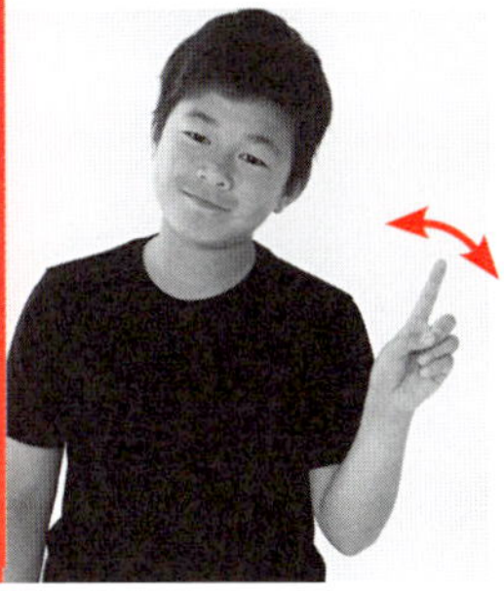

人《ひと》さし指《ゆび》をのばして、横《よこ》に2～3回《かい》ふります。

遠足《えんそく》楽《たの》しみだね

遠足《えんそく》

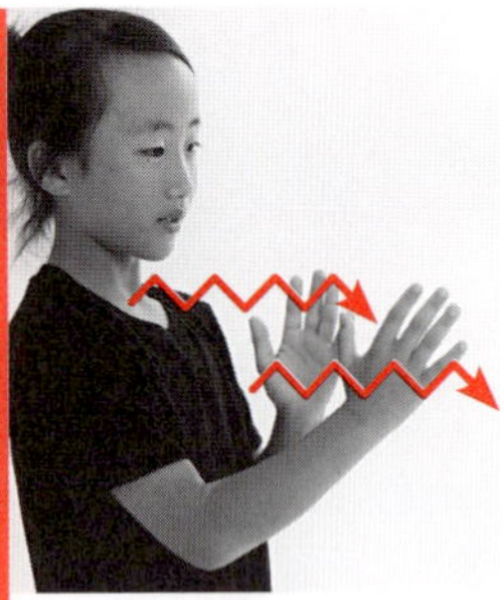

両手《りょうて》を向《む》かい合《あ》わせ、同時《どうじ》に上下《じょうげ》させながら、前《まえ》へ動《うご》かします。

★みんなで列《れつ》をつくって、進《すす》んでいる様子《ようす》。

楽《たの》しい

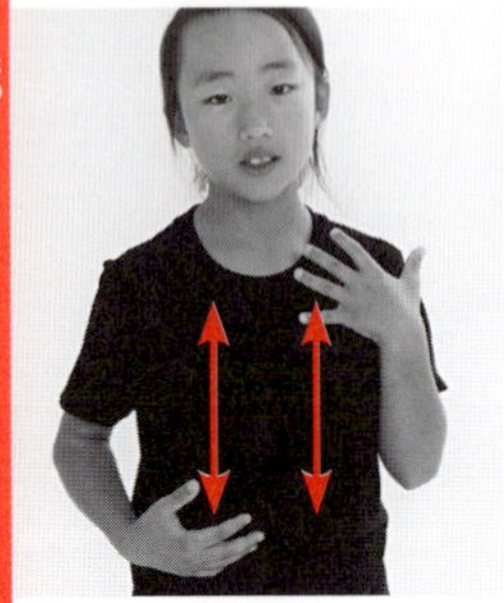

両手《りょうて》のひらをむねにあてて、交互《こうご》に上下《じょうげ》に動《うご》かします。

待《ま》つ

指《ゆび》をのばした手《て》を、あごにつけます。

だね

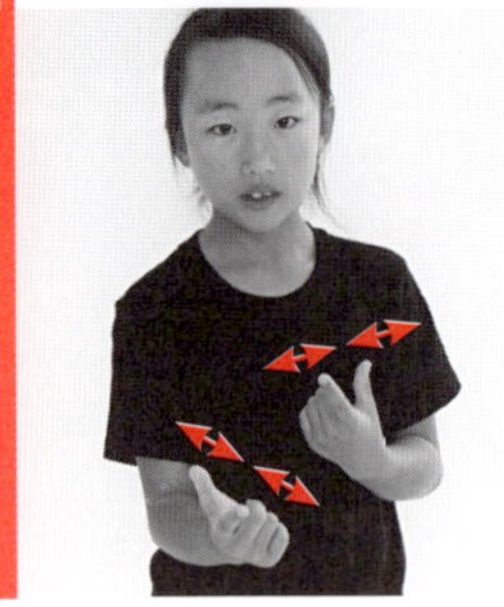

両手《りょうて》の親指《おやゆび》と人《ひと》さし指《ゆび》をのばし、指先《ゆびさき》をつけたり、はなしたりします。

だよね! 船《ふね》に乗《の》れるといいな

だよね

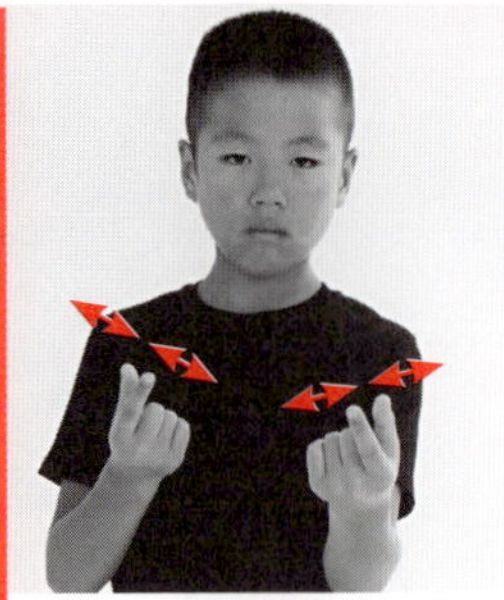

両手《りょうて》の親指《おやゆび》と人《ひと》さし指《ゆび》をのばし、指先《ゆびさき》をつけたり、はなしたりします。

★「そうだね」という意味《いみ》で、左下《ひだりした》の「だね」と同《おな》じ手話《しゅわ》です。

船《ふね》

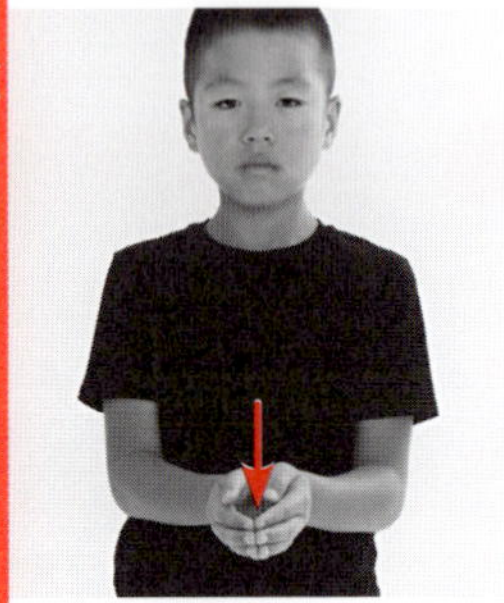

両手《りょうて》の小指《こゆび》がわをくっつけてつぼめ、前《まえ》へ出《だ》します。

★船《ふね》が前《まえ》に進《すす》む様子《ようす》。

乗《の》る

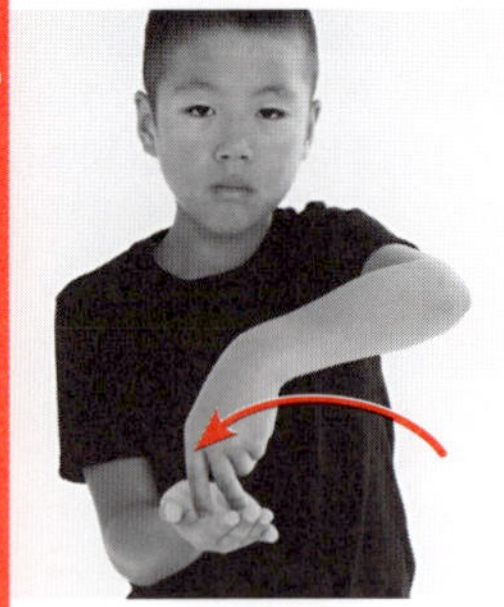

人《ひと》さし指《ゆび》と中指《なかゆび》をのばし、反対《はんたい》の手《て》のひらにのせます。

★人《ひと》が船《ふね》に乗《の》る様子《ようす》。

できる

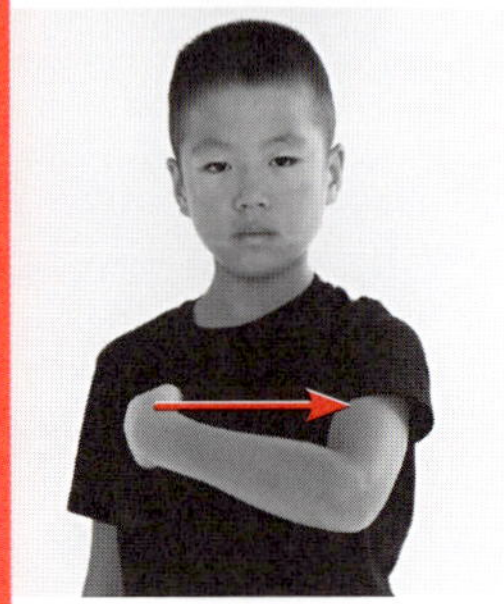

指先《ゆびさき》をむねにつけて、横《よこ》に動《うご》かします。

だいじょうぶ

よい

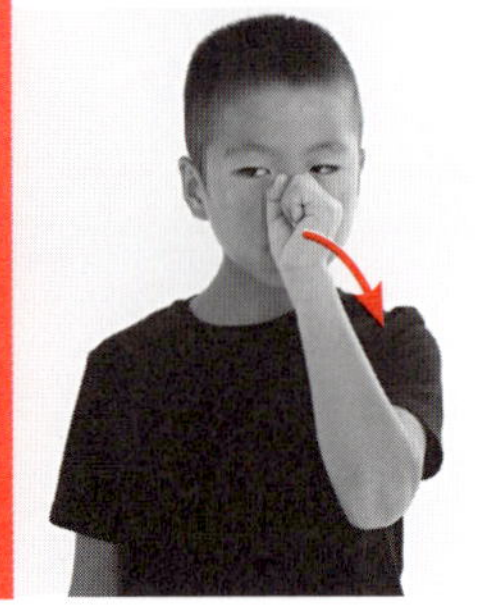

手《て》をグーにして鼻《はな》にあてて、前《まえ》に出《だ》します。

動画《どうが》も見《み》れるよ!
▼
動画《どうが》の説明《せつめい》は10ページ

でも、明日《あした》、雨《あめ》な気《き》がする

でも

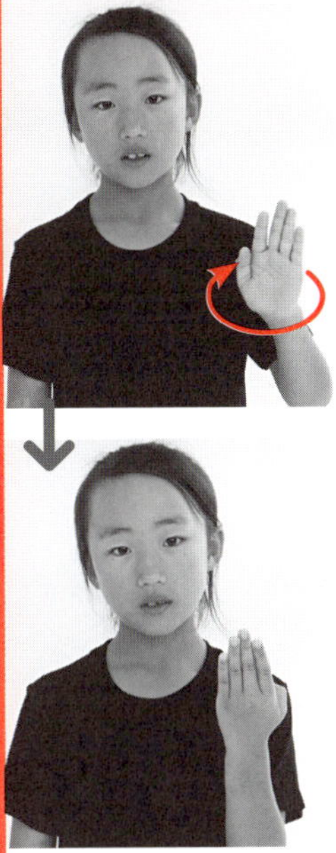

手《て》のひらを前《まえ》に向《む》け、くるっと回《まわ》します（半《はん》回転《かいてん》）。

明日《あした》

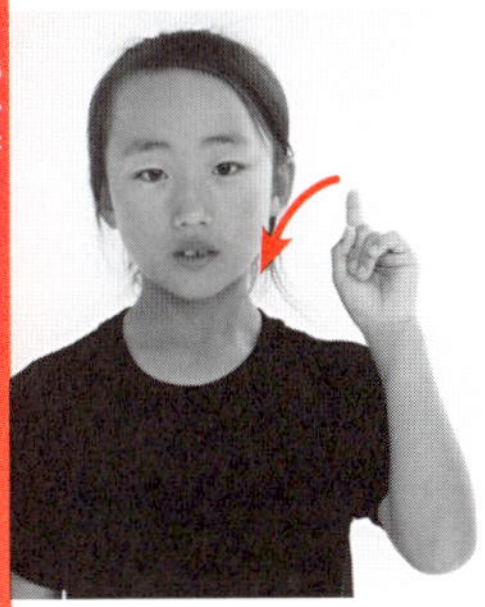

人《ひと》さし指《ゆび》を、顔《かお》の横《よこ》で前《まえ》にふります。

雨《あめ》

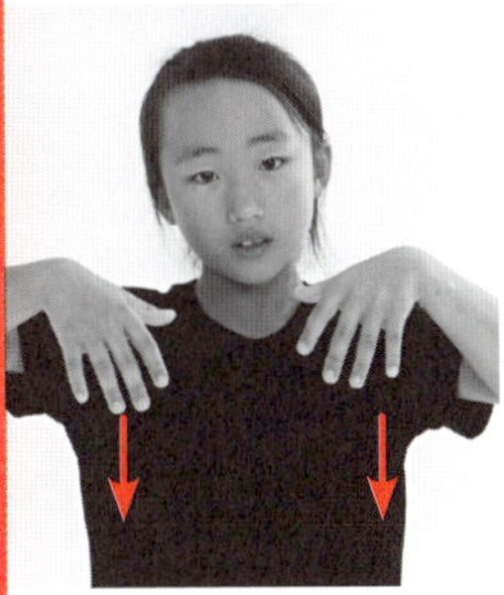

両手《りょうて》の指先《ゆびさき》を下《した》に向《む》け、下《した》へ動《うご》かします。
★雨《あめ》が降《ふ》っている様子《ようす》。

予想《よそう》

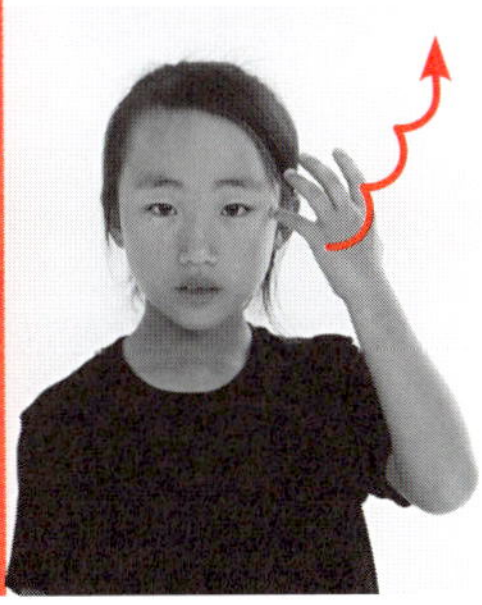

手《て》を少《すこ》しゆらしながら、頭《あたま》の横《よこ》からななめ上《うえ》へ動《うご》かします。

ゆめ

そんなことないよ。先生《せんせい》は晴《は》れるって言《い》ってたし

いいえ

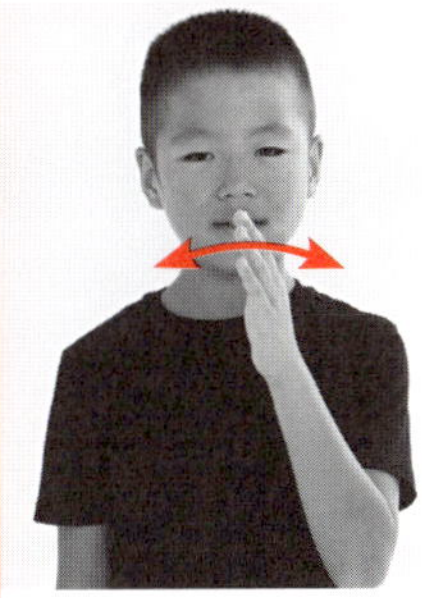

指先《ゆびさき》をそろえ、顔《かお》の前《まえ》で手《て》を横《よこ》にふります。

先生《せんせい》

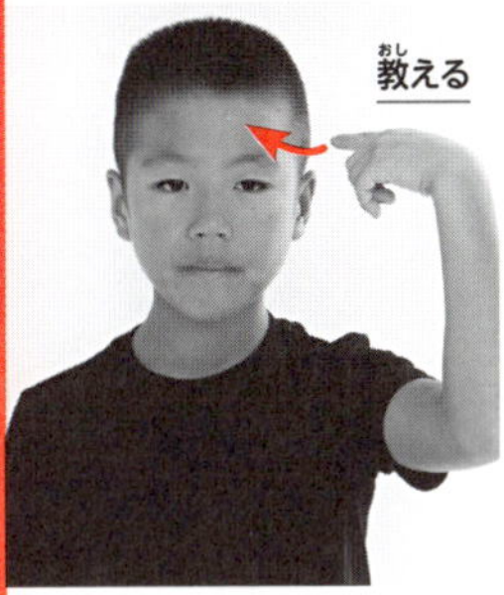

教《おし》える

人《ひと》さし指《ゆび》を自分《じぶん》に向《む》けてふります。
★相手《あいて》から「教《おそ》わる」場合《ばあい》です。自分《じぶん》が「教《おし》える」ときには、指先《ゆびさき》を相手《あいて》に向《む》けてふります。

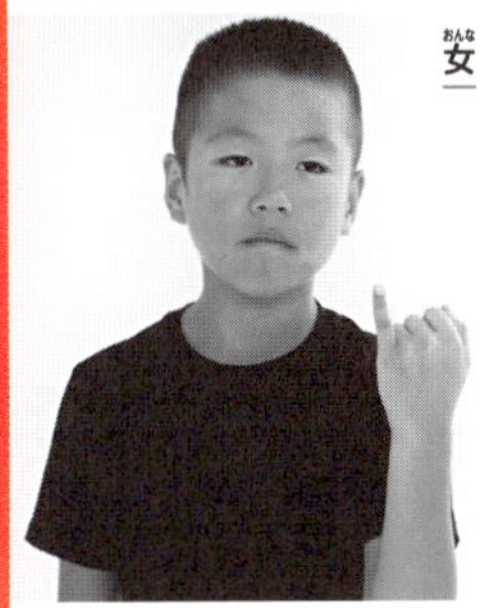

女《おんな》

小指《こゆび》をのばします。
★男《おとこ》の先生《せんせい》の場合《ばあい》は、親指《おやゆび》をのばします。

晴《は》れる

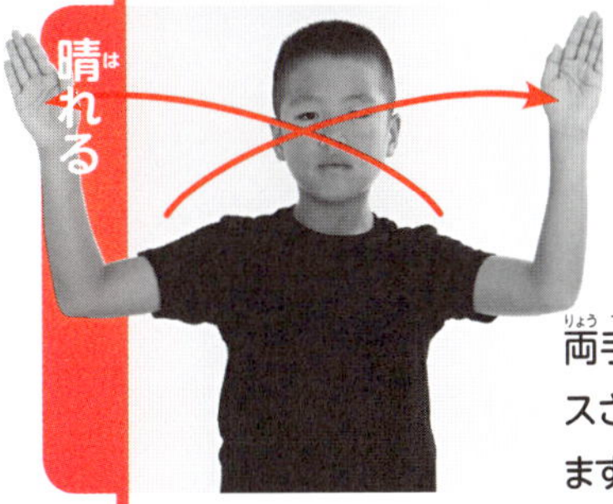

両手《りょうて》を顔《かお》の前《まえ》でクロスさせ、左右《さゆう》に開《ひら》きます。

言《い》う

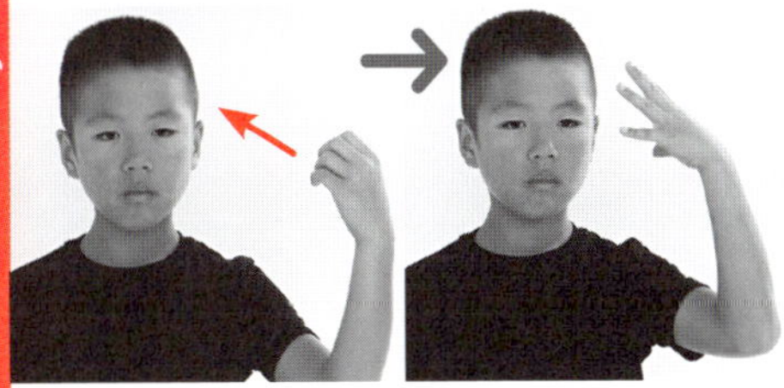

グーにした手《て》を、パーにしながら顔《かお》のほうに近《ちか》づけます。

この手話《しゅわ》も覚《おぼ》えちゃお！

交通《こうつう》、天気《てんき》

車 くるま

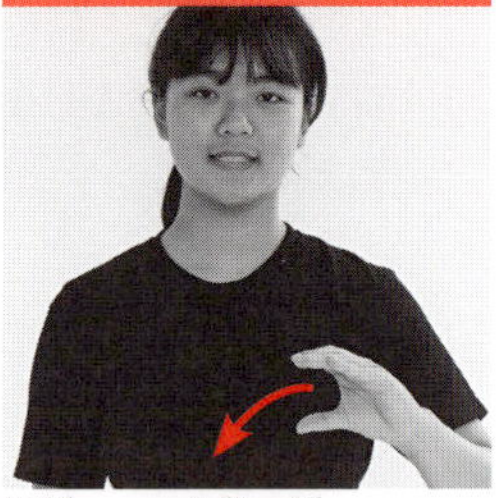

親指《おやゆび》とそれ以外《いがい》の指《ゆび》で「コ」の形《かたち》をつくり、前《まえ》へ出《だ》します。

電車 でんしゃ

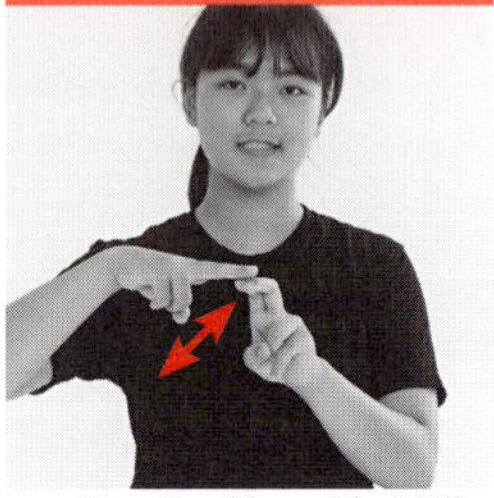

かた方《ほう》の手《て》の人《ひと》さし指《ゆび》と中指《なかゆび》をのばします。その下《した》で、人《ひと》さし指《ゆび》と中指《なかゆび》を曲《ま》げた反対《はんたい》の手《て》を動《うご》かします。

飛行機 ひこうき

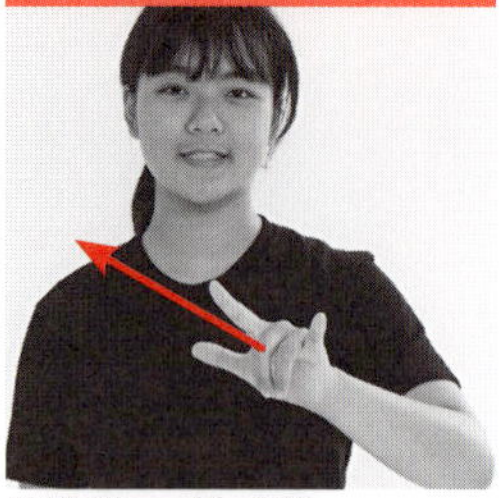

親指《おやゆび》、人《ひと》さし指《ゆび》、小指《こゆび》をのばして、ななめ上《うえ》へ動《うご》かします。
★飛行機《ひこうき》が飛《と》ぶ様子《ようす》。

新かん線 しんかんせん

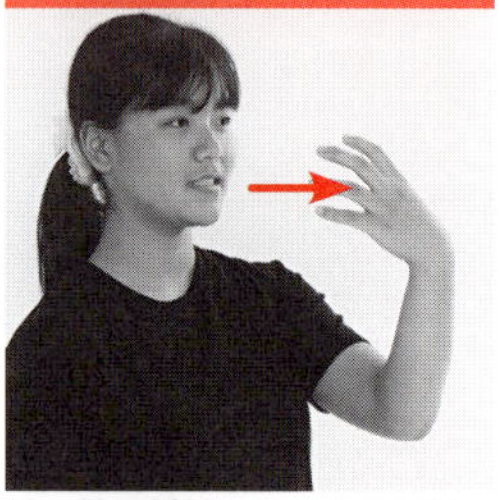

顔《かお》の前《まえ》で指先《ゆびさき》をすぼめて、前《まえ》に動《うご》かします。
★新《しん》かん線《せん》の顔《かお》の部分《ぶぶん》。

遠い とおい

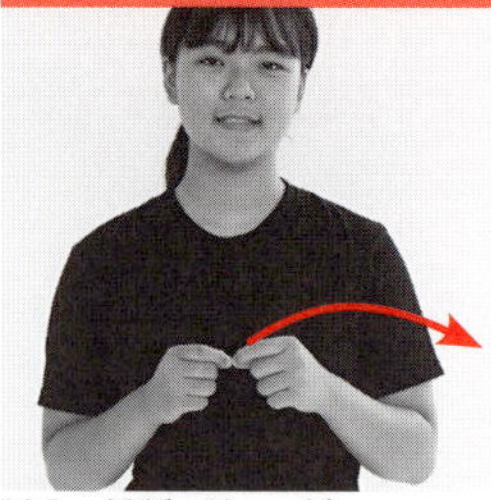

両手《りょうて》の親指《おやゆび》と人《ひと》さし指《ゆび》でわっかをつくり、指先《ゆびさき》どうしをくっつけます。

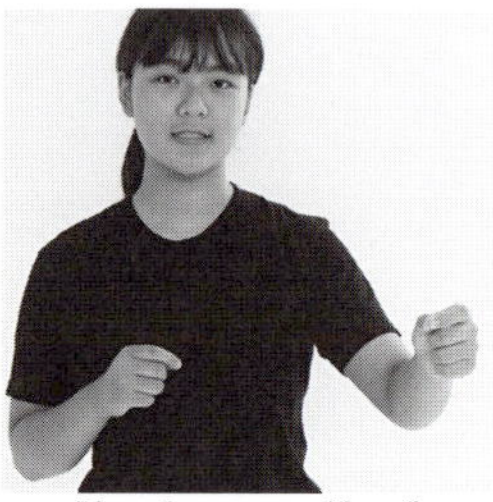

かた方《ほう》の手《て》を大《おお》きく前《まえ》に出《だ》します。

晴れ はれ

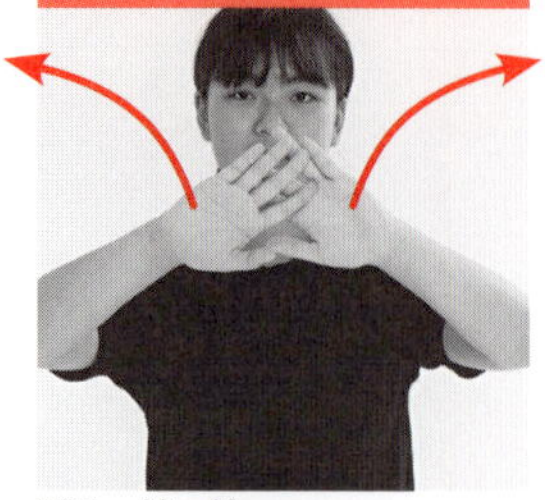

両手《りょうて》を顔《かお》の前《まえ》でクロスさせます。

左右《さゆう》に開《ひら》きます。

バス

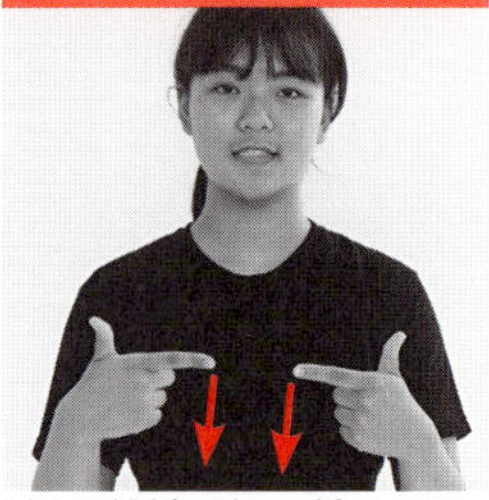

両手《りょうて》の親指《おやゆび》と人《ひと》さし指《ゆび》をのばし、前《まえ》へ出《だ》します。
★バスのバンパー。

自転車 じてんしゃ

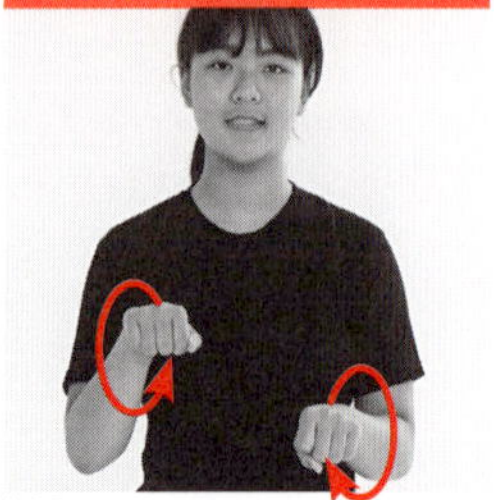

両手《りょうて》でグーをつくり、ペダルをこぐように回《まわ》します。

バイク

両手《りょうて》でグーをつくり、かた方《ほう》の手《て》の手首《てくび》をひねります。

ヘリコプター

グーにした手《て》の親指《おやゆび》を立《た》て、反《はん》対《たい》の手《て》のひらにあて、ゆらします。
★プロペラの形《かたち》。

近い ちかい

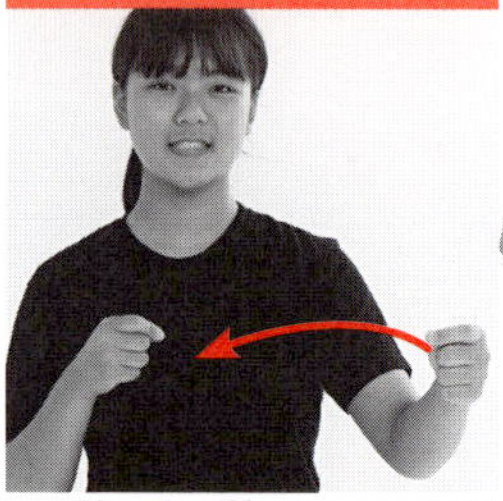

かた方《ほう》の手《て》は体《からだ》のそばで、反対《はんたい》の手《て》は体《からだ》からはなして、それぞれ親指《おやゆび》と人《ひと》さし指《ゆび》でわっかをつくります。

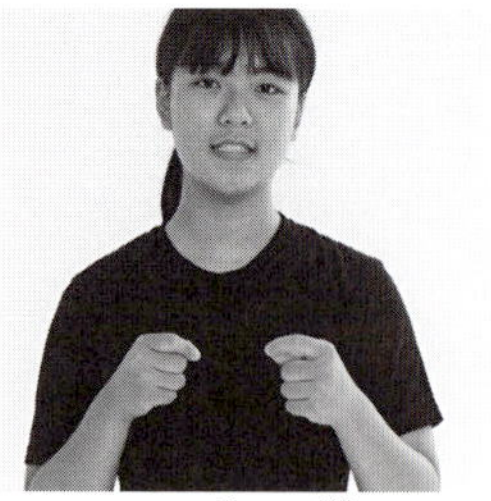

はなしていた手《て》を、体《からだ》のほうに引《ひ》きます。

雨 あめ

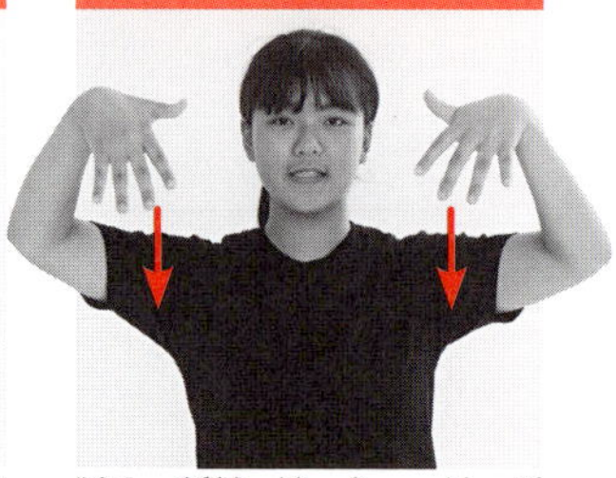

両手《りょうて》の指先《ゆびさき》を下《した》に向《む》け、下《した》へ動《うご》かします。
★雨《あめ》が降《ふ》っている様子《ようす》。

くもり

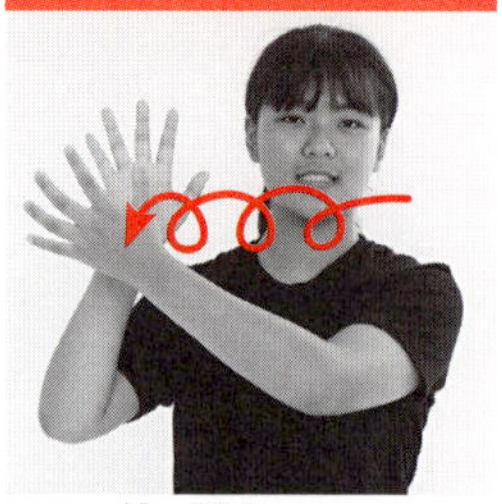

かたの前《まえ》で両手《りょうて》をクロスさせ、たがいちがいに回《まわ》しながら、横《よこ》へ動《うご》かします。

動画《どうが》も見《み》れるよ！▼
動画《どうが》の説明《せつめい》は10ページ

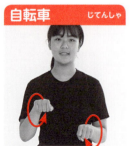

雪 ゆき

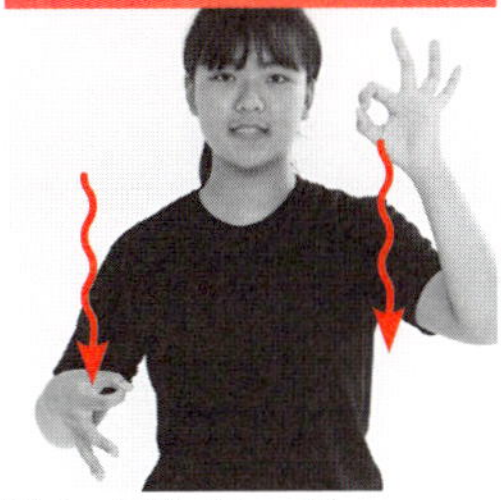

両手《りょうて》の親指《おやゆび》と人《ひと》さし指《ゆび》でわっかをつくり、かた手《て》ずつゆらしながら下《した》へ動《うご》かします。

太陽 たいよう

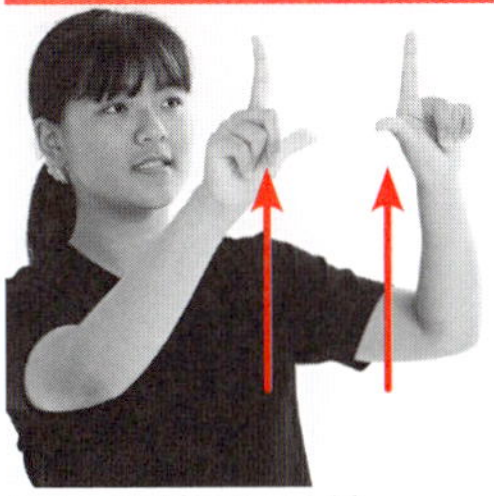

両手《りょうて》の親指《おやゆび》と人《ひと》さし指《ゆび》をのばして、下《した》から上《うえ》へ上《あ》げます。

★太陽《たいよう》がのぼる様子《ようす》。

月 つき

親指《おやゆび》と人《ひと》さし指《ゆび》の先《さき》をつけ、指《ゆび》先《さき》を開《ひら》きながら、三日月《みかづき》の形《かたち》をえがきます。

星 ほし

頭《あたま》のななめ上《うえ》で、グーにした手《て》を開《ひら》いたり、とじたりします。

★星《ほし》がまたたく様子《ようす》。

春 はる

両手《りょうて》を開《ひら》いて、下《した》から上《うえ》へすくい上《あ》げるように動《うご》かします。

★春《はる》のあたたかい風《かぜ》を表《あらわ》します。

あたたかい

夏 なつ

せんすを持《も》って、あおいでいるような動作《どうさ》をします。

暑《あつ》い

秋 あき

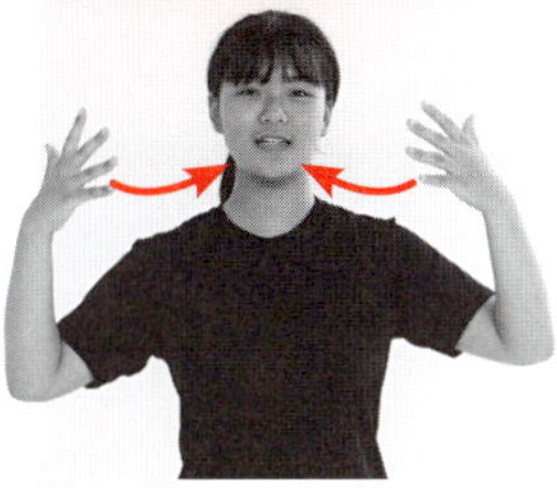

両手《りょうて》を開《ひら》いて、手《て》で顔《かお》をあおぐように動《うご》かします。

★秋《あき》のひんやりした風《かぜ》を表《あらわ》します。

すずしい

冬 ふゆ

両手《りょうて》をグーにして、ふるえるような動作《どうさ》をします。

寒《さむ》い

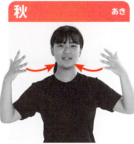

「聞《き》こえ」を助《たす》けてくれるもの

ほちょう器《き》

聞《き》こえ方《かた》と耳《みみ》の形《かたち》に合《あ》わせて、つくってもらいます

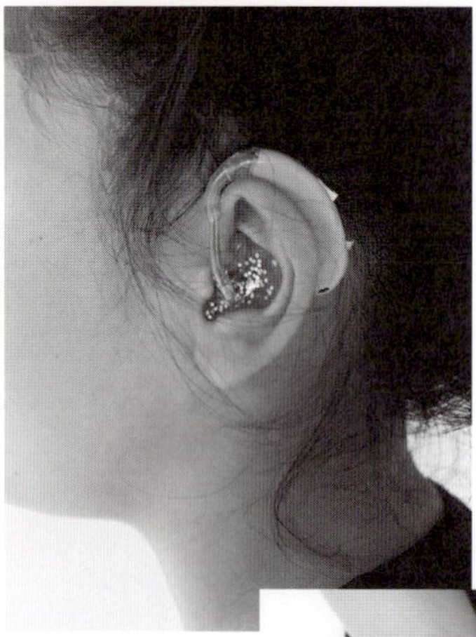

耳《みみ》にかけるタイプのほちょう器《き》。

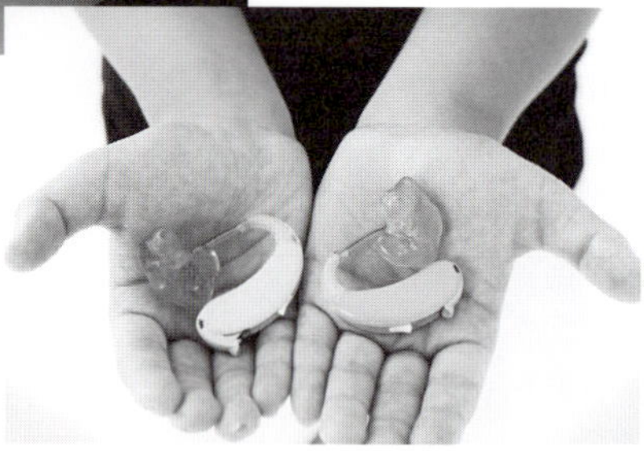

はずすとこんな形《かたち》をしています。

音《おと》を聞《き》こえやすくするきかいです。耳《みみ》のあなの中《なか》に入《い》れて使《つか》うもの、耳《みみ》にかけて使《つか》うものなど、いろいろなタイプがあります。聞《き》こえ方《かた》や耳《みみ》の形《かたち》に合《あ》わせて、せん門《もん》のお店《みせ》でつくってもらいます。成長《せいちょう》に合《あ》わせて買《か》いかえることもあります。お風《ふ》ろやプールに入《はい》るときは、はずします。

ほちょう器《き》はねだんも高《たか》く、耳《みみ》の聞《き》こえない人《ひと》にとっては、とても大切《たいせつ》なものです。引《ひ》っぱったり、いたずらしたりしないでね。また、ほちょう器《き》をつけていても、聞《き》こえづらいことがあります。そんなときは、ゆっくり大《おお》きめの声《こえ》で話《はな》したり、できる人《ひと》は手話《しゅわ》も使《つか》ってみてください。

きかいの調子《ちょうし》が悪《わる》いとき、「ピーピー」という音《おと》が出《で》ていることがあります。つけている人《ひと》は聞《き》こえていないことがあるので、気《き》づいたら教《おし》えてあげてね。

人工内耳《じんこうないじ》

手《しゅ》じゅつをして、耳《みみ》のおくにきかいをうめこみます

人工内耳《じんこうないじ》は、手《しゅ》じゅつで耳《みみ》のおくに入《い》れるきかいと、外《そと》に出《で》ているきかいの2つからできています。外《そと》に出《で》ているきかいが音《おと》を集《あつ》めて、耳《みみ》のおくのきかいに送《おく》り、聞《き》こえを助《たす》けます。外《そと》に出《で》ているきかいは、耳《みみ》にかける部分《ぶぶん》と頭《あたま》につける部分《ぶぶん》があり、頭《あたま》につける部分《ぶぶん》はじしゃくで頭《あたま》にくっつきます。

ほちょう器《き》と同《おな》じように、お風《ふ》ろやプールでは、外《そと》に出《で》ているきかいははずします。人工内耳《じんこうないじ》の手《しゅ》じゅつをすると、ラグビーやボクシングなど頭《あたま》を打《う》つきけんのあるスポーツなどはできません。ふざけて頭《あたま》をたたいたり、おさえたりするのもきけんです。

人工内耳《じんこうないじ》にしても、聞《き》こえ方《かた》は人《ひと》によってちがいます。聞《き》こえづらそうなら、ゆっくり大《おお》きめの声《こえ》で話《はな》したり、できる人《ひと》は手話《しゅわ》も使《つか》ってみてください。

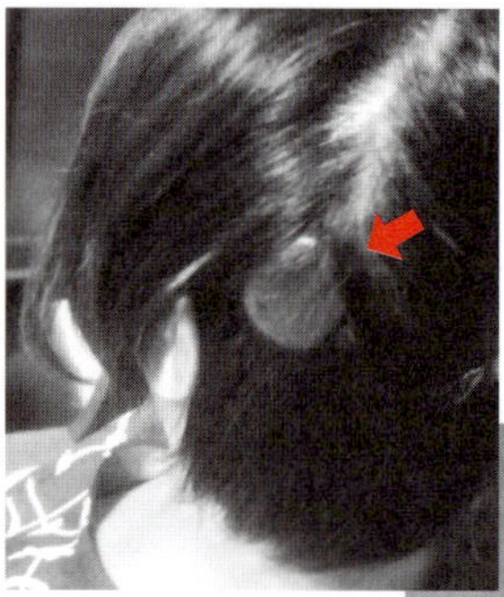

きかいを頭《あたま》につけている様子《ようす》。

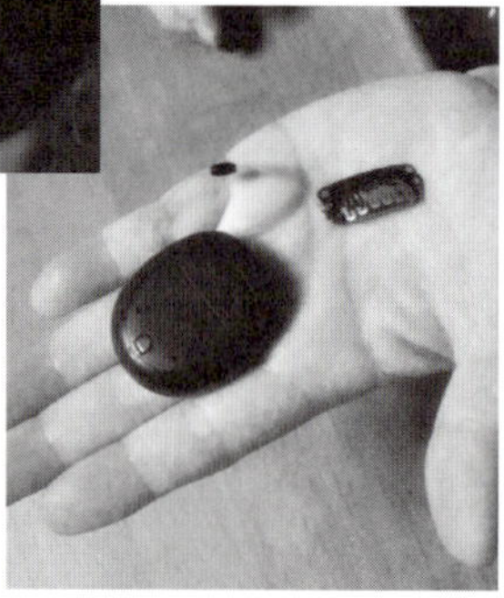

丸《まる》いほうが頭《あたま》につく部分《ぶぶん》、小《ちい》さいほうは耳《みみ》にかける部分《ぶん》です。

ちょうどう犬《けん》

音《おと》が鳴《な》っていたら、知《し》らせてくれる犬《いぬ》です

目《め》の見《み》えない人《ひと》を助《たす》ける「もうどう犬《けん》」は知《し》ってる人《ひと》が多《おお》いでしょう。それに対《たい》し、耳《みみ》の聞《き》こえない人《ひと》を助《たす》けるのが、「ちょうどう犬《けん》」です。

インターフォンや目《め》ざまし時計《どけい》、タイマーなどが鳴《な》ったら、音《おと》がしているものをさがして、かい主《ぬし》（「ユーザー」さん）の体《からだ》にタッチして、「鳴《な》ってるよ」と知《し》らせてくれます。外《そと》を歩《ある》いているときは、後《うし》ろからくる車《くるま》や自転車《じてんしゃ》の音《おと》を聞《き》いて知《し》らせてくれたり、病院《びょういん》などで、かい主《ぬし》の名前《なまえ》がよばれたときに知《し》らせてくれたりもします。

耳《みみ》が聞《き》こえないことは、見《み》た目《め》ではわかりません。でも、ちょうどう犬《けん》がいっしょにいると、「わたしは耳《みみ》が聞《き》こえません」という目《め》じるしにもなって、まわりの人《ひと》からのサポートも受《う》けやすくなります。

① ちょうどう犬《けん》は「聴導犬《ちょうどうけん》」と書《か》かれたオレンジ色《いろ》のケープを着《き》ています。ケープにはしけんに合《ごう》かくしたしるしがついています。

②～④ 音《おと》がしたものをさがして、「鳴《な》ってるよ」と知《し》らせてくれます。

協力／日本聴導犬推進協会

指点字《ゆびてんじ》って、知《し》ってる？

相手《あいて》の指《ゆび》にふれて、パソコンのキーボードを打《う》つようにして、言葉《ことば》を伝《つた》えます。

耳《みみ》が聞《き》こえなくて、目《め》も見《み》えない人《ひと》は、手話《しゅわ》が使《つか》えません。そんな場合《ばあい》のコミュニケーションの方法《ほうほう》のひとつに、「指点字《ゆびてんじ》」というものがあります。両手《りょうて》の人《ひと》さし指《ゆび》と中指《なかゆび》、薬指《くすりゆび》の計《けい》6本《ほん》の指《ゆび》を使《つか》って、文字《もじ》をあらわします。

指点字《ゆびてんじ》の例《れい》（パーキンス式《しき》）

い

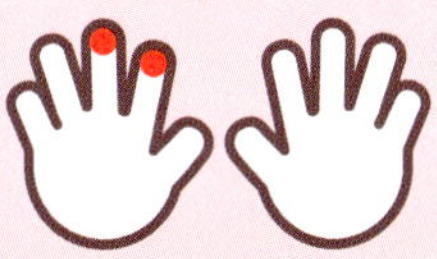

左手《ひだりて》の人《ひと》さし指《ゆび》と中指《なかゆび》

ぬ

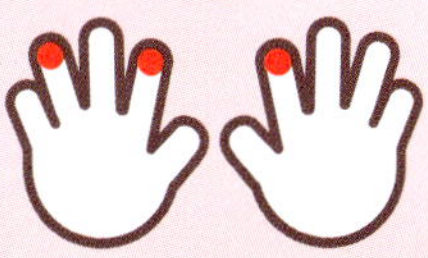

左手《ひだりて》の人《ひと》さし指《ゆび》と薬指《くすりゆび》
＋右手《みぎて》の人《ひと》さし指《ゆび》

朝《あさ》からおなかがいたい

ぼく

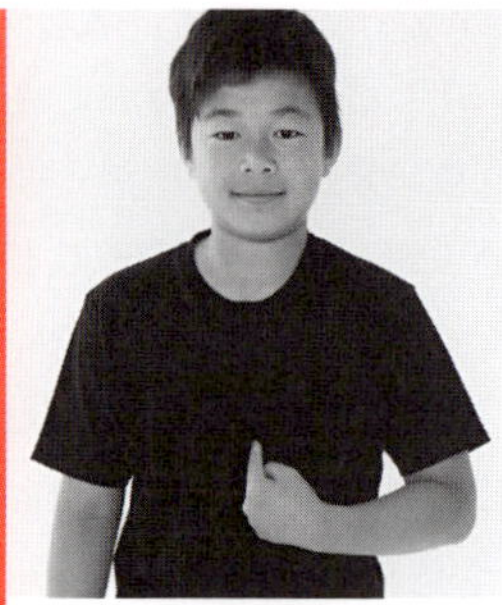

自分《じぶん》を指《ゆび》さします。

朝《あさ》

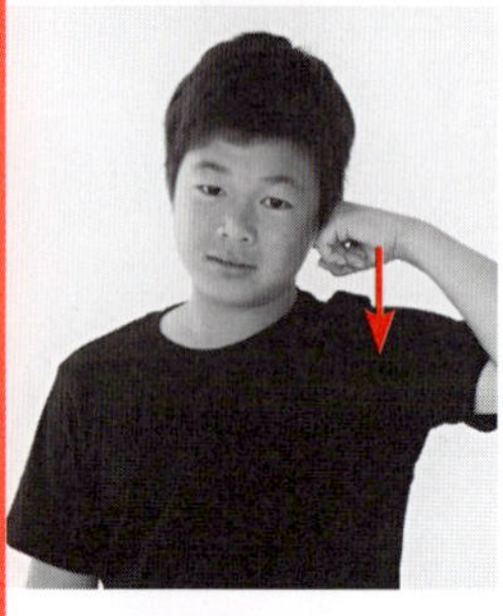

手《て》をグーにして、顔《かお》の横《よこ》から下《した》へ下《お》ろします。

から

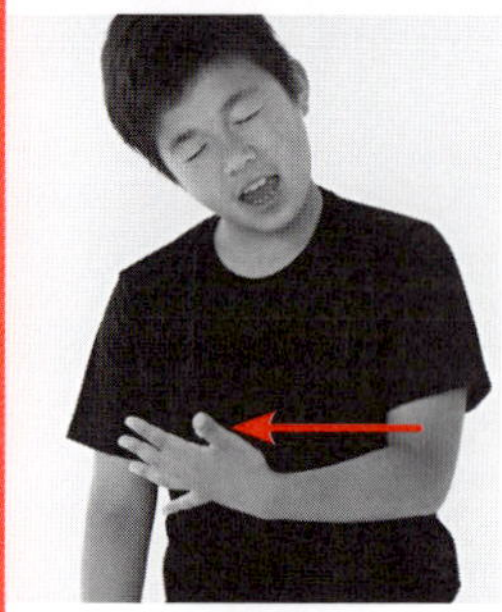

手《て》を開《ひら》いて、横《よこ》に動《うご》かします。

おなか

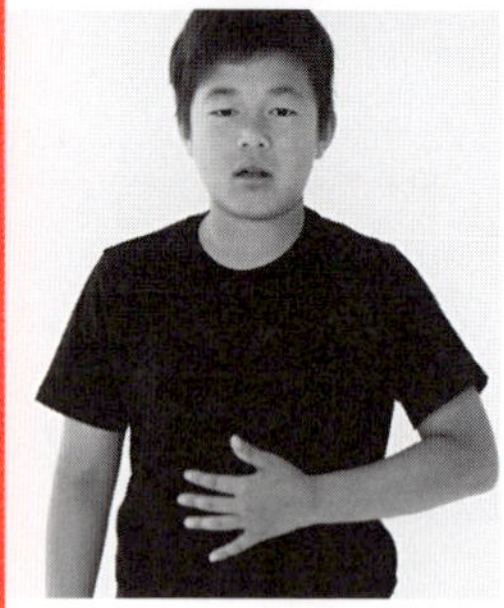

おなかに手《て》をあてます。

いたい

指先《ゆびさき》を上向《うえむ》きに曲《ま》げて、左右《さゆう》に小《こ》きざみに動《うご》かします。

★いたそうな表情《ひょうじょう》で。

だいじょうぶ?
ほけん室《しつ》に行《い》こうか

だいじょうぶ

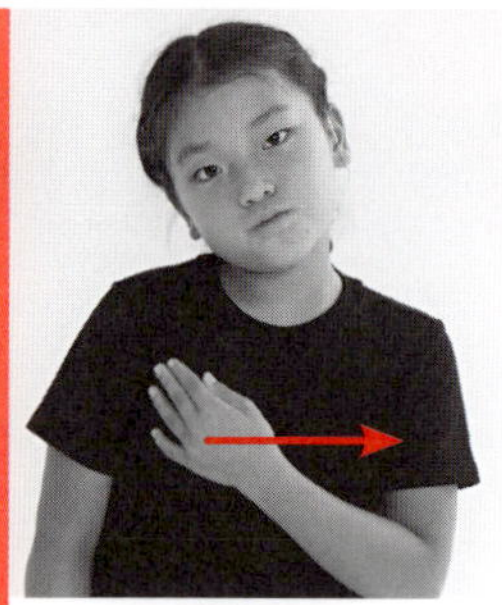

指先《ゆびさき》をむねにつけて、横《よこ》に動《うご》かします。

★たずねるような(心配《しんぱい》そうな)表情《ひょうじょう》で。

できる

ほけん室《しつ》

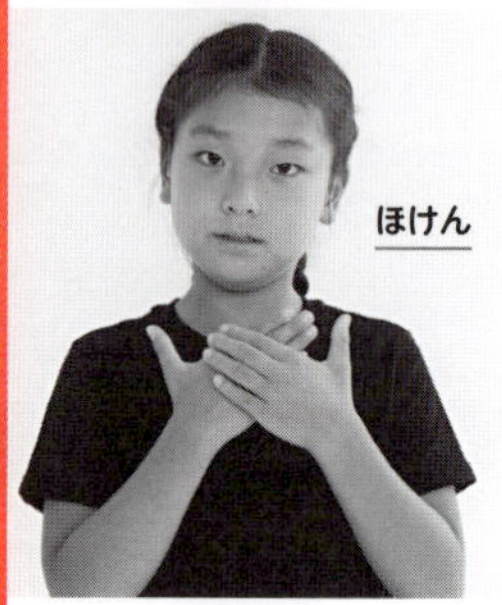

かた方《ほう》の手《て》のひらで、反対《はんたい》の手《て》のこうをなでます。

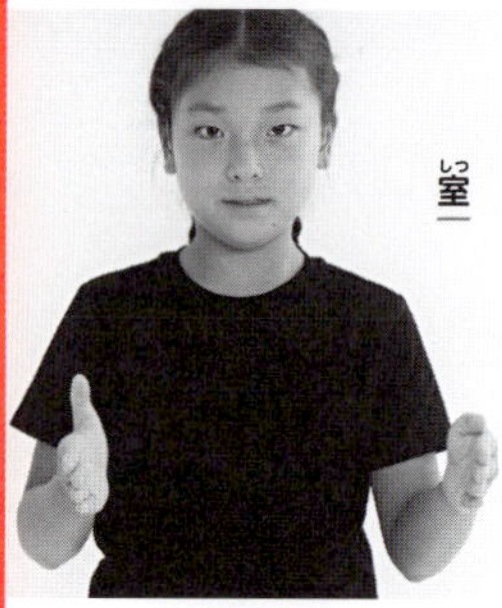

両手《りょうて》を前後《ぜんご》→左右《さゆう》の順番《じゅんばん》でかまえます。

★四角《しかく》をつくり、「部屋《へや》」を表《あらわ》します。

行《い》く

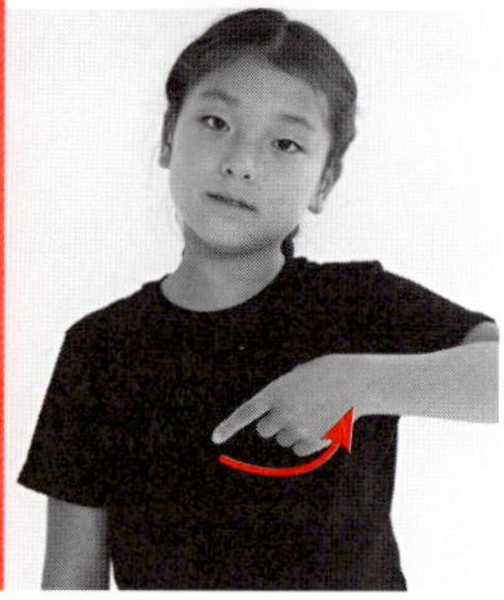

人《ひと》さし指《ゆび》をのばして下《した》に向《む》け、前《まえ》にふります。

「いたい」とか
「気分《きぶん》が悪《わる》い」とかは、
表情《ひょうじょう》も大切《たいせつ》だよ

動画《どうが》も見《み》れるよ!
▼
動画《どうが》の説明《せつめい》は10ページ

この手話《しゅわ》も覚《おぼ》えちゃお！

病気《びょうき》

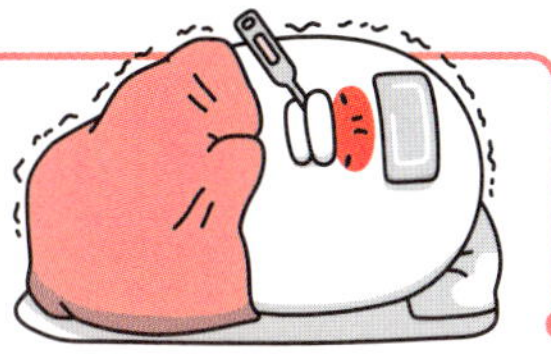

病院 びょういん

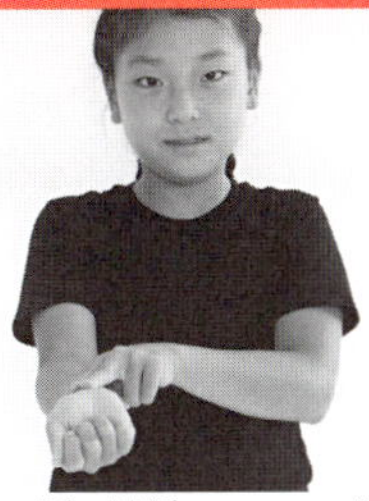

人《ひと》さし指《ゆび》と中指《なかゆび》をのばし、反対《はんたい》の手首《てくび》にあてます。
★脈《みゃく》をとっている様子《ようす》。

建物《たてもの》

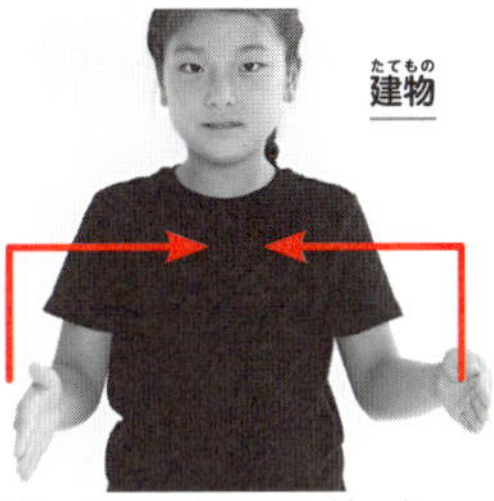

両手《りょうて》を向《む》かい合《あ》わせ、上《うえ》→横《よこ》に動《うご》かして、くっつけます。

お医者さん(男《おとこ》) おいしゃさん

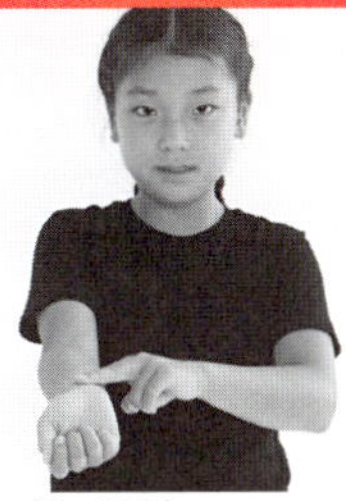

人《ひと》さし指《ゆび》と中指《なかゆび》をのばし、反対《はんたい》の手首《てくび》にあてます。

男《おとこ》

親指《おやゆび》をのばします。
★女性《じょせい》のお医者《いしゃ》さんの場合《ばあい》は、小指《こゆび》をのばします。

病気 びょうき

手《て》をグーにして、おでこに2回《かい》あてます。
★つらそうな表情《ひょうじょう》で。

かんごしさん

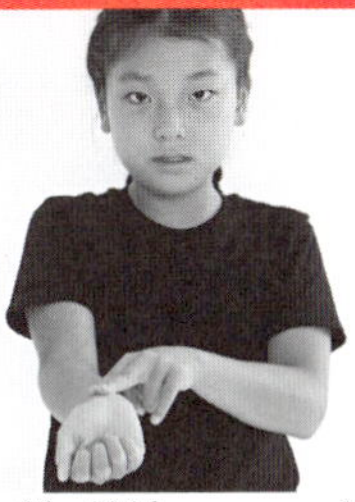

人《ひと》さし指《ゆび》と中指《なかゆび》をのばし、反対《はんたい》の手首《てくび》にあてます。

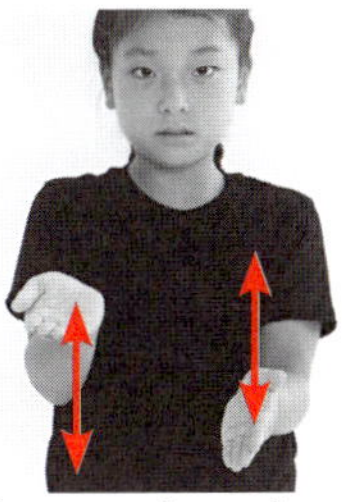

両手《りょうて》のひらを向《む》かい合《あ》わせにして、交互《こうご》に上下《じょうげ》に動《うご》かします。

資格《しかく》

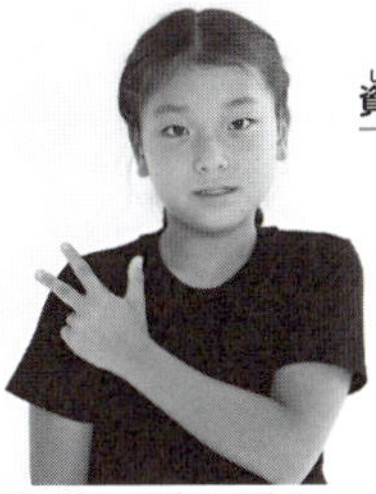

親指《おやゆび》、人《ひと》さし指《ゆび》、中指《なかゆび》をのばして、かたにあてます。

けが

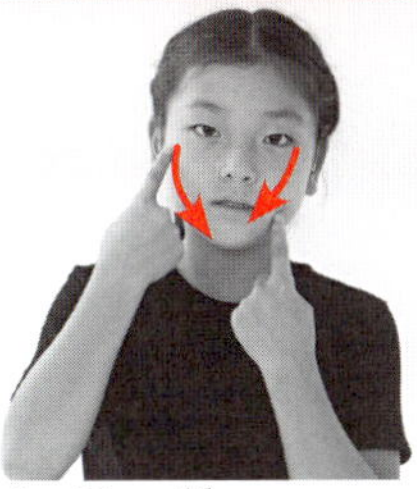

両手《りょうて》の人《ひと》さし指《ゆび》をのばして、かた手《て》ずつ、ほおからななめ下《した》へ動《うご》かします。

薬 くすり

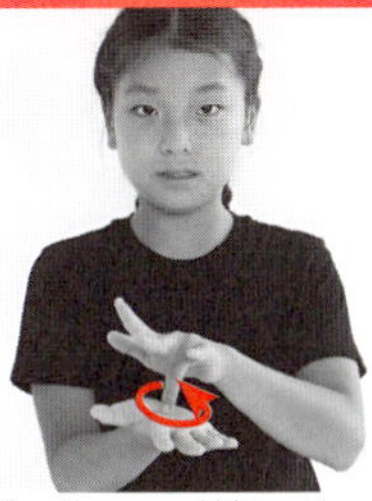

薬指《くすりゆび》を立《た》てて、反対《はんたい》の手《て》のひらにあて、小さく回《まわ》します。

かぜ

せきをするような動作《どうさ》をします。

ねつ

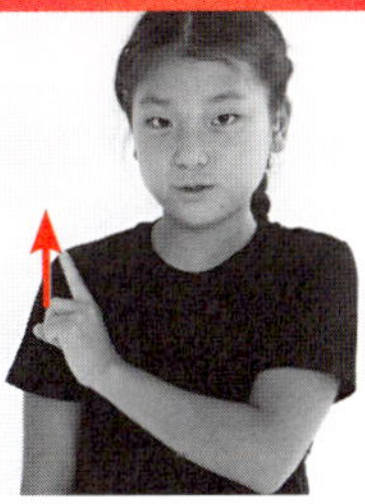

親指《おやゆび》と人《ひと》さし指《ゆび》をかたにあて、人《ひと》さし指《ゆび》をはね上《あ》げます。
★体温計《たいおんけい》の温度《おんど》が上《あ》がる様子《ようす》。

頭がいたい あたまがいたい

頭《あたま》

頭《あたま》を指《ゆび》さします。

いたい

指先《ゆびさき》を上向《うえむ》きに曲《ま》げて、左右《さゆう》に小《こ》きざみに動《うご》かします。
★いたそうな表情《ひょうじょう》で。

気分が悪い きぶんがわるい

両手《りょうて》のこうを、こすり合《あ》わせます。

はき気がする はきけがする

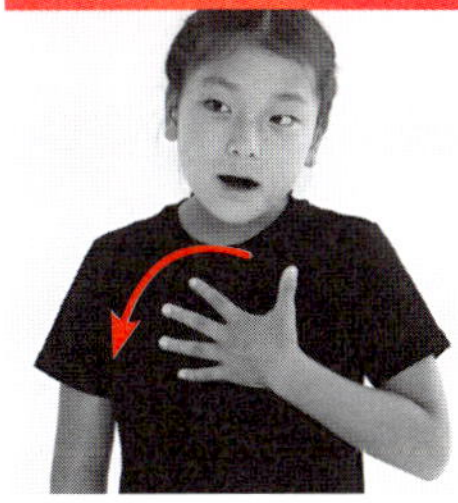

むねに手《て》をあててから、手《て》のひらが上向《うえむ》きになるように前《まえ》に出《だ》します。

あ、地《じ》しんだ！ 早《はや》くにげなきゃ!!

あっ！

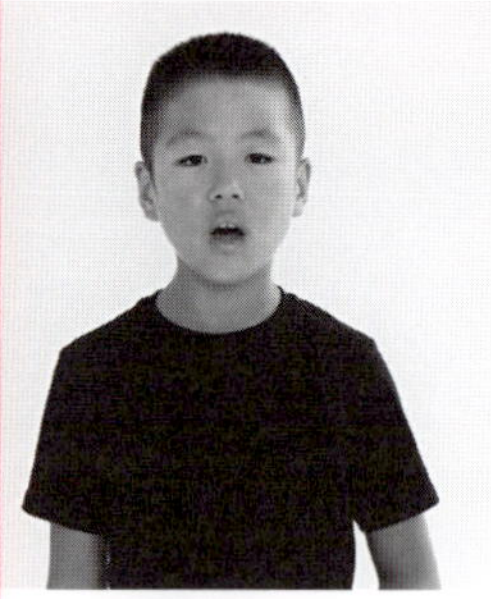

おどろいたような表《ひょう》情《じょう》をします。

地《じ》しん

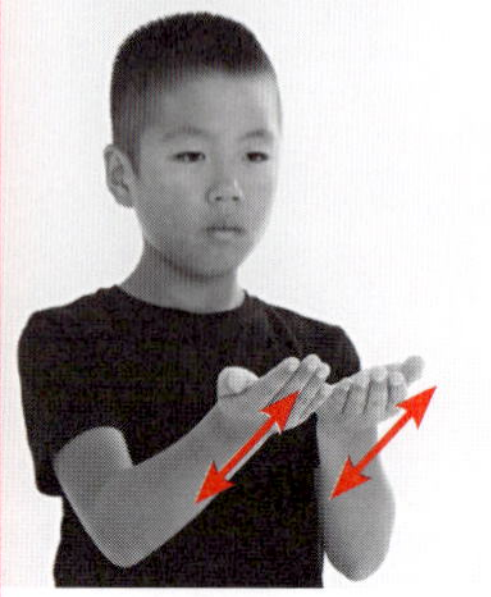

両《りょう》手《て》を上《うえ》に向《む》けて、前《ぜん》後《ご》にゆすります。

早《はや》く

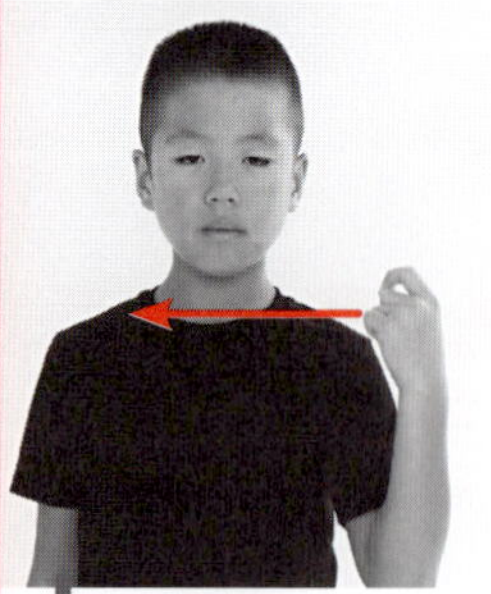

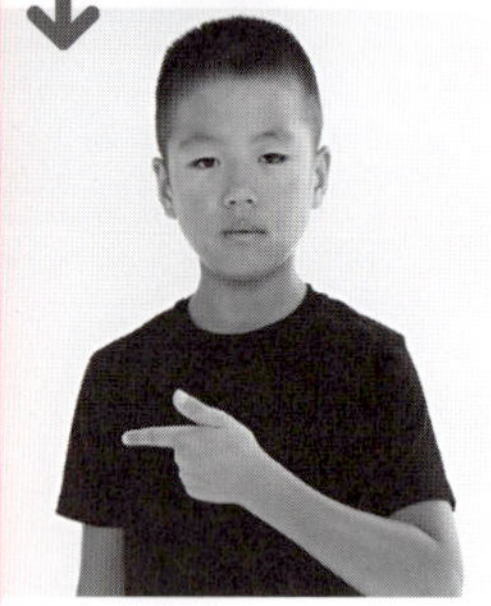

グーをつくって、親《おや》指《ゆび》と人《ひと》さし指《ゆび》をのばしながら、手《て》を横《よこ》に動《うご》かします。

急《いそ》ぐ

にげる

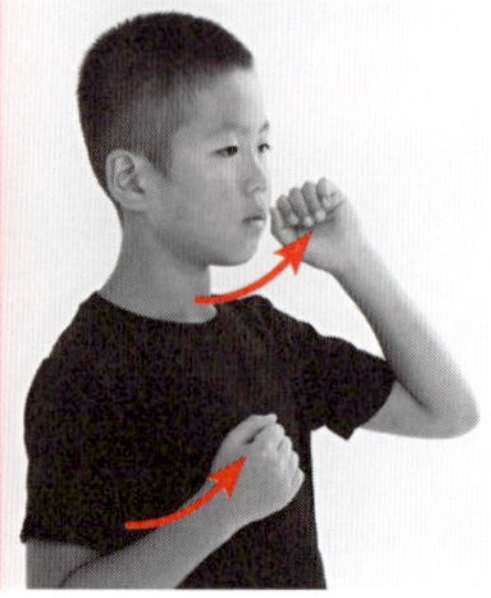

体《からだ》の横《よこ》で両《りょう》手《て》をグーにして、同《どう》時《じ》にふり上《あ》げます。

ひなん

つづく

ひつよう

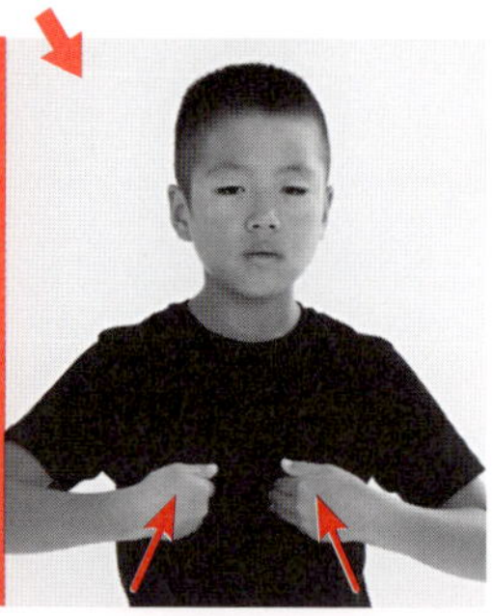

両《りょう》手《て》をすぼめ、体《からだ》のほうに引《ひ》きます。

あわてないで、つくえの下《した》にかくれよう

落《お》ち着《つ》く

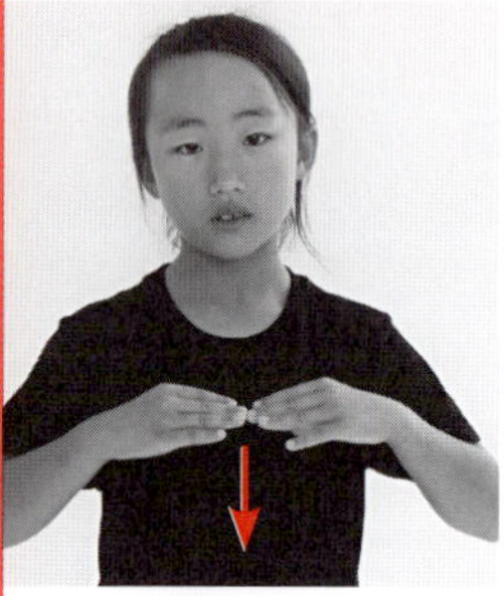

両《りょう》手《て》のひらを、下《した》に動《うご》かします。

つくえ

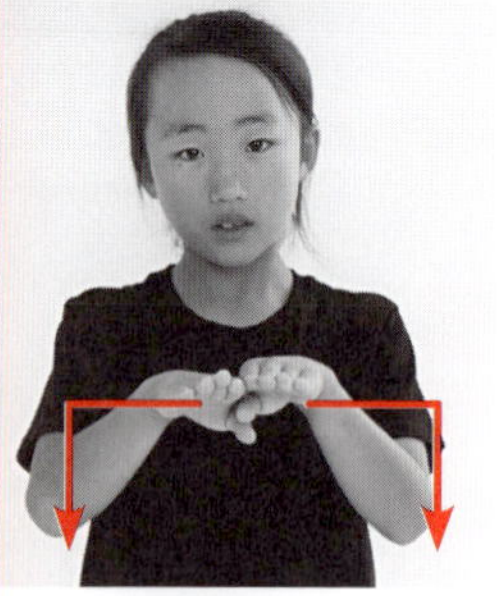

両《りょう》手《て》の指《ゆび》先《さき》を前《まえ》に向《む》けて、つくえの形《かたち》を空《くう》中《ちゅう》に書《か》きます。

下《した》にかくれる

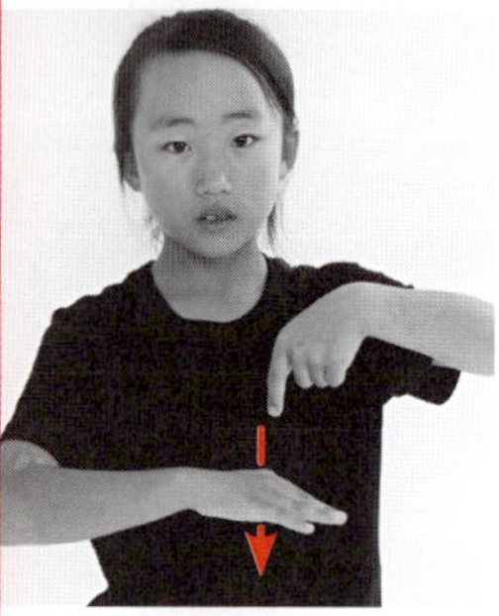

かた方《ほう》の手《て》を横《よこ》にのばし、反《はん》対《たい》の手《て》は人《ひと》さし指《ゆび》を下《した》向《む》きにのばします。

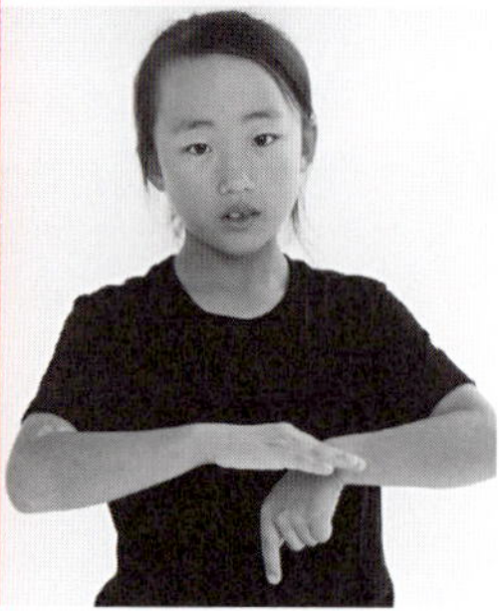

のばした人《ひと》さし指《ゆび》を、反《はん》対《たい》の手《て》の下《した》に動《うご》かします。

★のばした手《て》はつくえ、人《ひと》さし指《ゆび》は人《ひと》を表《あらわ》します。

動《どう》画《が》も見《み》れるよ！

動《どう》画《が》の説《せつ》明《めい》は10ページ

この手話《しゅわ》も覚《おぼ》えちゃお！

災害《さいがい》

火事　かじ

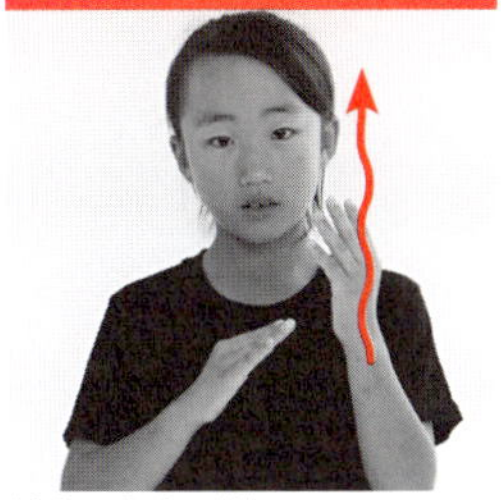

両手《りょうて》で屋根《やね》の形《かたち》をつくってから、かた方《ほう》の手《て》はそのままで、反対《はんたい》の手《て》をゆらしながら上《うえ》へ動《うご》かします。
★ゆらす手《て》はほのおを表《あらわ》します。

つ波　つなみ

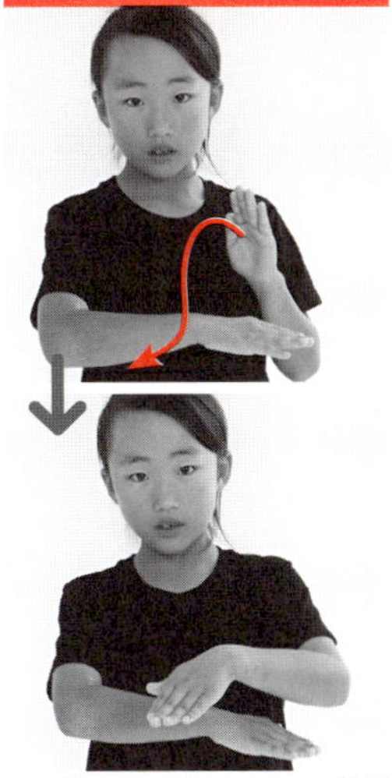

かた方《ほう》の手《て》を横《よこ》にのばし、反対《はんたい》の手《て》はそれを乗《の》りこえるように動《うご》かします。
★波《なみ》が防波《ぼうは》ていをこえる様子《ようす》。

こまる

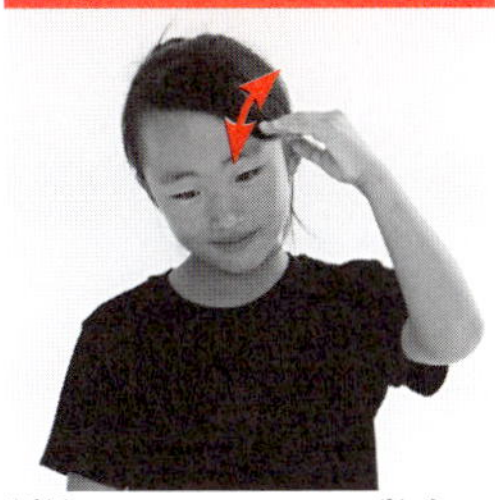

指先《ゆびさき》をこめかみにあて、前後《ぜんご》に2回動《かいどう》かします。
★こまった表情《ひょうじょう》で。

お世話　おせわ

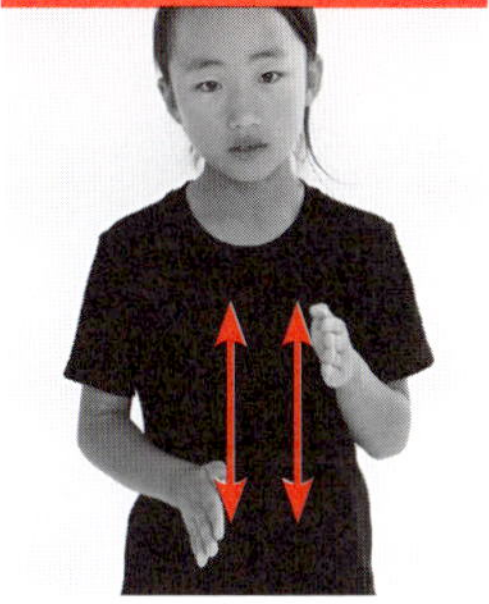

両手《りょうて》のひらを向《む》かい合《あ》わせ、交互《こうご》に上下《じょうげ》に動《うご》かします。

ひなん

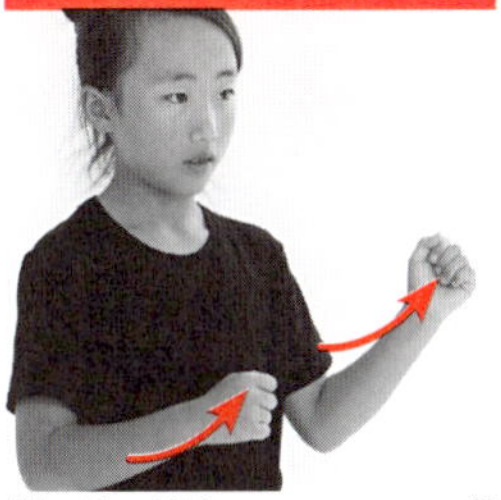

体《からだ》の横《よこ》で両手《りょうて》をグーにして、同時《どうじ》にふり上《あ》げます。

大へん　たいへん

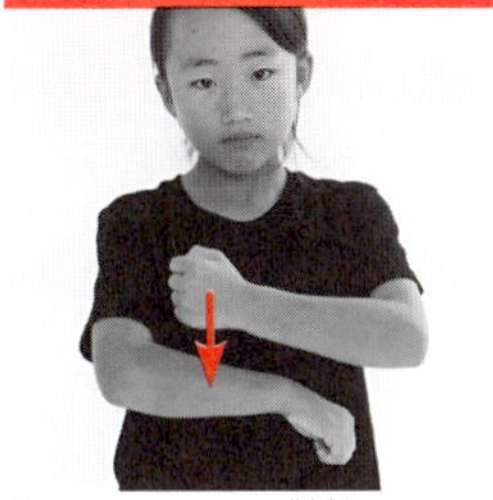

手《て》をグーにして、反対《はんたい》のうでを軽《かる》く2回《かい》たたきます。

じっとしている

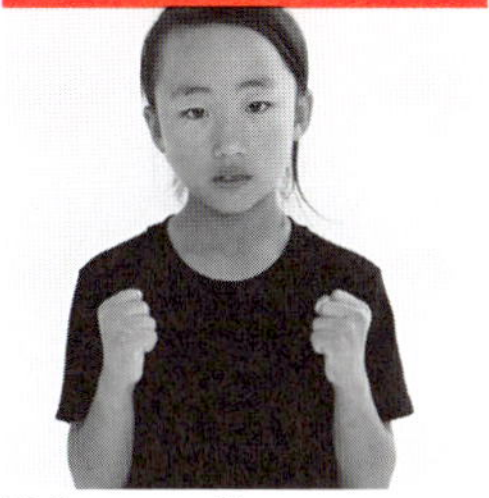

両手《りょうて》をかたの前《まえ》あたりで、グーにします。

台風　たいふう

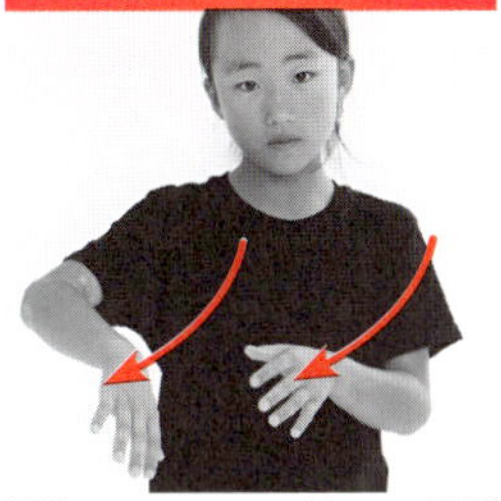

両手《りょうて》のひらをななめ下《した》へ、2回動《かいどう》かします。

雨《あめ》

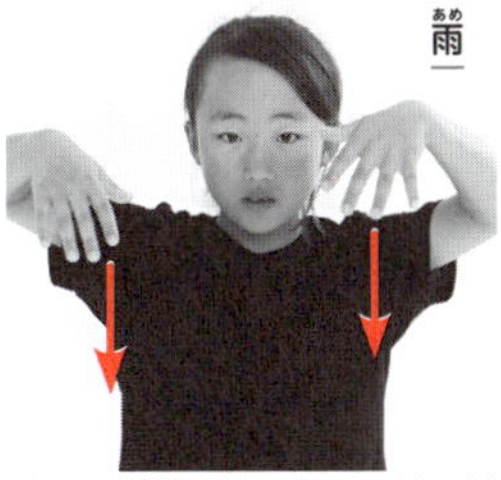

両手《りょうて》の指先《ゆびさき》を下《した》に向《む》け、下《した》へ動《うご》かします。
★雨《あめ》が降《ふ》っている様子《ようす》。

停電　ていでん

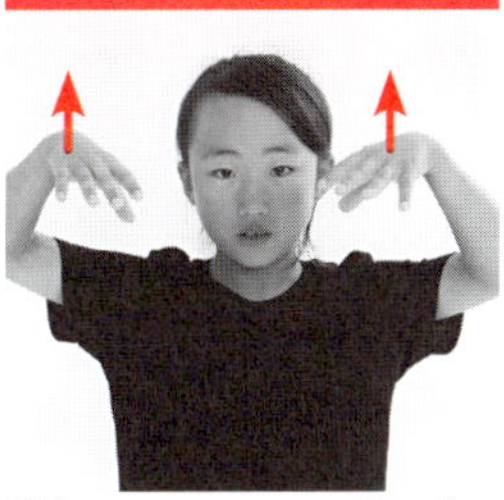

両手《りょうて》をかたのあたりで下《した》に向《む》けます。

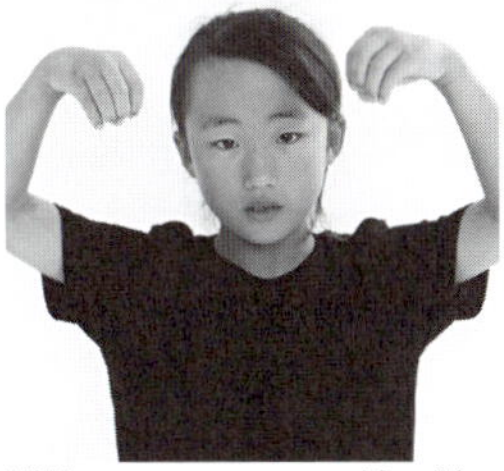

指先《ゆびさき》をすぼめながら、上《うえ》へ動《うご》かします。

心配　しんぱい

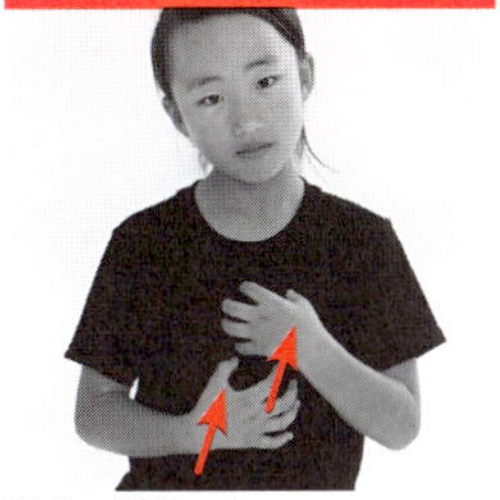

両手《りょうて》の指先《ゆびさき》を曲《ま》げ、むねのほうへ2回引《かいひ》きよせます。

安心　あんしん

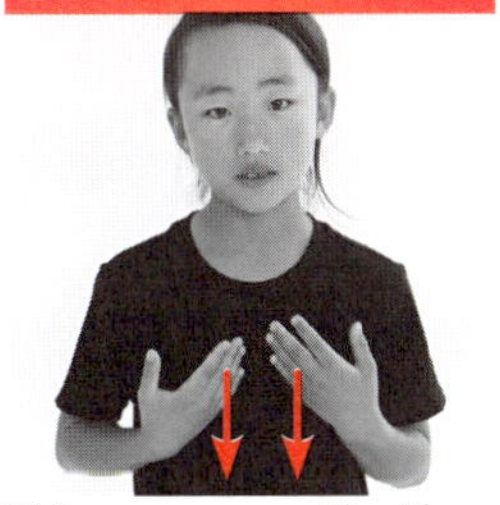

両手《りょうて》をむねにあて、下《した》へ動《うご》かします。

走る　はしる

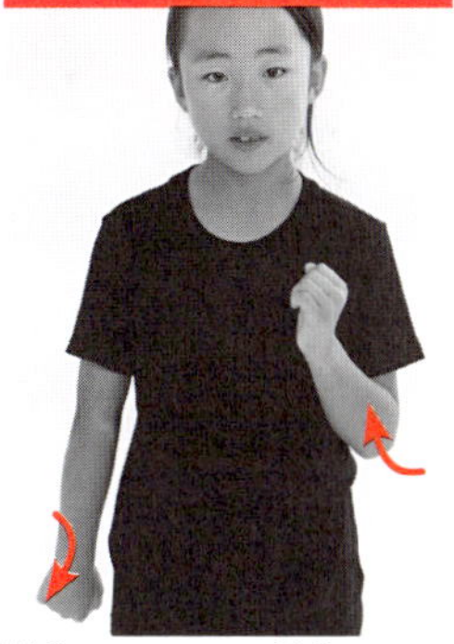

両手《りょうて》をグーにして交互《こうご》にふり、走《はし》る動作《どうさ》をします。

さくいん

＊赤字のページ数は、「同じ意味の言葉」としてのっているものです。

< 監修 > 谷 千春

たに ちはる●1960年東京生まれ。手話通訳士。NHK手話ニュースキャスターやテレビの手話講座の講師を経て、現在、NPO手話技能検定協会副理事長。わかりやすい解説には定評があり、大学、カルチャーセンターや企業での手話講座の講師としても人気。英語の手話も堪能で、数々の国際会議でも手話通訳者として活躍している。著書・監修書に『DVDつき ゼロからわかる手話入門』『動画つき 気持ちが伝わるはじめての手話』(ともに主婦の友社)、『手話単語カードBOOK』(梧桐書院)など。

< 協力 > HANSAM

一般社団法人 障がい者スポーツ・アート・ミュージック振興協会(通称:HANSAM)

「やる気なし男」所属「手話大使」企画&運営元。
スポーツ・芸術・音楽などの分野で、障がいを持っていてもすばらしい活躍をしている人たちを、その障がいの有無に関係なく、活躍そのものが正当に評価されるよう支援活動を行っています。

装丁・本文デザイン/今井悦子(MET)
スチール撮影/佐山裕子(主婦の友社)
動画撮影・制作/山内純子
取材・文/植田晴美
校正/北原千鶴子
モデル/北畑咲希音　工藤愛望　染谷優芽　新谷蒼介　安田拓海
取材協力/谷村隆人(東京都立中央ろう学校)　寄林 智(横浜市立ろう特別支援学校)　谷 園子
北畑裕子、亜希子、光希　工藤 豊　染谷智美　新谷麻貴、陽葉里　安田 薫、登　中野美紀
制作協力/ HANSAM(大泉直之、柏木真太郎)
開田高原地域協議会　羽生市役所キャラクター推進室　みっけ街づくりの会
編集担当/松本可絵(主婦の友社)

JASRAC出1811190-801
JASRAC出1811191-801

はじめての子《こ》ども手話《しゅわ》

2018年12月20日　第1刷発行
2024年12月10日　第13刷発行

監　修　谷《たに》 千《ち》春《はる》
発行者　大宮敏靖
発行所　株式会社主婦の友社
〒141-0021　東京都品川区上大崎3-1-1 目黒セントラルスクエア
☎ 03-5280-7537(内容・不良品等のお問い合わせ)
☎ 049-259-1236(販売)
印刷所　大日本印刷株式会社

ISBN978-4-07-434508-3

■<図書館の方へ>本書は館外貸し出し可です。
■QRコードは株式会社デンソーウェーブの登録商標です。
■本のご注文は、お近くの書店または主婦の友社コールセンター(電話0120-916-892)まで。
*お問い合わせ受付時間　月~金(祝日を除く)　10:00~16:00
*個人のお客さまからのよくある質問のご案内　https://shufunotomo.co.jp/faq/